ECONOMIA BÁSICA

Volume I

Tradução da 5ª Edição

THOMAS SOWELL

ECONOMIA BÁSICA

Um guia de economia voltado ao senso comum

Volume I

ALTA BOOKS
EDITORA
Rio de Janeiro, 2018

Economia Básica — Volume I
Copyright © 2018 da Starlin Alta Editora e Consultoria Eireli. ISBN: 978-85-508-0238-1
Translated from original Basic Economics. Copyright © 2015 Thomas Sowell. ISBN 978-0-9882625-0-8. This translation is published and sold by permission of Carol Mann Agency through Karin Schindler Comercialização e Administração de Direitos Autorais Ltda., São Paulo, Brazil., the owner of all rights to publish and sell the same. PORTUGUESE language edition published by Starlin Alta Editora e Consultoria Eireli, Copyright © 2018 by Starlin Alta Editora e Consultoria Eireli.

Todos os direitos estão reservados e protegidos por Lei. Nenhuma parte deste livro, sem autorização prévia por escrito da editora, poderá ser reproduzida ou transmitida. A violação dos Direitos Autorais é crime estabelecido na Lei nº 9.610/98 e com punição de acordo com o artigo 184 do Código Penal.

A editora não se responsabiliza pelo conteúdo da obra, formulada exclusivamente pelo(s) autor(es).

Marcas Registradas: Todos os termos mencionados e reconhecidos como Marca Registrada e/ou Comercial são de responsabilidade de seus proprietários. A editora informa não estar associada a nenhum produto e/ou fornecedor apresentado no livro.

Impresso no Brasil — 2018 - Edição revisada conforme o Acordo Ortográfico da Língua Portuguesa de 2009.

Publique seu livro com a Alta Books. Para mais informações envie um e-mail para autoria@altabooks.com.br

Obra disponível para venda corporativa e/ou personalizada. Para mais informações, fale com projetos@altabooks.com.br

Produção Editorial Editora Alta Books	**Gerência Editorial** Anderson Vieira	**Produtor Editorial (Design)** Aurélio Corrêa	**Marketing Editorial** Silas Amaro marketing@altabooks.com.br	**Vendas Atacado e Varejo** Daniele Fonseca Viviane Paiva comercial@altabooks.com.br	
Produtor Editorial Thiê Alves	**Supervisão de Qualidade Editorial** Sergio de Souza	**Editor de Aquisição** José Rugeri j.rugeri@altabooks.com.br	**Vendas Corporativas** Sandro Souza sandro@altabooks.com.br	**Ouvidoria** ouvidoria@altabooks.com.br	
Equipe Editorial	Bianca Teodoro Ian Verçosa	Illysabelle Trajano Juliana de Oliveira	Renan Castro		
Tradução Carlos Bacci	**Revisão Gramatical** Priscila Gurgel	**Diagramação** Luisa Maria Gomes	**Revisão Técnica** Laion Azeredo *Economista, Especializado em Estratégia e Inovação, Professor de Microeconomia e Empresário*	**Capa** Aurélio Corrêa	

Erratas e arquivos de apoio: No site da editora relatamos, com a devida correção, qualquer erro encontrado em nossos livros, bem como disponibilizamos arquivos de apoio se aplicáveis à obra em questão.

Acesse o site www.altabooks.com.br e procure pelo título do livro desejado para ter acesso às erratas, aos arquivos de apoio e/ou a outros conteúdos aplicáveis à obra.

Suporte Técnico: A obra é comercializada na forma em que está, sem direito a suporte técnico ou orientação pessoal/exclusiva ao leitor.

Dados Internacionais de Catalogação na Publicação (CIP) de acordo com ISBD
Elaborado por Odílio Hilario Moreira Junior - CRB-8/9949

E731s	Sowell, Thomas Economia básica : um guia de economia voltado ao senso comum / Thomas Sowell ; traduzido por Carlos Bacci. - Rio de Janeiro : Editora Alta Books, 2018. 368 p. ; 17cm x 24cm. – (v.1) Tradução de: Basic Economics Inclui índice. ISBN: 978-85-508-0238-1 1. Economia. I. Bacci, Carlos. II. Título.
2018-001	CDD 330 CDU 33

Rua Viúva Cláudio, 291 - Bairro Industrial do Jacaré
CEP: 20.970-031 - Rio de Janeiro (RJ)
Tels.: (21) 3278-8069 / 3278-8419
www.altabooks.com.br — altabooks@altabooks.com.br
www.facebook.com/altabooks — www.instagram.com/altabooks

Algumas poucas linhas de raciocínio podem mudar a maneira como vemos o mundo.

Steven E. Landsburg

SUMÁRIO

Prefácio		ix
Capítulo 1:	O Que É Economia?	1
PARTE I: PREÇOS E MERCADOS		7
Capítulo 2:	O Papel dos Preços	9
Capítulo 3:	Controles de Preços	35
Capítulo 4:	Uma Visão Geral sobre Preços	61
PARTE II: INDÚSTRIA E COMÉRCIO		81
Capítulo 5:	A Ascensão e o Declínio das Empresas	83
Capítulo 6:	O Papel dos Lucros — e das Perdas	103
Capítulo 7:	A Economia das Grandes Empresas	133
Capítulo 8:	Regulamentação e Leis Antitruste	147
Capítulo 9:	Economia de Mercado e outras Economias	169
PARTE III: TRABALHO E REMUNERAÇÃO		181
Capítulo 10:	Produtividade e Remuneração	183
Capítulo 11:	Leis sobre Salário-Mínimo	209
Capítulo 12:	Problemas Específicos dos Mercados de Trabalho	223
PARTE IV: TEMPO E RISCO		255
Capítulo 13:	Investimento	257
Capítulo 14:	Ações, Títulos e Seguros	289
Capítulo 15:	Problemas Específicos de Tempo e Risco	315
Perguntas		331
Índice		341

PREFÁCIO

Este livro tem um diferencial óbvio em relação a outros livros de introdução à economia: nele não há gráficos ou equações. Por ser escrito em português simples, dispensando o jargão econômico, *Economia Básica* pode ser facilmente compreendido por pessoas sem conhecimento prévio de economia. Isso inclui não somente o público em geral, mas também os estudantes recém-iniciados nessa disciplina.

Uma característica menos evidente, mas importante, de *Economia Básica* é que ele se vale de situações da vida real, verificadas em países de todo o mundo, para exemplificar e facilitar a memorização dos princípios econômicos, algo que gráficos e equações não conseguem fazer. Ao longo de suas várias edições, a ideia fundamental por trás de *Economia Básica* continua a mesma: aprender economia deve ser tão simples quanto abrir os olhos.

O recorrente interesse dos leitores americanos a cada nova edição, e o crescente número de traduções para línguas estrangeiras no exterior,* sugerem que há uma demanda generalizada desse tipo de introdução à economia, quando apresentada de maneira acessível.

Tal como se dá com as pessoas, este livro ganhou peso com o passar dos anos, na medida em que novos capítulos foram adicionados e os já existentes foram atualizados e ampliados para acompanhar a evolução das economias ao redor do mundo.

A maioria de nós é necessariamente ignorante em muitos campos complexos, da botânica a intervenções cirúrgicas no cérebro. Em função disso, simplesmente nos isentamos de qualquer atuação ou comentário a respeito desses assuntos. No entanto, cada cidadão e cada político que recebeu seus votos têm influência nas políticas econômicas. Não é possível ignorar situações e decisões econômicas. Ao fazer nossas escolhas sobre questões e candidatos, não escapamos de três possibilidades: ou estamos informados, ou desinformados ou mal-informados. *Economia Básica* pretende tornar mais fácil estar informado. Não é difícil entender os princípios fundamentais da economia, mas é fácil esquecê-los, especialmente em meio à retórica arrebatadora dos políticos e dos meios de comunicação.

Em virtude de se constituir em uma introdução à disciplina econômica, *Economia Básica* deixa de lado não só jargões, gráficos e equações, mas também as habituais no-

---

* Edições anteriores a esta foram traduzidas para o espanhol, chinês, hebraico, japonês, sueco, coreano e polonês.

tas de rodapé. Contudo, aqueles que desejam conferir alguns dos fatos surpreendentes relatados aqui podem encontrar as fontes listadas em meu site www.tsowell.com ou em um site criado pelo editor Sowellbasiceconomics.com — ambos com conteúdo em inglês. Para os instrutores que estão usando *Economia Básica* em seus cursos, ou para os pais que educam seus filhos em casa, mais de uma centena de perguntas estão disponíveis no final do livro, com páginas referenciadas após cada pergunta, mostrando onde, no texto, se encontra a resposta àquela questão.

THOMAS SOWELL
Hoover Institution
Stanford University

AGRADECIMENTOS

Assim como em outros livros meus, este eu devo muito às minhas duas extraordinárias assistentes de pesquisa, Na Liu e Elizabeth Costa. Indo muito além de rastrear para mim várias informações, a Sra. Costa revisou o texto e conferiu os fatos nele registrados, que Liu então converteu em provas tipográficas e auxiliou na elaboração do índice, após o qual o arquivo Quark resultante foi enviado para a editora, possibilitando a impressão do livro diretamente do computador dela. Desnecessário dizer, quaisquer erros ou deficiências que permanecem após os esforços dessas pessoas são de minha inteira responsabilidade.

E, claro, nada disso seria possível sem o apoio do Hoover Institution e do suporte da Universidade de Stanford.

Capítulo 1

O QUE É ECONOMIA?

*Para qualquer um, seja conservador ou radical, defensor
do livre comércio ou da proteção dos mercados, cosmopolita
ou nacionalista, religioso ou pagão, é útil saber as causas e
consequências dos fenômenos econômicos.*

George J. Stigler

Os eventos econômicos ocupam, com frequência, as manchetes dos jornais ou as chamadas nos noticiários das emissoras de televisão. Entretanto, nem sempre as notícias deixam claro as causas de tais eventos, e muito menos os possíveis desdobramentos futuros.

Os princípios subjacentes envolvidos na maioria dos acontecimentos na esfera econômica não são, em geral, intrinsecamente complicados, mas a retórica política e o jargão econômico que costumam ser empregados nas discussões podem torná-los de difícil compreensão. E nisso há, ainda, um agravante: os princípios econômicos básicos capazes de esclarecer o que está ocorrendo podem permanecer desconhecidos para a maioria das pessoas e insuficientemente entendidos por muitos dos integrantes da mídia.

Tais princípios básicos da economia são válidos em todo o mundo e têm sido registrados ao longo de milhares de anos na história. Eles se aplicam a diferentes tipos de economias — capitalista, socialista, feudal, seja lá qual for — e entre uma ampla variedade de povos, culturas e governos. Políticas que ocasionaram aumento dos níveis de preços sob Alexandre, o Grande, fizeram o mesmo na América, milhares de anos mais tarde. A legislação sobre aluguéis levou a um conjunto muito semelhante de consequências no Cairo, Hong Kong, Estocolmo, Melbourne e Nova York. E, na Índia e nos países da União Europeia, as políticas agrícolas têm muitos pontos em comum.

No processo de compreensão da Economia, é preciso definir com exatidão o que Economia significa. Para saber o que é Economia, no sentido de ramo de estudo, devemos primeiro saber o que é uma economia no sentido cotidiano que vemos nos jornais e em nossa experiência pessoal[1]. A maioria de nós talvez pense em "economia" como um sistema de produção e distribuição dos bens e serviços que usamos na vida cotidiana. Isso é, em certa medida, verdadeiro, mas se revela insuficiente para dar conta do conceito por inteiro.

O Jardim do Éden era um sistema de produção e distribuição de bens e serviços, mas não era uma economia, porque tudo estava disponível em abundância ilimitada. Sem escassez, não há necessidade de economizar — e, portanto, não há Economia. Lionel Robbins, um importante economista britânico, nos apresenta uma definição clássica de Economia:

A Economia é o estudo do uso de recursos
escassos que têm usos alternativos.

ESCASSEZ

O que "escasso" significa? Significa que a somatória daquilo que todo mundo quer supera o que realmente está disponível. Isso pode parecer uma coisa simples, mas suas implicações são muitas vezes grosseiramente mal-entendidas, até mesmo por pessoas de educação esmerada. Tome-se como exemplo um artigo do *New York Times* que discorria sobre os problemas econômicos e preocupações da classe média americana — um dos mais abastados grupos de seres humanos que jamais habitaram este planeta. Embora essa história incluísse uma foto de uma família americana de classe média usufruindo de sua própria piscina, a manchete principal dizia: "The American Middle, Just Getting By" (algo como "O Americano Médio, Apenas Sobrevivendo.") Outros títulos no artigo incluíam:

Desejos Adiados e Planos Não Cumpridos

Metas Que Permanecem Fora de Alcance

Obstinação em Poupar e Alguns Luxos

Em resumo, os desejos dos americanos de classe média excedem o que eles podem confortavelmente pagar, embora o que já possuem seria considerado como inacreditá-

---

[1] No texto, se ou quando couber, utilizam-se os termos "Economia", com "E" maiúsculo, e "economia", com "e" minúsculo, para a devida diferenciação de conceitos.

vel prosperidade por pessoas em muitos outros países ao redor do mundo — ou mesmo por gerações anteriores de americanos. Porém, eles (e o repórter) consideram-se como "apenas sobrevivendo" e, no texto, um sociólogo de Harvard foi citado, comentando "o quão restringido está o orçamento dessas pessoas". Mas não é algo feito pelo homem, como um orçamento, o que de fato os restringe: a realidade os restringe. Não há o bastante para satisfazer a todos completamente. Essa é a verdadeira restrição. Isso é o que significa escassez.

O *New York Times* relatou que uma dessas famílias de classe média "mergulhou de cabeça nos gastos com cartão de crédito", mas depois "colocou suas finanças em ordem".

> "Mas se fizermos um movimento errado", disse Geraldine Frazier, "a pressão das contas vai voltar, e isso é doloroso."

Para todas essas pessoas — do meio acadêmico e do jornalismo, bem como da própria classe média — aparentemente parecia de certa forma estranho que pudesse haver uma coisa como escassez e que isso implicaria na necessidade de esforços produtivos e responsabilidade pessoal de sua parte na hora de gastar a renda obtida. No entanto, nada tem permeado mais a história da raça humana do que a escassez e todos os requisitos para economizar que vêm a reboque.

Independentemente de políticas, práticas ou instituições — se sábias ou não, nobres ou ignóbeis — simplesmente não há o suficiente para sair por aí e satisfazer todos nossos desejos ao máximo. "Necessidades não satisfeitas" são inerentes às circunstâncias caso vivamos em uma economia capitalista, socialista, feudal ou de outro tipo. As várias modalidades de economias são apenas maneiras institucionais diferentes de fazer os "trade-offs" (situações nas quais precisamos escolher um uso para algo ao mesmo tempo em que abrimos mão de usos alternativos), algo inevitável em qualquer economia.

PRODUTIVIDADE

A Economia não se trata apenas de lidar com o conjunto de bens e serviços existentes no mundo como consumidores, mas, também, e mais fundamentalmente, sobre *produzir* estes bens e serviços a partir de recursos escassos em primeiro lugar — transformando insumos em produção.

Em outras palavras, a Economia estuda as consequências das decisões que são feitas sobre o uso da terra, trabalho, capital e outros recursos destinados ao volume de produção determinante do padrão de vida de um país. Tais decisões e suas consequências podem ser mais importantes do que os próprios recursos, pois há países pobres onde abundam recursos naturais, e países como Japão e Suíça, carentes de recursos naturais, cujas populações têm elevado nível de vida. Os valores dos recursos naturais *per capita* no Uruguai e Venezuela são muito superiores aos do Japão e Suíça, mas a renda real *per capita* destas nações é bem maior: duas vezes a do Uruguai e várias vezes a da Venezuela.

Não só a escassez, mas também "usos alternativos" estão no coração da Economia. Se cada recurso tivesse somente uma utilização, a Economia seria muito mais simples. Mas a água pode ser usada para produzir gelo ou vapor, por si só ou mediante inúmeras misturas e compostos em combinação com outras coisas. Da mesma forma, a partir do petróleo obtêm-se não só gasolina e óleo para aquecimento, mas também plásticos, asfalto e vaselina. O minério de ferro pode ser utilizado para produzir derivados de aço que vão de clipes de papel a automóveis e esquadrias para arranha-céus.

Quanto de cada recurso deve ser atribuído a cada um de seus muitos usos? Cada economia tem de responder a essa pergunta, e cada uma o faz, de uma maneira ou outra, de forma eficiente ou ineficiente. Fazê-lo de modo eficiente é função da Economia. Diferentes tipos de economias são, em essência, diferentes formas de tomada de decisão sobre a alocação de recursos escassos — e essas decisões repercutem na vida de toda a sociedade.

Na época da União Soviética, por exemplo, suas indústrias utilizavam mais eletricidade do que as americanas, embora estas produzissem uma quantidade maior de bens. Tais ineficiências em transformar insumos em produtos traduziram-se em um padrão de vida mais baixo em um país ricamente dotado de recursos naturais — talvez mais ricamente dotado do que qualquer outro país do mundo. A Rússia é, por exemplo, um dos poucos países industrializados que produz mais petróleo do que consome. Mas uma abundância de recursos não cria, automaticamente, uma abundância de bens.

Eficiência na produção — a taxa pela qual os insumos são transformados em produtos e serviços — não se constitui apenas em uma questão técnica que compete aos economistas tratar. Ela afeta o padrão de vida da sociedade como um todo. Visualizar esse processo ajuda a pensar sobre coisas reais — minério de ferro, petróleo, madeira e outros insumos que integram o processo de fabricação, e os móveis, alimentos e automóveis que saem na outra ponta — em vez de pensar em decisões econômicas como sendo simplesmente decisões sobre dinheiro. Ainda que a palavra "Economia" sugira dinheiro para algumas pessoas, para a sociedade como um todo, dinheiro é apenas um dispositivo artificial para fazer coisas reais. Caso contrário, o governo poderia deixar-nos todos ricos simplesmente imprimindo mais dinheiro. Não é o dinheiro, mas o volume de bens e serviços que determina se um país é atingido pela pobreza ou alcança a prosperidade.

O PAPEL DA ECONOMIA

Entre os conceitos equivocados sobre o que é a Economia está aquele de que se trata de algo que lhe diz como ganhar dinheiro, ou tocar um negócio, ou prever os altos e baixos da Bolsa. Mas finanças pessoais ou administração de negócios não são sinônimos de Economia, e prever o sobe e desce do mercado de ações ainda está para ser reduzido a uma fórmula confiável.

Quando os economistas analisam preços, salários, lucros ou a balança comercial internacional, por exemplo, o fazem do ponto de vista de como as decisões em vários setores da economia afetam a alocação de recursos escassos, de modo a aumentar ou diminuir o padrão de vida material das pessoas vistas em conjunto.

A Economia não é simplesmente um tópico sobre o qual expressar opiniões ou dar vazão às emoções. Trata-se de um estudo sistemático de causa e efeito, mostrando o que acontece quando se fazem coisas específicas de formas específicas. Na análise econômica, os métodos utilizados por um economista marxista como Oskar Lange não diferem em nada fundamentalmente dos métodos usados por um economista conservador como Milton Friedman. É desses princípios econômicos básicos que este livro se ocupa.

Uma das maneiras de compreender as consequências das decisões econômicas é olhar para elas observando os *incentivos* que criam, em vez de simplesmente os *objetivos* que perseguem. Isso significa que as consequências são mais importantes que as intenções — e não apenas as consequências imediatas, mas também as repercussões em longo prazo.

Boas intenções não bastam; na verdade, sem a compreensão de como a economia funciona, ser apenas bem-intencionado pode levar a resultados contraprodutivos, se não desastrosos, para o país como um todo. Vários, se não a maioria dos desastres econômicos, decorreram de políticas pretensamente benéficas — e tais desastres poderiam ter sido evitados caso aqueles que as delinearam e implementaram entendessem de Economia.

A despeito de existirem controvérsias na Economia, isso não significa que seus princípios econômicos, tal como os da Química ou da Física, sejam apenas uma questão de opinião. As análises da Física efetuadas por Einstein, por exemplo, não refletiam somente a opinião dele, como o mundo descobriu após Hiroshima e Nagasaki. As reações econômicas podem não ser espetaculares ou trágicas de imediato, porém, a depressão generalizada dos anos 1930 deixou milhões de pessoas na pobreza, mesmo em países ricos, levando nações outrora produtoras de alimentos além de suas necessidades a um estado de subnutrição, causando, provavelmente, mais mortes ao redor do mundo do que o número de vítimas daquelas duas cidades japonesas.

Em contrapartida, quando Índia e China — dois dos países mais pobres da face da terra na história recente — começaram a realizar mudanças em suas políticas econômicas, suas economias passaram a crescer dramaticamente. Na Índia, estima-se que 20 milhões de pessoas saíram da condição de indigência em uma década. Na China, a quantidade de pessoas vivendo com um dólar ou menos por dia declinou de 374 milhões — cerca de 1/3 da população em 1990 — para 128 milhões em 2004, agora apenas 10% de uma população em crescimento. Em outras palavras, graças às mudanças na política econômica, 250 milhões de chineses estão hoje em melhor condição de vida.

Coisas como essas revelam quão importante é o estudo da Economia — e não apenas uma questão de opiniões ou emoções. A Economia é uma ferramenta de causa e efeito, um repositório de conhecimentos comprovados — e princípios derivados desse conhecimento.

Para uma decisão econômica, nem mesmo é imprescindível haver dinheiro envolvido. Quando uma equipe médica militar é deslocada para uma frente de batalha na qual há soldados com todo tipo de ferimentos, ela se defronta com o clássico problema da alocação de recursos escassos com usos alternativos. Quase nunca se dispõe de médicos, enfermeiros ou paramédicos em número suficiente, e tampouco de remédios e suprimentos médicos. Entre os feridos, alguns estão à beira da morte e têm chances mínimas de serem salvos, e outros têm ferimentos leves e provavelmente se recuperarão caso sejam imediatamente atendidos.

Caso a equipe médica não consiga alocar tempo e recursos de maneira eficiente, alguns dos feridos morrerão desnecessariamente enquanto são atendidos outros que não precisam ser cuidados tão urgentemente ou que, em razão de seu estado desesperador, não resistirão seja qual for o tratamento. Isso se constitui em um problema econômico, embora não haja nenhuma troca monetária.

A maioria de nós odeia sequer pensar em ter de fazer escolhas como essas. De fato, como temos observado, alguns americanos de classe média estão aflitos por ter de fazer escolhas e "trade-offs" mais brandos. Contudo, a vida não nos pergunta o que queremos. Ela nos apresenta opções. A Economia é uma das maneiras de tentar realizar a maioria dessas opções.

PARTE I: PREÇOS E MERCADOS

Capítulo 2

O PAPEL DOS PREÇOS

O prodígio dos mercados é que eles reconciliam as escolhas de uma miríade de indivíduos.

William Easterly

Tendo em conta que a tarefa-chave a ser enfrentada por qualquer economia é a alocação de recursos escassos com usos alternativos, a questão que se põe é a seguinte: como uma economia faz isso?

Obviamente, economias diferentes têm respostas diferentes. Nas economias feudais, o proprietário da terra (o "senhor feudal") simplesmente comunica às pessoas que trabalham em sua propriedade onde e o que fazer com os recursos disponíveis: semear menos cevada e mais trigo, colocar fertilizante aqui, mais feno ali, drenar os campos. Algo semelhante se deu com as sociedades comunistas no século XX, tal como a União Soviética[1], que organizou uma economia muito mais complexa quase que com esses mesmos métodos, com o governo ordenando a construção de uma usina hidroelétrica no Rio Volga, a produção de várias toneladas de aço na Sibéria ou uma determinada quantidade de trigo a ser colhida na Ucrânia. Em contraste, em uma economia de mercado coordenada pelos preços, não há ninguém no mais alto escalão que emita ordens para controlar ou estruturar as atividades ao longo da cadeia econômica.

O fato de como uma economia de alta tecnologia, incrivelmente complexa, pode operar sem uma direção central deixa muita gente perplexa. Consta que o derradeiro presidente da União Soviética, Mikhail Gorbachev, teria perguntado a Margareth Thatcher, Primeira-Ministra da Grã-Bretanha: como você calcula o que as pessoas

---

[1] NRT: O autor cita a União Soviética e economias semelhantes do século XX como sendo comunistas. Isso é impreciso. Na verdade, o comunismo, segundo Karl Marx, economista e grande teórico acerca do comunismo, é um sistema econômico no qual todos os trabalhadores são donos das habilidades, ferramentas e matérias-primas necessárias à produção e, consequentemente, não haveriam mais classes sociais explorando o trabalho de outras. Mas esse estágio só seria alcançado depois de se passar por uma fase transitória chamada Socialismo, no qual um Estado comandado pelos trabalhadores centralizaria a propriedade de todos os recursos para posteriormente distribuir. Sendo assim, a União Soviética jamais foi comunista, parando no estágio do Socialismo.

vão comer? A resposta que ouviu foi que ela não fazia isso. Quem fazia eram os preços. Seja como for, a população britânica estava melhor alimentada que a soviética, embora há mais de um século não produzisse alimento suficiente para si mesma. Os preços traziam os alimentos de outros países.

Sem a atuação dos preços, imagine a monumental burocracia envolvida para assegurar que a cidade de Londres, por exemplo, fosse suprida com as toneladas de alimentos consumidas diariamente. Um exército de burocratas pode ser desobrigado de suas funções — e transferido para trabalhos produtivos em outras áreas — devido ao simples mecanismo de preços, que executa a mesma tarefa melhor, com mais rapidez e menor custo.

Isso também é verdadeiro na China, onde o comunismo[2] ainda governa, mas que no início do século XXI permitiu que o livre mercado operasse em muitos setores econômicos do país. Apesar de a China possuir 1/5 da população mundial, tem somente 10% das terras agriculturáveis, então, alimentar o povo poderia continuar a ser o problema crítico que já foi, trazendo de volta os dias em que a fome recorrente ceifou milhões de vidas chinesas. Hoje, os preços atraem para a China os alimentos vindos de outros países:

> O suprimento alimentar da China provém do exterior — da América do Sul, dos EUA e da Austrália. Isso significa prosperidade para produtores e beneficiadores agrícolas como Archer Daniels Midland. Eles estão entrando na China de todas as maneiras que se pode esperar para um mercado interno de US$100 bilhões para alimentos processados que cresce a taxas superiores a 10% ao ano. Trata-se da sorte grande para fazendeiros do Meio-Oeste americano, cuja produção de soja vem usufruindo de preços que têm se elevado em 2/3 em relação ao ano anterior. Isso representa uma dieta alimentar melhor para os chineses, que aumentaram seu consumo de calorias em 1/3 no último quarto de século.

Em decorrência do poder de atração dos preços, as vendas da empresa americana de frangos fritos KFC na China, no começo do século XXI, superavam as alcançadas nos EUA. O consumo *per capita* de produtos de consumo diário quase dobrou em apenas cinco anos. Um estudo demonstrou que ¼ dos chineses adultos tem sobrepeso — não uma boa coisa em si, mas um dado encorajador em um país anteriormente afligido por fomes recorrentes.

---

[2] NRT: Mesma ressalva da NRT 1 sobre as diferenças entre socialismo e comunismo. No caso, a China é uma economia Socialista.

A TOMADA DE DECISÕES ECONÔMICAS

O fato de não haver, em uma economia de mercado, um indivíduo ou grupo de pessoas no controle ou coordenação de todas as inumeráveis atividades econômicas não implica que as coisas aconteçam de maneira aleatória ou caótica. Cada consumidor, produtor, varejista, senhorio ou trabalhador realiza suas transações individuais em termos mutuamente acordados. Os preços são representativos desses termos, não somente para os indivíduos particularmente envolvidos, mas por todo o sistema econômico — e, com certeza, pelo mundo. Caso alguém mais, em qualquer outro lugar, tenha um produto melhor, ou um preço menor para o mesmo produto ou serviço, o fato é transmitido e repercute nos preços, sem que políticos eleitos ou uma comissão de planejamento determine o procedimento de consumidores ou produtores — na verdade, mais rapidamente que quaisquer planejadores poderiam reunir informações sobre as quais basear suas ordens.

Se alguém nas Ilhas Fiji descobrir como fabricar melhores sapatos a preços menores, não demorará muito até que você possa ver esses sapatos à venda no Brasil, na Índia, ou em qualquer lugar entre esses países. Após o término da II Guerra Mundial, os americanos podiam começar a comprar câmeras do Japão, sem que mesmo os oficiais militares americanos em Washington soubessem naquele momento que os japoneses já fabricavam câmeras. Uma vez que em qualquer economia moderna há milhões de produtos, é demais esperar que seus líderes saibam quais são todos esses bens, e muito menos tenham conhecimento dos recursos que precisam ser alocados para a produção de cada um deles.

Preços são um elemento vital na determinação de quanto e onde cada recurso é utilizado, e de como os produtos elaborados chegam às mãos de milhões de pessoas. Não obstante, essa relevância é raramente percebida pelo público em geral, e frequentemente negligenciada por completo pelos políticos. Em suas memórias, Margareth Thatcher conta que Mikhail Gorbachev "entendia muito pouco de Economia" embora fosse, na época, o líder da nação com a maior área territorial do mundo. Infelizmente, não era o único nessa condição. Podia-se dizer o mesmo de diversos outros líderes nacionais ao redor do globo, de países grandes ou pequenos, democráticos ou não.

Para os países nos quais as atividades econômicas são automaticamente reguladas pelos preços, a falta de conhecimento econômico não tem, nem de perto, a importância que representa para as nações cujas atividades econômicas são dirigidas e coordenadas por seus líderes políticos.

Muitas pessoas veem nos preços simplesmente um obstáculo para obter as coisas que desejam. Aquelas que gostariam de morar em uma casa de frente para o mar, por exemplo, podem abandonar seus planos assim que se deparam com o custo extremamente elevado de um imóvel com essa característica. Entretanto, não é pelos preços exorbitantes que nós todos não podemos possuir residências assim. Ao contrário, o ponto relevante é que não há casas desse tipo o bastante por aí, e os preços apenas refletem a realidade subjacente. Na medida em que várias pessoas disputam um número de casas relativamente pequeno, estas encarecem em virtude da oferta e da demanda. Mas a causa da escassez não está nos preços. Haveria a mesma escassez em sociedades feudais, socialistas ou tribais.

Se o governo, hoje, vier com um "plano" para "acesso universal" a casas de frente para o mar e estabelecer "tetos" para os preços que poderiam ser cobrados para cada uma delas, isso em nada mudaria a realidade inerente da proporção extremamente alta entre pessoas e imóveis defronte ao mar. Com uma dada população e um dado montante de propriedades desse tipo, estabelecer um racionamento sem o sistema de preços seria incorrer em autorizações burocráticas, favoritismo político ou pura sorte — mas o racionamento ainda seria necessário. Ainda que o governo decretasse que casas de frente para o mar fossem um "direito básico" de todos os membros da sociedade, isso não alteraria, em absoluto, a condição intrínseca de escassez.

Preços são como mensageiros levando as notícias — às vezes, más, no caso das residências à beira-mar desejadas por muito mais gente do que aquelas que podem morar ali, mas muitas vezes também boas. Por exemplo, computadores têm ficado melhores e mais baratos rapidamente graças aos avanços tecnológicos. E a vasta maioria dos beneficiários de tais aprimoramentos não têm a menor ideia do que representam, especificamente, tais aperfeiçoamentos tecnológicos. No entanto, os preços transmitem a eles os resultados finais — tudo que lhes importa para a tomada de decisão e sua própria melhoria de produtividade e bem-estar geral ao usar computadores.

Analogamente, se novas e imensas reservas de minério de ferro são subitamente descobertas, talvez não mais que 1% da população provavelmente se daria conta disso, mas todos notariam que as coisas feitas de aço ficariam mais baratas. Quem estivesse pensando em comprar escrivaninhas de aço, por exemplo, poderia perceber que tais mercadorias haviam se tornado uma pechincha quando comparadas com as confeccionadas em madeira e, por esse motivo, outros poderiam, sem sombra de dúvida, mudar de ideia quanto a sua preferência pelo tipo de material usado nesses objetos. Idêntico fenômeno poderia ocorrer com relação a outros produtos feitos com aço competindo com produtos cujos insumos incluem alumínio, cobre, plástico, madeira e outros materiais. Em resumo, mudanças nos preços capacitam a sociedade como um todo — na verdade, consumidores ao redor do mundo — a se ajustar automaticamente em função de uma maior abundância de reservas confirmadas de minério de ferro, mesmo que 99% desses consumidores desconheçam inteiramente a nova descoberta.

Os preços não se restringem a um modo de transferir dinheiro. Seu papel primário é providenciar incentivos financeiros que afetam o comportamento no uso de recursos e produtos resultantes. Os preços não orientam somente os consumidores, mas os produtores também. Em termos absolutos, os produtores não têm como saber, possivelmente, o que milhões de diferentes consumidores desejam. Por exemplo, tudo o que fabricantes de automóveis sabem é que quando produzem carros com uma determinada combinação de características eles os vendem por um preço que cobre os custos de produção e deixam uma margem de lucro; todavia, quando utilizam na produção um mix diferente de características, as vendas não são tão boas. Para escoarem os veículos não comercializados, os revendedores devem cortar os preços a um nível que permita diminuir os estoques, mesmo que isso signifique assumir certa perda. A alternativa seria incorrer em um grande prejuízo não vendendo carro algum.

Embora seja às vezes chamado de um sistema de lucros, um sistema de livre mercado é de fato um sistema de lucros e perdas. Os prejuízos são igualmente importantes para a eficiência da economia porque revelam aos produtores o que *parar* de fazer — o que parar de produzir, onde deixar de aplicar os recursos e em que não mais investir. Prejuízos *obrigam* os produtores a interromper a produção daquilo que os consumidores não querem. Mesmo sem saber de início exatamente que conjunto de características os clientes querem ou não, os produtores automaticamente produzem mais do que gera lucro e menos do que os faz perder dinheiro. Ainda que os produtores estejam, a despeito do ponto de vista da economia como um todo, procurando obter resultados somente para si ou para suas empresas, a sociedade está utilizando recursos escassos de maneira mais eficiente porque as decisões são orientadas pelos preços.

Os preços já formavam uma ampla rede mundial de comunicação bem antes do surgimento da internet. Preços conectam você a qualquer um, em qualquer lugar do mundo onde se permite aos mercados operar livremente, então, locais com os menores preços para determinados bens podem vendê-los para o mundo todo. Assim, você pode vestir camisas confeccionadas na Malásia, sapatos produzidos na Itália e calças esporte feitas no Canadá, enquanto dirige um automóvel japonês equipado com pneus franceses.

Mercados orientados por preços possibilitam às pessoas sinalizar como e quanto estão dispostas a oferecer por algo, e quanto e como os outros se dispõem a suprir essa demanda. Os preços respondendo à oferta e procura ocasionam a transferência dos recursos naturais dos lugares em que são abundantes, como a Austrália, para lugares em que são quase inexistentes, como o Japão. Os japoneses estão dispostos a pagar os elevados preços exigidos pelos australianos por tais recursos. Esses preços altos cobrem os custos de frete e ainda proporcionam lucros substanciais comparativamente às vendas efetuadas no mercado interno australiano, no qual a abundância rebaixa os preços. Uma descoberta de grandes reservas de bauxita na Índia reduziria, nos EUA, o custo dos bastões de beisebol feitos de alumínio. Uma desastrosa quebra da safra de trigo na Argentina poderia aumentar a receita dos produtores agrícolas ucranianos, beneficiados pela maior demanda por seu trigo no mercado mundial e consequente maior preço.

Quando, para um certo produto, a oferta supera a demanda, a competição entre os vendedores na tentativa de se livrar do excedente força a queda dos preços, desencorajando a produção futura e liberando os recursos aplicados naquele produto para serem utilizados em outro cuja procura seja maior. Por outro lado, quando a demanda por um item específico supera a oferta disponível, os preços aumentados em decorrência da competição entre os consumidores estimulam uma produção maior, atraindo os recursos existentes em outros segmentos econômicos a fim de atender a demanda.

A relevância dos preços no livre mercado em termos de alocação dos recursos pode ser mais bem aquilatada observando as situações em que *não* se permite que os preços realizem essa função. Durante a era de centralização da gestão econômica na União Soviética, por exemplo, os preços não eram estabelecidos de acordo com a oferta e a demanda, mas pelos planejadores centrais, que comandavam o envio dos recursos para seus vários usos, precificados, para cima ou para baixo, conforme julgavam adequado. Dois economistas soviéticos, Nikolai Shmelev e Vladimir Popov, descreveram uma situação na qual seu governo elevou o preço a ser pago por moleskins (pele de toupeira), levando caçadores a buscar e vender mais delas:

> As compras estatais aumentaram, e agora todos os centros de distribuição estão repletos dessas peles. A indústria não tem condições de as utilizar, e elas com frequência apodrecem nos armazéns antes que possam ser processadas. O Ministro da Indústria já solicitou por duas vezes ao Goskomtsen (o Comitê de Preços, órgão responsável pela definição dos preços) para reduzir os preços de compra, mas a "questão não foi decidi-

O Papel dos Preços

da" ainda. E isso não causa surpresa alguma. Seus membros estão muito ocupados para tomar decisões. Eles não dispõem de tempo: além de estabelecer os preços para essas peles, têm de manter o monitoramento de outros 24 *milhões* de preços.

Embora uma agência governamental possa estar sobrecarregada por administrar 24 milhões de preços, um país com mais de 100 milhões de habitantes pode com muito mais facilidade monitorar aqueles preços individualmente, pois nenhuma pessoa ou empresa precisa se ocupar com mais que alguns relativamente poucos preços relevantes para sua tomada de decisão. A coordenação generalizada dessas inumeráveis decisões isoladas é executada pelo efeito da oferta e da demanda sobre os preços, e o efeito destes no comportamento dos consumidores. O dinheiro fala — e as pessoas escutam. As reações delas são comumente mais rápidas do que os planejadores centrais podem obter com todos seus relatórios juntos.

Enquanto dizer às pessoas o que fazer possa parecer um modo mais racional ou ordenado de coordenar uma economia, comprovou-se na prática que isso é recorrentemente menos eficaz. O ocorrido com as peles era algo comum com relação a diversos outros bens no período em que a economia da União Soviética era centralmente planejada, em que um problema crônico eram as pilhas de bens não vendidos mofando nos armazéns, ao mesmo tempo que havia dolorosas carências de outras coisas que poderiam ter sido produzidas com os mesmos recursos. Em uma economia de mercado, os preços de bens em excesso cairiam automaticamente em razão da oferta e demanda, enquanto os preços dos bens pouco ofertados se elevariam automaticamente pelo mesmo motivo — o resultado líquido seria uma realocação de recursos dos primeiros para os últimos também automaticamente, na medida em que os produtores procurariam lucrar e evitar prejuízos.

O problema não está em que planejadores em particular cometam erros em particular, na União Soviética ou em outras economias planejadas. Sejam quais forem os equívocos dos planejadores centrais, há equívocos em todos os sistemas econômicos — capitalista, socialista ou quaisquer outros. O problema mais fundamental com o planejamento central é que as tarefas que demandam têm se demonstrado demasiadas para seres humanos, em quaisquer países em que foram levadas a efeito. Como Shmelev e Popov colocaram:

> Não importa o quanto desejamos organizar tudo racionalmente, sem desperdícios, não importa quão apaixonadamente queremos assentar cuidadosamente todos os tijolos da estrutura econômica, sem nenhuma rachadura na argamassa, isso está fora do nosso alcance.

PREÇOS E CUSTOS

Em uma economia de mercado, preço não é algo tirado da cartola ou arbitrariamente definido pelos vendedores. Embora você possa colocar o preço que quiser nos bens ou serviços que fornece, ele só se tornará uma realidade econômica se alguém estiver disposto a arcar com ele — e isso depende não do preço que você escolheu, mas de quanto os consumidores desejam que você ofereça e nos preços cobrados por outros fornecedores dos mesmos bens ou serviços.

Mesmo que você produza alguma coisa que para um consumidor valha a pena gastar R$100, e ofereça vendê-lo por R$80, o consumidor ainda não comprará de você se um concorrente fizer por R$70. Por mais óbvio que isso possa parecer, suas implicações não são absolutamente óbvias para algumas pessoas — aqueles que culpam os altos preços por "ganância", por exemplo, quando um vendedor pode estabelecer preços à vontade e realizar negócios a preços arbitrários. Exemplificando, uma história na primeira página do *The Arizona Republic* começava:

> A ganância leva os preços e vendas das residências na região metropolitana de Phoenix a novos recordes em 2005. O medo move o mercado este ano.

A implicação disso é que diminuir os preços significa menos ganância, quando na realidade a *mudança das circunstâncias* reduziu a habilidade dos vendedores em cobrar os mesmos preços de antes e ainda conseguir fechar vendas. A mudança das circunstâncias nesse caso inclui o fato de que as residências à venda em Phoenix permaneciam por mais tempo no mercado do que durante o ano anterior, e também o fato de que os construtores de casas estavam "lutando para vender novas casas mesmo oferecendo grandes descontos". Não havia a mínima indicação de que os vendedores estivessem menos interessados em obter tanto dinheiro quanto pudessem para as casas que comercializassem — ou seja, que estivessem menos "gananciosos".

A competição no mercado é o fator que limita o quanto alguém pode cobrar e ainda realizar a venda, então, a questão não está na disposição de ninguém, ganancioso ou não, mas naquilo que as circunstâncias do mercado fazem acontecer. O sentimento dos vendedores — "gananciosos" ou não — nada nos diz sobre aquilo que o comprador está disposto a pagar.

Alocação de Recursos por Meio dos Preços

Precisamos, agora, olhar mais de perto o processo pelo qual os preços alocam recursos escassos com usos alternativos. A situação em que os consumidores querem o produto *A* e não querem o produto *B* se constitui no exemplo mais simples de como os preços levam à eficiência na utilização de recursos escassos. Contudo, os preços são igualmente importantes em situações mais comuns e mais complexas, nas quais os consumidores desejam ambos os produtos, *A* e *B*, tanto como várias outras coisas, algumas delas exigindo os mesmos ingredientes em sua produção. Por exemplo, os consumidores não desejam apenas queijo, também querem sorvete e iogurte, assim como outros derivados do leite. Como os preços ajudam a economia a determinar quanto leite deveria ser destinado a cada um desses produtos?

Ao pagar pelo queijo, sorvete e iogurte, os consumidores estão de fato distribuindo indiretamente o leite para a produção desses produtos. Em outras palavras, o dinheiro resultante das vendas dessas mercadorias é o que permite que produtores novamente adquiram leite para continuar a fabricar seus respectivos produtos. Quando a demanda por queijo aumenta, os fabricantes utilizam as receitas adicionais para obter parte do leite que antes era utilizado para fazer sorvete ou iogurte, a fim de incrementar sua própria produção e atender ao aumento da procura. Ao demandar mais leite, os fabricantes de queijo forçam a elevação dos preços desse produto — para todos, incluindo os produtores de sorvetes e iogurte. Como os fabricantes de sorvete e iogurte elevam os preços de suas mercadorias para compensar o acréscimo de custo do leite que usam para produzi-las, os consumidores provavelmente comprarão menor quantidade desses outros laticínios em função da elevação dos preços.

Como cada um dos produtores avalia quanto comprar de leite? Obviamente, eles comprarão somente a quantidade de leite que reembolsará os custos mais altos relativos aos maiores preços pagos pelos produtos derivados do leite. Se os consumidores de sorvete não forem desestimulados pelos altos preços tanto quanto os de iogurte, muito pouco desse leite adicional destinado à produção de queijo virá da redução da produção de sorvete e uma maior parcela será proveniente da diminuição da fabricação de iogurte.

O significado disso tudo é um princípio geral segundo o qual *o preço que um produtor está disposto a pagar por determinado ingrediente vem a ser o preço que outros produtores são forçados a pagar pelo mesmo ingrediente*. Isso é aplicável quer estejamos falando sobre o leite que entra na fabricação de queijo, sorvete ou iogurte, quer estejamos falando sobre a madeira utilizada na produção de tacos de beisebol, mobília e papel. Caso dobre a quantidade de papel demandado, a procura por polpa de madeira aumenta. Como o preço da madeira sobe em resposta a esse incremento da demanda, isso significa que os preços dos bastões de beisebol e da mobília sofrerão um acréscimo para compensar a elevação dos custos da madeira com que eles são feitos.

As repercussões vão mais além. Crescendo o preço do leite, a pecuária leiteira é incentivada a produzir mais leite, o que pode significar a aquisição de mais vacas, o que por seu turno pode implicar que mais vacas poderão atingir a maturidade em vez de serem destinadas ao corte. As repercussões não ficam por aí. Como diminui o abate de vacas, há menos carne de gado disponível para corte e os preços da picanha e da alcatra no supermercado podem subir em face da oferta e da procura. Tais repercussões espalham-se pela economia, muito como as ondas em uma lagoa quando se atira uma pedra nela.

Não há ninguém lá no alto coordenando tudo isso, principalmente porque ninguém seria capaz de acompanhar todas as repercussões em todas as direções. Tal tarefa foi comprovadamente tida como demasiada para planejadores centrais país após país.

Substituição Incremental

Como recursos escassos têm usos alternativos, o valor alocado em um desses usos por um indivíduo ou empresa estabelece o custo a ser pago por outros que queiram dispor de alguns desses recursos além daquilo que já usavam. Da perspectiva da economia como um todo, isso significa que *os recursos tendem a fluir em direção aos seus usos mais valorizados* quando há competição de preços no mercado. Isso não implica que um uso categoricamente afaste outros usos. Ao contrário, ajustes são incrementais. Somente aquela quantidade de leite que é valiosa tanto para os consumidores de sorvetes ou de iogurte quanto para os compradores de queijo será utilizada para produzir sorvete e iogurte. Somente aquela quantidade de madeira que é valiosa tanto para os fabricantes de tacos de beisebol ou mobília quanto para os produtores de papel será utilizada para produzir tacos e mobília.

Agora, olhe para a demanda do ponto de vista dos consumidores: se considerarmos os consumidores de queijo, sorvete ou iogurte, alguns estarão ansiosos para obter uma certa quantidade, menos ansiosos para obter quantidades adicionais e, finalmente, a partir de um certo ponto, indiferentes para conseguir mais ou até mesmo não dispostos a consumir nada mais após estarem saciados. O mesmo princípio se aplica quando mais polpa de madeira é utilizada na produção de papel e os fabricantes e consumidores de móveis e bastões de beisebol têm de fazer seus ajustes incrementais em conformidade. Em suma, os preços coordenam o uso dos recursos, a fim de que apenas aquela quantidade seja utilizada para uma coisa que tem valor igual para que valha a pena para outros em outros usos. Desse modo, uma economia coordenada pelos preços não inunda as pessoas com queijo ao ponto de fazê-las enjoar dele enquanto outros reclamam em vão por mais sorvete ou iogurte.

Absurda como deveria ser, tal situação tem ocorrido várias vezes em economias nas quais os preços *não* são usados para alocar recursos escassos. Peles não eram os únicos bens "encalhados" nos armazéns soviéticos ao mesmo tempo que as pessoas esperavam em longas filas para tentar obter coisas cuja oferta era diminuta.[3] A alocação eficiente de recursos escassos com usos alternativos não é apenas uma noção abstrata dos economistas. Ela determina quão bem ou quão mal vivem milhões de pessoas.

De novo, como no exemplo das casas de frente para o mar, os preços comunicam uma realidade subjacente: *do ponto de vista da sociedade como um todo, o "custo" de alguma coisa é o valor que ela tem em usos alternativos*. Esse custo está refletido no mercado quando o preço que um indivíduo está disposto a pagar vem a ser um custo que os demais são forçados a incorrer para poder compartilhar o mesmo escasso recurso ou produtos feitos a partir dele. Porém, não importa se uma sociedade tem um sistema de preços capitalista, é socialista, feudal ou outro qualquer, o custo verdadeiro de alguma coisa continua a ser seu valor em usos alternativos. O custo verdadeiro da construção de uma ponte é determinado por seja qual for aquilo que poderia ser construído com o mesmo trabalho e material. Isso é verdadeiro também no nível individual, mesmo quando nenhum dinheiro está envolvido. O custo de assistir a um filme ou novela na televisão é o valor de outras coisas que poderiam ser feitas no mesmo período de tempo.

Sistemas Econômicos

Diferentes sistemas econômicos lidam com realidades subjacentes de modos diferentes e com diferentes graus de eficiência, mas a realidade que subjaz existe independentemente do sistema econômico de uma dada sociedade. Uma vez que reconheçamos isso, podemos então comparar como sistemas econômicos que usam os preços para forçar as pessoas a compartilhar entre si recursos escassos diferem em eficiência

---

[3] Alguém que visitou a União Soviética em 1987 relatou que "pessoas ainda permaneciam pacientemente em longas filas horas a fio para comprar coisas: em uma esquina, havia gente esperando para comprar tomates em uma caixa de papelão, uma para cada cliente, e, do outro lado, em uma loja próxima de nosso hotel, havia uma fila há três dias, e nós notamos que no dia em que chegamos aquela loja tinha recebido uma nova remessa de camisetas masculinas." Midge Decter, *An Old Wife's Tale, p. 169.*

dos sistemas econômicos que determinam tais coisas por meio de reis, políticos ou burocratas dizendo quem pode ter quanto daquilo.

Durante uma breve era de maior abertura nos derradeiros anos da União Soviética, quando as pessoas tinham mais liberdade para dizer o que pensavam, os dois economistas soviéticos já mencionados escreveram um livro que dizia com muita sinceridade como sua economia funcionava, e esse livro foi posteriormente traduzido para o inglês[4]. Na União Soviética, como Shmelev e Popov colocaram, as empresas produtoras "sempre solicitavam mais do que necessitavam" ao governo em termos de matérias-primas, equipamentos e outros insumos utilizados na produção. "Eles pegavam tudo quanto pudessem, independentemente de quanto realmente precisavam, e não se preocupavam em economizar materiais", segundo esses economistas. "Com isso, ninguém 'lá no alto' sabia exatamente quais eram as reais necessidades", então, "esbanjar" fazia sentido — do ponto de vista de quem administrava uma empresa soviética.

Entre os recursos desperdiçados estavam os trabalhadores. Aqueles economistas estimaram que "de 5% a 15% da mão de obra na maioria das empresas excedia as necessidades e era mantida 'como reserva'". A consequência disso é que mais recursos eram utilizados para produzir um determinado montante de bens na economia soviética em comparação com o que ocorria em um sistema econômico coordenado pelos preços, como no Japão, na Alemanha e em outras economias de mercado. Citando estatísticas oficiais, Shmelev e Popov lamentaram:

> Para fazer uma tonelada de cobre, nós usamos cerca de 1000kwh de energia elétrica, contra 300kwh na Alemanha Ocidental. Para produzir uma tonelada de cimento, usamos duas vezes mais energia que o Japão.

A União Soviética não era carente de recursos; na verdade, era uma das nações mais ricamente dotadas — se não *a* mais ricamente dotada de recursos naturais. Nem se ressentia de pessoas de educação esmerada e bem treinada. O que lhe faltava era um sistema econômico que fizesse uso eficiente de seus recursos.

Uma vez que as empresas soviéticas não estavam expostas a restrições financeiras como suas congêneres capitalistas, adquiriam mais máquinas do que necessitavam, "as quais ficavam juntando poeira nos armazéns ou enferrujando ao ar livre", na descrição daqueles economistas. Em resumo, as companhias soviéticas não se sentiam obrigadas a economizar —, isto é, a tratar seus recursos como escassos e valiosos em usos alternativos, negociando-os com terceiros usuários que não dispunham de tais recursos, como ocorreria em uma economia de mercado. Embora, individualmente falando, o

---

[4] *The Turning Point: Revitalizing the Soviet Economy* (New York: Doubleday, 1989).

custo desse desperdício fosse pequeno ou nulo para as empresas soviéticas, não o era para o sofrido povo soviético, na forma de um menor padrão de vida do que aquele que seus recursos e tecnologia tinham capacidade para proporcionar.

Um desperdício de insumos tal como o descrito por aqueles economistas não poderia ter mantido seu curso em um tipo de economia em que os recursos teriam de ser adquiridos concorrencialmente, levando em conta usuários alternativos, e as empresas só lograriam sobreviver mantendo seus custos abaixo das receitas auferidas. Em um sistema assim — capitalista, coordenado pelos preços —, o montante de insumos requerido por uma empresa seria baseado em uma estimativa rigorosa do que era realmente necessário, e não em quanto seus gestores pudessem persuadir os altos funcionários do governo a lhes conceder.

Esses funcionários de alto escalão do governo não tinham como ser especialistas em toda a série de setores de atividade e produtos sob seu controle, assim, aqueles com poder nas agências de planejamento centralizado eram, em alguma medida, dependentes do conhecimento de suas próprias empresas e setores de atividade em particular. Essa separação entre poder e conhecimento estava na raiz do problema.

Os responsáveis pelo planejamento central podiam ouvir com ceticismo o que os gestores das empresas lhes contavam. Mas ceticismo não é conhecimento. Se os recursos fossem negados, a produção poderia se ressentir — e cabeças poderiam rolar nas agências de planejamento. O resultado líquido era o excessivo uso de recursos descrito pelos economistas soviéticos. O contraste entre a economia soviética e as do Japão e Alemanha é apenas um entre muitos que podem ser feitos entre sistemas econômicos que se valem dos preços para alocar recursos e aqueles sob controle burocrático ou político. Há em outras regiões do mundo, e em outros sistemas políticos, contrastes similares entre lugares que utilizam os preços para racionar bens e alocar recursos *versus* lugares submetidos a governantes hereditários, funcionários eleitos ou comissões de planejamento designadas.

Quando diversas colônias africanas alcançaram sua independência nos anos 1960, houve uma aposta famosa envolvendo os presidentes de Gana e da vizinha Costa do Marfim sobre qual dos dois países estaria mais próspero anos mais tarde. Naquela altura, Gana não apenas era mais próspera que a Costa do Marfim como possuía mais recursos naturais, assim, a aposta parecia algo imprudente para o presidente da Costa do Marfim. Entretanto, ele sabia que em Gana a economia seria entregue ao controle do governo, e na Costa do Marfim a economia seria direcionada pelo livre mercado. Em 1982, a Costa do Marfim tinha ultrapassado economicamente Gana a ponto de que 20% da parcela mais pobre de sua população tinha uma renda real mais alta que a maioria da população de Gana.

Isso não poderia ser atribuído a nenhuma superioridade do país ou de seu povo. De fato, em anos recentes, quando o governo da Costa do Marfim por fim sucumbiu à tentação de aumentar o controle da economia nacional, enquanto Gana finalmente aprendeu com os erros cometidos, afrouxando o controle governamental sobre a economia, essas duas nações inverteram os papéis — e a nova economia de Gana começou a crescer, ao passo que a da Costa do Marfim declinou.

Comparações semelhantes poderiam ser feitas entre Myanmar e Tailândia, com a primeira usufruindo de elevado padrão de vida antes da instituição do socialismo, e a última com um padrão de vida muito mais alto posteriormente. Outros países — Índia, Alemanha, China, Nova Zelândia, Coreia do Sul, Sri Lanka — experimentaram agudas e positivas reviravoltas em suas economias após libertarem-nas dos vários controles governamentais e confiar mais nos preços para alocar os recursos. Por volta de 1960, as economias da Índia e Coreia do Sul tinham níveis comparáveis, mas, ao final dos anos 1980, a renda *per capita* da Coreia do Sul era dez vezes a da Índia.

Após sua independência, em 1947, a economia da Índia permaneceu sob controle governamental por vários anos. No entanto, nos anos 1990, a Índia "abandonou quatro décadas de isolamento econômico e planejamento, e deixou livres os empreendedores do país pela primeira vez desde a independência", nas palavras da prestigiosa revista londrina *The Economist*. A taxa de crescimento alcançou 6% ao ano, fazendo dela "uma das economias de mais rápido crescimento do mundo". Entre 1950 e 1990, a taxa média de crescimento havia sido de 2%. O efeito cumulativo de um crescimento três vezes mais rápido do que antes foi que milhões de indianos saíram do estado de pobreza.

Na China, a transição para uma economia de mercado iniciou-se mais cedo, ainda na década de 1980. Primeiramente, os controles governamentais foram relaxados em uma base experimental em determinados setores econômicos e em certas regiões geográficas. Isso resultou em assombrosos contrastes econômicos dentro do país, assim como um rápido crescimento econômico de modo geral.

Voltando a 1978, menos de 10% da produção agrícola da China era comercializada em mercados livres, em vez de ser destinada pelo governo à distribuição. Porém, em 1990, 80% eram vendidas diretamente no mercado. A resultante líquida foi mais alimentos com maior variedade disponível por habitante urbano na China, e uma elevação de mais de 50% da renda dos fazendeiros em cinco anos. Em contraste com os severos problemas de ordem econômica quando, sob Mao — falecido em 1976 —, o governo controlava com mão de ferro, a subsequente liberação dos preços no mercado levou a um exuberante crescimento econômico a taxas de 9% ao ano no período 1978 – 1995.

O Papel dos Preços

Ainda que a história nos mostre que tais coisas acontecem, a Economia ajuda a explicar *por que* elas acontecem — que há nos preços algo que lhes possibilita cumprir aquilo que o controle político de uma economia raramente consegue. Há mais na Economia que preços, mas compreender como os preços funcionam é fundamental para entender muito do restante da Economia. Uma economia planejada racionalmente soa mais plausível que uma economia coordenada somente por preços vinculando milhões de decisões autônomas, individuais e das organizações. Mas economistas soviéticos que verificaram as reais consequências de uma economia centralizada chegaram a conclusões bem diferentes — ou seja, "há uma grande diversidade de relacionamentos econômicos, e é impossível levar todos em conta e coordená-los adequadamente".

Conhecimento é um dos mais escassos entre todos os recursos, e um sistema de precificação os poupa, pois obriga aqueles com mais conhecimento de sua situação em particular a fazer ofertas por bens e recursos baseando-se nesse conhecimento, em vez de usar sua habilidade e influência sobre comissões de planejamento, legislaturas ou palácios reais. Não importa quanto a articulação possa ser valorizada pelos intelectuais, não é nem de longe uma maneira tão eficiente de transferir informações abalizadas quanto confrontar as pessoas com a necessidade de colocar seu dinheiro naquilo em que acreditam. Isso as força a procurar reunir as mais corretas informações do que confiar nas palavras mais plausíveis.

Os seres humanos cometerão equívocos seja qual for o sistema econômico. Eis o ponto-chave: que espécies de incentivos e restrições farão com que eles corrijam seus próprios erros? Em um sistema coordenado pelos preços, qualquer produtor que utiliza recursos que são mais valiosos em outros setores econômicos provavelmente descobrirá que os custos deles não podem ser cobertos com os preços que os consumidores estão dispostos a pagar pelo produto. Afinal, o produtor tem de fazer ofertas maiores por aqueles recursos do que valeria a pena para aqueles usuários alternativos. Se tais recursos não são mais valiosos nos usos que o produtor faz, este perderá dinheiro. Assim, não haverá outra opção que não a de descontinuar a produção com esses insumos.

Para os produtores que não percebem o que está ocorrendo, ou que resistem a mudar, a continuidade dos prejuízos leva suas empresas à falência, estancando o desperdício dos recursos disponíveis para a sociedade. É por isso que, do ponto de vista da economia, os prejuízos são tão importantes quanto os lucros, ainda que sejam impopulares para as empresas.

Em uma economia centrada nos preços, empregados e credores insistem em ser pagos, independentemente dos erros cometidos pelos gestores e proprietários. Isso significa que as empresas capitalistas podem errar somente até o ponto em que ou param ou são forçadas a parar — seja pela inabilidade em obter mão de obra ou insumos, seja pela insolvência. Em uma economia feudal ou socialista, os líderes podem continuar a cometer os mesmos erros indefinidamente. As consequências recaem nas costas dos outros na forma de uma queda no padrão de vida que poderia existir se houvesse maior eficiência no uso de recursos escassos.

Na ausência dos sinais emitidos pelos preços e do tratamento das perdas financeiras dos produtores que eles configuram, a ineficiência e os prejuízos na União Soviética podiam continuar até o ponto em que cada particular instância e desperdício alcançassem proporções grandes o bastante, e ruidosas o suficiente, para atrair a atenção dos planejadores centrais em Moscou, que estavam preocupados com milhares de outras decisões.

Ironicamente, os problemas causados pela tentativa de gerir uma economia por administração direta ou imposição arbitrária de preços por decreto governamental foram previstas no século XIX por Karl Marx e Friedrich Engels, cujas ideias a União Soviética alegava seguir.

Engels assinalava que a flutuação de preços "forçosamente trazia à luz para os produtores individuais de mercadorias quais coisas e qual quantidade delas a sociedade requeria ou não". Sem tal mecanismo, ele queria saber "o que garantia termos a quantidade necessária e não em excesso de cada produto fabricado, que não passaremos fome por falta de milho e carne enquanto engasgamos com açúcar de beterraba e nos afogamos em álcool de batata, que não tenhamos calças para cobrir nossa nudez enquanto milhões de botões escoam por nossas mãos". Marx e Engels aparentemente compreendiam a Economia bem melhor que seus seguidores. Ou, quem sabe, Marx e Engels estivessem mais preocupados com a eficiência econômica do que com manter o controle político centralizado.

Havia também na União Soviética economistas que compreendiam o papel da flutuação dos preços em qualquer economia. Quando a União Soviética se aproximava de seu fim, dois deles, Shmelev e Popov, que já citamos aqui, disseram: "Tudo está interconectado no mundo dos preços, desse modo, uma pequena alteração em um elemento repercute em uma cadeia de milhões de outros". Esses economistas soviéticos eram especialmente cuidadosos com o papel dos preços por terem visto o que acontecia quando tal papel não era permitido. Mas os economistas não estavam no comando da economia soviética, mas sim os líderes políticos. Sob Stalin, uma série de economistas foram mortos por dizerem coisas que ele não queria ouvir.

OFERTA E DEMANDA

Talvez não haja um princípio econômico mais básico ou óbvio do que o fato de que as pessoas tendem a comprar mais quanto menores os preços e vice-versa. Pela mesma razão, as pessoas produtoras de bens ou prestadoras de serviços tendem a aumentar a oferta quanto maiores os preços, com o contrário também ocorrendo. Ainda que as implicações desses dois princípios simples, por si sós ou em conjunto, cubram uma notável série de atividades e questões econômicas — e contradigam uma igualmente notável série de falácias e interpretações errôneas.

Demanda *versus* "Necessidade"

Quando as pessoas tentam quantificar a "necessidade" deste ou daquele produto ou serviço para um país, ignoram o fato de que não há uma "necessidade" fixada ou objetiva. É raro haver, para não dizer nunca, uma quantidade demandada fixa. Por exemplo, a comunidade que vive em um "kibutz" israelita baseava-se na produção e oferta coletiva de bens e serviços entre seus membros sem o recurso de dinheiro ou preços. Entretanto, o fornecimento de eletricidade e alimentos nessas condições levava a uma situação na qual as pessoas muitas vezes não se preocupavam em desligar as lâmpadas elétricas durante o dia, e os membros da comunidade traziam amigos de fora dela para usufruir das refeições. Porém, depois que os kibutzim passaram a cobrar pela eletricidade e alimentação, houve acentuado declínio do consumo desses itens. Resumindo, não havia nenhuma quantidade fixada da "necessidade" ou demanda por alimento e luz elétrica, a despeito de quão indispensáveis ambos podiam ser.

Da mesma forma, não há oferta fixada. Estatísticas sobre o montante de petróleo, minério de ferro ou outros recursos naturais parecem indicar que isso se trata de uma simples questão de quanto dessas coisas existe, fisicamente falando, sob o chão. Na realidade, os custos de descoberta, extração e processamento dos recursos naturais variam grandemente de um lugar para outro. Há locais em que o petróleo pode ser extraído e processado por US$20 o barril, e outros onde não é vantajoso fazê-lo por menos de US$40 ou US$60. Em geral, no que se refere a bens, *a quantidade ofertada varia em relação direta com o preço*, ao passo que a quantidade demandada varia inversamente com o preço.

Quando o preço do petróleo cai abaixo de certo ponto, os poços de baixo rendimento são lacrados, porque os custos de extração e processamento do produto superam o preço com os quais o petróleo proveniente desses poços poderia ser comercializado.

Caso o preço suba — ou se o custo de extração e processamento diminui em função de alguma nova tecnologia —, tais poços podem voltar a operar. Na Venezuela e no Canadá, certos terrenos arenosos permeados de petróleo (conhecidos como xisto betuminoso) tinham um rendimento tão baixo que nem sequer eram contabilizados nas reservas mundiais de petróleo até que os preços dessa matéria-prima alcançaram novos patamares no século XXI. Graças a isso, as coisas mudaram, como reportou o *Wall Street Journal*:

> Esses depósitos foram uma vez rejeitados como sendo um petróleo "não convencional" que não podia ser economicamente recuperado. Mas agora, em virtude do crescimento global dos preços e do aprimoramento tecnológico, a maioria dos especialistas da indústria petrolífera os contabiliza nas reservas recuperáveis. Com o novo cálculo, a Venezuela e o Canadá passaram a ocupar o primeiro e o terceiro lugares nos rankings de reservas [...]

A revista *The Economist* também se referiu ao assunto:

> No Canadá, a quantidade de petróleo que pode ser extraído do xisto betuminoso é imensa. Calcula-se ser economicamente viável recuperar cerca de 174 bilhões de barris, e pode ser que valha a pena explorar outros 141 bilhões se o preço do petróleo se elevar ou os custos de extração diminuírem — o bastante para tornar as reservas de petróleo do Canadá superiores às da Arábia Saudita[5].

Em resumo, não há oferta fixada de petróleo — ou da maioria das outras coisas. Em última análise, o planeta tem um montante finito de cada recurso, contudo, ainda que tal quantidade possa ser suficiente para durar centenas de milênios, em qualquer dado momento o total que é economicamente exequível de ser extraído e processado varia diretamente em relação ao preço pelo qual pode ser comercializado. Muitas das falsas predições feitas no século passado (ou antes), de que estaríamos em vias de "dizimar" vários dos recursos naturais, basearam-se na confusão entre "oferta economicamente viável aos preços correntes" e a oferta física total existente no planeta, a qual é imensamente maior.

Recursos naturais não são as únicas coisas que serão ofertadas em maior quantidade quando os preços sobem. Isso é verdadeiro para diversas "commodities" e mesmo

---

[5] Não à toa, os países membros da OPEP — Organização dos Países Exportadores de Petróleo —, da qual a Arábia Saudita é um dos principais membros, aumentaram consideravelmente a atual produção de petróleo, reduzindo os preços no intuito de inviabilizar economicamente a extração do produto a partir do xisto betuminoso.

O Papel dos Preços

trabalhadores. Quando as pessoas avaliam que nos anos vindouros haverá carência de engenheiros ou professores, ou de alimentos, elas ignoram os preços e/ou presumem, implicitamente, que haverá escassez aos preços correntes. Porém, carências são, precisamente, a causa da elevação dos preços. Com preços mais altos, não será difícil preencher as vagas para engenheiros e professores nem encontrar os alimentos, na medida em que a elevação dos preços leva a safras maiores e ao crescimento do gado. Em suma, uma quantidade maior é normalmente oferecida quando os preços são mais altos do que o contrário, seja lá o que for comercializado — petróleo ou maçãs, lagostas ou mão de obra.[6]

Valor "Real"

O fabricante cujo produto revela ter a combinação de características próximas àquilo que os consumidores realmente desejam pode não ser mais sábio que seus concorrentes. Ainda que ele possa ficar rico, enquanto seus concorrentes tivessem achado errado ir à falência. Mas o resultado mais amplo é que a sociedade como um todo obtém mais benefícios de seus recursos limitados aplicando-os diretamente onde eles conduzem à produção de bens e serviços desejada por milhões de pessoas em vez de produzir coisas que elas não querem.

Simples como possa parecer, isso contradiz muitas ideias estabelecidas. Por exemplo, não são apenas os altos preços que são frequentemente culpados "pela ganância", as pessoas muitas vezes falam de algo ser vendido por mais que seu valor "real", ou de que os trabalhadores estão sendo remunerados abaixo do que "realmente" vale a pena — o mesmo se dando com relação a executivos, atletas e artistas. O fato de que os preços flutuam ao longo do tempo, e ocasionalmente crescem acentuadamente ou sofrem quedas abruptas, leva algumas pessoas a concluir equivocadamente que os preços divergem de seus valores "reais". Todavia, seus níveis normais sob condições normais não são mais reais ou válidos que seus níveis muito elevados ou muito baixos sob condições diferentes.

---

[6] NRT: É importante levar em conta que, mesmo com o sistema de preços gerando o incentivo para o aumento ou diminuição da oferta de bens e serviços para equilibrar com a demanda, quase nunca esse equilíbrio ocorre de modo imediato. Pegando o exemplo dado pelo autor, se há uma relativa escassez de engenheiros no mercado, o que eleva seus salários, incentivando mais pessoas a entrarem na faculdade de engenharia (e consequentemente aumentar a oferta de engenheiros no mercado no futuro), esses novos engenheiros só irão efetivamente representar um aumento na oferta após ao menos 5 anos de estudo. Quando eles saírem para o mercado de trabalho, as condições de oferta e demanda podem ter mudado (talvez uma crise econômica tenha reduzido a necessidade de novos engenheiros), gerando assim um novo desequilíbrio. Esse fato gera uma nova série de incentivos, tanto em quem está contratando engenheiro, quanto nos engenheiros que já estão no mercado, quanto nos jovens que estão escolhendo que carreira cursar.

Quando um grande empregador vai à falência em uma pequena comunidade, ou simplesmente transfere suas operações para uma outra região ou país, vários de seus antigos funcionários podem decidir mudar-se de um lugar que passou a oferecer menos empregos — e quando suas numerosas residências são postas à venda em uma pequena área ao mesmo tempo, os preços dessas casas provavelmente declinaram em decorrência da competição. No entanto, isso não significa que as pessoas estão vendendo suas casas por menos que seu valor "real". O valor de morar naquela particular localidade simplesmente caiu, acompanhando o declínio das oportunidades de trabalho, e os preços das residências refletem esse fato subjacente.

A razão mais fundamental pela qual não há algo como um valor objetivo ou "real" é que não existe uma base racional para que as transações econômicas ocorram em tais termos. Quando você paga uma certa quantia por um jornal, obviamente o único motivo de fazer isso é que o jornal tem mais valor que o dinheiro gasto ao comprá-lo. Ao mesmo tempo, a única razão de alguém se dispor a vender jornais é que o dinheiro recebido tem valor maior que o jornal. Se há algo como um valor "real" ou objetivo de um jornal — ou de qualquer outra coisa —, nem o comprador nem o vendedor se beneficiariam realizando uma transação a um preço igual a esse valor intrínseco, pois o que seria adquirido teria um valor não superior ao valor dado em troca. Nesse caso, em primeiro lugar, por que se incomodar em efetuar uma transação como essa?

Por outro lado, se na transação o comprador (ou o vendedor) obtém mais que o valor objetivo, então a outra pessoa obtém menos — nessa situação, por que esse alguém continuaria a negociar e perder? A continuidade das transações entre ambos só faz sentido se o valor for subjetivo, com cada um considerando, subjetivamente, que a negociação vale a pena. Transações econômicas não são um processo de soma zero, no qual alguém perde enquanto o outro ganha.

Competição

A competição é um fator crucial para explicar por qual motivo, de uma forma geral, os preços não podem ser mantidos em patamares arbitrariamente estabelecidos. Ela é um elemento-chave na operação de uma economia coordenada pelos preços. A competição não apenas leva à equalização dos preços, ela também faz fluir o capital, mão de obra e outros recursos para as áreas com altas taxas de retorno — isto é, onde a demanda insatisfeita é maior — até que se alcance uma situação de equilíbrio, muito como uma corrente de água se nivelando no ambiente. Entretanto, o fato de que a água vai procurando nivelar-se não significa que o oceano tenha uma superfície uniforme e transparente. Ondas e marés estão entre as maneiras como a água procura chegar em um determinado nível. Similarmente, na economia, há o fato de que suas flutuações relativas transferem recursos de lugares em que seus rendimentos são mais baixos para aqueles nos quais os ganhos são mais elevados — ou seja, de onde a quantidade ofertada é grande, com relação à quantidade demandada, para onde há bastante demanda insatisfeita. Isso *não* implica dizer que os preços permanecem os mesmos ao longo do tempo ou que algum padrão ideal de alocação de recursos é invariavelmente definido.

Preços e Ofertas

Os preços não apenas racionalizam a oferta existente, mas também agem como poderoso incentivo para o crescimento da oferta ou pelo fracasso em atender à mudança da demanda. Quando uma quebra de safra em uma dada região gera um repentino acréscimo na demanda para importação de alimentos nessa região, os fornecedores desses alimentos em outros lugares correm para ser os primeiros a chegar lá, a fim de capitalizar os altos preços que vigorarão até que mais suprimentos cheguem e levem à redução dos preços, em virtude da competição. O que isso significa, na perspectiva das pessoas famintas naquela região, é que o alimento está fluindo para eles no menor tempo possível pelos "gananciosos" fornecedores, provavelmente de modo bem mais rápido que o mesmo alimento doado por missões humanitárias sendo levado até eles por funcionários do governo.

Aqueles movidos pelo desejo de ganhar o máximo que puderem pelo alimento que vendem são capazes de dirigir à noite ou se enveredar por atalhos em precárias condições, ao passo que os que agem "no interesse público", com maior probabilidade agirão menos freneticamente e escolherão rotas mais seguras e confortáveis. Em resumo, as pessoas tendem a fazer mais em seu próprio benefício do que em benefício de outros. A livre flutuação de preços pode comprovar ser benéfica para os outros. No caso da oferta de alimentos, chegar mais cedo pode ser a diferença entre uma fome temporária e a morte por inanição ou por doenças que as pessoas ficam mais susceptíveis de contrair quando estão subnutridas. Nos países do Terceiro Mundo, onde há fome em determinados lugares, não é incomum os alimentos enviados pelas agências internacionais aos governos locais permanecerem empilhados nas docas enquanto o povo está morrendo de fome no interior do país.[7] Por mais repulsiva que a ganância possa ser, é provável que entregar os alimentos a quem precisa fosse muito mais rápido, salvando mais vidas.

Em outras circunstâncias, os consumidores podem querer menos e não mais. Os preços também comunicam isso. Quando os automóveis começaram a substituir cavalos e carroças no início do século XX, a demanda por selas, ferraduras, carretos e toda uma parafernália envolvida declinou. Como os fabricantes de tais produtos sofriam prejuízos em vez de obterem ganhos, muitos abandonaram seus negócios ou foram obrigados a pedir falência. Em certo sentido, é injusto quando algumas pessoas são incapazes de ganhar tanto quanto outros com semelhantes níveis de habilidade e diligência em decorrência de inovações, não previstas pela maioria dos produtores, que acabaram beneficiando uma grande parcela de produtores menos favorecidos. É também uma injustiça com determinados indivíduos e empresas que as inovações façam a economia como um todo operar mais eficientemente para o benefício de um enorme número de outras pessoas e negócios. Gerar mais justiça entre os produtores, ao custo de reduzir a eficiência com a consequente diminuição do padrão de vida, seria justo com os consumidores?

Ganhos e perdas não são eventos isolados ou independentes. O papel essencial dos preços está em vincular estreitamente uma vasta rede de atividades econômicas entre pessoas tão amplamente dispersas e desconhecidas umas das outras. Embora muitos de nós possamos pensar que somos indivíduos independentes, todos dependemos de outras pessoas para tocar a própria vida, assim como dependemos de inumeráveis estranhos que produzem as amenidades do dia a dia. Poucos de nós poderiam produzir o alimento de que necessitamos para viver, muito menos construir o lugar onde se mora ou fabricar coisas como computadores ou automóveis. Outras pessoas têm de ser induzidas a criar tais coisas para nós, e os estímulos econômicos são cruciais nesse propósito. Como Will Rogers (ator e comediante norte-americano que foi pré-candidato às eleições presidenciais dos EUA em 1928) uma vez disse: "Não conseguiríamos viver um dia sequer sem depender de alguém". Os preços fazem com que a dependência seja viável, vinculando os interesses de cada um.

---

[7] O mesmo pode acontecer quando os alimentos chegam por terra. Veja "Death by Bureaucracy", em 8 de dezembro de 2001, na página 40 de *The Economist*, para exemplos de refugiados afegãos morrendo de inanição enquanto esperavam que a papelada de ajuda aos trabalhadores fosse completada.

"NECESSIDADES INSATISFEITAS"

Um dos mais comuns — e com certeza um dos mais profundos — mal-entendidos a respeito da Economia envolve as chamadas "necessidades insatisfeitas". Políticos, jornalistas e acadêmicos estão quase continuamente apontando necessidades insatisfeitas na sociedade que poderiam ser supridas por algum programa de governo ou de outro modo. Grande parte delas são coisas que a maioria de nós deseja ou a sociedade quer mais.

O que há de errado com isso? Vamos dar um passo atrás. Se a Economia é o estudo da utilização de recursos escassos com usos alternativos, daí se segue que sempre há necessidades a serem satisfeitas. Alguns desejos em particular podem ser satisfeitos em 100%, mas isso significa apenas que outros desejos serão menos passíveis de satisfação do que são agora. Qualquer um que já tenha dirigido em grandes cidades sente, sem dúvida, que há uma necessidade insatisfeita por mais áreas de estacionamento. Porém, apesar de ser econômica e tecnologicamente possível construir cidades nas quais haja lugar onde estacionar para quem quiser, em qualquer local, dia e hora, seria isso o que deveríamos fazer?

O custo de construir imensos estacionamentos subterrâneos ou de demolir prédios já existentes para os fazer, ou ainda de projetar novas cidades com menos edifícios e mais garagens seria astronomicamente dispendioso. De quais outras coisas estamos preparados para desistir a fim de construir essa utópica cidade automotiva? Menos hospitais? Menor proteção policial? Menos bombeiros? Estamos preparados para tolerar mais necessidades insatisfeitas nessas áreas? Alguns, quem sabe, dispensariam bibliotecas públicas a fim de dispor de mais lugares para estacionar. Contudo, sejam quais forem as escolhas propostas e quais as realizadas, ainda haverá mais necessidades insatisfeitas em outro lugar como resultado da satisfação da necessidade antes não atendida de mais espaços de estacionamento.

Podemos divergir quanto ao que vale a pena sacrificar no intuito de obter alguma coisa a mais. Mas o ponto, aqui, é mais fundamental: meramente demonstrar que existe uma necessidade insatisfeita não é suficiente para justificar que deveria ser satisfeita — não quando os recursos são escassos e têm usos alternativos.

No caso dos estacionamentos, que poderia parecer algo mais barato, quando mensuramos somente os gastos governamentais, se poderia restringir ou proibir o uso de automóveis particulares nas cidades ajustando o número de carros ao número de áreas de estacionamento existentes, ou vice-versa. Além do mais, se constituída em forma de lei, essa medida representaria uma fração pequena do custo da expansão em larga escala das garagens. No entanto, poupar dispêndios governamentais deveria ser sopesado contra os imensos gastos privados atualmente destinados à compra, à manutenção e ao estacionamento nas cidades. Obviamente, tais gastos não deveriam ter sido realizados se não valesse a pena para aqueles que os pagam.

De novo dando um passo para trás, *custos são oportunidades perdidas*, não gastos governamentais. Forçar milhares de pessoas a perder oportunidades pelas quais estão dispostas a pagar grandes quantias é de longe um custo mais relevante que o dinheiro poupado por não ter construído mais estacionamentos ou fazer as outras coisas necessárias para acomodar os carros nas cidades. Nada disso diz que deveríamos ou ter menos ou mais estacionamentos nas cidades. O que isso quer dizer é que a maneira pela qual tal questão — assim como muitas outras — é apresentada não faz sentido em um mundo de escassez de recursos com usos alternativos. Este é um mundo de trade-offs, não de soluções — e qualquer decisão tomada ainda deixará necessidades insatisfeitas.

Ao responder, credulamente, à retórica política sobre necessidades insatisfeitas, nós arbitrariamente escolhemos transferir recursos de outras finalidades para qualquer que seja a necessidade insatisfeita daquele dia. Então, quando outro político — ou talvez o mesmo político mais tarde — descobre que roubar José para pagar João deixa José desfavorecido e agora quer ajudar José quanto às suas necessidades insatisfeitas, nós passamos a transferir recursos em outra direção. Resumindo, parecemos um cão correndo em círculos atrás do próprio rabo sem conseguir chegar perto dele por mais rápido que seja.

Isso não nos diz que já temos os trade-offs ideais e deveríamos deixar a questão para lá. Ao contrário, isso nos diz que os trade-offs que fazemos ou mudamos, sejam quais forem, devem ser vistos em princípio como trade-offs — e não como satisfação de necessidades não atendidas.

A palavra "necessidades" arbitrariamente coloca alguns desejos em plano mais elevado que outros, como categoricamente mais importantes. Mas, não obstante quão urgente possa ser dispor de *algum* alimento ou água, por exemplo, a fim de sustentar a vida em si mesma, ainda assim — além de certo ponto —, ambos são não somente desnecessários como até contraprodutivos e perigosos. A obesidade largamente disseminada entre os norte-americanos demonstra que a alimentação já atingiu aquele ponto, e alguém que já passou pelas agruras de uma inundação (ainda que somente no porão de casa) sabe que a água pode alcançar aquele ponto também. Para resumir, mesmo as coisas mais urgentemente requeridas permanecem dentro de um determinado âmbito. Não se consegue sobreviver meia hora sem oxigênio, mas esse gás além de certa concentração pode promover o crescimento de um câncer e fazer com que bebês recém-nascidos fiquem cegos pelo resto da vida. Há uma razão pela qual os hospitais não usam tanques de oxigênio sem mais nem menos.

Em suma, nada é categoricamente uma "necessidade", independentemente de quão urgente possa ser possuir uma determinada quantidade durante certo tempo ou lugar. Infelizmente, a maioria das leis e políticas governamentais são implementadas categoricamente, quem sabe apenas devido ao perigo de deixar cada administrador público transformar-se em um déspota intolerante na interpretação do que significam essas leis e políticas e de quando devem aplicá-las. Nesse contexto, chamar alguma coisa como categoricamente "necessária" é brincar com fogo. Muitas reivindicações nas quais algumas políticas públicas basicamente boas são aplicadas estupidamente podem fracassar ao endereçar problemas subjacentes a leis categóricas em um mundo incremental. Não haveria meio inteligente de aplicar categoricamente uma política desenhada para ir ao encontro de desejos cujos benefícios variam de maneira incremental e, em última análise, deixam de existir.

Por sua própria natureza como estudo da utilização de recursos escassos com usos alternativos, a Economia trata de trade-offs incrementais — e não de "necessidades" e "soluções". Pode ser por isso que os economistas jamais foram tão populares quanto os políticos que prometem solucionar nossos problemas e satisfazer nossas necessidades.

Capítulo 3

CONTROLES DE PREÇOS

Controles de preços são tão antigos quanto a história humana. Eles foram impostos por faraós no antigo Egito. Foram decretados por Hamurábi, rei da Babilônia, no século XVIII a.C. Tentou-se implementá-los na antiga Atenas.

Henry Hazlitt

Nada nos faz compreender os vários papéis da eletricidade em nossas vidas como quando ela falta. De maneira semelhante, nada demonstra mais nitidamente o papel e a importância das flutuações dos preços em uma economia de mercado que a *ausência* de tal flutuação dos preços quando o mercado é controlado. O que acontece ao não se permitir que os preços flutuem livremente de acordo com a oferta e a procura, com suas flutuações sendo fixadas dentro de limites estabelecidos por lei em diversos tipos de controle de preços?

Tipicamente, controles de preços são impostos a fim de impedir que os preços subam em resposta a mudanças na oferta e na demanda. O conjunto de razões políticas para a elaboração dessas leis varia de lugar para lugar e de época para época, mas a racionalidade raramente aparece sempre que isso se transforma em um expediente político para segurar os preços de algumas pessoas no interesse de outras cujo apoio político pareça ser mais importante.

Para entender os efeitos do controle de preços, primeiramente é necessário entender como os preços sobem e descem em um mercado livre. Não há nada de esotérico nisso, porém, é importante ter muita clareza sobre o que acontece. Os preços aumentam porque a quantidade demandada excede a ofertada *aos preços correntes*. Os preços caem porque a quantidade ofertada excede a demandada *aos preços correntes*.

O primeiro caso é denominado "escassez" e o segundo, "excedente" — mas ambos dependem dos *preços correntes*. Apesar de parecer simples, isso é frequentemente mal-entendido, às vezes com desastrosas consequências.

"TETOS" DE PREÇO E ESCASSEZ

Quando há "escassez" de um produto, não há necessariamente menos dele, nem de forma absoluta nem relativamente ao número de consumidores. Durante e imediatamente após a II Guerra Mundial, por exemplo, havia uma grave escassez de moradias nos EUA, muito embora a população do país e a oferta de casas tivessem ambas crescido cerca de 10% em relação aos níveis anteriores — e não havia escassez alguma quando a guerra começou. Em outras palavras, mesmo não havendo mudanças na proporção entre casas e pessoas, vários americanos procurando um apartamento durante esse período levavam semanas ou meses em uma frequentemente fútil busca por um lugar onde morar, ou então decidiam recorrer ao suborno para que os senhorios os colocassem no topo da lista de espera. Enquanto isso, eles dividiam uma acomodação com parentes, dormiam em garagens ou se valiam de outros arranjos temporários de moradia, tais como comprar excedentes de abrigos militares ou carros velhos.

Embora não houvesse menos espaço para residências por pessoa que antes da guerra, a escassez era muito real e muito dolorosa *aos preços correntes*, os quais eram mantidos artificialmente abaixo do que deveriam ser, uma vez que as leis de controle dos aluguéis tinham sido postas em vigor durante a guerra. A esses preços artificialmente baixos, mais pessoas demandavam por mais espaço para casas do que antes da promulgação daquelas leis. Essa é uma consequência prática do princípio econômico simples, já mencionado no Capítulo 2, de que a quantidade demandada varia conforme quão alto ou baixo é o preço.

Enquanto algumas pessoas detinham mais casas que o normal, outras encontravam menos habitações disponíveis. Fenômeno idêntico ocorre com outros tipos de controle de preços: algumas pessoas utilizam os bens ou serviços sob controle de preços mais prodigamente que o habitual devido ao preço artificialmente reduzido e, em decorrência, outras pessoas encontram menos do que o normal disponível para elas. Há outras consequências dos controles de preços em geral, e controles sobre os aluguéis fornecem exemplos disso também.

A Demanda sob o Controle dos Aluguéis

Algumas pessoas que normalmente não alugariam um apartamento para morar, tais como jovens adultos que ainda vivem com os pais ou alguns solteiros ou idosos viúvos morando com parentes, conseguiram, em função dos preços baixos estabelecidos artificialmente pelo controle de aluguéis, mudar-se para seus próprios apartamentos. Esses preços artificialmente baixos também estimularam outras pessoas a procurar por apartamentos maiores do que aqueles em que costumavam viver, ou moravam sozinhos quando, de outra forma, teriam de dividir um apartamento com um companheiro para poderem arcar com o aluguel.

Algumas pessoas que nem moram na mesma cidade em que há controle de aluguéis, no entanto, mantêm os apartamentos alugados como um lugar para ficar quando estão visitando a cidade — estrelas de Hollywood, que mantêm apartamento de aluguel controlado em Nova York, ou um casal que vive no Havaí e mantém uma residência de aluguel controlado em São Francisco, por exemplo. Mais inquilinos que procuram por mais e maiores apartamentos criam escassez até quando não existe a ausência física de habitação para a população total.

Depois da II Guerra Mundial, quando terminou o controle de aluguéis, a escassez por moradia rapidamente desapareceu. Após o aumento dos aluguéis em um mercado livre, alguns casais sem filhos que moravam em apartamentos de quatro dormitórios puderam decidir viver em apartamentos com dois quartos, poupando a diferença do aluguel. Alguns jovens no fim da adolescência podiam decidir continuar morando com seus pais um pouco mais, até que seus ganhos crescessem o bastante para lhes permitir pagar por seu próprio apartamento agora que o aluguel não continuava artificialmente barato. O resultado líquido era que famílias procurando por um lugar para residir encontraram mais opções disponíveis agora que as leis de controle dos aluguéis não mais estavam mantendo tais lugares ocupados por pessoas que precisavam delas menos urgentemente. Em outras palavras, a escassez de habitações imediatamente se desfez, mesmo antes que houvesse tempo para que novas casas fossem construídas em resposta às condições de mercado que agora tornavam possível cobrir os custos de construção de mais casas e gerar um lucro.

Enquanto flutuações de preço alocam recursos escassos para usos alternativos, controles de preços que limitam aquelas flutuações reduzem os incentivos para os indivíduos restringirem seu próprio uso de recursos escassos desejados pelos outros. O controle de aluguéis, por exemplo, tende a levar diversos apartamentos a serem ocupados por apenas uma pessoa. Um estudo em São Francisco mostrou que 49% dos apartamentos da cidade com aluguéis controlados tinham somente um ocupante, ao passo que uma severa escassez habitacional na cidade fazia com que milhares de pessoas morassem a considerável distância, tendo de realizar longas viagens para se locomover até seus empregos em São Francisco. Nesse meio tempo, um relatório da Census (uma agência de informação estatística americana) mostrava que cerca de 46% de todas as famílias em Manhattan, onde aproximadamente metade de todos os apartamentos estava sob alguma forma de controle de aluguéis, eram compostas por apenas uma pessoa — contra 27% da nação como um todo.

No curso normal das coisas, a demanda das pessoas por espaço habitacional muda ao longo da vida. A demanda delas por espaço aumenta quando se casam e têm filhos. Todavia, anos mais tarde, depois que os filhos crescem e se mudam, a demanda dos pais por espaço pode diminuir, e ela com frequência declina novamente com a morte de um dos cônjuges, e a viúva ou viúvo muda-se para pequenos quartos ou vai morar com parentes ou em uma instituição para idosos. Desse modo, o estoque total de habitações da sociedade é compartilhado e circula entre as pessoas segundo a mudança de suas respectivas demandas nos diferentes estágios de suas vidas.

Esse compartilhamento ocorre não porque os próprios indivíduos têm senso de cooperação, mas devido aos preços — no caso, aluguéis — com que são confrontados. Em um mercado livre, esses preços baseiam-se no valor que os inquilinos dão à habitação. Jovens casais cuja família está crescendo dispõem-se muitas vezes a gastar mais com habitação, mesmo que isso signifique diminuir o consumo de bens e serviços a fim de sobrar dinheiro para arcar com o espaço residencial maior. Um casal que acaba de ter filhos começa a diminuir a frequência com que vai a restaurantes ou cinemas, ou pode esperar um pouco mais para comprar novas roupas ou trocar de automóvel para que cada um dos filhos possa ter seu próprio quarto. Contudo, uma vez os filhos crescidos e saindo de casa, tais sacrifícios podem não mais fazer sentido quando outras amenidades adicionais podem, agora, ser desfrutadas ao se mudar para um local de tamanho e aluguel menores.

Dado o papel vital dos preços na tomada de decisões, a eliminação desse processo por leis controladoras dos aluguéis causa pouco incentivo aos locatários para mudarem seu comportamento na medida em que as circunstâncias passam a ser outras. Idosos, por exemplo, são menos estimulados a deixar seus apartamentos vagos, algo que seria normal quando os filhos saem de casa ou após o falecimento do cônjuge, ocasião em que isso poderia representar uma relevante redução no aluguel, deixando-lhes mais dinheiro com o qual melhorar seu padrão de vida em outros aspectos. Além do mais, a escassez crônica de habitação que acompanha o controle de aluguéis acresce bastante o tempo e esforços requeridos para procurar um novo e menor apartamento, enquanto reduz a recompensa financeira por encontrar um. Em suma, o controle de aluguéis diminui a taxa de rotatividade habitacional.

A cidade de Nova York tem um controle de aluguéis mais longo e mais rigoroso que qualquer outra grande cidade americana. Uma consequência tem sido que a taxa de rotatividade dos apartamentos em Nova York é menor que metade da média nacional, com a proporção de inquilinos que moravam no mesmo apartamento por 20 anos ou mais sendo superior ao dobro da média nacional. Eis como o *New York Times* resumiu a situação:

Nova York costumava ser como outras cidades, um lugar onde os locatários mudavam-se frequentemente e os senhorios competiam para alugar os imóveis para recém-chegados, mas hoje o lema pode muito bem ser: Imigrantes Não Precisam Nem Tentar. Enquanto imigrantes são amontoados em cima de beliches em pensões ilegais nos cortiços, cidadãos de classe média alta pagam aluguéis baixos para morar com boa vizinhança, frequentemente em apartamentos grandes dos quais não mais necessitam depois que seus filhos saíram de casa.

Oferta sob o Controle de Aluguel

O controle de aluguel afetou tanto o suprimento quanto a demanda. Nove anos após o fim da II Guerra Mundial, nem sequer um apartamento foi erguido em Melbourne, Austrália, porque a lei de controle de aluguel tornou essas construções não lucrativas. No Egito, o controle de aluguel foi imposto em 1960. Uma egípcia que viveu naquela época escreveu a respeito em um relatório de 2006:

> O resultado final foi que as pessoas pararam de investir na construção de apartamentos e uma grande escassez de aluguel forçou muitos egípcios a viver em condições terríveis com várias famílias compartilhando um apartamento pequeno. Os efeitos do duro controle de aluguel ainda são sentidos até hoje no Egito. Erros como esses podem durar por gerações.

Quedas na construção de edifícios têm de alguma forma vindo na esteira das leis de controle de aluguéis em outros lugares. Depois que o controle de aluguéis foi instituído em Santa Mônica, na Califórnia, em 1979, os alvarás de construção foram reduzidos a menos de 10% do que ocorria apenas cinco anos antes. Um estudo sobre moradias em São Francisco concluiu que 75% de suas habitações cujos aluguéis eram controlados foram construídas há mais de 50 anos e 44%, há mais de 70 anos.

Embora a construção de prédios para escritórios, fábricas, armazéns e outros edifícios comerciais e industriais requeiram muito do mesmo tipo de mão de obra e materiais utilizados na construção de edifícios de apartamentos, não é incomum muitos dos novos prédios para escritórios serem erguidos em cidades onde bem poucos prédios de apartamentos são construídos. Portanto, mesmo em cidades com séria escassez habitacional podem existir unidades vagas em edifícios comerciais e industriais. Não obstante uma severa escassez habitacional em Nova York, São Francisco e outras cidades onde há controle de aluguéis, uma pesquisa de amplitude nacional em 2003 encontrou taxas de desocupação em edifícios comerciais e industriais da ordem de 12%, a maior em mais de duas décadas.

Essa é apenas mais uma evidência de que uma escassez habitacional é um fenômeno de preços. Altas taxas de desocupação em prédios comerciais mostram que há, obviamente, amplos recursos disponíveis para construir edifícios, mas o controle de aluguéis evita que aqueles recursos sejam usados para construir apartamentos, e desse modo desvia tais recursos para a construção de prédios para escritórios, plantas industriais e outras propriedades comerciais.

Não é somente a oferta de novos apartamentos que diminui após as leis de controle dos aluguéis, até mesmo a das casas existentes tende a decrescer, com os locadores restringindo a manutenção e reparos, uma vez que a escassez habitacional torna desnecessário para eles manter a boa aparência de seus imóveis para atrair inquilinos. Assim, as casas sob controle de aluguéis tendem a se deteriorar rapidamente e a ter menor substituição ao ficarem sem condição de uso. Estudos sobre controle de aluguéis nos EUA, Inglaterra e França verificaram que os imóveis em questão se deterioravam em menos tempo que os não subordinados a essas leis.

Tipicamente, o estoque de casas para locação é relativamente fixo no curto prazo, assim, de início, há escassez em decorrência de mais gente interessada nelas devido aos aluguéis artificialmente baixos. Mais à frente, a escassez pode se agravar na medida em que as unidades habitacionais se deterioram mais rapidamente pela diminuição da manutenção sem que sejam repostas, na mesma proporção, pela construção de novas unidades quando ficam sem condição de uso, já que isso se torna não lucrativo sob a legislação de controle dos aluguéis. A título de exemplo, na Inglaterra e no País de Gales, sujeitos a tais leis, a construção privada de unidades habitacionais, que representava 61% de todas elas em 1947, caiu para apenas 14% em 1977.

Outro estudo sobre o controle de aluguéis em diversos outros países concluiu: "Novos investimentos na construção privada não subsidiada de imóveis habitacionais praticamente não existem em todos os países europeus pesquisados, com exceção das residências de luxo".

Para resumir, uma política elaborada com a intenção de fazer casas acessíveis aos pobres tem o efeito líquido de transferir recursos para a construção de imóveis cujo acesso é possível somente aos ricos ou classes ascendentes, pois casas luxuosas são, com frequência, eximidas do controle de aluguéis, assim como prédios de escritórios e outras propriedades para fins comerciais. Isso ilustra, entre outras coisas, a importância crucial de distinguir intenções de consequências. É necessário que políticas econômicas sejam analisadas em termos dos incentivos que elas criam, em vez das esperanças que inspiram.

A redução da oferta de habitações derivada do controle de aluguéis é especialmente pronunciada quando as pessoas que têm de locar dormitórios ou dependências em seus próprios lares, ou quartinhos nos fundos, decidem que essa preocupação não vale a pena se os aluguéis estiverem artificialmente baixos em função de controles legais. Além disso, nota-se muitas vezes a conversão de apartamentos em condomínios. Durante oito anos de controle de aluguéis em Washington na década de 1970, o número de habitações disponíveis diminuiu muito, passando de algo em torno de 199.000 unidades para menos de 176.000 unidades. Depois que o controle de aluguéis foi instituído em Berkeley, na Califórnia, o número de habitações privadas para locação postas à disposição dos estudantes da universidade local declinou 31% em cinco anos.

Nada disso surpreende, dados os incentivos gerados pelas leis de controle de aluguéis. Em termos de estímulos, é de certa maneira fácil entender o que aconteceu na Inglaterra quando o controle de aluguéis foi estendido para a locação de unidades mobiliadas. De acordo com o *The Times* de Londres:

> Anúncios no *London Evening Standard* (um jornal de circulação local em Londres e arredores) para aluguel de imóveis mobiliados despencaram dramaticamente na primeira semana após a lei entrar em vigor e hoje está abaixo de 75% com relação ao nível observado nos últimos anos.

Uma vez que quartos mobiliados são comuns nas casas das pessoas, isso representa unidades habitacionais que são facilmente retiradas do mercado quando os aluguéis deixam de compensar o inconveniente de ter locatários morando junto com elas. O mesmo princípio se aplica onde há pequenos prédios de apartamentos do tipo duplex (no caso, trata-se de imóveis geminados com entradas independentes), nos quais o proprietário aluga uma das áreas. Em três anos depois que o controle de aluguéis foi imposto em Toronto em 1976, cerca de 23% de todas aquelas unidades deixaram o mercado.

Mesmo quando o controle de aluguéis envolve imóveis nos quais o senhorio não reside, a situação pode chegar ao ponto em que alugá-los chega a ser tão não lucrativo que eles são simplesmente abandonados. Em Nova York, por exemplo, muitos edifícios foram deixados à própria sorte depois que seus proprietários deixaram de obter um montante de aluguel que cobrisse o custo dos serviços exigidos pela legislação, tais como calefação e água quente. Esses proprietários simplesmente desapareceram a fim de se eximir das consequências legais do abandono, e tais edifícios terminam vazios e lacrados, muito embora ainda fisicamente sólidos o bastante para as pessoas morarem, se elas cuidassem da manutenção e reparos.

O número de prédios abandonados apropriados pela prefeitura de Nova York ao longo dos últimos anos chega a milhares de unidades. Estima-se que há no mínimo quatro vezes mais habitações abandonadas nessa cidade do que os sem-teto vivendo nas ruas. A falta de abrigos não se deve a uma escassez habitacional física, mas a uma escassez relacionada aos preços, a qual é, no entanto, dolorosamente real. A partir de 2013, o número dos sem-teto era superior a 47.000 pessoas em Nova York, 20.000 delas, crianças.

Tal ineficiência na alocação de recursos significa que as pessoas estavam dormindo na rua nas noites geladas de inverno — algumas morrendo de frio — enquanto os meios de as abrigar já existiam mas não podiam ser utilizados devido a leis implementadas para tornar essas acomodações "acessíveis". Novamente, isso demonstra que a eficiência ou não na alocação de recursos escassos não é apenas uma noção abstrata dos economistas, mas tem consequências reais que podem incluir questões de vida ou morte. Isso também ilustra que o objetivo de uma lei — "acesso à habitação", neste caso — não nos diz nada sobre as verdadeiras consequências.

A Política por Trás do Controle dos Aluguéis

Políticas de controle de aluguéis são, comumente, um grande sucesso, embora vários problemas sociais e econômicos sejam criados. Os políticos sabem que sempre há mais inquilinos que senhorios, e mais gente que não entende de Economia que aquelas que conhecem algo sobre essa ciência. Isso faz com que as leis de controle de aluguéis provavelmente levem a um aumento líquido dos votos nos políticos que aprovaram tal legislação.

Com frequência, é politicamente eficaz apresentar o controle de aluguéis como uma maneira de evitar que os ricos e gananciosos senhorios "explorem" os pobres com aluguéis "abusivos". Na realidade, as taxas de retorno dos investimentos em habitação raramente são tão elevadas quanto de aplicações alternativas, e os senhorios são, usualmente, pessoas de meios modestos. Isso ocorre especialmente para proprietários de imóveis de pequeno porte e baixo padrão que necessitam de reparos constantes, o tipo de lugares onde os inquilinos, provavelmente, serão pessoas de baixa renda. Muitos dos locadores de imóveis como esses são pessoas, elas próprias, com habilidades e experiência em carpintaria ou encanamentos suficientes para reparos e manutenção das propriedades, enquanto contam com o aluguel para amortizar suas hipotecas. Em resumo, trata-se da espécie de imóveis provavelmente alugada para pessoas pobres por proprietários sem grandes meios.[1]

Onde as leis de controle dos aluguéis foram aplicadas abrangendo todas as habitações existentes, à medida que produziam efeito, até mesmo residências luxuosas transformaram-se em habitações de baixa renda. Então, depois que a passagem do tempo deixou evidente que não haveria, provavelmente, novas construções de casas, começaram a surgir isenções ou relaxamentos na aplicação da lei para novos empreendimentos habitacionais, significando que até novos apartamentos bem mais modestos em tamanho e qualidade podiam ser alugados por muito mais que os apartamentos mais antigos, mais espaçosos e mais luxuosos cujos aluguéis ainda permaneciam controlados pela legislação. Esse desequilíbrio, que tornava os aluguéis não comparáveis, era algo comum nas cidades europeias em que vigiam as leis de controle dos aluguéis, bem como em Nova York e outras cidades americanas. Incentivos semelhantes ocasionam resultados semelhantes em diversas e diferentes situações. Uma história noticiada no *Wall Street Journal* apontava essa não comparabilidade de aluguéis em Nova York sob tal legislação:

> Les Katz, que estuda para ser ator e trabalha como porteiro, aluga um pequeno estúdio no Upper West Side de Manhattan[2] por US$1.200 — com dois companheiros. Os dois dormem em camas separadas em um mezanino construído na cozinha, e Les em um colchão na sala. Atravessando a cidade, na Park Avenue, umas das avenidas mais nobres de Manhattan, Paul Haberman, um investidor privado, e sua mulher moram em um espaçoso apartamento de dois quartos com solário e dois terraços. O imóvel fica em um edifício elegante da prestigiosa avenida e vale ao menos US$5.000 mensais, diz um profissional do mercado imobiliário. O casal paga por volta de US$350, segundo consta nos registros de locação.

Esse exemplo de aluguel barato para pessoas emergentes ou ricas com base na lei de controle de aluguéis não é o único. Ironicamente, dados estatísticos revelam que a maior diferença entre os preços sob a legislação de controle de aluguéis em Nova York

---

[1] Minha esposa certa vez advogou para uma organização sem fins lucrativos que frequentemente representava inquilinos em disputa com seus senhorios. Depois de observar como era comum os senhorios serem pessoas obviamente modestas do ponto de vista econômico e educacional, ela começou a repensar os pressupostos que a levaram a apoiar o controle dos aluguéis e a regulamentação da questão habitacional.

[2] NRT: O Upper West Side é um bairro no distrito de Manhattan, Nova York, que se situa entre o Central Park e o Rio Hudson e entre a West 59th Street e a 125 West Street. Ele abrange o bairro de Morningside Heights. Tal como o Upper East Side, o Upper West Side é uma área nobre, essencialmente residencial, com muitos dos seus residentes trabalhando em áreas mais comerciais e no centro financeiro de Manhattan.

e o mercado livre está nos apartamentos de luxo. Em outras palavras, emergentes e ricos são economicamente mais beneficiados com o controle dos aluguéis que os pobres que são invocados para justificar tais leis. Enquanto isso, os órgãos municipais de assistência social pagavam aluguéis mais elevados do que aqueles para famílias miseráveis, alojadas em quartos apertados e infestados de baratas de hotéis degradados. Em 2013, o *New York Times* noticiava que o Departamento de Assistência aos Moradores de Rua estava "gastando mais de US$3.000 por mês por cômodos desconfortáveis e sem banheiro ou cozinha" em um hotel simples — metade do dinheiro indo para o senhorio pelo aluguel e a outra metade para "os serviços sociais e de seguridade para inquilinos sem-teto".

A imagem de que o controle de preços protege inquilinos pobres de senhorios ricos pode ser politicamente eficaz, porém, não tem respaldo na realidade. As pessoas realmente beneficiadas com o controle de aluguéis podem ter qualquer nível de renda ou aqueles que estão em situação desvantajosa. Isso depende de quem está ou não qualificado quando a lei entra em vigor.

O controle de aluguéis em São Francisco não é tão antigo quanto o de Nova York, mas é tão grave quanto — e produz resultados muito semelhantes. Um estudo publicado em 2001 mostrou que mais de 25% dos ocupantes de apartamentos em São Francisco cujos aluguéis eram controlados constituíam-se de agregados familiares com renda de mais de US$100.000 anuais. Frise-se que esse foi o primeiro estudo empírico sobre o controle dos aluguéis encomendado pela cidade de São Francisco. Uma vez que o controle de aluguéis foi iniciado em 1979, isso significa que em mais de duas décadas da vigência da lei nenhuma tentativa séria de mensurar suas reais consequências econômicas e sociais foi feita, o que dá a medida de sua popularidade política.

Ironicamente, cidades com leis fortes de controle dos preços dos aluguéis, como Nova York e São Francisco, tendem a registrar aluguéis médios *maiores* que os das cidades sem tal legislação. Onde tais leis se aplicam somente para aluguéis abaixo de certo nível, os construtores são incentivados a construir apenas apartamentos luxuosos para que possam ser precificados em níveis superiores aos fixados pela legislação. Não surpreendentemente, isso ocasiona uma elevação na média dos aluguéis pagos, e a tendência de viver na rua é maior nas cidades onde há controle dos aluguéis — Nova York e São Francisco são exemplos clássicos.

Uma das razões para o sucesso político das leis de controle dos aluguéis é que várias pessoas aceitam palavras como se fossem indicadores da realidade. Eles acreditam que tal legislação realmente controla os aluguéis. Por acreditarem nisso, essas leis são politicamente viáveis, assim como outras leis que proclamam alcançar alguns objetivos desejáveis, quer tais objetivos sejam atingidos ou não.

Carência e Escassez

Uma distinção sumamente importante para ter em mente é a diferença entre carência — quando poucos bens estão disponíveis em relação à população — e "escassez" como um fenômeno de *preço*. Tanto pode haver uma escassez crescente sem que haja uma carência aumentada, como ocorrer uma carência crescente sem que se configure uma escassez.[3]

Como já dito, houve uma séria escassez habitacional nos EUA ao longo e imediatamente após a II Guerra Mundial, embora a proporção entre casas e pessoas fosse a mesma de antes do conflito, quando não havia escassez. A situação oposta também é possível quando o montante atual de residências subitamente declina em uma determinada área livre de quaisquer controles de preços — e sem qualquer escassez. Isso se deu na esteira do grande terremoto e incêndio em São Francisco, em 1906. Mais da metade das habitações da cidade foi destruída em apenas três dias durante a catástrofe. Ainda assim não houve escassez. Quando o *San Francisco Chronicle* voltou a circular, um mês após a tragédia, sua primeira publicação continha 64 ofertas de apartamentos ou casas para alugar, comparativamente a somente cinco anúncios de pessoas procurando apartamento para morar.

Das 200.000 pessoas que de uma hora para outra ficaram na rua devido ao terremoto, 30.000 alojaram-se temporariamente em abrigos e cerca de 75.000 deixaram a cidade. Por volta de 100.000 pessoas foram atendidas pelo mercado local de habitações. Os jornais da época não mencionaram escassez alguma. O crescimento dos preços não somente realocou as casas existentes, mas proporcionou um incentivo à reconstrução, e estimulou os locadores a utilizarem menos espaço nesse ínterim e aqueles com espaço em suas residências a aceitar moradores enquanto os aluguéis eram altos. Para resumir, assim como pode haver escassez sem grande carência física, igualmente pode haver uma grande carência física sem qualquer escassez. As pessoas que ficaram na rua em virtude do enorme terremoto de 1906 em São Francisco encontraram casas onde ficar mais prontamente que as de Nova York em decorrência das leis de controle dos aluguéis que excluíram milhares de imóveis do mercado de locação.

---

[3] Em português, ambos os vocábulos são usualmente considerados sinônimos. Neste tópico, é necessário defini-los mais rigorosamente para acompanhar o raciocínio exposto pelo autor. As expressões "oferta insuficiente" e "oferta extremamente restrita", respectivamente para "carência" e "escassez", servem para ilustrar a ideia contida na distinção entre os dois termos feita nesta seção. Entretanto, ao longo do livro traduzido, quando não houver necessidade de tal distinção, usa-se os termos como sinônimos.

Acumulação

Além da escassez e deterioração da qualidade, geralmente ocorre o fenômeno da acumulação decorrente de controle de preços — isto é, indivíduos mantendo grandes estoques de bens com preços controlados em relação àquilo que normalmente teriam em um mercado livre, dada a incerteza de ter acesso a eles no futuro. Assim, durante a escassez de gasolina dos anos 1970, os motoristas estavam menos inclinados a deixar os tanques dos carros em nível tão baixo como costumavam até decidirem ir aos postos para abastecer.

Alguns deles, cujos tanques estavam pela metade, encostavam no primeiro posto que surgisse pela frente e, por precaução, completavam o que faltava para os preencher. Com milhões de veículos circulando por aí com os reservatórios de combustível mais cheios que de costume, um volume imenso de gasolina desapareceu dos estoques individuais, diminuindo a disponibilidade das distribuidoras de combustível para os postos. Com isso, uma relativamente pequena escassez de gasolina em termos nacionais poderia tornar-se um problema bastante sério para aqueles motoristas que rodavam sem combustível e precisavam procurar um posto funcionando e que tivesse gasolina para vender. A repentina gravidade da escassez de gasolina — considerando a pequena diferença que existia no total de combustível produzido — frustrou muita gente e gerou várias teorias conspiratórias.

Uma dessas teorias afirmava que as companhias petrolíferas mantinham os navios-tanque procedentes do Oriente Médio circulando no oceano à espera de que os preços aumentassem antes de descarregar. Embora nenhuma dessas teorias da conspiração resistisse a um exame, havia um mínimo de sentido atrás delas, como usualmente ocorre na maioria das falácias. Uma escassez grave de gasolina com pequena diferença no total produzido significa que tinha de haver um grande volume de gasolina sendo desviado em algum lugar. Poucos daqueles que criaram ou acreditaram em teorias da conspiração suspeitaram que o excesso estava sendo armazenado em seus próprios tanques de gasolina e não em petroleiros navegando em círculos em alto-mar. Isso agravava a severidade da escassez de gasolina porque manter milhões de grandes estoques individuais de combustível nos carros e caminhões era menos eficiente que manter estoques gerais nos reservatórios dos postos.

A exequibilidade da acumulação de estoques varia para os diferentes bens, assim, o efeito do controle de preços também varia. Por exemplo, controles sobre os preços de morangos podem ocasionar menos escassez que os aplicados na gasolina, pois morangos são perecíveis se estocados por muito tempo. Controlar os preços do corte de cabelos ou outros serviços também pode causar menos escassez que no caso da gasolina, porque serviços não podem ser estocados. Ou seja, você não poderia cortar seus cabelos duas vezes no mesmo dia, se encontrasse um cabeleireiro com tempo disponível, para fazer dois cortes antes que o próximo fosse necessário, ainda que cabeleireiros pudessem na ocasião do próximo corte estar menos disponíveis quando o preço do corte de cabelos estivesse sendo mantido baixo pelo controle de preços.

Entretanto, certas coisas improváveis podem ser acumuladas quando há controle de preços. Por exemplo, com os aluguéis controlados, as pessoas podem manter um apartamento que eles raramente usam, como alguns astros de Hollywood que mantêm apartamentos em Manhattan, cujos aluguéis são controlados, a fim de ocupá-los quando de passagem pela cidade. O prefeito Ed Koch fez isso com seu apartamento durante os 12 anos em que morou em Gracie Mansion, a residência oficial do prefeito de Nova York. Em 2008, surgiu a notícia de que Charles Rangel, um deputado de Nova York, tinha quatro apartamentos com aluguéis controlados, um dos quais servindo como escritório.

A acumulação de estoques é um caso particular de um princípio econômico mais geral segundo o qual a demanda aumenta quando os preços caem, e do corolário de que controles de preços possibilitam usos menos prioritários para antecipar usos de maior prioridade, aumentando a gravidade dos processos de escassez, seja de apartamentos, seja de gasolina.

Às vezes, a redução da oferta quando há controle de preços assume formas menos óbvias. Na II Guerra Mundial, quando os preços eram controlados, a revista *Consumer Reports* descobriu que 19 das 20 barras de chocolate que foram testadas em 1943 tinham um tamanho menor que as de quatro anos antes. Alguns fabricantes de alimentos enlatados pioraram a qualidade de seus produtos, mas quando os colocavam à venda faziam-no com um nome diferente a fim de preservar a reputação de sua marca tradicional.

Mercado Negro

Enquanto controles de preços tornam ilegais quaisquer transações entre vendedores e compradores a preços que poderiam ser mais vantajosos para ambos quando há escassez, alguns compradores e vendedores mais audazes e menos escrupulosos realizam negócios entre si mutuamente vantajosos, à margem da lei. Controles de preços quase invariavelmente produzem o chamado mercado negro, nos quais os preços não apenas são mais altos que os permitidos legalmente, como mais elevados do que seriam em um mercado livre, pois os riscos legais também têm que ser compensados. Enquanto mercados negros de pequena escala podem operar em segredo, os de grande escala normalmente exigem propinas para que os funcionários públicos olhem para o outro lado. Na Rússia, por exemplo, um embargo local sobre os embarques de alimentos com preços controlados para além das fronteiras regionais era apelidado de "decreto dos 150 rublos", que era o custo de subornar a polícia para atravessar as barreiras com aqueles alimentos.

Até mesmo no início do período pós-revolução soviética, quando operar no mercado negro de alimentos era punível com a morte, esses mercados negros existiam. Segundo colocaram dois economistas soviéticos de uma era posterior: "Até mesmo durante a War Communism (em português, Guerra do Comunismo, uma guerra civil travada na União Soviética entre 1918 e 1921), especuladores e contrabandistas, com suas vidas em jogo, traziam tantos grãos quanto podiam para as cidades, com todas as compras do Estado sendo efetuadas sob a vigilância da *prodrazverstka* (polícia bolchevista que confiscava os grãos que entravam ilegalmente na região)".

Estatísticas sobre as atividades no mercado negro são naturalmente precárias, uma vez que ninguém quer deixar que todos saibam que se está burlando a lei. Contudo, às vezes há indicações indiretas. Durante e imediatamente após a II Guerra Mundial, com os preços sob controle, o emprego em frigoríficos diminuiu à medida que a carne deixava de ser embalada legitimamente e era desviada para o mercado negro. Isso muitas vezes se traduzia em açougues e mercados vazios[4].

Em outros casos, porém, isso não se deve a uma carência física real de carne, mas a um desvio para canais de distribuição ilegais. Um mês após o controle de preços ser extinto, o emprego nas empacotadoras de carne cresceu de 93.000 para 163.000 postos de trabalho, e para 180.000 passados dois meses. Quase que dobrando em apenas três meses, isso indicou que, terminado o controle de preços, a carne deixou de ser desviada para ser embalada legalmente.

Na União Soviética, onde os controles de preços eram mais difundidos e duradouros, dois economistas locais escreveram sobre um "mercado cinzento" no qual as pessoas pagavam "um dinheiro adicional sobre bens e serviços". Embora essas transações ilegais "não fossem levadas em conta nas estatísticas oficiais", os economistas estimavam que 83% da população se valia de canais proibidos. Esses mercados ilegais cobriam uma ampla gama de transações, incluindo "quase metade dos reparos efetuados em apartamentos", 40% dos consertos de automóveis e mais vendas de vídeos que os mercados legais: o mercado negro comercializava quase 10.000 títulos de vídeo, contra menos de 1.000 no mercado legal".

---

[4] Em muitos casos, os bens com oferta reduzida eram mantidos em estoque nos fundos das lojas para venda a aquelas pessoas dispostas a pagar mais que o preço legal por elas. Mercados negros nem sempre operam separadamente, funcionando de modo paralelo em negócios legitimamente estabelecidos.

Deterioração da Qualidade

Uma das razões para o sucesso político de controles de preços é que parte de seus custos são dissimulados. Mesmo uma visível escassez não conta a história toda. Deterioração da qualidade, tal como visto na questão da habitação, é algo comum em relação a diversos outros produtos e serviços cujos preços são mantidos artificialmente baixos em função de determinações legais.

Um dos problemas fundamentais do controle de preços é definir quais preços serão controlados. Mesmo alguma coisa tão simples como uma maçã não é algo fácil de definir, porque ela difere em tamanho, frescor, aparência e variedade. Mercearias e supermercados gastam tempo (e dinheiro) escolhendo diversos tipos e qualidade de maçãs, descartando as frutas que não satisfazem as expectativas de seus respectivos clientes. Quando há controle de preços, entretanto, a quantidade de maçãs demandada a um preço artificialmente baixo excede a que é ofertada, por isso não há necessidade de gastar muito tempo e dinheiro classificando-as, já que todas serão vendidas de qualquer maneira. Alguns frutos que normalmente seriam descartados em um mercado de preços livres são guardados para serem vendidos para as pessoas que chegarem depois que todas as maçãs em boas condições forem comercializadas.

Assim como com os apartamentos submetidos ao controle de aluguéis, há menos incentivo para se manter a qualidade quando, de qualquer forma, tudo será vendido durante um período de escassez.

Alguns dos mais dolorosos exemplos de deterioração da qualidade ocorreram em países nos quais há controle de preços na assistência médica. Com os preços artificialmente baixos, mais pessoas vão ao médico com males menores como resfriados ou leves irritações da pele que poderiam ser ignoradas ou tratadas com medicamentos isentos de prescrição médica, aconselhados por farmacêuticos. Mas tudo muda quando os controles de preços reduzem o custo das consultas médicas, e especialmente quando o custo corre por conta do governo e, portanto, isentam o paciente do pagamento.

Resumindo, mais pessoas podem ocupar o tempo dos médicos quando há controle de preços, diminuindo o tempo para atendimento a outras com problemas de saúde mais sérios, ou urgentes. Assim, no sistema de saúde britânico controlado pelo governo, uma garota de 12 anos recebeu um implante de seios enquanto 10.000 pessoas esperaram 15 meses ou mais pela cirurgia. A cirurgia de uma mulher com câncer foi postergada até que a malignidade da doença finalmente tornou-a inoperável. As prioridades automáticas sob preços controlados estão entre os fatores causadores de vítimas.

Um estudo conduzido pela OCDE (organização internacional de vários países que aceitam os princípios da democracia representativa e da economia de livre mercado) revelou que, entre cinco países de língua inglesa pesquisados, somente nos EUA a porcentagem de pacientes esperando por uma cirurgia eletiva por mais de quatro meses ficava na casa de um único dígito. Todos os outros — Austrália, Canadá, Nova Zelândia e Reino Unido — tinham mais de 20% de seus pacientes esperando mais de quatro meses, com 38% deles no Reino Unido esperando pelo menos esse tempo. Nesse grupo, os EUA era o único país em que os preços da assistência médica não eram estabelecidos pelo governo. Incidentalmente, a expressão "cirurgia eletiva" não estava restrita a cirurgias cosméticas ou outros procedimentos médicos desnecessários, mas nesse estudo incluía operações de catarata e dos quadris, e cirurgias coronarianas.

Atrasos no tratamento médico é um dos aspectos de deterioração da qualidade quando os preços são estabelecidos em nível mais baixo do que aqueles que prevaleceriam de acordo com a oferta e a demanda. A qualidade do atendimento recebido também é afetada quando os médicos gastam menos tempo por paciente. Em países ao redor do mundo, a quantidade de tempo em que os médicos atendem cada paciente, em média, é menor, se há controle de preços, do que quando tal controle não existe.

Mercados negros são outra característica comum dos controles de preços aplicados aos cuidados médicos ou outras coisas. Na China e no Japão, tomam a forma de propinas aos médicos para darem receitas. Em suma, sejam os produtos ou serviços quais forem — habitação, maçãs ou assistência médica —, a deterioração da qualidade sob um regime de controle de preços tem sido comum nas mais disparatadas maneiras.

"PISOS" DE PREÇO E EXCEDENTES

Se um preço mantido abaixo do nível que teria caso as condições de oferta e demanda em um mercado livre prevalecessem tende a causar maior procura e menos disponibilidade, gerando uma escassez frente ao preço imposto, então, estabelecer um preço *acima* daquele em um mercado livre tende a causar mais oferta que demanda, gerando um excedente (um excesso de oferta).

Entre as tragédias da Grande Depressão da década de 1930 estava o fato de que muitos fazendeiros americanos simplesmente não conseguiam obter receitas com a venda de suas colheitas para pagar suas contas. Os preços dos produtos agrícolas caíram mais drasticamente do que os preços das coisas que eles compravam. A renda do setor agrícola diminuiu de mais de US$6 bilhões em 1929 para US$2 bilhões em 1932.

À medida que agricultores perdiam suas fazendas porque não podiam mais pagar as hipotecas, e outros sofriam privações na luta para manter suas terras e o tradicional modo de vida, o governo federal procurou restaurar o que foi chamado de paridade entre a agricultura e outros setores da economia, intervindo para impedir a queda drástica dos preços agrícolas.

A intervenção adotou vários formatos. Uma abordagem foi reduzir por lei a quantidade de várias culturas que podiam ser plantadas e comercializadas, de modo a impedir que a oferta ocasionasse preços inferiores ao nível que os funcionários do governo tivessem determinado. Assim, o abastecimento de amendoim e algodão foram limitados por lei. Frutas cítricas, nozes e assemelhados e vários outros produtos agrícolas foram regulamentados por cartéis locais de agricultores, com o apoio da Secretaria da Agricultura para emitir "ordens de comercialização" e processar aqueles que as violassem por produzir e vender mais do que foram autorizados a fazer. Tais arranjos se estenderam por décadas após a miséria ocasionada pela Grande Depressão ser substituída pela prosperidade do boom econômico após a II Guerra Mundial, e muitas dessas restrições continuam até hoje.

Tais métodos indiretos de manter preços artificialmente elevados contam só uma parte da história. O fator-chave nessa questão foi a disposição do governo de adquirir o excedente gerado pelo controle dos preços. Isso foi feito para produtos agrícolas como milho, arroz, fumo e trigo, entre outros — e muitos desses programas permanecem em vigor atualmente. Independentemente de quais grupos, de início, se presumia auxiliar, a existência desses programas beneficiou a outros também, os quais tornavam politicamente difícil encerrá-los mesmo quando as condições originais haviam mudado e os beneficiários iniciais eram agora uma pequena parte de um eleitorado politicamente organizado e determinado a manter a continuidade desses programas[5].

Controles de preços na forma de um "piso", impedindo que caiam mais, produzem excedentes tão dramáticos quanto a escassez produzida por meio dos controles de preços na forma de "teto" para impedir que cresçam. Em poucos anos, o governo federal comprou mais de 25% de todo o trigo colhido nos EUA retirando-o do mercado para manter os preços em um nível predeterminado.

Durante a Grande Depressão dos anos 1930, os programas de apoio à agricultura fizeram com que enorme quantidade de alimentos fosse deliberadamente destruída em uma época em que a desnutrição era um grave problema nos EUA e protestos públicos ocorriam em várias cidades do país. Por exemplo, o governo federal comprou 6 milhões de suínos em 1933 e os matou. Enormes quantidades de produtos agrícolas foram mantidas plantadas a fim de deixá-los fora do mercado e sustentar os preços no nível fixado oficialmente, ao mesmo tempo em que grandes quantidades de leite eram

---

[5] Esse não é um padrão incomum na evolução de outras espécies de programas governamentais.

despejadas nos ralos pela mesma razão. Enquanto isso, muitas crianças americanas estavam sofrendo de doenças causadas pela desnutrição.

Ainda assim, havia um excedente de alimentos. Um excedente, como uma escassez, é um fenômeno de *preço*. Um excedente não significa que há algum excesso em relação às pessoas. Não havia "muitos" alimentos em relação à população durante a Grande Depressão. As pessoas simplesmente não tinham dinheiro suficiente para comprar tudo o que foi produzido aos preços artificialmente elevados estabelecidos pelo governo. Uma situação muito semelhante existia na Índia acometida pela pobreza no início do século XXI, quando havia um excedente de trigo e arroz abaixo do preço governamental. A *Far Eastern Economic Review* informava:

> O estoque público de grãos da Índia é o mais elevado em todos os tempos, e na próxima primavera vai crescer, chegando a colossais 80 milhões de toneladas, ou quatro vezes a quantidade necessária em caso de uma emergência nacional. No entanto, enquanto há trigo e arroz armazenado — em alguns casos durante anos, a ponto de apodrecer — milhões de indianos não têm o suficiente para comer.

Uma reportagem sobre a Índia no *New York Times* relata uma história muito semelhante sob a manchete: "Pobre na Índia Morre de Fome com Trigo Excedente Apodrecendo":

> Excedentes da colheita de trigo deste ano, comprados dos agricultores pelo governo, ficam mofando em campos enlameados aqui no estado de Punjab. Uma parte do excedente de trigo do ano passado fica intocado, e também o do ano anterior, e o do ano antes disso. Ao sul, no estado vizinho de Rajasthan, os moradores, no fim do verão e no outono, comeram folhas cozidas ou discos de pão feitos de sementes de grama porque não podiam se dar ao luxo de comprar trigo. Uma a uma, crianças e adultos — perto de 47 ao todo — encolhidas por causa da fome — ficam com frequência segurando seus estômagos doloridos.

Um excedente ou "fartura" de alimentos na Índia, onde a desnutrição ainda é um sério problema, pode parecer, de certa forma, uma contradição. Mas excedentes alimentares, sob "pisos" de preços, são tão reais quanto a escassez habitacional com um "teto" de preços. Nos Estados Unidos, a grande quantidade de espaço de armazenamento necessário para manter safras excedentes fora do mercado já levou a expedientes desesperados tais como armazenar esses produtos agrícolas em navios de guerra não utilizados quando todas as instalações com essa finalidade em terra estavam lotadas. Caso contrário, haveria trigo americano deixado do lado de fora para apodrecer, como na Índia.

Uma excepcional colheita nos Estados Unidos poderia levar o governo federal a armazenar mais trigo do que foi cultivado por agricultores americanos durante todo o ano. Na Índia, noticiou-se que em 2002 o governo local estava gastando mais estocando seu excedente de produção do que em desenvolvimento rural, irrigação e controle de inundações, combinados. Foi um clássico exemplo de *má alocação* de recursos escassos com usos alternativos, especialmente em um país pobre.

Enquanto o preço de mercado do produto agrícola sujeito aos controles de preço permanece acima do nível em que o governo está legalmente obrigado a comprá-lo, o produto é vendido no mercado a um preço determinado pela oferta e demanda. Contudo, quando existe um aumento suficiente na quantidade fornecida, ou ocorre uma redução suficiente na quantidade demandada, o preço resultante mais baixo pode cair para um nível em que o governo compra o que o mercado não está disposto a comprar. Por exemplo, nos EUA, em 2007, o mercado absorvia o leite em pó quando era vendido por cerca de US$4,88 o quilo, mas quando o preço caiu para US$1,77 em 2008, o Departamento de Agricultura dos EUA viu-se legalmente obrigado a comprar aproximadamente 51 mil toneladas de leite em pó a um custo total superior a US$90 milhões.

Nada disto é exclusivo dos EUA ou Índia. Os países da União Europeia gastaram US$39 bilhões em subsídios diretos em 2002 e seus consumidores o dobro disso em face dos preços inflacionados dos alimentos ocasionados por esses programas agrícolas. Enquanto isso, o excedente de alimentos era comercializado abaixo do que custava no mercado mundial, reduzindo os preços que os agricultores do Terceiro Mundo poderiam obter por seus produtos. Em todos esses países, não só o governo, mas também os consumidores estão pagando pelos programas de suporte de preços — o governo diretamente nos pagamentos aos agricultores e empresas de armazenamento, e os consumidores, nos preços inflados dos alimentos. A partir de 2001, os consumidores americanos desembolsaram US$1,9 bilhão por ano em preços artificialmente elevados apenas para produtos com adição de açúcar, enquanto o governo pagou US$1,4 milhão *por mês* apenas para armazenar o excedente de açúcar. Enquanto isso, o *New York Times* relatava que os produtores de açúcar foram "grandes doadores para republicanos e democratas" e que o dispendioso programa de apoio aos preços do açúcar teve "apoio bipartidário".

Os produtores de açúcar são ainda mais fortemente subsidiados nos membros da União Europeia do que nos Estados Unidos, e o preço do açúcar nesses países está entre os mais altos do mundo. Em 2009, reportagem do *New York Times* afirmava que os subsídios ao açúcar na União Europeia eram "pródigos até mesmo para que no tempo frio da Finlândia se começasse a produzir mais açúcar", ainda que o açúcar possa ser produzido a partir da cana cultivada em regiões tropicais com custos bem menores do que a partir da beterraba cultivada na Europa.

Em 2002, o Congresso dos EUA aprovou uma lei de subsídios agrícolas que se estimou custar para cada família americana, em média, mais de US$4.000 ao longo dos dez anos seguintes em impostos e preços inflacionados dos alimentos. E isso não foi nenhuma novidade. Durante meados dos anos 1980, quando o preço do açúcar no mercado mundial era de US$0,08 o quilo, o preço por atacado nos Estados Unidos chegou a US$0,44 o quilo. O governo foi subsidiando a produção de algo que os americanos poderiam obter mais barato refreando a produção e comprando de países tropicais. Essa tem sido a verdade do açúcar por décadas. Além disso, o açúcar não tem exclusividade nisso, nem os EUA. Nos países da União Europeia, os preços da carne de carneiro, manteiga e açúcar são, todos, duas vezes mais caros que seus preços no mercado mundial. Como um escritor mencionou para o *Wall Street Journal*, cada vaca na União Europeia recebe mais subsídios por dia do que a maioria dos africanos subsaarianos têm para viver.

Embora a razão original para os programas americanos de apoio aos preços tenha sido salvar a agricultura familiar, na prática, a maior parte do dinheiro foi para as grandes empresas agrícolas, algumas das quais receberam milhões de dólares cada, enquanto os fazendeiros recebiam, em média, apenas algumas centenas de dólares. A maioria do dinheiro com a lei agrícola bipartidária de 2002 igualmente irá para os 10% mais ricos entre os produtores agrícolas — incluindo David Rockefeller, Ted Turner e uma dúzia de empresas da lista *Fortune 500*. Também no México, 85% dos subsídios agrícolas chegarão aos agricultores mais ricos, que somam 15% do total.

O que é crucial de se entender sobre o papel dos preços na economia é que excedentes constantes são resultados, normalmente, da manutenção dos preços artificialmente altos e a escassez constante é resultado de se manter os preços artificialmente baixos. Também, as perdas não foram, simplesmente, as somas de dinheiro subtraídas dos contribuintes ou consumidores em benefício das corporações agrícolas e agricultores. Essas são transferências internas dentro de uma nação, que não reduzem diretamente a riqueza total do país. As perdas reais para o país como um todo vêm da má alocação de recursos escassos que têm usos alternativos.

Recursos escassos, tais como terra, trabalho, fertilizantes e máquinas, são desnecessariamente usados para produzir mais alimentos do que os consumidores estão dispostos a consumir aos preços artificialmente elevados decretados pelo governo. Todos os imensos recursos utilizados na produção de açúcar nos Estados Unidos são desperdiçados quando o açúcar pode ser importado de países nos trópicos, onde é produzido muito mais barato em um ambiente natural mais propício para seu crescimento. As pessoas pobres, que gastam uma porcentagem especialmente alta de sua renda em alimentos, são obrigadas a pagar muito mais que o necessário para obter a quantidade de alimentos que recebem, deixando-as com menos dinheiro para outras coisas. Nos EUA, os "food stamps" (tíquetes de alimentação fornecidos pelo governo federal às pessoas sem ou de baixa renda) são capazes de comprar menos quando os preços dos alimentos são artificialmente inflacionados.

De uma perspectiva estritamente econômica, é trabalhar com propósitos cruzados para subsidiar os agricultores forçando os preços dos alimentos para cima, e depois subsidiar parte dos consumidores, diminuindo seus custos particulares — como é feito na Índia e nos Estados Unidos. No entanto, a partir de ponto de vista político, agir assim faz todo o sentido para ganhar o apoio de dois conjuntos diferentes de eleitores, especialmente desde que a maioria deles não entenda as completas implicações econômicas de tais políticas.

Mesmo quando os subsídios agrícolas e controle de preços originaram-se durante tempos difíceis como uma medida humanitária, eles persistiram por longo tempo na época por desenvolverem um eleitorado organizado que ameaçava criar problemas políticos se esses subsídios e controles fossem removidos ou mesmo reduzidos. Agricultores bloquearam as ruas de Paris com suas máquinas quando o governo francês mostrou sinais de diminuir seus programas agrícolas ou permitir maior produção no estrangeiro a ser importada. No Canadá, os agricultores que protestavam contra os baixos preços do trigo bloquearam estradas e formaram um comboio de tratores em direção à capital de Ottawa.

Embora apenas cerca de 10% do rendimento agrícola nos Estados Unidos venha de subsídios do governo, cerca de metade do rendimento agrícola na Coreia do Sul é proveniente de tais subsídios, assim como 60% na Noruega.

A POLÍTICA POR TRÁS DOS CONTROLES DE PREÇO

Os princípios econômicos básicos podem ser bem simples, mas suas ramificações podem ser bastante complexas, como vimos com os diversos efeitos das leis de controle de aluguéis e leis de sustentação dos preços agrícolas. Todavia, mesmo esse nível básico de economia raramente é compreendido pelo público, que muitas vezes exige "soluções" políticas que acabam por piorar a situação. E isso nem é um novo fenômeno dos tempos modernos em países democráticos.

O bloqueio espanhol no século XVI, que tentou deixar morrer à míngua súditos rebeldes em Antuérpia para que se rendessem, resultou em altos preços dos alimentos dentro da cidade ocasionados pelo contrabando, que trazia alimentos através do bloqueio, permitindo que os habitantes continuassem a resistir. Porém, as autoridades locais decidiram resolver o problema dos preços elevados dos alimentos com leis que fixavam o preço máximo autorizado a ser cobrado por determinados itens alimentares, estipulando penalidades severas para quem as violasse.

Seguiram-se as consequências clássicas de preços controlados — um maior consumo dos produtos com preços artificialmente mais baixos e uma redução do fornecimento de tais bens, uma vez que os fornecedores estavam menos dispostos a correr o risco de enviar alimentos através do bloqueio espanhol sem o incentivo adicional de preços mais elevados. Portanto, o efeito líquido do controle de preços foi que "a cidade viveu em alto-astral até que todas as provisões acabaram" e a Antuérpia não teve escolha a não ser render-se aos espanhóis.

No outro lado do mundo, na Índia do século XVIII, a fome local em Bengala levou a uma repressão do governo aos revendedores de alimentos e especuladores, impondo controles de preços no arroz. Aqui, a escassez resultante ocasionou mortes generalizadas por inanição. No entanto, quando outra onda de fome atingiu a Índia no século XIX, agora sob o domínio colonial de funcionários britânicos e durante o apogeu da economia de livre mercado, políticas diferentes foram seguidas, com resultados opostos:

> Na fome inicial, dificilmente alguém poderia engajar-se no comércio de grãos sem se tornar receptivo à lei. Em 1866, homens respeitáveis e em grande número entraram no comércio; para o Governo, por meio da publicação de retornos semanais das taxas em todos os distritos, o tráfego se tornaria fácil e seguro. Todo mundo sabia onde comprar grãos mais baratos e onde vendê-los mais caro, e os alimentos eram, portanto, comprados dos distritos que melhor poderiam poupá-los e levados urgentemente aos que mais precisavam.

Tão elementar quanto tudo isso possa parecer em termos de princípios econômicos, tornou-se possível politicamente só porque o governo colonial britânico não era responsável perante a opinião pública local. Em uma era de políticas democráticas, as mesmas ações exigiriam um público familiarizado com a economia básica ou líderes políticos dispostos a arriscar suas carreiras para fazer o que precisava ser feito. É difícil saber o que é menos provável.

Politicamente, os controles de preços são sempre uma tentadora "solução rápida" para a inflação, e certamente mais fácil do que o governo começar a cortar suas próprias despesas, algo que muitas vezes está por trás da inflação. Pode ser considerado especialmente importante impedir que os preços dos alimentos subam. Concordando com isso, a Argentina instaurou controles de preços sobre o trigo no início do século XXI. Previsivelmente, os agricultores argentinos reduziram a área de terra plantada com o cereal, de pouco mais de 60 milhões km² em 2000 para cerca de 36 milhões de km² em 2012. Uma vez que há um grande mercado internacional para o trigo, no qual o preço é mais elevado do que o preço permitido no mercado interno na Argentina, o governo também achou necessário bloquear as exportações de trigo, que teriam agravado a escassez de trigo doméstica.

Quanto maior a diferença entre os preços livres e os preços decretados pelas leis de controle de preços, mais severas as consequências do controle de preços. Em 2007, o governo do Zimbábue respondeu à inflação desenfreada ordenando que os vendedores diminuíssem os preços pela metade ou mais. Apenas um mês depois, o *New York Times* relatava que "economia do Zimbábue está em um impasse". Na reportagem, lia-se:

> Pão, açúcar e farinha de milho, alimentos básicos da dieta de todo cidadão do país, desapareceram, apreendidos por multidões que desnudam as lojas como gafanhotos em campos de trigo. A carne é praticamente inexistente, mesmo para os membros da classe média que têm dinheiro para comprá-la no mercado negro. A gasolina é quase inalcançável. Pacientes estão morrendo no hospital por falta de médicos e suprimentos básicos. Blecautes e cortes de água são endêmicos.

Tal como aconteceu em outros tempos e lugares, os controles de preços quando impostos em Zimbábue foram vistos pelo público, de início, de modo favorável. "Os cidadãos comuns inicialmente saudaram os cortes de preços com uma eufórica — e curta — maratona de compras", de acordo com o *New York Times*. Tanto as reações iniciais como as consequências posteriores eram muito semelhantes ao ocorrido na Antuérpia, séculos antes.

Quando um lugar é devastado por um furacão ou algum outro desastre natural, muitas pessoas consideram ser inconcebível que as empresas nessa área de repente aumentem os preços de coisas como garrafas de água, lanternas ou gasolina, ou que os hotéis locais dupliquem ou tripliquem os preços de seus quartos quando há muitas pessoas de repente desalojadas que procuram abrigo temporário. Frequentemente, controles de preços são considerados como uma solução rápida necessária nesta situação.

A resposta política tem sido muitas vezes aplicar leis contra a "especulação de preços" para impedir tais práticas impopulares. Contudo, o papel dos preços na alocação de recursos escassos é ainda mais urgentemente necessário quando os recursos locais de repente se tornam mais carentes do que o habitual, em função do aumento da demanda das pessoas subitamente privadas dos meios de que geralmente dispõem em face da destruição provocada por tempestades, incêndios florestais ou algum outro desastre natural.

Onde casas foram destruídas, por exemplo, a demanda por quartos de hotel por habitantes do local pode subir de uma hora para outra enquanto a oferta da capacidade hoteleira na melhor das hipóteses continua a ser a mesma, desde que nenhum desses hotéis tenha sido danificado ou destruído. Quando a população local quer mais quartos de hotel que não estão disponíveis localmente, essas acomodações terão de ser racionadas, de uma forma ou outra, seja por preços ou de alguma outra forma.

Caso os preços dos quartos de hotel permaneçam o que têm sido em tempos normais, os que chegarem aos hotéis primeiro ocuparão todos os quartos, e os que chegarem mais tarde terão que dormir ao ar livre, ou em casas danificadas que podem oferecer pouca proteção contra as intempéries ou, então, retirar-se da área atingida e, assim, deixar suas casas vulneráveis a saqueadores. Porém, se os preços dos hotéis sobem drasticamente, as pessoas serão incentivadas a racionalizar. Um casal com filhos, que pode alugar um quarto de hotel para si e outro para seus filhos quando os preços estão em seu nível normal, serão incentivados a alugar apenas um quarto para toda a família quando as diárias são anormalmente altas, isto é, quando há "manipulação de preços".

Princípios semelhantes aplicam-se quando de repente escasseiam outras coisas em uma determinada região em virtude de uma maior demanda localizada. Se o fornecimento de energia elétrica passa a falhar em tal lugar, a demanda por lanternas pode exceder em muito a quantidade fornecida. Se os preços das lanternas continuarem a ser os mesmos de antes, aqueles que chegarem primeiro nas lojas que vendem lanternas podem rapidamente esgotar o abastecimento local, de modo que aqueles que chegam mais tarde são incapazes de encontrar lanternas disponíveis. Entretanto, se os preços das lanternas subirem rapidamente, uma família que pode, em caso contrário, comprar várias lanternas para seus membros muito provavelmente se contentará com apenas uma unidade — extraordinariamente cara, o que significa que haverá mais lanternas deixadas para outros.

Na hipótese de haver um aumento da demanda por gasolina, seja para geradores elétricos ou para conduzir automóveis para outros lugares para fazer compras de coisas difíceis de encontrar localmente, ou para se retirar definitivamente do local assim afetado, isso pode criar uma escassez de gasolina até que novas formas de suprimento possam chegar aos postos de abastecimento ou até que a energia elétrica seja restaurada e as bombas de gasolina possam funcionar. Se o preço da gasolina continuar a ser o que tinha sido em tempos normais, aqueles que chegam aos postos de abastecimento primeiro podem encher o tanque dos carros e esgotar a oferta local, deixando aqueles que chegam mais tarde sem gasolina para comprar. Mas, se o preço da gasolina subir como um foguete, os motoristas que chegam antes podem comprar apenas o suficiente da gasolina extraordinariamente cara para mantê-los fora da área comprometida, de modo que eles podem, em seguida, reabastecer em muito melhores condições de preço em locais menos afetados pelo desastre natural. Isso deixa mais gasolina disponível localmente para os outros.

Quando os preços locais atingem o pico, isso afeta a oferta, tanto antes como após o desastre natural. A data de chegada de um furacão é geralmente antecipada por meteorologistas, e suas previsões se aproximam do que é, em geral, amplamente divulgado. Fornecimentos de todos os tipos de coisas normalmente necessárias depois da passagem de um furacão — lanternas, garrafas de água, gasolina e tábuas, por exemplo — são mais propensas a serem levadas às pressas para a área provavelmente atingida pelo furacão antes que ele passe por lá, se os fornecedores antecipam os preços mais elevados. Isso significa que a escassez pode ser mitigada com antecedência. Mas se apenas os preços habituais em condições normais podem ser esperados, há menos incentivo para suportar os custos extras da pressa para levar coisas para uma área onde se espera que o desastre aconteça.

Incentivos similares se fazem presente depois de um furacão ou outro desastre. Repor o material em uma área devastada pode custar mais devido às estradas e rodovias danificadas, detritos e tráfego congestionado de pessoas que fogem da área. A disparada dos preços locais pode superar a relutância em enfrentar esses obstáculos locais que acarretam custos adicionais. Além disso, cada fornecedor é incentivado a tentar ser o primeiro a chegar ao local, uma vez que é o momento no qual os preços estarão em nível mais elevado, antes de fornecedores adicionais chegarem e a concorrência forçar os preços para baixo. O tempo também é de grande importância para as pessoas na região atingida pelo desastre, que precisam de um fornecimento contínuo de alimentos e outras necessidades.

Os preços não são a única forma de racionar recursos escassos, tanto em tempos normais como em períodos em que há repentina carência. Mas a questão é se os sistemas alternativos de racionamento costumam ser melhores ou piores. A história mostra repetidamente o efeito dos controles de preços sobre os alimentos no aumento da fome ou mesmo inanição. Pode ser possível para os vendedores racionar o quanto eles venderão a alguém. Mas isso coloca o vendedor no papel pouco invejável de ofender alguns de seus clientes, recusando-se a deixá-los comprar tanto quanto quiserem — e ele pode perder alguns de seus clientes depois que as coisas voltem ao normal. Poucos vendedores podem estar dispostos a correr esse risco.

O resultado líquido de não ter nem racionamento via preço nem racionamento via outros mecanismos pode muito bem ser a situação descrita na esteira da supertempestade "Sandy" em 2012, como relatado no *Wall Street Journal:*

> Em um supermercado de Nova Jersey, os compradores quase não fizeram sequer uma pausa para um anúncio ao público transmitido por um alto-falante instando-os a comprar apenas o necessário para um par de dias de paralisia no subúrbio. Nada parecia dissuadi-los, na medida em que carregavam seus carrinhos de compras para os caixas com enlatados de atum suficientes para durar seis semanas. Uma lata de Bumblebee (uma marca desses enlatados) vai durar anos: os clientes não se arriscam a comprar o suprimento inteiro de uma loja ao preço normal.

Apelos às pessoas para limitarem suas compras durante uma emergência, assim como outras formas de racionamento não relacionadas aos preços, raramente são tão eficazes como o aumento dos preços.

Capítulo 4

UMA VISÃO GERAL SOBRE PREÇOS

Precisamos de educação no que é óbvio mais do que a investigação do obscuro.

Justice Oliver Wendell Holmes Jr

Muitos dos princípios básicos da Economia podem parecer óbvios, mas as implicações derivadas deles não — e são as implicações que importam. Alguém uma vez salientou que Newton não o foi primeiro homem que viu uma maçã cair. Sua fama baseou-se no fato de ele ter sido o primeiro a compreender suas implicações.

Os economistas há séculos entendem que, quando os preços são mais elevados, as pessoas tendem a comprar menos do que quando os preços são mais baixos. Mas, ainda hoje, foge ao entendimento de muita gente muitas implicações desse fato simples. A título de exemplo, uma das consequências de não pensar nessas implicações é que a assistência médica fornecida pelo governo, em vários países ao redor do mundo, tem, repetidamente, custado muito mais do que o inicialmente estimado. Tais estimativas foram efetuadas observando-se o uso atual de médicos, hospitais e drogas farmacêuticas. Porém, a introdução do atendimento médico gratuito ou subsidiado leva a uma maior utilização, simplesmente porque seu preço é mais baixo, e isso implica em custos muito maiores do que estimado de início.

Compreender qualquer assunto requer de você, primeiro, que ele seja definido, para que fique claro em sua mente sobre o que se está falando — e sobre o que não se está falando. Assim como uma discussão poética do tempo não é meteorologia, fazer pronunciamentos morais ou credos políticos sobre economia não é Economia. Economia é uma análise das relações de *causa e efeito* em um sistema econômico. Sua finalidade é discernir as consequências de várias formas de alocação de recursos escassos que têm usos alternativos. Ela nada tem a dizer sobre filosofia social ou valores morais, assim como sobre humor ou raiva.

Essas outras coisas não são necessariamente menos importantes. Para a Economia, estão fora de questão. Ninguém espera que a Matemática explique o amor, e ninguém deve esperar que a Economia seja algo diferente do que é, ou que faça algo diferente do que pode. Mas ambos, Matemática e Economia, podem ser muito importantes onde são aplicáveis. Cálculos matemáticos complexos e cuidadosos podem ser a diferença entre ter um astronauta em órbita e desembarcá-lo em segurança na Flórida ou deixar o módulo de retorno espatifar-se no Himalaia. Vimos também catástrofes sociais similares resultantes da má compreensão dos princípios básicos da Economia.

CAUSA E EFEITO

Analisar as ações econômicas em termos de causa e efeito significa examinar a lógica dos incentivos que estão sendo criados, em vez de simplesmente pensar sobre a conveniência das metas que estão sendo procuradas. Isso também significa avaliar as evidências empíricas do que realmente acontece em decorrência de tais incentivos.

Em uma economia, não ocorre o tipo de causalidade simples e unidirecional que está envolvida em quando uma bola de bilhar bate em outra e a enterra no buraco. Nela, a causalidade é *sistêmica*, envolvendo interações recíprocas mais complexas, algo como a adição de soda cáustica ao ácido clorídrico gerar água salgada[1], porque ambos os produtos químicos, transformados pelos seus efeitos recíprocos, deixarão de ser duas substâncias mortais para se tornarem outra, inofensiva.

Igualmente, em uma economia, os planos de compradores e vendedores são transformados conforme eles descobrem as reações de cada um às condições de oferta e demanda, e as resultantes alterações de preços forçam-nos a reavaliar seus planos. Assim como aqueles que começam a planejar a compra de uma casa na praia, e depois que descobrem os altos preços de morar ali podem acabar se contentando com um chalé mais para o interior, os fornecedores, às vezes, acabam vendendo seus produtos por menos do que pagaram para os comprar ou produzir quando a demanda é insuficiente para obter qualquer preço mais elevado do público consumidor e a alternativa é permanecer com um item não comercializável ao preço inicialmente previsto.

---

[1] *Não* tente fazer isso em casa. Químicos profissionais sabem manipular esses produtos perigosos, com as devidas precauções, em um laboratório, mas em mãos inexperientes eles podem ser fatais.

Causalidade Sistêmica

Como causalidade sistêmica envolve interações recíprocas, em vez de unidirecionais, há uma redução do papel das intenções individuais. Como Friedrich Engels colocou: "o que cada indivíduo deseja é obstruído pelos demais, e o que emerge é algo que ninguém quis". A Economia preocupa-se com o que *emerge*, não com aquilo que alguém pretendia. Se o mercado de ações encerra o dia em 14.367 pontos, isso é o resultado final de um processo complexo de interações de inúmeros compradores e vendedores de ações, nenhum dos quais pode ter pretendido que o mercado fechasse em 14.367, apesar de terem sido seus próprios atos motivados por outras intenções que levaram a essa situação.

A causalidade às vezes pode ser explicada por ações intencionais e às vezes por interações sistêmicas, porém, com demasiada frequência, os resultados de interações sistêmicas são falsamente tidos como oriundos de intenções individuais. Assim como os povos primitivos tendem a atribuir coisas como o balanço das árvores pelo vento a alguma ação intencional de um espírito invisível em vez de considerar as variações da pressão atmosférica, há uma tendência para explicações intencionais de eventos sistêmicos na economia quando as pessoas desconhecem os princípios econômicos básicos. Por exemplo, ainda que o aumento dos preços provavelmente reflita as mudanças na oferta e demanda, as pessoas ignorantes em Economia podem atribuir aumentos de preços à "ganância".

Pessoas chocadas com os preços elevados cobrados nas lojas de bairros com baixa renda muitas vezes logo culpam a ganância ou exploração por parte dos que dirigem essas empresas. Com frequência, são tomadas conclusões semelhantes sobre intenções quando se notam as taxas de juros muito mais altas cobradas por agiotas e pequenas empresas de financiamento operando em bairros de baixa renda, em comparação com aquelas cobradas pelos bancos em comunidades de classe média. Nos EUA, empresas que operam em bairros de baixa renda costumam cobram para descontar cheques, cobrança que geralmente não é efetuada por bancos localizados em bairros de classe média. No entanto, a lucratividade das empresas nestes bairros mais pobres é, normalmente, inferior à de outros lugares, e o fato de que muitas empresas estão deixando tais localidades — e outros tipos de empresa, como redes de supermercados, nem sequer se estabelecem lá — reforça essa conclusão.

A dolorosa realidade de que as pessoas pobres acabam pagando mais do que aquelas em melhor condição socioeconômica por uma série de bens e serviços tem uma explicação muito simples — e sistêmica: com frequência, custa muitas vezes mais entregar produtos e realizar serviços em bairros de baixa renda. Maiores prêmios de seguros e custos mais elevados para várias precauções de segurança decorrentes de maiores taxas de criminalidade e vandalismo são apenas algumas das razões sistêmicas que são ignoradas por aqueles que procuram uma explicação em termos das intenções pessoais. Além disso, o custo relativo (ou seja, o custo por R$1,00) de fazer negócios tende a ser maior em bairros de baixa renda. Emprestar R$1,00 para cada uma de cinquenta pessoas de baixa renda em instituições financeiras locais são transações que custam mais em tempo e processamento do que emprestar R$5.000 em um banco para um cliente de classe média, embora a mesma quantia total de dinheiro esteja envolvida em ambos os casos[2].

Cerca de 10% das famílias americanas não têm uma conta-corrente[3] e, sem dúvida, esse porcentual é maior entre as famílias de baixa renda, de modo que muitos deles recorrem a financeiras locais para descontar cheques da Segurança Social ou outros recebíveis. Um carro blindado entrega dinheiro em notas pequenas para uma empresa financeira de bairro e centenas de vezes esse montante em notas de maior valor para um banco em um shopping center suburbano. Com o custo de fazer negócios sendo maior por R$1,00 na comunidade de baixa renda, não é de surpreender que ele seja repassado, resultando em preços mais elevados e taxas de juros mais altas.

Preços mais altos para pessoas que podem pagar menos são um resultado final trágico, mas as causas são sistêmicas. Não se trata apenas de uma distinção filosófica ou semântica. Existem grandes consequências práticas para a forma como o nexo de causalidade é entendido. Tratar as causas do aumento dos preços e taxas de juros mais altas em bairros de baixa renda como sendo questão de cobiça pessoal ou exploração, e tentar remediar pela imposição de controles de preços e limites máximos de taxas de juros somente garante que ainda menos será fornecido para as pessoas de baixa renda que moram em bairros afastados. Assim como o controle de aluguel reduz a oferta de habitação, o controle de preços e da taxa de juros pode reduzir o número de empresas financeiras e lojas de penhor dispostas a operar em locais com custos mais elevados quando essas despesas não podem ser recuperadas por preços e taxas de juros legalmente admissíveis.

---

[2] Em muitos casos, o mutuário de classe média que já é correntista de um banco do qual ele deseja o empréstimo também tem uma linha automática de crédito disponível nessa conta-corrente. Quando surge a necessidade de um empréstimo de US$5.000, pode não haver a necessidade de fazer uma solicitação específica. Graças a essa linha automática, o cliente simplesmente preenche o cheque com US$5.000 a mais que o saldo na conta, rapidamente e com um mínimo de esforço tanto para o correntista quanto para o banco, uma vez que a classificação de crédito do potencial tomador já foi estabelecida quando a conta foi aberta e o tamanho da linha de crédito estabelecido com base nela. Descontar um cheque em tais situações envolve pouco risco ou o custo para o banco, em comparação aos assumidos por instituições financeiras cujos clientes não são, normalmente, seus correntistas.

[3] NRT: No Brasil, de acordo com o Banco Central, cerca de 30% das pessoas adultas ainda não são bancarizadas (https://www.bcb.gov.br/Nor/relincfin/RIF2015.pdf)

Para muitos moradores de bairros de baixa renda, a alternativa pode ser a de ficar de fora da legalidade e tomar dinheiro emprestado de agiotas, cujas taxas de juros são ainda mais elevadas e têm seus próprios métodos de cobrança, como a violência física.

Quando as lojas e instituições financeiras encerram suas atividades em locais de baixa renda, mais das pessoas que moram ali são, então, obrigadas a se deslocar para lugares mais distantes para fazer compras de mantimentos ou outros bens, arcando com a passagem de ônibus ou táxi além das despesas com as compras. O cerceamento dos negócios que resulta no fechamento de empresas já ocorreu por motivos os mais variados, incluindo tumultos e maiores taxas de furtos e vandalismo, com o resultado líquido de que muitas pessoas nos bairros de baixa renda tenham que se deslocar para outro lugar para fazer compras ou ir ao banco.

"Antes de tudo, não praticar o mal" é um princípio que tem sido resiliente ao longo dos séculos. Compreender a distinção entre causalidade sistêmica e causalidade intencional é uma maneira de ocasionar menos danos com as políticas econômicas. É especialmente importante não prejudicar pessoas que já estão em penosas circunstâncias econômicas. Também é interessante notar que, em sua maioria, as pessoas não são criminosas, mesmo em bairros de alta criminalidade. A fração de pessoas desonestas em tais bairros constitui-se na verdadeira fonte de muitos dos custos mais altos por trás dos preços mais elevados cobrados pelas empresas que operam nesses bairros. Mas é tanto intelectualmente quanto emocionalmente mais fácil jogar a culpa dos preços elevados naqueles que os cobram em vez de naqueles que os causam. E também é politicamente mais popular culpar os estrangeiros, especialmente se forem de uma etnia diferente.

Causas sistêmicas, do tipo frequentemente encontrado em Economia, não oferecem tal catarse emocional para o público ou melodrama moral para a mídia e políticos como causas intencionais como "ganância", "exploração", "discriminação", "espoliação", e assim por diante. Explicações intencionais de causa e efeito podem também ser mais naturais, no sentido de que sociedades e indivíduos menos sofisticados tendem a recorrer primeiro a tais explicações. Em alguns casos, séculos se passaram para que explicações intencionais consagradas em superstições sobre a natureza dessem lugar a explicações sistêmicas com base na Ciência. Ainda não está claro se vai demorar muito tempo para que os princípios básicos da Economia substituam a tendência natural de muitas pessoas para tentar explicar os resultados sistêmicos por causas intencionais.

Complexidade e Causalidade

Embora os princípios básicos da Economia não sejam realmente complicados, a facilidade com que podem ser aprendidos também torna fácil descartá-los como "simplistas" por aqueles que não querem aceitar análises que contradigam algumas de suas crenças mais caras. Evasões do óbvio são frequentemente muito mais complicadas do que os fatos simples. Também não é verdade que, automaticamente, efeitos complexos devem ter causas complexas. As ramificações de algo muito simples podem se tornar extremamente complexas. Por exemplo, o simples fato de que a Terra está inclinada em seu eixo provoca inúmeras e complicadas reações em plantas, animais e pessoas, bem como em coisas inanimadas como correntes marítimas, mudanças climáticas e na duração do dia e noite.

Se a Terra ficasse em linha reta sobre seu eixo[4], o dia e a noite teriam a mesma duração durante todo o ano e em todas as partes do mundo. O clima permaneceria diferente entre o equador e os polos, mas em qualquer lugar seria o mesmo no inverno e no verão. O fato de o eixo da Terra ser inclinado significa que a luz solar incide no mesmo país em diferentes ângulos e diversos pontos durante a órbita anual do planeta em torno do sol, levando a alterações de temperatura e mudando a duração do dia e da noite.

Por sua vez, tais mudanças desencadeariam reações biológicas complexas no crescimento da vegetação, hibernações e migrações de animais, bem como mudanças psicológicas em seres humanos e na sazonalidade de suas economias. Mudança nos padrões climáticos afetam as correntes oceânicas e a frequência de furacões, entre muitos outros fenômenos naturais. E tudo isso resulta de complicações ocasionadas pelo simples fato de tal alteração no eixo da Terra.

Em suma, efeitos complexos podem ser reflexo de causas simples ou causas complexas. Os fatos específicos podem nos contar de que tipo elas são. *A priori*, pronunciamentos sobre o que é "simplista" não podem fazer isso. Uma explicação é demasiado simples quando suas conclusões não coincidem com os fatos ou sua fundamentação viola a lógica. Mas chamar uma explicação de "simplista" é muito frequentemente um substituto para examinar quer seja sua prova, quer seja sua lógica.

Poucas coisas são mais simples do que o fato de que as pessoas tendem a comprar mais a preços mais baixos e comprar menos a preços mais elevados. Todavia, colocar o fato de os produtores tenderem a fornecer mais a preços mais elevados e menos a preços

---

[4] Os puristas podem dizer que não há nenhum "para cima" ou "para baixo" no espaço, mas que simplesmente se requer reformular os mesmos fatos, dizendo que o eixo sobre o qual a Terra gira não é perpendicular ao plano da órbita do planeta em torno do sol.

mais baixos é o suficiente para prever muitos tipos de reações complexas para controles de preços, seja no mercado imobiliário seja no mercado de alimentos, eletricidade ou cuidados médicos. Além disso, essas reações foram encontradas em todos os continentes habitados e ao longo de milhares de anos da história registrada. Causas simples e efeitos complexos têm sido comuns entre as grandes variedades de povos e culturas.

Racionalidade Individual e Racionalidade Sistêmica

A tendência a personalizar causalidade leva não só a acusações de que a "ganância" é a causa dos preços elevados nas economias de mercado, mas também a acusações de que a "estupidez" reinante entre burocratas é responsável por muitas coisas que dão errado nas atividades econômicas do governo. Na realidade, boa parte dos equívocos cometidos nessas atividades devem-se a ações perfeitamente racionais *decorrentes dos incentivos* enfrentados pelos funcionários do governo que administram tais atividades e das limitações inerentes à quantidade de conhecimento disponível para qualquer pessoa ou conjunto de pessoas com poder decisório.

Sempre que uma política ou instituição é estabelecida pelos principais líderes políticos, os funcionários sujeitos à sua autoridade podem muito bem hesitar e contradizer suas crenças e deixar de apontar as consequências contraproducentes que, mais tarde, ocorram a partir dessas políticas e instituições. Mensageiros levando más notícias poderiam arriscar suas carreiras ou — sob Stalin ou Mao — suas vidas.

Os funcionários públicos encarregados de determinadas políticas podem ser bastante racionais, no entanto, o impacto dessas políticas pode revelar-se negativo para a sociedade em geral. Durante a era de Stalin na União Soviética, por exemplo, houve em certa ocasião uma grave escassez de equipamentos de mineração, mas o gerente de um fabricante de tais máquinas, após produzi-las, em vez de as enviar para as minas, onde eram extremamente necessárias, manteve-as armazenadas. A razão foi que as ordens oficiais determinavam que tais máquinas deviam ser pintadas com tinta vermelha e resistente ao óleo, mas o fabricante dispunha somente de tinta verde resistente ao óleo e verniz vermelho que não era resistente ao óleo. E, na ausência de um mercado livre, ele não poderia obter facilmente a tinta prescrita.

Desobedecer a ordens oficiais em qualquer aspecto era uma ofensa grave nos tempos de Stalin e "eu não quero sofrer por oito anos", disse o gerente.

Quando ele explicou a situação a um oficial superior e pediu permissão para usar a tinta verde, resistente ao óleo, a resposta do oficial foi: "Bem, também não quero sofrer por oito anos". No entanto, o funcionário de maior escalão telegrafou ao ministério para obter permissão para dar sua permissão. Após um longo atraso, a autorização foi concedida e o pedido de máquinas de mineração foi finalmente despachado. Nenhuma dessas pessoas comportou-se estupidamente. Elas estavam respondendo racionalmente aos incentivos e limitações do sistema em que trabalhavam. Sob qualquer sistema político ou econômico, as pessoas podem fazer suas escolhas somente entre as alternativas realmente disponíveis — e diferentes sistemas econômicos apresentam diferentes alternativas.

Mesmo em um governo democrático, no qual o risco pessoal seria muito menor, uma pessoa altamente inteligente com um histórico de sucesso excepcional no setor privado é muitas vezes incapaz de ter o mesmo êxito quando nomeada para uma alta posição no governo. Mais uma vez, a questão é que os incentivos e constrangimentos são diferentes em diferentes instituições. É como o economista George J. Stigler, agraciado com o prêmio Nobel, coloca:

> Um grande número de empresários de sucesso passou a ocupar altos postos administrativos no governo dos EUA, e vários — penso que a maioria — distinguiram-se menos nesse novo meio ambiente. Eles estão cercados e dominados por subordinados informados e entrincheirados, têm de lidar com legisladores que podem ser implacáveis em suas demandas, e quase tudo em sua agência que precisa ser alterado é intocável.

INCENTIVOS *VERSUS* METAS

Incentivos são importantes porque a maioria das pessoas costuma fazer mais por seu próprio benefício do que para benefício dos outros. Incentivos vinculam duas preocupações. A garçonete traz a comida até sua mesa não por causa de sua fome, mas porque seu salário e gorjetas dependem disso. Na ausência de incentivos desse tipo, o serviço em restaurantes na União Soviética era notoriamente ruim. Bens não vendidos se acumulando em depósitos não eram as únicas consequências da falta de incentivos que acompanha um sistema de preços de mercado livre. Os preços não só ajudam a determinar quais coisas em particular são produzidas, eles são também uma das formas de racionar a escassez inerente a todos os bens e serviços, assim como dos recursos escassos que entram na produção desses bens e serviços. Contudo, não são os preços que criam essa escassez, o que vai exigir alguma forma de racionamento em qualquer outro sistema econômico.

Simples como possa parecer, isso tudo vai contra muitas políticas e programas concebidos para fazer vários produtos e serviços "acessíveis" ou para evitar que se tornem "proibitivamente caros". Mas ser proibitivo é precisamente o modo como os preços limitam o quanto cada pessoa usa. Se tudo fosse acessível por decreto governamental, nada seria diverso do que quando as coisas fossem muito caras. Teria simplesmente de haver algum método alternativo de racionamento da carência inerente. Seja esse método pela emissão de cupons pelo governo, pelo surgimento de mercados negros ou apenas por brigas pelos bens quando eles forem colocados à venda, o racionamento ainda teria de ser feito, uma vez que fazer as coisas artificialmente acessíveis não cria, em absoluto, nenhuma saída. Ao contrário, "tetos" de preço tendem a causar menor produção.

Muitas políticas aparentemente humanitárias saíram pela culatra ao longo da história por causa de uma falha em compreender o papel dos preços. Tentativas de manter baixos os preços dos alimentos impondo controles de preços levaram à fome e mesmo inanição, seja no século XVII na Itália, no século XVIII na Índia, na França depois da Revolução Francesa, na Rússia após a revolução bolchevique, ou em um sem número de países africanos após haverem obtido sua independência durante a década de 1960. Alguns desses países africanos, como alguns dos países da Europa Oriental, que uma vez tiveram tal abundância de alimentos que eram exportadores de alimentos antes da era do controle de preços e do planejamento central, foram transformados em países incapazes de alimentar a si mesmos.

A falta de fornecimento de bens, como resultado de restrições do governo, deve ser claramente distinguida de uma incapacidade de os produzir. O alimento pode estar em falta em um país com solo extremamente fértil, como na Rússia pós-comunista que ainda não tinha constituído uma economia de livre mercado:

> Ondulando suavemente em meio às colinas, 240km ao sul de Moscou, o Rio Plava Valley é o sonho de um agricultor tornado realidade. Essa é a porta de entrada do que os russos chamam de "Chernozym" — "país da Terra Negra" — que possui alguns dos solos mais férteis da Europa, três horas de carro de uma metrópole gigante e com fome [...] O país da Terra Preta tem riquezas naturais para alimentar toda uma nação. Mas mal consegue se alimentar.

É difícil até imaginar, em uma economia de livre mercado, uma cidade com fome, dependente das importações de alimentos estrangeiros, quando terras agrícolas extraordinariamente férteis não estão longe. Entretanto, as pessoas nessa terra muito fértil eram tão pobres quanto os moradores da cidade que passavam fome. Os trabalhadores que colhiam o que a terra produzia ganhavam o equivalente a cerca de US$10 por semana, mesmo com essa pequena quantidade sendo paga em produtos — sacos de batatas ou pepinos — porque faltava dinheiro. Como o prefeito de uma cidade na região disse:

> Devíamos ser ricos. Temos um solo maravilhoso. Temos o conhecimento científico. Temos pessoas qualificadas. O que mais acrescentar?

Se nada mais, acrescenta-se uma razão para compreender a Economia como um os meios de alcançar uma alocação eficiente de recursos escassos que têm usos alternativos. Tudo o que estava faltando na Rússia era um mercado para conectar a cidade faminta com os produtos da terra fértil, e um governo que permitisse que o tal mercado funcionasse livremente. Porém, em alguns lugares, autoridades russas locais proibiam a circulação de alimentos através das fronteiras locais a fim de assegurar baixos preços dos alimentos dentro de suas próprias jurisdições e, portanto, apoio político local para si. Mais uma vez, é necessário enfatizar que essa não era uma política estúpida do ponto de vista dos funcionários públicos, que tentavam ser populares junto aos consumidores locais mantendo baixos os preços dos alimentos. Isso protegia suas carreiras políticas, ainda que tais políticas fossem desastrosas para o país como um todo.

Não obstante a causalidade sistêmica em um mercado seja, em certo sentido, impessoal, pois seus resultados não são especificamente predeterminados por ninguém, "o mercado" é, em última análise, uma maneira pela qual os desejos pessoais de muitos indivíduos conciliam-se com os de outras pessoas. Demasiadas vezes, um falso contraste é feito entre o mercado impessoal e as políticas supostamente compassivas de vários programas governamentais. Mas ambos os sistemas enfrentam a mesma escassez de recursos, e ambos fazem escolhas dentro das restrições impostas pela escassez. A diferença é que um sistema envolve indivíduos fazendo escolhas para si mesmos, enquanto o outro envolve um pequeno número de pessoas fazendo escolhas para milhões de outras.

Os mecanismos de mercado são impessoais, mas as escolhas feitas pelos indivíduos são tão pessoais quanto as feitas em qualquer outro lugar. Pode ser moda para os jornalistas referirem-se a "capricho do mercado" como se fosse algo diferente dos desejos das pessoas, assim como já foi moda defender a "produção para uso em vez de lucro" — como se lucros pudessem ser obtidos por meio da produção de coisas que as pessoas não podem ou não desejam. O verdadeiro contraste fica por conta das escolhas feitas por indivíduos para si, e as escolhas feitas para eles por outros que presumem definir do que essas pessoas "realmente" precisam.

CARÊNCIA E COMPETIÇÃO

Carência significa que os desejos de todos não podem ser satisfeitos completamente, não importando qual sistema econômico ou política do governo nós escolhamos — e independentemente de um indivíduo ou sociedade serem fracos ou prósperos, sábios ou tolos, nobres ou ignóbeis. A concorrência entre as pessoas para obter recursos escassos é algo inerente. Não é uma questão de saber se gostamos ou não da concorrência. Carência significa que não temos a opção de *escolher* ou não ter uma economia em que as pessoas competem. Esse é o único tipo de economia que é possível — e nossa única escolha circunscreve-se entre os métodos específicos que podem ser utilizados para a competição.

Instituições Econômicas

A maioria das pessoas pode não estar ciente de que estão competindo ao fazer compras, e simplesmente se veem como decidindo quanto de várias coisas para comprar por quaisquer preços que encontram. Mas a carência garante que eles estão concorrendo com os outros, mesmo que estejam conscientes apenas de ponderar suas próprias decisões de compra levando em consideração a quantidade de dinheiro que têm disponível.

Um dos benefícios incidentais de competir e partilhar por meio de preços é que pessoas diferentes não são tão propensas a pensar em si mesmas como rivais, nem para desenvolver os tipos de hostilidade que a rivalidade pode gerar. Por exemplo, a mesma mão de obra e material de construção necessários para construir uma igreja protestante poderiam ser usados para construir uma igreja católica. Todavia, se uma congregação protestante está arrecadando dinheiro para construir uma igreja, provavelmente estarão preocupados com quanto dinheiro eles podem conseguir e quanto é necessário para o tipo de igreja que desejam. Os preços da construção podem levá-los a desistir de alguns de seus planos mais elaborados a fim de se enquadrar dentro dos limites do que podem pagar. Mas provavelmente não culparão os católicos, embora a concorrência desses religiosos com os católicos para os mesmos materiais de construção faça com que os preços sejam mais elevados do que o contrário.

Se, em vez disso, o governo estiver no negócio de construção de igrejas sejam quais forem os grupos religiosos, protestantes e católicos serão rivais explícitos na obtenção dessa generosidade, e não teriam nenhum incentivo financeiro para reduzir seus planos de construção para acomodar os do outro. Em vez disso, cada um seria motivado, tão fortemente quanto possível, a realizar seus desejos em toda sua extensão, mobilizando seus seguidores politicamente para insistir em obter o que querem, e ressentindo-se de qualquer sugestão de cortes em seus planos. A carência inerente de materiais e mão de obra ainda limitaria o que poderia ser construído, mas esse limite seria agora imposto politicamente e visto pelo grupo como decorrente da competição.

A Constituição dos Estados Unidos, é claro, impede o governo americano de construir igrejas para grupos religiosos, sem dúvida a fim de evitar rivalidades políticas e amarguras, e às vezes derramamento de sangue, que essas rivalidades ocasionaram em outros países e em outros tempos.

O mesmo princípio econômico aplica-se também a grupos étnicos, regiões geográficas ou faixas etárias. Todos inerentemente competindo pelos mesmos recursos, simplesmente porque os recursos são escassos. Contudo, competir indiretamente por ter que manter suas demandas dentro dos limites de seu próprio bolso é muito diferente de ver seus desejos de benefícios governamentais frustrados diretamente pelas reivindicações rivais de algum outro grupo. O autorracionamento criado por preços não só tende a significar menos atrito social e político, mas também mais eficiência econômica, uma vez que cada indivíduo conhece suas próprias preferências melhor do que terceiros, e pode, portanto, fazer trade-offs incrementais que são mais pessoalmente satisfatórios dentro dos limites dos recursos disponíveis.

O racionamento por intermédio dos preços também limita a quantidade de cada reivindicação individual sobre a produção de terceiros a aquilo que a própria produtividade cria para os outros, e assim obtida como renda. O controle de preços, subsídios ou outros substitutos para a alocação via preço reduzem os incentivos para o autorracionamento. É por isso que as pessoas com doenças leves vão ao médico quando a assistência médica é gratuita ou fortemente subsidiada pelo governo, e a razão pela qual os agricultores que recebem água subsidiada pelo governo a partir de projetos de irrigação de culturas requerem grandes quantidades de água, que eles jamais cultivariam se tivessem que pagar os custos totais dessa água.

A sociedade como um todo sempre tem de pagar os custos totais, independentemente de os preços serem ou não cobrados dos indivíduos. Quando os controles de preço tornam uma mercadoria artificialmente mais barata, permitem uma maior autoindulgência por alguns, o que significa que menos é deixado para os outros. Assim, se há muitos apartamentos com aluguéis controlados ocupados por apenas uma pessoa, os outros têm dificuldade de encontrar um lugar para ficar, mesmo quando estão completamente dispostos e capazes de pagar o aluguel corrente. Além disso, uma vez que o racionamento ocorre de qualquer jeito, com ou sem os preços, isso significa que alguma forma de racionamento que não via preços acaba acontecendo.

Simplesmente esperar até que aquilo que você quer fique disponível tem sido uma forma usual de substituir o racionamento pelos preços. Isso pode significar esperar em longas filas nas portas das lojas, como era comum na economia soviética, ou ser colocado em uma lista de espera para uma cirurgia, como se dá com os pacientes em muitos países onde a assistência médica ou é gratuita ou fortemente subsidiada.

Sorte e corrupção são outros sucedâneos para o racionamento via preços. Quem estiver passando em frente a uma loja quando chega uma nova remessa de algum produto de oferta restrita pode ter a oportunidade de o comprar primeiro, enquanto as pessoas que tomam conhecimento disso muito mais tarde podem não mais encontrar o produto cobiçado no momento em que chegarem lá. Em outros casos, suborno ou favorecimento pessoal ou político tomam o lugar da sorte no acesso preferencial, ou sistemas formais de racionamento podem substituir o favoritismo com algumas políticas "sob medida" administradas por agências governamentais. Com isso, no entanto, o racionamento que é determinado pelos preços nas economias de mercado não vai deixar de existir porque se dispensou o uso dos preços para essa finalidade, ou porque o governo reduziu o nível de preços.

Substituição Incremental

Tão importante quanto entender o papel das substituições, é a necessidade de ter em mente que a alocação eficiente de recursos exige que essas substituições sejam *incrementais*, e não totais. Por exemplo, alguém pode acreditar que a saúde é mais importante do que o entretenimento, mas, embora isso seja razoável como um princípio geral, ninguém realmente acredita que ter um suprimento de Band-Aid suficiente para vinte anos no armário é mais importante do que ter que desistir de toda a música a fim de pagar por isso. Uma economia coordenada pelos preços facilita a substituição incremental, mas a tomada de decisão política tende para *prioridades* categóricas — isto é, declarar que uma coisa é absolutamente mais importante do que outra e criar leis e políticas em conformidade.

Quando alguma figura política diz que é preciso "definir as prioridades nacionais" sobre uma coisa ou outra, equivale a dizer que A é categoricamente mais importante do que B. Isso é o oposto da substituição incremental, na qual o valor de cada um depende de quanto temos em certo momento de um e de outro e, portanto, de quanto estamos dispostos a desistir de A no intuito de obter mais B.

Essa variação dos valores relativos das coisas pode ser tão grande a ponto de converter algo que é benéfico em algo que é prejudicial, ou vice-versa. Por exemplo, os seres humanos não podem viver sem sal, gordura e colesterol, mas a maioria dos americanos obtém muito de todos os três de tal modo que sua expectativa de vida diminui. Por outro lado, apesar dos muitos problemas causados pelo álcool, de acidentes fatais no trânsito a óbitos por cirrose do fígado, estudos mostram que quantidades muito modestas de álcool trazem benefícios à saúde que podem salvar vidas[5]. O álcool não é categoricamente bom ou ruim.

Sempre que há duas coisas em que cada uma tem algum valor, uma não pode ser categoricamente mais valiosa do que a outra. Um diamante pode valer muito mais do que uma moeda de um centavo, mas suficientes moedas de um centavo valerão mais do que qualquer diamante. É por isso que trade-offs incrementais tendem a produzir melhores resultados que prioridades categóricas.

Há queixas crônicas sobre o excesso de burocracia do governo em países de todo o mundo, mas os trâmites burocráticos são algo compreensível tendo em conta os incentivos enfrentados pelos funcionários públicos que criam formulários, regras e requisitos para inúmeras atividades que exigem aprovação oficial. Nada é mais fácil do que imaginar requisitos adicionais que possam ser úteis de um jeito ou de outro, em algum momento ou outro, e nada é mais difícil do que lembrar de fazer a pergunta incremental crucial: *a que custo?*

As pessoas que gastam seu próprio dinheiro confrontam-se com tais custos a todo momento, mas as pessoas que estão gastando o dinheiro dos contribuintes — ou que estão simplesmente impondo incontáveis custos sobre as empresas, os proprietários de residências e outros — não têm motivações reais até mesmo para descobrir quanto representam os custos adicionais, e muito menos para adiar o acréscimo de requisitos quando os custos incrementais ameaçam tornar-se maiores do que os benefícios incrementais para aqueles a quem tais custos são impostos pelo governo. Como resultado, a burocracia aumenta.

Qualquer tentativa de se livrar de parte dos trâmites burocráticos é susceptível de ser combatida pelos funcionários públicos, que podem apontar que esses requisitos são úteis em algumas circunstâncias. Mas é improvável até mesmo colocar a questão de saber se o benefício adicional excede o incremento dos custos. Não há motivação

---

[5] Homens que nada bebiam de álcool ou tomavam apenas uma dose por semana tiveram uma redução de doenças cardiovasculares quando aumentaram sua ingestão de álcool para uma a seis doses por semana. No entanto, entre homens cuja média já era de sete ou mais doses por semana, um aumento no consumo levou a aumentar as doenças cardiovasculares, de acordo com o *Archives of Internal Medicine* (25 de setembro de 2000). A publicação médica *The Lancet*, em sua edição de 26 de janeiro de 2002, relatou que "o consumo moderado de álcool está associado a um menor risco de demência em indivíduos com 55 anos ou mais".

Uma Visão Geral sobre Preços

para que eles olhem para as coisas dessa forma. Nem para a mídia, provavelmente. Um artigo do *New York Times*, por exemplo, argumentou que havia poucos, se algum, regulamentos "inúteis"— como se isso fosse um critério relevante. Mas nem os indivíduos nem as empresas são capazes ou estão dispostos a pagar por tudo que não é inútil quando estão gastando seu próprio dinheiro.

Sem dúvida, existem razões, ou ao menos certa lógica, para muitas das regulamentações governamentais impostas às empresas na Itália, por exemplo, mas a verdadeira questão é se os custos excedem seus benefícios:

> Imagine que você é um ambicioso empresário italiano e está tentando fazer um novo negócio. Você sabe que terá de pagar, pelo menos, 2/3 dos custos relativos à seguridade social dos trabalhadores. E também sabe que terá problemas depois de contratar seu 16º empregado, uma vez que há disposições nesse sentido que tornam impossível ou muito caro dispensar um funcionário.
>
> Mas há muito mais. Após contratar o 11º funcionário, você deve apresentar uma autoavaliação anual às autoridades nacionais descrevendo todos os possíveis riscos de saúde e segurança aos quais seus funcionários possam estar sujeitos. Neles inclui-se o estresse relacionado ao trabalho ou causado por idade, gênero e diferenças raciais. Você também deve observar todas as precauções e medidas individuais para prevenir os riscos, os procedimentos envolvidos, informar os nomes dos funcionários responsáveis pela segurança, bem como do médico cuja presença é necessária para a avaliação.
>
> […] No momento em que a sua empresa contrata seu 51º trabalhador, 7% da folha de pagamento deve ser onerada de alguma forma […] Depois de contratar o 101º empregado, você deve apresentar um relatório a cada dois anos sobre a dinâmica de gênero dentro da empresa. Isso deve incluir o número de homens e mulheres em cada unidade de produção e suas funções hierárquicas, detalhes de remuneração e benefícios, e as datas e razões para recrutamentos, promoções e transferências, bem como o impacto na receita estimada.

Na época em que essa descrição das leis trabalhistas italianas apareceu no *Wall Street Journal*, a taxa de desemprego na Itália era de 10% e a economia italiana estava se contraindo em vez de crescer.

Subsídios e Impostos

Idealmente, os preços permitem a existência de usuários alternativos para competir por recursos escassos no mercado. No entanto, essa concorrência é falseada na medida em que impostos específicos são colocados em alguns produtos ou recursos, mas não em outros, ou quando alguns produtos ou recursos são subsidiados pelo governo e outros não.

Os preços cobrados aos consumidores de tais bens e serviços especificamente tributados ou especificamente subsidiados não transmitem os custos reais de produção e, portanto, não conduzem aos mesmos trade-offs. Há sempre a tentação política de subsidiar coisas "boas" e tributar coisas "ruins". Porém, quando nem uma coisa nem outra são categoricamente boas ou ruins, isso impede que possamos concluir quão boa ou quão ruim qualquer uma dessas coisas é, deixando as pessoas escolherem livremente, não influenciadas por preços politicamente alterados. As pessoas que querem impostos específicos ou subsídios para determinadas coisas parecem não entender que estão realmente pedindo que os preços *deturpem* a carência relativa das coisas e o valor relativo que os usuários dessas coisas imputam a elas.

Um dos fatores das recorrentes crises hídricas da Califórnia, por exemplo, é que a água utilizada pelos agricultores é fortemente subsidiada. Os agricultores do Imperial Valley, na Califórnia, pagam US$15 para a mesma quantidade de água que custa US$400 em Los Angeles. O resultado final é que a agricultura, que responde por menos de 2% da produção do estado, consome 43% de sua água. As safras agrícolas que os agricultores da Califórnia cultivam, tais como arroz e algodão, requerem grandes quantidades de água em um clima muito seco, em que tais culturas nunca seriam cultivadas se os agricultores tivessem de pagar os custos reais da água que usam. Inspirador como pode ser para alguns observadores que as terras áridas da Califórnia foram ativadas para produzir grandes quantidades de frutas e legumes com a ajuda de água subsidiada, essas mesmas frutas e vegetais poderiam ser produzidos de forma mais barata em outros lugares com água fornecida gratuitamente pelas nuvens carregadas.

A maneira de saber se o que a Califórnia produz vale o que custa para crescer é permitir que todos esses custos sejam pagos pelos agricultores da Califórnia que concorrem com os agricultores em outros estados cujos níveis de precipitação local são mais elevados. Não há necessidade de funcionários do governo para decidir arbitrariamente — e categoricamente — se é uma coisa boa ou uma coisa ruim para culturas específicas serem cultivadas na Califórnia com água artificialmente fornecida abaixo do custo de irrigação dos projetos federais. Tais questões podem ser decididas de forma incremental, diretamente pelos envolvidos, confrontando as alternativas por meio da concorrência de preços em um mercado livre.

A Califórnia não tem, infelizmente, a exclusividade quanto a isso. Na verdade, esse não é um problema peculiarmente americano. No outro lado do mundo, o governo da Índia fornece "eletricidade quase de graça e água" para os agricultores, de acordo com a revista *The Economist*, incentivando-os a plantar muito "arroz beberrão" (porque consome muita água), com o resultado de que os lençóis de água no Punjab "estão secando rapidamente". Fazer com que qualquer coisa fique artificialmente barata normalmente significa que ela será desperdiçada, seja o que for ou onde esteja.

Do ponto de vista da alocação de recursos, o governo poderia ou não tributar recursos, bens e serviços, ou então tributá-los todos igualmente, de forma a minimizar as distorções das escolhas feitas pelos consumidores e produtores. Por razões semelhantes, recursos, mercadorias e serviços específicos não devem ser subsidiados, mesmo se pessoas em particular são subvencionadas, a não ser por preocupação humanitária, como vítimas de desastres naturais, defeitos de nascença ou outras desgraças alheias à sua vontade. Dar o dinheiro às pessoas pobres seria realizar a mesma finalidade humanitária sem a mesma distorção na alocação de recursos gerada por subsidiar ou tributar produtos diferentes de forma diferente.

Entretanto, um aprimoramento da eficiência econômica poderia ser obtido não alterando os preços dos recursos com impostos ou subsídios, alteração essa decorrente da ação de políticos que, a fim de angariar votos, concedem favores especiais para interesses especiais ou colocam impostos específicos sobre quem ou o que pode ser impopular no momento. O livre mercado pode funcionar melhor quando há igualdade de condições, mas os políticos obtêm mais votos ao inclinar o campo do jogo para favorecer determinados grupos. Muitas vezes, esse processo é racionalizado politicamente em termos de necessidade de ajudar os menos afortunados, mas uma vez que o poder e a prática são estabelecidos, eles fornecem os meios de subsidiar todos os tipos de grupos que são um pouco menos desafortunados. Por exemplo, o *Wall Street Journal* relatou:

> Uma parcela dos impostos e taxas federais pagos pelos passageiros das companhias aéreas é concedida aos pequenos aeroportos utilizados principalmente por pilotos privados e executivos itinerantes de empresas.

O Significado de "Custos"

Às vezes, a razão para a remoção de coisas particulares do processo de pesar custos contra benefícios é expressa em uma questão como: "Como você pode precificar a arte?" — ou a educação, saúde, música, etc. A falácia fundamental subjacente a essa pergunta é a crença de que os preços são simplesmente "colocados" nas coisas. Na medida em que arte, educação, saúde, música e milhares de outras coisas, todas elas, exigem tempo, esforço e matérias-primas, os custos desses insumos são inerentes. Esses custos não se vão porque uma lei impede que eles sejam transmitidos pelos preços do mercado. Em última análise, para a sociedade como um todo, custos são as outras coisas que poderiam sido produzidas com os mesmos recursos. Fluxos de dinheiro e movimentos de preços são sintomas desse fato — e suprimir esses sintomas não vai alterar o fato subjacente.

Uma das razões para a popularidade do controle de preços é uma confusão entre preços e custos. Por exemplo, quando os políticos dizem que vão "derrubar o custo da assistência médica", quase invariavelmente significa que eles vão diminuir os preços pagos pelos cuidados médicos. Quanto aos custos reais da assistência médica — os anos de formação para os médicos, os recursos utilizados na construção e equipamento dos hospitais, as centenas de milhões de dólares de anos de pesquisa para desenvolver um único novo medicamento — é improvável que diminuam um pouco. E, ainda, essas coisas nem são susceptíveis de serem encaminhadas por políticos. O que estes querem dizer com diminuir o custo da assistência médica é que reduzirão o preço dos remédios e as taxas cobradas por médicos ou hospitais.

Uma vez reconhecida a distinção entre preços e custos, não causam muita surpresa as consequências negativas dos controles de preços, porque preços máximos significam uma recusa em pagar os custos totais. Aqueles que fornecem alojamento, alimentação, medicamentos ou inúmeros outros produtos e serviços não são susceptíveis de continuar a fazê-lo com as mesmas quantidades e qualidade se não podem recuperar os custos que tais quantidades e qualidade exigem. Isso pode não ser aparente de imediato, e por isso os controles de preços caem na graça das pessoas, mas as consequências são duradouras e muitas vezes agravam-se ao longo do tempo.

As habitações não desaparecem imediatamente quando há controle de aluguéis, mas se deterioram no decorrer do tempo caso não sejam substituídas por novas moradias em número suficiente para que haja uma compensação. Medicamentos existentes não necessariamente desaparecem sob o controle de preços, mas novas drogas para tratar o câncer, AIDS, doença de Alzheimer e numerosas outras aflições provavelmente não continuarão a ser desenvolvidas no mesmo ritmo quando o dinheiro para pagar os custos e os riscos da criação de novos medicamentos simplesmente já não existe mais.

Uma Visão Geral sobre Preços

Tudo isso leva tempo para se desdobrar, e as memórias podem ser demasiado curtas para que a maioria das pessoas façam a conexão com as más consequências da experiência com políticas populares que apoiaram alguns anos atrás.

A despeito da obviedade que isso tudo possa transparecer, existem fluxos intermináveis de esquemas políticos concebidos para fugir à realidade que é transmitida pelos preços — seja por meio de controles de preços diretos, ou fazendo isso ou aquilo ser "acessível" com subsídios, ou pelo fornecimento pelo próprio governo de vários produtos e serviços gratuitos como um "direito". Pode haver mais políticas econômicas mal concebidas que se baseiam em tratar os preços apenas como perturbações a serem contornadas do que em qualquer outra falácia. O que todos esses regimes têm em comum é que isentam algumas coisas do processo de ponderar custos e benefícios uns contra os outros[6] — um processo essencial para maximizar os benefícios de recursos escassos que têm usos alternativos.

O maior valor econômico do papel dos preços é transmitir informação sobre uma realidade subjacente — e, ao mesmo tempo, oferecer incentivos para responder a essa realidade. Os preços, em certo sentido, são capazes de resumir os resultados finais de uma realidade complexa em um número simples. Por exemplo, um fotógrafo que deseja comprar uma teleobjetiva pode ter que escolher entre duas lentes que produzem imagens de qualidade igual e com a mesma resolução, em que uma delas capta o dobro da luz em relação à outra. Ela pode tirar fotos em ambientes com pouca luminosidade, mas há problemas óticos advindos de uma lente com maior abertura que capta mais luz.

Ainda que o fotógrafo possa ser totalmente inconsciente desses problemas óticos, sua solução pode exigir uma lente mais complexa feita de vidro mais caro. O que o fotógrafo sabe é que a lente com a abertura mais ampla tem um preço mais elevado. A única decisão a ser tomada por ele é se o preço mais elevado vale a pena para o tipo de fotos que ele faz. Um fotógrafo especializado em paisagens que trabalha ao ar livre em dias ensolarados pode achar que a lente mais cara não vale um dinheiro extra, enquanto um fotógrafo que tira fotos dentro de museus que não permitem flashes pode não ter outra escolha a não ser pagar mais pela lente de abertura mais ampla.

Dado que o conhecimento é um dos mais escassos de todos os recursos, os preços desempenham um papel importante para economizar a quantidade de conhecimento necessário para uma tomada de decisão por qualquer indivíduo ou organização. O fo-

---

[6] Por exemplo, no *New York Times*, uma escritora disse que "precisamos de creches de alta qualidade, universais, subsidiadas". (Alissa Quart, "Crushed by the Cost of Child Care", *New York Times*, 18 de agosto de 2013, Sun day Review, p. 4). Em outras palavras, algumas pessoas decidiriam ter filhos e, simultaneamente, fariam uma carreira, deixando que os custos sejam pagos pelos contribuintes que não tinham nada a ver com tais decisões, e sem que ninguém tome essas decisões ponderando custos e benefícios — exceto, talvez, terceiros observadores sem interesse pessoal no resultado e sem sofrer consequências adversas de estar errado.

tógrafo não necessita de nenhum conhecimento sobre ótica a fim de fazer um eficiente trade-off na escolha entre as lentes, enquanto o designer de lentes versado em ótica não precisa conhecer as regras dos museus ou do mercado de fotografias tiradas em museus e de outros lugares de menor luminosidade.

Em um sistema econômico diferente, que não depende de preços, mas de um determinado funcionário público ou comissão de planejamento para tomar decisões sobre o uso de recursos escassos, seria necessária uma grande quantidade de conhecimento sobre a complexidade dos diversos fatores por trás até mesmo de uma decisão relativamente simples como produzir e utilizar uma lente de câmara, de modo a fazer um uso eficiente de recursos escassos que têm usos alternativos. Além do mais, o vidro é utilizado não apenas em lentes de câmeras, mas também em microscópios, telescópios, janelas, espelhos e inúmeras outras coisas. Para saber quanto de vidro deve ser alocado para a produção de cada um desses diversos produtos, exige-se mais perícia em assuntos muito complexos do que se espera de qualquer indivíduo ou grupo gestor de qualquer porte.

Embora o século XX tenha começado com muitas pessoas e grupos ansiosos por uma época em que as economias coordenadas pelos preços seriam substituídas por economias centralmente planejadas, a ascensão e queda destas últimas ocorreu ao longo de várias décadas. No final do século XX, até mesmo a maioria dos governos socialistas e comunistas ao redor do mundo tinha voltado a utilizar os preços para coordenar suas economias. Ainda que o planejamento centralizado possa ter parecido atraente antes de ser julgado, a experiência concreta levou até mesmo seus defensores a confiar mais e mais em mercados coordenados pelos preços. Um estudo internacional de mercados livres em 2012 apontou que o mercado mais livre do mundo era o de Hong Kong — em um país com um governo comunista.

PARTE II: INDÚSTRIA E COMÉRCIO

Capítulo 5

A ASCENSÃO E O DECLÍNIO DAS EMPRESAS

Fracassar é parte do ciclo natural dos negócios.
Companhias nascem, companhias morrem, o capitalismo
segue em frente.

Revista Fortune

Normalmente, tendemos a pensar em empresas como simplesmente empreendimentos para ganhar dinheiro, algo que pode ser muito enganador em, pelo menos, duas formas. Primeiro de tudo, cerca de 1/3 de todas as novas empresas não conseguem sobreviver por dois anos, e mais da metade fecham em quatro anos, então, obviamente, muitas empresas estão perdendo dinheiro. Mas perder dinheiro não é atributo apenas de empresas novas. Empresas que duraram gerações — às vezes, mais de um século — por fim ficam no vermelho e encerram suas atividades. Mais importante, do ponto de vista da Economia, não é o dinheiro que o proprietário da empresa espera amealhar ou se essa esperança é cumprida, mas como tudo isso afeta o uso de recursos escassos que têm usos alternativos e, portanto, como isso afeta o bem-estar econômico de milhões de outras pessoas na sociedade em geral.

ADAPTAR-SE ÀS MUDANÇAS

As empresas de que ouvimos falar, nos meios de comunicação e em outros lugares, são geralmente aquelas que tiveram sucesso, e especialmente as que tiveram sucesso em grande escala — Microsoft, Toyota, Sony, Lloyd's, Credit Suisse. Em uma época anterior, os americanos teriam ouvido falar sobre a A&P, que foi a maior cadeia varejista em qualquer segmento, em qualquer lugar do mundo. Suas 15.000 lojas em

1929 superaram as de qualquer outro varejista nos Estados Unidos. O fato de que a A&P está agora reduzida a uma fração diminuta de seu tamanho anterior, e é praticamente desconhecida, sugere que a indústria e o comércio não são coisas estáticas, mas processos dinâmicos em que produtos específicos, empresas individuais e setores de atividade inteiros crescem e declinam como resultado da implacável concorrência cujas condições estão em permanente mudança.

Em apenas um ano — entre 2010 e 2011 — 26 empresas saíram da lista das 500 maiores companhias relacionadas na *Fortune*, incluindo a Radio Shack e a Levi Strauss. Tais processos de mudança vêm acontecendo há séculos e incluem alterações nos centros financeiros como um todo. A partir dos anos 1780 até a década de 1830, o centro financeiro dos Estados Unidos foi Chestnut Street, na Filadélfia, mas, por mais de um século e meio desde essa ocasião, Wall Street, em Nova York, substituiu Chestnut Street como o principal centro financeiro da América, e mais tarde deixou para trás a cidade de Londres como o centro financeiro do mundo.

No âmago de tudo isso está o papel dos lucros — e dos *prejuízos*. Ambos são igualmente importantes do ponto de vista de forçar as empresas e setores de atividade a usar os recursos escassos eficientemente. Indústria e comércio não são apenas uma questão de gestão de rotinas, com os lucros fluindo mais ou menos automaticamente. Um vasto montante de detalhes em constante mutação, dentro de um ambiente econômico e social circundante em permanente mudança significa que a ameaça de perdas paira até mesmo sobre as maiores e mais bem-sucedidas companhias. Há sim uma razão pela qual os executivos costumam trabalhar muito mais horas que seus funcionários, e por apenas 35% das novas empresas sobreviverem por dez anos. Somente do lado de fora parece fácil.

Assim como as empresas crescem e declinam ao longo do tempo, também as taxas de lucros sobem e descem — e até mais rapidamente. No início de 2007, um relato do *Wall Street Journal* sobre os lucros da Sun Microsystems observou que foram "os primeiros desde meados de 2005". Quando os discos compactos começaram rapidamente a substituir os de vinil no final dos anos 1980, os fabricantes japoneses de tocadores de CD "prosperavam" segundo a *Far Eastern Economic Review*. Porém, "dentro de poucos anos, CD-players ofereciam apenas ganhos marginais aos fabricantes desses aparelhos".

Essa tem sido uma experiência comum com muitos produtos em muitos segmentos. As empresas pioneiras no lançamento de um produto que os consumidores gostam poderão auferir grandes lucros, mas esses mesmos lucros atraem mais investimentos nas empresas existentes e incentivam a constituição de novas empresas, o que eleva a produção disponível, derrubando preços e margens de lucro por meio da competição, com os preços diminuindo em resposta à oferta e demanda. Às vezes, os preços caem a um patamar tão baixo que lucros se transformam em prejuízos, levando algumas empresas à falência até que oferta e demanda daquele ramo de atividade situem-se em níveis financeiramente sustentáveis.

Em longo prazo, mudanças nos rankings relativos das empresas em um ramo de atividade podem ser dramáticas. Por exemplo, a United States Steel foi fundada em 1901 como a maior produtora de aço do mundo. De suas usinas saiu o aço para o Canal do Panamá, o Empire State Building e mais de 150 milhões de automóveis. Contudo, em 2011, essa companhia caiu para o 13º lugar no setor, perdendo US$53 milhões naquele ano e US$124 milhões no ano seguinte. A Boeing, produtora do famoso bombardeiro B-17, apelidado de "fortaleza voadora" na II Guerra Mundial, e desde essa época a maior produtora de aeronaves comerciais do planeta, como o 747, vendia em 1998 mais que o dobro de aviões que seu rival mais próximo, a empresa francesa Airbus. Mas, em 2003, a Airbus ultrapassou a Boeing e tornou-se a fabricante número um de aviões comerciais do mundo com uma quantidade muito maior de pedidos de aeronaves a serem entregues no futuro. No entanto, a Airbus também vacilou e, em 2006, seus executivos de alto escalão foram demitidos por atrasos no desenvolvimento de novos aviões, enquanto a Boeing recuperava a liderança nas vendas.

Em suma, embora se considere as corporações como instituições grandes, impessoais e inescrutáveis, elas são, em última análise, dirigidas por seres humanos que diferem uns dos outros e que têm deficiências e cometem erros, como acontece com qualquer empreendimento de negócios em todo tipo de sistema econômico e em países ao redor do mundo. Empresas soberbamente adaptadas a um determinado conjunto de condições podem ser deixadas para trás quando essas condições mudam de repente e seus concorrentes são mais rápidos para reagir a elas. Às vezes, as mudanças são tecnológicas, como na indústria de computadores, e às vezes são de ordem social ou econômica.

Mudanças Sociais

A cadeia de supermercados A&P foi, durante décadas, uma empresa extremamente adaptada às condições sociais e econômicas nos Estados Unidos. Foi de longe a cadeia de supermercados líder no país, reconhecida pela alta qualidade e preços baixos. Durante os anos 1920, a companhia obtinha uma taxa fenomenal de lucro em relação ao investimento — nunca menos de 20% ao ano, cerca do dobro da média nacional

— e continuou a prosperar ao longo nos anos 1930, 1940 e 1950. Mas tudo começou a mudar drasticamente na década de 1970, quando a A&P perdeu mais de US$50 milhões em um período de 52 semanas. Alguns anos depois, perdeu US$157 milhões no mesmo espaço de tempo. Seu declínio começou, e nos anos que se seguiram muitos milhares de lojas A&P foram forçadas a fechar, e a empresa se tornou uma mera sombra de si mesma.

O destino da A&P, tanto na fase de prosperidade como quando ela perdeu a hegemonia para cadeias de supermercados rivais, ilustra a natureza dinâmica de uma economia coordenada pelos preços e o papel dos lucros e perdas. Quando a A&P estava prosperando durante os anos 1950, operava cobrando preços *mais baixos* do que os supermercados concorrentes. E podia proceder assim porque sua excepcional eficiência manteve seus custos inferiores aos da maioria das outras lojas e cadeias de supermercados, com os preços mais baixos resultantes atraindo um grande número de clientes. Mais tarde, a A&P começou a perder clientes para outras cadeias de supermercados pelo motivo inverso — os competidores tinham agora custos menores que os da A&P e podiam, portanto, vender por preços mais baixos. Mudanças nas condições da sociedade circundante levaram a essa situação — em conjunto com as diferenças na velocidade com que as diversas empresas detectam essas mudanças, percebem suas implicações e se ajustam em conformidade.

Quais foram essas mudanças? Nos anos seguintes ao final da II Guerra Mundial, a crescente prosperidade do público norte-americano e a ocupação dos subúrbios impulsionou a instalação de enormes supermercados em shopping centers, com grandes áreas de estacionamento, vantagens decisivas sobre as lojas da vizinhança — tais como as da A&P — localizadas ao longo das ruas das cidades. Como a propriedade de automóveis, frigoríficos e freezers tornou-se muito mais difundida, alterou-se completamente a economia do setor de mercearias e supermercados.

O automóvel, que viabilizou a ocupação dos subúrbios, também proporcionou maiores economias de escala para os clientes e supermercados. Os clientes podiam agora comprar, de uma só vez, muito mais mantimentos do que poderiam levar para casa nos braços comprando em uma loja de bairro antes da guerra. Esse foi o papel crucial do automóvel. Além disso, a disseminação de refrigeradores e congeladores possibilitava estocar itens perecíveis, como carne e laticínios. Com isso, menos viagens aos supermercados eram necessárias, com compras cada vez maiores.

Para os supermercados, isso significou um maior volume de vendas em um determinado local, podendo agora atender clientes motorizados vindos de quilômetros ao redor, enquanto para uma loja de bairro na cidade era improvável atrair clientes a pé de dez quarteirões de distância. Alto volume significou poupança nos custos de entrega dos produtores ao supermercado, em comparação com o custo de entregar a mesma quantidade total de alimentos em menores lotes individuais para muitas e dispersas pequenas lojas de bairro, cujas vendas totais somadas equivaliam às do supermercado. Isso também significou menores custos de venda dentro do supermercado, porque é mais rápido para o caixa passar um cliente que compra R$100 de mantimentos em um supermercado do que dez clientes que compram R$10 em mantimentos cada um em uma loja de bairro. Graças a essas e outras diferenças nos custos empresariais, os supermercados puderam ser muito rentáveis cobrando preços mais baixos do que as lojas de bairro que estavam lutando para sobreviver.

A junção desses fatores não só reduziu os custos de fornecimento de mantimentos para o consumidor, mas mudou as vantagens e desvantagens econômicas relativas de diferentes localizações para lojas. Algumas redes de supermercados, como a Safeway, foram mais ligeiras, e melhores, em responder a essas condições radicalmente novas do que a A&P. As lojas A&P mantiveram-se onde estavam situadas por mais tempo, não acompanhando os deslocamentos da população para a Califórnia e outras regiões do Sunbelt (em português, Cinturão do Sol, uma região situada ao sul e sudeste dos EUA).

A A&P também estava relutante em assinar longos arrendamentos ou pagar preços elevados para os novos locais onde os clientes e seu dinheiro se dirigiam agora. Em decorrência, depois de anos distinguindo-se por oferecer os menores preços entre as grandes redes de supermercados, a A&P viu-se de repente perdendo terreno para os rivais, mesmo com menores custos empresariais.

Menores custos refletidos em preços mais baixos fizeram da A&P a cadeia varejista líder mundial na primeira metade do século XX. Da mesma forma, diminuir custos implicando em preços mais baixos foi o que permitiu às outras redes de supermercados tirar clientes da A&P durante a segunda metade do século XX. Embora a A&P tenha tido êxito em uma era e não em outra, o aspecto muito mais importante é que a economia como um todo obteve sucesso em ambas as eras no propósito de manter os mantimentos aos preços mais baixos possíveis ao longo do tempo — sejam lá quais forem as empresas operando com preços mais baixos. Esses vaivéns de líderes nesse setor de atividade continuaram no início do século XXI, quando o Wal-Mart alcançou o topo do segmento supermercadista, quase dobrando o número de estabelecimentos que a Safeway tinha.

Muitas outras empresas que já dominaram suas áreas de atuação têm igualmente ficado para trás em face de mudanças, ou mesmo faliram. A Pan American Airways, pioneira em voos comerciais cruzando o Atlântico e o Pacífico na primeira metade do século XX, deixou o mercado no final do século XX em consequência do aumento da concorrência entre as companhias aéreas em função da desregulamentação do setor.

Jornais famosos como o *New York Herald-Tribune*, com um *pedigree* secular, viram interrompida sua circulação, quando um novo ambiente foi formado depois que a televisão se tornou uma importante fonte de notícias e a sindicalização dos jornais encareceu os custos de publicação. Entre 1949 e 1990, o número total de exemplares de todos os jornais vendidos diariamente em Nova York caiu de mais de 6 milhões para menos de 3 milhões. Nova York não é um caso único. Em todos os EUA, a circulação diária de jornais *per capita* caiu 44% entre 1947 e 1998. O *Herald-Tribune* foi um dos muitos jornais locais em todo o país a abandonar o negócio com o surgimento da televisão. O *The New York Daily Mirror*, com mais de um milhão de leitores em 1949, encerrou as atividades em 1963.

Em 2004, os únicos jornais americanos cujas edições diárias superavam a casa de um milhão ou mais eram jornais de circulação nacional — *USA Today, Wall Street Journal* e *New York Times*. Lá atrás, em 1949, a cidade de Nova York tinha, sozinha, dois jornais locais que vendiam, cada um, mais de um milhão de exemplares diariamente — o *Daily Mirror* com 1.020.879 e o *Daily News* com 2.254.644. No século XXI, o declínio continuou, com a circulação de jornais em todo o país diminuindo quase 4 milhões adicionais entre 2000 e 2006.

Outras grandes empresas industriais e comerciais que encolheram ou desapareceram são igualmente um monumento às pressões implacáveis da concorrência. Assim é a crescente prosperidade do público consumidor. O destino específico de empresas ou setores não é o mais importante. Os consumidores são os principais beneficiários dos preços mais baixos possíveis graças à alocação mais eficiente dos recursos escassos que têm usos alternativos. O protagonismo em tudo isso não cabe apenas aos preços e lucros, mas também aos prejuízos. São eles que forçam as empresas a se adequarem à mudança das circunstâncias ou ficarem atrás dos concorrentes que detectam as novas tendências mais cedo ou que compreendem melhor as implicações delas e respondem com mais presteza.

O conhecimento é um dos mais escassos de todos os recursos em qualquer economia, e um insight — uma ideia, inspiração ou discernimento — proveniente dele é ainda mais escasso. Uma economia baseada nos preços, lucros e prejuízos proporciona vantagens decisivas para aqueles com maior conhecimento e discernimento.

Dito de outro modo, conhecimento e insights podem orientar a alocação de recursos, mesmo que a maioria das pessoas, incluindo líderes políticos do país, não compartilhem o conhecimento ou não tenham o discernimento para entender o que está acontecendo. Claramente isso não é verdade no tipo de sistema econômico em que líderes políticos controlam as decisões econômicas, pois então os necessariamente limitados conhecimentos e percepções dos líderes tornam-se barreiras decisivas para o progresso de toda a economia. Mesmo quando os líderes têm mais conhecimento e discernimento do que a média da sociedade, são susceptíveis de ter quase o tanto de conhecimento e discernimento que caracterizam os milhões de pessoas sujeitas às suas ações de governo.

Conhecimento e insigths não precisam ser tecnológicos ou científicos para que sejam economicamente valiosos e decisivos para o bem-estar material da sociedade como um todo. Algo tão simples como o varejo mudou radicalmente durante o decorrer do século XX, revolucionando as lojas de departamento e supermercados e elevando o padrão de vida de milhões de pessoas pela redução dos custos e preços dos bens.

Individualmente, as empresas são obrigadas a fazer mudanças drásticas internamente ao longo do tempo, a fim de sobreviver. Por exemplo, nomes como Sears e Wards eram sinônimos de cadeias de lojas de departamento para a maioria dos americanos no final do século XX. Todavia, nenhuma dessas empresas começou com tal *status*. A Montgomery Ward — o nome original das lojas de departamento Wards — começou realizando vendas pelo correio, no século XIX. Na época, antes que houvesse automóveis ou caminhões, e com a maioria dos americanos vivendo em pequenas comunidades rurais, os altos custos de entrega de bens de consumo para as pequenas e amplamente dispersas lojas locais refletiam-se nos preços praticados. Tais preços, por sua vez, faziam com que as pessoas comuns raramente tivessem condições de pagar por muitas das coisas que, hoje, consideramos básicas.

A Montgomery Ward reduziu os custos de entrega operando como uma agência de correio, vendendo diretamente aos consumidores em todo o país a partir de seu enorme armazém em Chicago. Usar os serviços existentes de transporte ferroviário de carga, e mais tarde os correios, permitia que a Montgomery Ward entregasse seus produtos aos clientes a custos mais baixos que possibilitaram trabalhar com preços inferiores aos cobrados pelas lojas locais em áreas rurais. Em tais condições, a Montgomery Ward transformou-se no maior varejista do mundo no final do século XIX.

Durante esse mesmo período, um jovem agente ferroviário chamado Richard Sears começou a vender relógios e acabou criando um negócio rival nos mesmos moldes, o qual foi se expandindo ao longo dos anos até se tornar, finalmente, várias vezes maior que a Montgomery Ward. Além disso, o império de varejo Sears sobreviveu ao desaparecimento do rival em 2001, quando este fechou suas portas definitivamente sob seu nome mais recente, lojas de departamento Ward. Um indicador do tamanho desses dois gigantes do varejo, em seu auge de vendas pelo correio, era que entre os armazéns de cada um em Chicago circulavam trens sobre trilhos. Essa foi uma das maneiras de cortar os custos de entrega, permitindo-lhes cobrar preços mais baixos do que aqueles cobrados pelas lojas de varejo locais em um país ainda predominantemente rural no início do século XX. Em 1903, o *Chicago Daily Tribune* relatou que empresas que realizavam vendas pelo correio estavam na direção de lojas rurais.

Mais importante do que o destino dessas duas empresas foi o fato de que milhões de pessoas sustentaram um padrão de vida mais alto do que poderia ser alcançado com bens fornecidos por canais mais caros. Enquanto isso, ao longo dos anos foram ocorrendo alterações no modo de vida da sociedade americana, com mais e mais pessoas passando a morar em comunidades urbanas. Esse não era um fenômeno social que ocorria em segredo, mas nem todos notaram essas mudanças graduais e menos pessoas ainda tiveram o discernimento de compreender suas implicações no mercado varejista. Nos EUA, em 1920, antes que o recenseamento confirmasse, pela primeira vez na história do país havia mais americanos vivendo em áreas urbanas do que no campo.

Um homem que gostava de se debruçar sobre essas estatísticas era Robert Wood, executivo da Montgomery Ward. Ele percebeu que, agora, vender as mercadorias por meio de uma rede de lojas de departamento urbanas seria mais eficiente e mais rentável do que o fazer exclusivamente pelo correio. Montgomery Ward não só não compartilhou esse insight com Wood como o demitiu por tentar mudar a política da empresa.

Nesse meio tempo, um homem chamado James Cash Penney teve a mesma visão e já estava montando sua própria cadeia de lojas de departamento. De um início bastante modesto, a cadeia J. C. Penney cresceu para quase 300 lojas até 1920, e mais de mil até o final da década. A maior eficiência da empresa na entrega de mercadorias foi uma benção para os consumidores urbanos — e a concorrência da Penney tornou-se um sério problema econômico para as gigantes Sears e Montgomery Ward, e ambas começaram a perder dinheiro quando as lojas de departamento passaram a atender clientes que moravam longe daquelas redes. Robert Wood, demitido por Ward, foi trabalhar para a Sears e convenceu a diretoria a começar a construir suas próprias lojas de departamento. Em uma situação de fato consumado, a Montgomery Ward não teve escolha a não ser fazer o mesmo, embora nunca tenha conseguido ficar à frente da Sears novamente.

Em vez de se perder nos detalhes das histórias de empresas particulares, precisamos olhar para isso do ponto de vista da economia como um todo e do padrão de vida da sociedade de uma forma geral. Uma das maiores vantagens de uma economia coordenada por preços e operando sob a pressão gerada por ganhos e perdas é que ela pode

A Ascensão e o Declínio das Empresas

explorar o conhecimento escasso e os insights, mesmo quando ausentes na maioria das pessoas — ou mesmo de sua elite intelectual e política.

As vantagens competitivas dos que estão corretos podem cobrir em número, ou mesmo financeiramente, as vantagens daqueles que estão errados. James Cash Penney não começou com muito dinheiro. Na verdade, ele era pobre e iniciou sua carreira de varejo como apenas sócio em uma loja de uma pequena cidade no Wyoming, em uma época na qual a Sears e a Montgomery Ward dominavam indiscutivelmente o varejo em todo o país. Contudo, seus insights sobre as mudanças das condições do mercado varejista, no final das contas, forçaram esses gigantes a fazer as coisas à sua maneira, sob pena de extinção.

Em um período posterior, um balconista em uma loja da J. C. Penney chamado Sam Walton aprendeu sobre o varejo a partir do zero e, em seguida, pôs seu conhecimento e ideias em um negócio próprio, que acabaria por se expandir para se tornar a rede Wal-Mart, cujas vendas superavam as da Sears e J. C. Penney combinadas.

Uma das grandes desvantagens de economias geridas por autoridades políticas, no mercantilismo medieval ou no comunismo moderno, é que insights que surgem em meio ao povo não têm o poderoso efeito alavanca de obrigar aqueles que têm autoridade a mudar a maneira de fazer as coisas. Sob qualquer forma de sistema econômico ou político, os que estão lá em cima tendem a se tornar complacentes, se não arrogantes. Convencê-los de qualquer coisa não é fácil, especialmente quando se trata de algo novo na maneira tradicional de fazer as coisas. A grande vantagem de um mercado livre é que você não tem de convencer ninguém de nada. Você simplesmente compete com eles no mercado e deixa por conta dele a prova de que funciona melhor.

Imagine um sistema em que James Cash Penney tivesse de convencer verbalmente os donos da Sears e da Montgomery Ward de se expandir para além do varejo via correio e construir uma rede nacional de lojas. A reação talvez fosse: "Quem é esse Penney — um sujeito dono de metade de alguma pequena loja em uma cidade caipira da qual ninguém nunca ouviu falar — para nos dizer como dirigir as maiores empresas varejistas do mundo?".

Em uma economia de mercado, Penney não tinha de convencer ninguém de nada. Tudo o que ele precisava fazer era entregar a mercadoria aos consumidores a preços mais baixos. Seu sucesso, e os milhões de dólares em perdas sofridas por Sears e Montgomery Ward como resultado, deixaram essas empresas enormes sem saída a não ser imitar esse arrivista a fim de se tornarem rentáveis novamente. Embora J. C. Penney tenha crescido em pior pobreza do que a maioria das pessoas que estão na economia do bem-estar hoje, suas ideias e insights prevaleceram sobre as de alguns dos homens mais ricos de seu tempo, que finalmente perceberam que não permaneceriam ricos muito mais tempo se Penney e outros continuassem tirando seus clientes, deixando suas empresas com milhões de dólares de prejuízo a cada ano.

Mudanças Econômicas

As mudanças na economia incluem também mudanças na administração das empresas, em especial em suas respostas às alterações econômicas externas. Muitas coisas que hoje consideramos como características de uma economia moderna sofreram resistência quando propostas pela primeira vez, e batalharam arduamente com o poder do mercado para se estabelecer. Até algo tão amplamente utilizado hoje como cartões de crédito foi inicialmente rejeitado. Quando o BankAmericard e a Master Charge (mais tarde MasterCard) surgiram na década de 1960, levaram lojas de departamentos de Nova York, como a Macy's e Bloomingdale's a dizerem que não tinham intenção de aceitar cartões de crédito como pagamentos de compras em suas lojas, apesar de já haver milhões de pessoas com tais cartões na área metropolitana de Nova York.

Somente após o sucesso desses cartões de crédito em lojas menores, as grandes lojas de departamento finalmente cederam e passaram a aceitá-los. Em 2003, pela primeira vez, as compras efetuadas mediante a apresentação de cartões de crédito ou débito superaram as feitas com dinheiro vivo. Nesse mesmo ano, a revista *Fortune* informou que uma série de empresas ganharam mais com seu próprio negócio de cartão de crédito, de juros, do que com a venda de bens e serviços. A Sears obteve mais da metade de seus lucros com os cartões de crédito e a Circuit City só auferiu lucros por meio de seus cartões de crédito, perdendo US$17 milhões com as vendas de eletrônicos.

Nem pessoas nem empresas são sempre bem-sucedidas. A morte, por si só, garante a renovação da gestão. Dada a importância do fator humano e a variabilidade entre os indivíduos — ou mesmo de um indivíduo em diferentes fases da vida —, dificilmente pode surpreender que mudanças dramáticas ao longo do tempo nas posições relativas de empresas têm sido a norma.

Alguns executivos são muito bem-sucedidos durante um período na vida do país ou de suas próprias vidas, e muito ineficazes em um momento posterior. Sewell Avery, por exemplo, foi durante muitos anos ao longo do século XX um líder amplamente elogiado e de grande sucesso da U.S. Gypsum e mais tarde da Montgomery Ward. No entanto, os últimos anos foram marcados por críticas públicas e muita controvérsia sobre a maneira como ele dirigiu a Montgomery Ward, e por uma luta amarga pelo controle da empresa que ele considerava como sendo mal administrada. Quando Avery afastou-se da chefia da diretoria executiva, a cotação das ações da Montgomery Ward subiu imediatamente. Sob sua liderança, a Montgomery Ward tinha colocado tantos milhões de dólares de reserva, como um colchão contra uma recessão econômica, que a revista *Fortune* a chamou de "um banco com uma fachada de loja". Enquanto isso, rivais como a Sears estavam usando seu dinheiro para ocupar novos mercados.

O importante não é o sucesso ou fracasso de determinados indivíduos ou empresas, mas o sucesso de conhecimentos específicos e insights apesar da cegueira ou resistência de determinados empresários e gerentes. Dada a escassez de recursos mentais, uma economia em que conhecimentos e insights têm vantagens tão decisivas na competição pelo mercado é ela própria possuidora de grandes vantagens na criação de um alto padrão de vida para a população em geral. Uma sociedade em que apenas os membros de uma aristocracia hereditária, de uma junta militar ou de uma decisão de um partido político podem tomar decisões importantes é uma sociedade que menospreza grande parte do conhecimento, insights e talentos da maioria de seu próprio povo. Uma sociedade em que tais decisões só podem ser feitas por pessoas do gênero masculino desperdiçou metade de seus conhecimentos, talentos e insights.

Contraste, leitor, sociedades com tais fontes restritas de capacidade de decisão com outra na qual um menino do interior andou quase 13km até Detroit para procurar um emprego e pode terminar criando a Ford Motor Company e mudar a face da América com automóveis produzidos em massa — ou uma sociedade na qual um par de jovens mecânicos de bicicletas poderia inventar o avião e mudar o mundo inteiro[1]. Nem a falta de pedigree, nem a falta de graus acadêmicos, nem até mesmo a falta de dinheiro poderiam impedir ideias que funcionaram, pois o dinheiro para investimento está sempre à procura de um vencedor atrás dele. Uma sociedade que pode dar espaço a todos os tipos de talentos de todos os segmentos de sua população tem óbvias vantagens sobre sociedades em que apenas ao talento de alguns pré-selecionados é permitido determinar seu destino.

Nenhum sistema econômico pode depender da continuidade da sabedoria de seus atuais líderes. Uma economia coordenada de preços e concorrência no mercado independe disso, porque os líderes podem ser forçados a mudar de rumo — ou serem substituídos — seja por causa do vermelho dos balanços, dos acionistas irados, de investidores de fora prontos para entrar e assumir, ou devido à falência. Em decorrência

---

[1] O autor se posiciona na polêmica sobre a quem cabe a primazia pela invenção do avião (para ele, os irmãos Wright; para os brasileiros, o "pai da aviação" é Santos Dumont).

de tais pressões econômicas, não é de surpreender que as economias sob o jugo de reis ou comissários raramente têm acompanhado o histórico de economias com base na concorrência e os preços.

Mudanças Tecnológicas

Décadas a fio, durante o século XX, os aparelhos de televisão foram construídos em torno de um tubo de raios catódicos, em que uma imagem era projetada a partir da pequena extremidade traseira do tubo à tela frontal maior, na qual a imagem era visualizada. Mas um novo século viu essa tecnologia ser substituída por novas tecnologias que produzem uma tela mais fina e mais plana, com imagens mais nítidas. Em 2006, apenas 21% dos televisores vendidos nos Estados Unidos tinham tubo de imagem com aquela antiga tecnologia, enquanto 49% eram equipados com telas de cristal líquido (LCD) e outros 10% com telas de plasma.

Por mais de um século, a empresa Eastman Kodak foi a maior empresa fotográfica do mundo. Em 1976, a Kodak vendia 90% de todos os filmes fotográficos vendidos nos Estados Unidos e 85% das câmeras. Contudo, novas tecnologias geraram novos concorrentes. No final do século XX e no início do século XXI, as câmeras digitais começaram a ser produzidas não só pelos fabricantes tradicionais de câmeras para cinema, como Nikon, Canon e Minolta, mas também pelos fabricantes de outros produtos informatizados, tais como Sony e Samsung. Além disso, os "telefones inteligentes" podiam agora tirar fotos, constituindo-se em substitutos fáceis para as câmeras pequenas, simples e de baixo custo que a Kodak fabricava.

As vendas de filmes começaram a cair pela primeira vez depois de 2000, e as vendas de câmera digitais superaram as tradicionais pela primeira vez três anos depois. Essa mudança repentina deixou a Kodak fazendo de tudo para fazer a conversão, de filmes fotográficos para fotos digitais, enquanto as empresas especializadas no formato digital roubavam clientes da Kodak. A ironia em tudo isso foi que a câmera digital foi inventada pela Kodak. Mas, aparentemente, outras empresas enxergaram seu potencial mais cedo e desenvolveram melhor a tecnologia.

No terceiro trimestre de 2011, a Eastman Kodak registrou um prejuízo de US$222 milhões, sua nona perda trimestral em três anos. Tanto o preço de suas ações quanto o número de seus empregados caíram para menos de 1/10 do que uma vez tinham sido. Em janeiro de 2012, a Eastman Kodak entrou com pedido de recuperação judicial. Nesse meio tempo, sua maior concorrente no negócio, a empresa japonesa Fuji, que produzia filmes e câmeras, diversificou em outras áreas, incluindo cosméticos e televisores de tela plana.

A Ascensão e o Declínio das Empresas

Revoluções tecnológicas similares têm ocorrido em outros setores de atividade e em outros tempos. Relógios, por séculos, dependiam de molas e engrenagens para medir o tempo e mudar a hora e minuto. A Suíça se tornou reconhecida pela alta qualidade dos mecanismos internos dos relógios que produzia, e a principal empresa de relógios americana em meados do século XX — a Bulova — utilizava mecanismos suíços em seus relógios mais vendidos. Entretanto, o aparecimento da tecnologia a cristal de quartzo, no início dos anos 1970, que era mais preciso e tinha custos mais baixos, levou a uma queda dramática nas vendas de relógios Bulova, que levou consigo os lucros da empresa que os confeccionava. Como o *Wall Street Journal* reportou:

> Em 1975, a empresa registrou um prejuízo de US$21 milhões para um faturamento de US$55 milhões em vendas. Naquele ano, a empresa havia informado ter 8% das vendas domésticas do relógio, 1/10 do que possuía em seu apogeu, no início dos anos 1960.

Mudanças na Liderança dos Negócios

Talvez o fato mais negligenciado a respeito da indústria e comércio é que eles são tocados por pessoas que diferem muito entre si em insight, previsão, liderança, capacidade de organização e dedicação — tal como ocorre com as pessoas em outras instâncias da vida. Portanto, as empresas que lideram igualmente diferem na eficiência com a qual operam. Além disso, essas diferenças mudam ao longo do tempo.

A indústria automobilística é apenas um exemplo. De acordo com a revista de negócios *Forbes*, em 2003 "outros fabricantes de automóveis não poderiam nem se aproximar da Toyota em termos de custo de fabricar carros" e isso se mostra nos resultados líquidos. "A Toyota ganhou US$1.800 por veículo vendido, a GM US$300 e a Ford perdeu US$240", segundo a *Forbes*. A Toyota "obteve um lucro líquido muito maior do que o total combinado dos três grandes de Detroit", de acordo com a revista *The Economist* em 2005. Mas, em 2010, as três grandes montadoras de Detroit foram invertendo esse desempenho com os lucros unitários superando a média obtida pela Toyota e Honda. Em 2012, o lucro anual da Ford Motor Company foi de US$5,7 bilhões, o da General Motors chegou a US$4,9 bilhões e a Toyota ganhou US$3,45 bilhões.

A liderança da Toyota na qualidade de seus carros também não foi permanente. A *BusinessWeek*, em 2003, relatou que, embora a Toyota gastasse menos horas na fabricação de cada automóvel, seus carros apresentavam menos defeitos do que qualquer outro dos fabricados pelas três grandes montadoras. Imputou-se aos elevados rankings da qualidade segundo a revista *Consumer Reports*, durante os anos 1970 e 1980, a aceitação generalizada no mercado americano dos automóveis da Toyota, e, embora a Honda e a Subaru ultrapassassem a Toyota nos rankings daquela mesma revista em 2007, a Toyota continuou a superar qualquer fabricante americano de automóveis em qualidade naquela ocasião. Ao longo dos anos, porém, a concorrência desses fabricantes japoneses trouxe melhorias significativas nos veículos produzidos pela indústria norte-americana, "fechando a lacuna de qualidade em relação aos fabricantes asiáticos de automóveis" de acordo com o *Wall Street Journal*. No entanto, em 2012, a *Consumer Reports* informou que "uma tempestade perfeita de problemas de confiabilidade" deixou a Ford Motor Company de fora da lista dos dez mais, enquanto a Toyota, lá em cima, "dava as cartas".

Não obstante a Toyota tenha ultrapassado a General Motors como a maior fabricante de automóvel do mundo, em 2010 teve de interromper a produção e fazer um "recall" de mais de 8 milhões de carros devido a problemas com o acelerador. Nem liderança de qualidade, nem qualquer outro tipo de liderança, são permanentes em uma economia de mercado.

Muito mais do que o destino de um determinado negócio, o que importa é quanto sua eficiência pode beneficiar os consumidores. Como a *BusinessWeek* declarou sobre a rede varejista Wal-Mart:

> No Wal-Mart, "preços baixos todos os dias" é mais do que um slogan; é o princípio fundamental de um culto disfarçando-se como uma empresa [...] A New England Consulting estima que o Wal-Mart poupou US$20 bilhões para seus clientes dos EUA só no ano passado.

Em um negócio, liderança é não somente um fator envolvido no sucesso relativo de várias empresas, mas, mais fundamentalmente, no avanço da economia como um todo pela disseminação do impacto de novos e melhores métodos de operação nas empresas concorrentes e em outros setores de atividade. Ainda que a motivação dessas melhorias sejam os resultados líquidos obtidos pelas empresas envolvidas, o resultado final para a economia como um todo é melhorar o padrão de vida das pessoas que compram os produtos e serviços que essas empresas produzem.

Embora mensuremos a quantidade de petróleo em barris[2], que é como eram embarcados no século XIX, hoje em dia o transporte é realmente efetuado, em terra, em vagões-tanque ou caminhões-tanque ou, por mar, em navios petroleiros gigantes. A

---

[2] Um barril equivale a aproximadamente 159 litros.

A Ascensão e o Declínio das Empresas

fortuna mais famosa na história americana, a de John D. Rockefeller, foi acumulada revolucionando a maneira como o petróleo era refinado e distribuído, diminuindo drasticamente o custo de entrega de seus produtos acabados para o consumidor. Quando Rockefeller entrou no negócio do petróleo na década de 1860, não havia automóveis, de modo que o uso principal do petróleo era produzir querosene para lâmpadas, já que também não havia luz elétrica. Quando o petróleo era refinado para produzir querosene, a gasolina, que era um subproduto, tinha tão pouco valor que algumas companhias de petróleo simplesmente a despejavam em um rio para se livrarem dela.

Em uma indústria em que muitos investidores e empresas foram à falência, Rockefeller fez a maior fortuna do mundo revolucionando a indústria. Expedir seu petróleo em vagões-tanque, em vez de em barris como seus concorrentes, era apenas uma das inovações de redução de custos que fizeram a Standard Oil Company de Rockefeller a maior e mais rentável empresa da indústria petrolífera. Ele também contratou cientistas para criar vários novos produtos derivados do petróleo, que vão desde tintas de parafina a anestésicos de vaselina — e eles usaram a gasolina como combustível no processo de produção em vez de a jogarem fora. Querosene ainda era o principal produto derivado do petróleo, mas como a Standard Oil não tinha de recuperar todos seus custos de produção por meio da venda de querosene, era capaz de comercializar o querosene a preços mais baratos. O resultado líquido, sob uma perspectiva empresarial, foi que a Standard Oil acabou respondendo por cerca de 90% do querosene comercializado no país.

Do ponto de vista dos consumidores, os resultados foram ainda mais impressionantes. O querosene era, literalmente, a diferença entre a luz e a escuridão para a maioria das pessoas à noite. Como o preço do querosene caiu de US\$0,58 por galão[3] em 1865, para US\$0,26 por galão em 1870, e depois para US\$0,08 por galão durante os anos 1870, muito mais pessoas puderam usufruir de luz após o anoitecer. Como um historiador colocou:

> Antes de 1870, só os ricos podiam pagar pelo óleo de baleia e velas. Os demais tinham de ir para a cama cedo para economizar dinheiro. Na década de 1870, com a queda do preço do querosene, pessoas de classe média e operários em todo o país podiam pagar o centavo por hora que custava para iluminar suas casas à noite. Trabalhar e ler tornaram-se novas atividades noturnas para a maioria dos americanos na década de 1870.

---

[3] NRT: Um galão equivale a aproximadamente 3,78 litros.

O advento do automóvel, mais à frente, criou um vasto novo mercado para a gasolina, assim como a produção mais eficiente de produtos petrolíferos da Standard Oil facilitou o crescimento da indústria automobilística.

Não é sempre que um indivíduo é a chave para o sucesso de um dado negócio, como Rockefeller foi para o sucesso da Standard Oil. O que é realmente fundamental é o papel do conhecimento e insights na economia, sejam eles concentrados em um indivíduo ou mais dispersos. Alguns líderes empresariais são muito bons em alguns aspectos da gestão e muito fracos em outros. O sucesso do negócio, então, depende de quais aspectos são vitais em um determinado momento. Às vezes, dois executivos com habilidades e fraquezas muito diferentes se combinam para produzir uma equipe de gestão muito bem-sucedida, ao passo que qualquer um deles poderia fracassar completamente se trabalhasse sozinho.

Ray Kroc, fundador da rede de lanchonetes McDonald's, era um gênio detalhista e pode muito bem ter conhecido os pormenores envolvidos na preparação de hambúrgueres, milk shakes e batatas fritas mais do que qualquer outro ser humano — e há um monte a saber — mas não era bom em operações financeiras complexas. Questões assim eram o forte de Harry Sonneborn, um gênio financeiro cujas improvisações resgataram a empresa, que esteve à beira da falência mais de uma vez durante seus primeiros e difíceis anos. Mas Sonneborn nem sequer comia hambúrgueres e muito menos tinha algum interesse em como eles eram feitos ou comercializados. No entanto, como uma equipe, Kroc e Sonneborn fizeram do McDonald's uma das principais empresas do mundo.

Quando uma empresa ou setor da economia está passando por rápidas mudanças a partir de novas formas de fazer negócios, os líderes do passado às vezes têm dificuldade em quebrar o modelo de sua experiência anterior. Por exemplo, quando a revolução do "fast-food" irrompeu na década de 1950, líderes das franquias de restaurantes já existentes, como Howard Johnson, não tiveram êxito na tentativa de competir com empresas novatas como a McDonald's no novo segmento do mercado. Até mesmo quando os estabelecimentos de Howard Johnson imitaram os novos restaurantes de fast-food sob o nome "Howard Johnson Jr.", eles se revelaram incapazes de competir com sucesso, porque operavam com as abordagens de negócios que foram bem-sucedidas em restaurantes convencionais, mas que eram lentas demais para o novo setor, no qual a rotatividade de uma comida barata foi a chave para a obtenção de lucros.

Selecionar gestores pode ser tão arriscado quanto qualquer outro aspecto de um negócio. Só o processo de tentativa e erro fez a nova rede de franquias McDonald's descobrir, na década de 1950, que tipo de pessoas eram mais bem-sucedidas na administração de seus restaurantes. Os primeiros franqueados eram pessoas com experiência empresarial, que, todavia, deram-se muito mal. Os dois primeiros franqueados McDonald's realmente bem-sucedidos — na verdade, *muito* bem-sucedidos— foram uma dupla de trabalhadores que aplicou a poupança de uma vida inteira em um negócio próprio. Eles estavam tão financeiramente apertados no início que ainda tinham dificuldade para chegar com os US$100 necessários para colocar na caixa registradora na abertura do dia para que pudessem dar o troco. Mas eles acabaram milionários.

Outros indivíduos da classe trabalhadora que investiram tudo o que possuíam para abrir um restaurante do McDonald's também obtiveram um grande êxito, mesmo sem nenhuma experiência na gestão de um restaurante ou um negócio. Quando o McDonald's era o proprietário de seus próprios restaurantes, não era tão bem-sucedido quanto as lojas de propriedade de pessoas cujas economias da vida estavam em jogo. Mas não havia maneira de saber disso com antecedência.

A importância do fator pessoal no desempenho de uma gestão corporativa foi sugerida de outra maneira por um estudo na Dinamarca. Uma morte em família de um CEO dinamarquês levava, em média, a um declínio de 9% na rentabilidade da corporação. Se o falecido fosse um cônjuge, o declínio chegava a 15%, alcançando a casa de 21% se uma criança tivesse morrido. Segundo o *Wall Street Journal*, "A queda seria mais acentuada se quem morresse tivesse menos de 18 anos, e ainda maior se o morto fosse apenas uma criança". Embora se diga, muitas vezes, que as empresas são instituições impessoais que operam em um mercado impessoal, tanto o mercado quanto as corporações refletem as prioridades e performances pessoais.

Economias de mercado têm de contar não só com a concorrência de preços entre vários produtores para permitir que os de maior sucesso continuem e expandam, elas também precisam encontrar alguma maneira de eliminar os empresários ou gerentes que não obtêm o máximo dos recursos da nação. Os prejuízos cumprem essa tarefa. A falência retira de cena os empreendimentos que estão constantemente falhando em chegar aos padrões de seus concorrentes ou estão produzindo um bem que foi substituído por algum outro.

Antes de chegar a esse ponto, no entanto, as perdas podem forçar uma empresa a fazer reavaliações internas de suas políticas e de pessoal. Elas incluem o executivo--chefe, que pode ser substituído por acionistas descontentes que não estão recebendo os dividendos que esperavam.

Uma empresa mal administrada é mais valiosa para investidores de fora do que para seus atuais proprietários quando aqueles estão convencidos de que podem aprimorar seu desempenho. Investidores externos podem, portanto, oferecer aos acionistas mais por suas ações do que valem atualmente e ainda lucrar se o valor delas aumentar depois para o nível esperado quando houver a substituição da gerência por profissionais mais eficientes. Por exemplo, se cada ação está sendo vendida no mercado por US\$50 sob uma gestão ineficiente, investidores externos podem começar a comprá-la por US\$60 até controlarem a corporação.

Após se valerem desse controle para dispensar os administradores existentes e substituí-los por uma equipe de gestão mais eficiente, a cotação das ações pode, então, subir para US\$100 cada uma. Enquanto esse lucro é o que motiva os investidores, do ponto de vista da economia como um todo, o que importa é que tal aumento dos preços das ações geralmente significa que o negócio está agora atendendo mais clientes, ou lhes oferecendo melhor qualidade e preços mais baixos, ou operando com menor custo ou alguma combinação dessas coisas.

Como é muito comum, tocar um negócio parece fácil quando se está do lado de fora. Na véspera da revolução bolchevique, o líder do movimento comunista, V.I. Lenin, declarou que "contabilidade e controle" eram os fatores-chave na gestão de uma empresa, e que o capitalismo já havia "encolhido" a administração das empresas a "operações tão extraordinariamente simples" que "qualquer pessoa alfabetizada pode executar" — isto é, "a supervisão e o registro, o conhecimento das quatro regras da aritmética e a emissão apropriada de recibos". Tais "operações extremamente simples de registro, arquivamento e verificação" poderiam, de acordo com Lenin, "serem facilmente realizadas" por pessoas que recebiam salários de trabalhadores comuns.

Entretanto, transcorridos apenas alguns anos no poder como governante da União Soviética, Lenin havia se confrontado com uma realidade muito diferente — e muito amarga. Ele mesmo escreveu sobre uma "crise de combustível", que "ameaça perturbar todo o trabalho soviético", causando "ruína, fome e devastação" econômica no país e até mesmo admitiu que levantes camponeses haviam se tornado "uma ocorrência comum" sob o regime comunista. Em resumo, as funções econômicas, que pareciam tão fáceis e simples antes de ter que as realizar, agora pareciam quase esmagadoramente difíceis.

A Ascensão e o Declínio das Empresas

Tardiamente, Lenin percebeu a necessidade de pessoas "versadas na arte de administrar" e admitiu que "não há nenhum lugar onde podemos recorrer a tais pessoas exceto a velha classe" — ou seja, os empresários capitalistas. Ao abrir o Congresso Partido Comunista em 1920, Lenin advertiu seus camaradas: "Pareceres sobre a gestão corporativa são, com demasiada frequência, imbuídos de um espírito de pura ignorância, um espírito antiespecialização". A aparente simplicidade de apenas três anos antes agora exigia especialistas. Assim começou a Nova Política Econômica de Lenin, que ativou o mercado e sob a qual a economia começou a reviver.

Quase cem anos mais tarde, com a economia russa crescendo a menos de 2% ao ano, a mesma lição foi novamente aprendida por outro líder russo. A história, publicada na primeira página no *New York Times* em 2013, relatava como, "com a economia russa definhando, o presidente Vladimir V. Putin elaborou um plano transformador: Oferecer anistia a alguns dos empresários presos".

Capítulo 6

O PAPEL DOS LUCROS —
E DAS PERDAS

Rockefeller ficou rico vendendo petróleo [...] Ele encontrou um jeito mais barato de extrair o petróleo do chão e levá-lo até a bomba de gasolina.

John Stossel

Obviamente, para os dirigentes das empresas, os lucros são desejáveis, e os prejuízos, deploráveis. Mas Economia não é administração de empresas. Do ponto de vista da economia como um todo, e do ponto de vista da preocupação central da Economia — a alocação de recursos escassos que têm usos alternativos —, lucros e prejuízos têm papéis igualmente importantes na manutenção e aprimoramento dos padrões de vida da população em geral.

Parte da eficiência de uma economia coordenada pelos preços vem do fato de que os bens podem simplesmente "seguir o dinheiro", sem que os produtores realmente saibam exatamente por que as pessoas estão comprando uma coisa aqui e outra coisa lá, e ainda uma coisa diferente em uma época diferente. Porém, é necessário que aqueles que dirigem as empresas não só mantenham o controle do dinheiro que entra, proveniente dos clientes, mas também o controle do dinheiro que sai, transferido para os fornecedores de matérias-primas, mão de obra, energia elétrica e outros insumos. Manter cuidadoso controle desses vários fluxos de dinheiro que entra e que sai pode fazer a diferença entre lucro e prejuízo. Portanto, eletricidade, máquinas ou cimento não podem ser utilizados da mesma forma descuidada que a economia soviética utilizava estes insumos, por unidade de produção, em comparação com as economias alemã e japonesa. Do ponto de vista da economia como um todo, e do bem-estar do público consumidor, a ameaça de prejuízos é tão importante quanto a perspectiva de lucros.

Quando um empreendimento empresarial em uma economia de mercado encontra maneiras de reduzir seus custos, as empresas concorrentes não têm escolha a não ser lutar para tentar fazer o mesmo. Após passar a vender mantimentos, em 1988, o Wal-Mart foi crescendo ao longo dos anos até se tornar o maior vendedor de produtos alimentícios dos EUA no início do século XXI. Seus custos mais baixos não beneficiaram apenas seus próprios clientes, mas os de outros supermercados também. Como o *Wall Street Journal* reportou:

> Quando dois Wal-Mart e uma mercearia regional rival abriram perto de um supermercado Kroger Co., em Houston, no ano passado, as vendas da Kroger caíram 10%. Ben Bustos, gerente da loja, rapidamente abaixou alguns preços e diminuiu custos com mão de obra; por exemplo, com a compra de bolos prontos em vez de os assar na loja, e solicitando aos fornecedores que os itens do bufê de frutas e saladas já viessem acondicionados. Seus funcionários costumavam distribuí-los manualmente: agora, frutas e legumes chegam empilhados e reluzentes para serem colocados nos balcões.
>
> Tais movimentos permitiram que o Sr. Bustos cortasse horas de trabalho da ordem de 30% a 40% em relação ao que ocorria quando a loja foi aberta, há quatro anos, e baixar os preços de produtos básicos como cereais, pão, leite, ovos e fraldas descartáveis. Neste ano, as vendas do Kroger finalmente aumentaram em comparação às do ano anterior.

Em suma, a economia opera mais eficientemente, para o benefício dos consumidores, não só por causa da capacidade do Wal-Mart de cortar suas próprias despesas, e assim praticar preços mais baixos, mas também porque obrigou a Kroger a encontrar maneiras de fazer o mesmo. Esse é um microcosmo do que acontece em uma economia de livre mercado. "Quando o Wal-Mart começa a vender mantimentos em uma comunidade", mostrou um estudo, "o preço médio de mantimentos naquela comunidade cai de 6% a 12%". A concorrência em outros setores de atividade provocada por vendedores de baixo custo tende a produzir resultados análogos. Não é por acaso que as pessoas que vivem em economias assim tendem a ter padrões de vida mais elevados.

LUCROS

Lucros podem ser um dos assuntos mais mal concebidos em Economia. Por muito tempo, os socialistas consideraram os lucros simplesmente como uma "sobrecarga", como o socialista fabiano[1] George Bernard Shaw os chamava, ou uma "mais-valia", segundo Karl Marx. "Jamais me fale sobre o lucro", advertiu o primeiro-ministro da Índia, Jawaharlal Nehru, ao se dirigir aos líderes industriais do país, pois "é uma palavra suja". O filósofo John Dewey exigiu que "a produção para obter lucro seja subordinada à produção para uso".

A partir das perspectivas de todos esses homens, os lucros eram simplesmente encargos desnecessários adicionados aos custos inerentes de bens e serviços produzidos, elevando o custo para os consumidores. Um dos grandes apelos do socialismo, especialmente quando foi simplesmente uma teoria idealista sem quaisquer exemplos concretos do mundo real, foi que ele procurou eliminar esses encargos supostamente desnecessários, tornando as coisas geralmente mais acessíveis, especialmente para as pessoas com rendimentos mais baixos. Só depois que o socialismo deixou de ser uma teoria, instituindo-se em um sistema econômico real em vários países ao redor do mundo, ficou patente o doloroso fato de que as pessoas nos países socialistas viveram tempos difíceis tentando pagar as coisas que a maioria das pessoas nos países capitalistas podia pagar com facilidade.

Segundo a teoria, com os lucros eliminados, os preços deveriam ter sido menores nos países socialistas e o padrão de vida das massas correspondentemente maior. Por que então isso não ocorria na prática?

Lucros como Incentivos

Vamos voltar à estaca zero. A esperança de lucros e a ameaça de prejuízos é o que obriga um negociante em uma economia capitalista a produzir no menor custo e vender ao preço que os clientes estão mais dispostos a pagar. Na ausência de tais pressões, aqueles que, em regimes socialistas, são encarregados de administrar as empresas têm muito menos incentivo para trabalhar o mais eficientemente possível em determinadas condições, e muito menos ainda de enfrentar as mudanças respondendo a elas rapidamente, como empresas capitalistas devem fazer se desejam sobreviver.

Certa vez, Leonid Brezhnev, que ocupou o cargo de primeiro-ministro da União Soviética, disse que os dirigentes das empresas em seu país se esquivavam da inovação "como o diabo foge da cruz". Mas, dados os incentivos do próprio governo e das empresas controladas pelo governo, por que os gestores teriam colocado seus pescoços em risco tentando novos métodos ou novos produtos, ganhando pouco ou nada se a inova-

---

[1] O socialismo fabiano, fundado em 1884, é um movimento político-social britânico que propõe capacitar a classe operária para assumir o controle dos meios de produção. Tem como característica não ser revolucionário, mas pragmático, rejeitando ideias utópicas.

ção fosse bem-sucedida ou perder seus empregos (ou pior) se ela falhasse? Sob Stalin, o fracasso foi muitas vezes sinônimo de sabotagem, e era punido em conformidade.

Mesmo sob as condições mais brandas do socialismo democrático, como na Índia décadas depois de sua independência, a inovação não era necessária de modo algum para as empresas protegidas, tais como a de fabricação de automóveis. Até a liberação dos mercados, que começou na Índia em 1991, o carro mais popular do país foi o Hindustan Ambassador — uma cópia descarada do Morris Oxford britânico. Além disso, mesmo na década de 1990, *The Economist* se referiu ao Ambassador como "uma versão mal atualizada de um Morris Oxford 1950". Um jornal londrino, *The Independent*, relatou: "Ambassadors há anos têm sido notórios na Índia por seu acabamento pobre, necessidade de manutenção constante e propensão a acidentes alarmantes". No entanto, havia uma lista de espera para o Ambassador — com prazos de meses e às vezes anos — pois a importação de carros estrangeiros, para competir com eles, não era permitida.

Sob o capitalismo de livre mercado, os incentivos trabalham na direção oposta. Mesmo o negócio mais rentável pode perder mercado se não se mantiver inovador a fim de evitar ser ultrapassado por seus concorrentes. Por exemplo, a IBM foi a pioneira na criação de computadores, fabricando, inclusive, em 1944, um modelo que ocupava quase 85 metros cúbicos. Mas, na década de 1970, a Intel inventou um chip de computador menor do que uma unha que poderia fazer as mesmas coisas que esse enorme computador. Porém, a própria Intel, em seguida, foi recorrentemente forçada a aprimorar seus chips a uma taxa exponencial, pois rivais como a Advanced Micro Devices (AMD), Cyrix e outros começaram a se aproximar dela tecnologicamente. Mais de uma vez, a Intel despejou enormes somas de dinheiro no desenvolvimento de chips mais avançados, pondo em risco sua própria sobrevivência financeira. Mas a alternativa era deixar que seus concorrentes a ultrapassassem, o que teria sido um risco ainda maior para a sobrevivência da Intel.

Embora a Intel permanecesse na liderança mundial do mercado de chips de computador, a contínua concorrência da Advanced Micro Devices estimulou ambas as empresas a trilharem, febrilmente, o caminho da inovação, como *The Economist* relatou em 2007:

> Por um tempo, parecia que a AMD tinha pulado à frente da Intel no desenvolvimento dos chips. Ela inventou uma maneira inteligente para capacitar os chips a manipularem dados tanto em sistemas de 32 bits como de 64 bits, que a Intel relutantemente adotou em 2004. E, em 2005, a AMD lançou um novo processador que se dividia em dois "núcleos", o cérebro de

um chip, aumentando o desempenho e reduzindo o consumo de energia. Mas a Intel contra-atacou fortemente com seu próprio modelo dualcore [...] No próximo ano, lançará novos chips com oito núcleos em uma única fatia de silício, pelo menos um ano antes da AMD.

Embora essa rivalidade tecnológica tenha sido muito benéfica para os usuários de computador, também ocasionou grandes e muitas vezes dolorosas consequências econômicas para a Intel e a AMD. Esta última teve prejuízos superiores a US$1 bilhão em 2002 e suas ações perderam 80% de seu valor. Mas, quatro anos depois, o preço das ações da Intel caiu 20% em apenas três meses, e a empresa anunciou que colocaria em dispensa provisória 1.000 gestores em razão de seus lucros declinarem 57%, enquanto os lucros da AMD aumentaram 53%. Toda essa competição frenética ocorreu em uma indústria na qual a Intel vende mais de 80% de todos os chips de computador do mundo.

Em resumo, mesmo entre os gigantes corporativos, a concorrência na inovação pode se tornar desesperada em um mercado livre, como a gangorra da participação de mercado em microchips indica. O reitor da Yale School of Management descreve a indústria de chips de computador como "uma indústria em constante agitação" e o Diretor Executivo Chefe da Intel escreveu um livro intitulado *Only the Paranoid Survive*[2].

O destino da AMD e Intel não é a questão. A questão é como os consumidores se beneficiam dos avanços tecnológicos e preços mais baixos resultantes da forte concorrência dessas empresas para obter lucros e evitar prejuízos. E nem se trata apenas desse segmento. Em 2011, 45 das empresas na *Fortune 500* reportaram prejuízo, totalizando, no total, mais de US$50 bilhões. Tais perdas desempenham um papel vital na economia, obrigando gigantes corporativos, sob pena de extinção, a mudar o que estão fazendo, uma vez que ninguém pode suportar perdas daquela magnitude indefinidamente.

Inércia pode ser uma tendência comum entre os seres humanos em todo o mundo, seja nos negócios, no governo ou em outras esferas da vida, porém, as empresas que operam em um mercado competitivo são obrigadas, quando seus balanços vão fechando no vermelho, a se conscientizarem de que não podem se manter à deriva como a Hindustan Motor Corporation, protegida da concorrência pelo governo indiano.

Mesmo na Índia, a liberação dos mercados no final do século XX levou à concorrência entre os automóveis, forçando a Hindustan Motors a investir em melhorias, produzindo novos Ambassadors, agora "muito mais confiáveis do que seus antecesso-

---

[2] NRT: Só os Paranoicos Sobrevivem, em tradução livre, escrito por Andrew Grove em 1996.

res", conforme o jornal *The Independent*, e que agora já tinham "aceleração perceptível", de acordo com a revista *The Economist*. Entretanto, o Ambassador da Hindustan perdeu sua posição de longa data em número de carros vendidos na Índia para um carro japonês fabricado na Índia, o Maruti. Em 1997, esse modelo representou 80% dos carros vendidos na Índia. Além disso, no mercado automobilístico indiano, agora mais competitivo, "os Maruti também serão aperfeiçoados, antecipando os próximos invasores", segundo a *The Economist*. Como a General Motors, Volkswagen e Toyota começaram a investir em novas fábricas na Índia, a participação de mercado do Maruti caiu para 38% em 2012.

Houve um padrão semelhante na indústria de relógios de pulso da Índia. Em 1985, a produção mundial de relógios digitais era o dobro da produção de relógios mecânicos. Mas, na Índia, a empresa de relógios HMT produzia a grande maioria dos relógios do país, e mais de 90% de seus relógios ainda eram mecânicos. Em 1989, mais de 80% dos relógios produzidos no mundo eram digitais, porém, na Índia, mais de 90% dos relógios produzidos pela HMT ainda eram os obsoletos relógios mecânicos. Todavia, após a redução das restrições econômicas do governo, os relógios digitais logo passaram a representar a maioria de todos os relógios produzidos na Índia entre 1993 e 1994, e outras empresas do ramo deslocaram a HMT, cuja participação de mercado caiu para 14%.

Enquanto no capitalismo há um custo visível — o lucro —, algo que não existe sob o socialismo, este tem um custo invisível — a ineficiência — que, no capitalismo, é eliminada pelos prejuízos e falências. O fato de que a maioria das mercadorias são mais amplamente acessíveis em uma economia capitalista implica que o lucro é menos oneroso do que a ineficiência. Dito de outro modo, o lucro é um preço pago para a eficiência. É evidente que a maior eficiência deve compensar o lucro ou então o socialismo propiciaria, realmente, os preços mais acessíveis e a maior prosperidade que seus teóricos esperavam, mas isso não se concretizou no mundo real.

Se, de fato, o custo dos lucros excedesse o valor da eficiência que eles promovem, então as organizações sem fins lucrativos ou agências do governo poderiam realizar o mesmo trabalho de modo mais barato ou melhor do que empresas com fins lucrativos, e poderiam, por conseguinte, deslocá-las na competição do mercado. Note-se que isso raramente, ou nunca, acontece, enquanto o oposto ocorre incrementalmente — isto é, as empresas privadas com fins lucrativos assumem várias funções anteriormente

O Papel dos Lucros — e das Perdas

realizadas por agências governamentais ou por organizações sem fins lucrativos, tais como faculdades e universidades[3].

Embora os capitalistas sejam concebidos como pessoas que fazem lucros, o que o proprietário de uma empresa obtém é, na verdade, a propriedade legal de qualquer valor residual que sobra após os custos de produção serem pagos com o dinheiro recebido dos clientes. Esse resíduo pode vir a ser positivo, negativo ou nulo. Os trabalhadores devem ser remunerados e os credores devem reembolsados, caso contrário podem acionar medidas legais e apreender os bens da empresa. Mesmo antes que isso aconteça, eles podem simplesmente parar de fornecer seus insumos quando a empresa deixa de lhes pagar. A única pessoa cujo pagamento depende de quão bem a empresa está se saindo é o proprietário desse negócio. É isso que coloca pressão implacável sobre o proprietário para acompanhar tudo o que está acontecendo na empresa e no mercado de bens que produz ou os serviços que presta.

Em contraste com as camadas de autoridades monitorando as ações dos administradores de uma empresa gerida pelo governo, o proprietário de um negócio é essencialmente um *monitor não monitorado*, tanto quanto a eficiência econômica da empresa está sob sua responsabilidade. O interesse próprio toma o lugar de monitores externos, e força a uma maior atenção aos detalhes e a gastar muito mais tempo e energia no trabalho do que qualquer conjunto de regras ou autoridades provavelmente sejam capazes de fazer. Esse simples fato dá ao capitalismo uma enorme vantagem. Mais importante, dá ao povo que vive em economias de mercado coordenadas pelos preços padrões de vida mais visivelmente elevados.

Não são apenas pessoas ignorantes, mas também intelectuais altamente qualificados como George Bernard Shaw, Karl Marx, Jawaharlal Nehru e John Dewey que equivocadamente conceituam os lucros como encargos arbitrários acrescentados aos custos inerentes à produção de bens e serviços. Para muitas pessoas, ainda hoje, lucros elevados são frequentemente atribuídos aos altos preços praticados por gente motivada pela "ganância". Na realidade, a maioria das grandes fortunas da história americana resultaram de alguém descobrir como reduzir os custos, de modo a ser capaz de cobrar preços mais *baixos* e, portanto, ganhar um mercado de massa para o produto. Henry Ford fez isso com automóveis, Rockefeller com petróleo, Carnegie com aço, e Sears, Penney, Walton e outros fundadores de cadeias de lojas de departamentos com uma série de produtos.

---

[3] Uma discussão mais aprofundada desse fenômeno pode ser encontrada no volume dois desta obra, no capítulo 10, na seção intitulada "Organizações sem fins lucrativos".

Uma rede de supermercados em uma economia capitalista pode ser muito bem-sucedida cobrando preços que permitem cerca de um centavo de lucro sobre cada dólar de vendas. Considerando que, normalmente, várias caixas registadoras estão ao mesmo tempo recebendo dinheiro todos os dias em um grande supermercado, os tostões podem adicionar uma taxa anual de retorno muito substancial sobre o investimento dessa cadeia de supermercados, enquanto representam um pequeno acréscimo para o que o cliente paga. Se todo o conteúdo de uma loja é vendido em cerca de duas semanas, então aquele centavo de dólar transforma-se em algo mais parecido com 0,25 dólar ao longo de um ano, quando esse mesmo centavo de dólar volta a ser reutilizado 25 vezes mais. Sob o socialismo, aquele centavo em cada dólar seria eliminado, mas haveria demasiada pressão econômica sobre a administração para manter os custos baixos. Em vez de os preços caírem para US$0,99 centavos, eles podem muito bem subir acima de um US$1 depois que os gestores de empresas perdem os incentivos e deixam de ser pressionados para manter baixos os custos de produção.

Taxas de Lucro

Quando se pergunta à maioria das pessoas quão alta elas acham que é a taxa média de lucro, geralmente a resposta sugere um número muito maior do que a real. Durante todo o período de 1960 a 2005, a taxa média de retorno sobre os ativos corporativos nos Estados Unidos variou de um máximo de 12,4% para um mínimo de 4,1%, antes dos impostos. Descontada a tributação, a taxa de lucro variou entre 7,8% e 2,2%. Porém, não é apenas quanto à taxa numérica de lucro que a maioria das pessoas se equivoca. Muitos o fazem com relação a todo seu papel em uma economia coordenada pelos preços, que é a de servir como motivação — e que desempenha esse papel sejam quais forem suas flutuações. Além disso, algumas pessoas não têm ideia de que existe uma grande diferença entre lucros sobre as vendas e lucros sobre os investimentos.

Se uma loja compra widgets (aplicativos) por US$10 cada e os vende por US$15 cada, alguém pode dizer que há um lucro de US$5 por unidade vendida. Mas, é claro, a loja tem de pagar as pessoas que trabalham lá, a energia elétrica que consome, bem como outros fornecedores de outros bens e serviços necessários para manter o negócio funcionando. O que sobra depois de todos esses gastos é o lucro líquido, geralmente muito menor do que o lucro bruto. Mas isso ainda não é o mesmo que lucro do investimento. Trata-se simplesmente de lucros líquidos sobre as vendas, que ainda ignoram o custo dos investimentos que, inicialmente, construíram a loja.

É o lucro por todo o investimento que é importante para o investidor. Quem investe US$10.000 deseja saber qual a taxa anual de retorno dessa aplicação, quer ela tenha sido feita em lojas, imóveis ou ações e títulos. Lucros de uma venda em particular não são o que mais importa, mas sim o lucro sobre o capital total que foi investido no negócio. Tal lucro importa não apenas para aqueles que o obtêm, mas também para a economia como um todo, porque as diferenças nas taxas de lucro nos diferentes setores econômicos fazem os investimentos fluírem entre eles até que as taxas de lucro sejam equalizadas, como a água que busca nivelar-se. Alterações nas taxas de lucro alocam recursos de uma economia de mercado — quando são taxas de lucro sobre o investimento.

Lucros sobre as vendas são uma história diferente. As coisas podem ser vendidas a preços muito superiores aos que o vendedor pagou por elas e, no entanto, se esses itens permanecem em uma prateleira na loja durante meses antes de serem vendidos, o lucro sobre o investimento pode ser menor do que o de outros artigos que têm menos margem no preço, mas que são comercializados em uma semana. Uma revendedora de pianos, sem dúvida, tem uma maior porcentagem de lucro em cada venda do que a de um supermercado vendendo pães. Mas, ao contrário dos pães, um piano fica na loja por muito mais tempo à espera de ser vendido. O pão ficaria seco e mofado se esperasse tanto tempo para ser vendido. Quando uma cadeia de supermercados compra US$10.000 em pães, recebe seu dinheiro de volta muito mais rapidamente do que quando uma loja de instrumentos musicais gasta US$10.000 em pianos. Portanto, esta deve estabelecer uma margem sobre a venda de cada piano maior que a do supermercado com relação ao pão, se quiser obter a mesma taxa anual de retorno sobre o investimento de US$10.000.

A concorrência entre aqueles que procuram o dinheiro dos investidores faz com que as taxas de lucro tendam a se equiparar, mesmo quando isso requer diferentes margens de venda para compensar as diferentes taxas de rotatividade entre os diferentes produtos. Lojas de piano podem continuar a existir apenas quando suas margens de lucro mais elevadas nos preços compensam a maior lentidão do volume de negócios. Caso contrário, os investidores colocariam seu dinheiro em outro lugar e as lojas de piano começariam a desaparecer.

Quando o supermercado recebe seu dinheiro de volta em um curto período de tempo, pode reinvestir, comprar mais pão ou outro item. No decurso de um ano, o mesmo dinheiro repete esse procedimento muitas vezes (ou seja, "gira" várias vezes) em um supermercado, gerando um lucro em cada um desses momentos, de modo que um centavo de lucro pode produzir uma taxa de lucro total em um ano sobre o investimento inicial, igual ao que um negociante de piano faz operando com uma margem sobre vendas muito maior sobre um investimento que gira muito mais lentamente.

Mesmo as empresas no mesmo ramo de atividade podem ter diferentes taxas de rotatividade. Por exemplo, o estoque do Wal-Mart gira mais vezes por ano do que o das lojas Target. Nos Estados Unidos, em 2008, um automóvel ficava, em média, três meses no pátio de um revendedor antes de ser comercializado, em comparação com dois meses no ano anterior. Entretanto, em 2008, os Volkswagens eram vendidos em cerca de dois meses nos EUA, enquanto na Chrysler o intervalo era de quatro meses. Embora os supermercados tendam a ter taxas de lucro sobre as vendas especialmente baixas em virtude do elevado volume de negócios, as taxas de lucro sobre as vendas das outras empresas também são geralmente mais baixas do que muitas pessoas imaginam. As empresas listadas na revista *Fortune* das 500 maiores empresas da América tiveram em média "um retorno sobre receitas [vendas] de um centavo de dólar" em 2002, em comparação com "US$0,06 em 2000, ano de lucro máximo".

Lucros sobre as vendas e lucros sobre os investimentos não são apenas conceitos distintos. Eles podem se mover em sentidos opostos. Uma das chaves para o aumento do domínio da cadeia de supermercados A&P na década de 1920 foi uma decisão consciente da administração da empresa de cortar as margens de lucro sobre as vendas, a fim de aumentar a taxa de lucro sobre o investimento. Com os preços agora em níveis mais baixos permitidos por vendas com margens menores por item, a A&P conseguiu obter um grande aumento no número de clientes, auferindo lucros totais muito maiores em decorrência do aumento do volume de vendas. Lucrando apenas alguns centavos sobre as vendas, mas com o estoque girando quase 30 vezes por ano, a A&P viu a taxa de lucro sobre o investimento crescer. Os baixos preços e a estratégia de alto volume de vendas definiram um padrão que se espalhou para outras redes de supermercados e outros tipos de empresas. Os consumidores se beneficiaram dos menores preços, enquanto a A&P beneficiou-se dos maiores lucros por seu investimento — mais uma prova de que as transações econômicas não são um processo de soma zero.

Em uma época posterior, grandes supermercados conseguiram diminuir ainda mais a margem de lucro das vendas graças a volumes de vendas ainda maiores, permitindo-lhes deslocar a A&P da liderança no segmento ao cobrar preços ainda mais baixos.

Por outro lado, um estudo de preços em bairros de baixa renda revelou que houve maiores margens sobre vendas do que as habituais nos preços cobrados aos seus clientes, mas, ao mesmo tempo, foram inferiores às costumeiras taxas de lucro sobre o investimento. Maiores lucros sobre as vendas ajudaram a compensar os custos mais elevados de fazer negócios em bairros de baixa renda, mas, aparentemente, não por completo, como indicado pela evasão de tais zonas por muitas empresas, incluindo redes de supermercados.

Um fator limitante na forma como as lojas principais em bairros de baixa renda podem aumentar seus preços para compensar os custos mais elevados é o fato de que muitos moradores de baixa renda já realizam suas compras em lojas de bairros de renda mais alta, nas quais os preços são mais baixos, mesmo que isso possa implicar em gastos com passagens de ônibus ou táxi. Quanto mais os preços sobem em bairros de baixa renda, mais as pessoas ficam propensas a fazer compras em outro lugar. Assim, a limitação das lojas nesses bairros é proporcional à extensão em que podem compensar os custos mais elevados e o giro mais lento do volume de negócios com preços mais elevados, o que muitas vezes as deixa em uma situação financeira precária, mesmo enquanto estão sendo denunciadas por "explorar" seus clientes com preços elevados.

Deve-se também notar que quando existem custos mais elevados de fazer negócios em bairros de baixa renda em que há maiores taxas de criminalidade e vandalismo, esses custos adicionais podem facilmente sobrecarregar a margem de lucro e inviabilizar muitas empresas nesses bairros. Se uma loja ganha um centavo de lucro em um item que custa 25, então, se apenas um de cada 25 desses itens for roubado por ladrões, deixa de ser lucrativo funcionar naquele bairro. A maioria das pessoas nesse bairro pode ser constituída de consumidores honestos que pagam por aquilo que compram no armazém, mas basta apenas uma fração de larápios de loja (ou ladrões ou vândalos) para inviabilizar que as lojas se localizem lá.

CUSTOS DE PRODUÇÃO

Entre os fatores cruciais nos preços e lucros estão os custos de produção, sejam quais forem os bens ou serviços comercializados. Nem todos são igualmente eficientes na produção e tampouco as circunstâncias individuais oferecem igualdade de oportunidades para conseguir reduzir os custos. Infelizmente, os custos são quase tão mal compreendidos quanto os lucros.

Economias de Escala

Em primeiro lugar, não existe tal coisa como "o" custo de produção de um determinado produto ou serviço. Henry Ford provou há muito tempo que o custo de produção de um automóvel era muito diferente quando você produzia 100 carros por ano do que quando fabricava 100.000. Ele se tornou o principal fabricante de automóveis do início do século XX por ter sido o pioneiro na implementação de métodos de produção em massa em suas fábricas, revolucionando não só sua própria empresa, mas as de toda a economia, as quais adotaram os princípios de produção massificada que ele introduziu. O tempo necessário para produzir um chassi Ford Modelo T encolheu de 12 horas/homem para 1h30. Com um mercado de massa para automóveis, ele investiu em maquinaria dispendiosa, mas poupadora de mão de obra, cujo custo por carro viria a ser modesto quando distribuído entre um número enorme de automóveis. Porém, se houvesse apenas metade do número esperado de carros vendidos, então o custo das máquinas por carro duplicaria.

Custos fixos grandes estão entre as razões para a redução dos custos de produção por unidade de produção na medida em que a quantidade de produção aumenta. Menores custos por unidade de produção conforme o número de unidades aumenta é o que os economistas chamam de "economias de escala".

Estimou-se que, hoje, a quantidade mínima necessária de automóveis produzidos para assegurar a maior economia de escala alcança centenas de milhares de carros por ano. No início do século XX, a maior fabricante de automóveis nos Estados Unidos produzia apenas seis carros por dia. Naquele nível, o custo de produção era tão alto que só os verdadeiramente ricos podiam se dar ao luxo de adquirir um automóvel. Contudo, o método de produção em massa de Henry Ford reduziu o custo de produção de carros, deixando-o dentro de uma faixa de preço acessível aos americanos comuns. Além disso, ele continuou a melhorar a eficiência de suas fábricas. O preço de um Ford Modelo T foi cortado pela metade entre 1910 e 1916.

Princípios semelhantes se aplicam em outras indústrias. Não custa tanto entregar uma centena de caixas de leite a um supermercado quanto entregar dez caixas de leite para cada uma das dez diferentes lojas de bairro espalhadas pela cidade. Economias em produção de cerveja incluem publicidade. Apesar de a Anheuser-Busch gastar milhões de dólares por ano anunciando a Budweiser e suas outras cervejas, seu enorme volume de vendas significa que o custo de publicidade por litro de cerveja é menor do que o de seus concorrentes Coors e Miller. Isso significa poupar dinheiro, permitindo que as grandes empresas tenham menores preços ou maiores lucros, ou ambos. Lojas de varejo pequenas sempre tiveram dificuldade para sobreviver em razão da concorrência com grandes cadeias de lojas cujos preços são mais baixos, seja a A&P na primeira metade do século XX, a Sears na segunda metade, ou o Wal-Mart no século XXI. Os custos mais elevados por unidade nas lojas menores impedem-nas de cobrar preços tão baixos quanto os preços das grandes lojas.

A publicidade tem sida descrita, às vezes, simplesmente como outro custo adicionado ao custo de produção de bens e serviços. Contudo, na medida em que a publicidade alavanca as vendas do produto anunciado, as economias de escala podem reduzir os custos de produção, de modo que o mesmo produto pode custar menos quando é anunciado, em vez de mais. A publicidade em si, claro, tem custos, tanto no sentido financeiro quanto em termos da utilização de recursos. Mas é uma questão empírica, que não permite uma conclusão precipitada, se os custos de publicidade são maiores ou menores do que as reduções de custos de produção possibilitadas pelas economias de escala que promovem. Isso pode, obviamente, variar de uma empresa para outra, ou de um setor de atividade para outro.

Deseconomias de Escala

Economias de escala são apenas metade da história. Se compreendessem toda a história, a questão teria de ser refeita: por que não produzir carros em empresas mais e mais gigantescas? Se a General Motors, Ford e Chrysler se fundissem, não seriam capazes de produzir carros ainda mais baratos e, assim, vender e lucrar mais do que quando operam separadamente?

Provavelmente, não. Chega-se a um ponto, em todas as empresas, além do qual o custo de produção de uma unidade produzida não diminui à medida que a produção aumenta. Na verdade, os custos por unidade sobem após uma empresa tornar-se tão grande que se torna difícil de monitorar e coordenar — a mão direita nem sempre fica sabendo o que a esquerda está fazendo[4]. Na década de 1960, quando a American Telephone & Telegraph Company era a maior corporação do mundo, seu próprio CEO fez a seguinte colocação: "A A.T.&T. é tão grande que, se você lhe der um pontapé no traseiro hoje, levaria dois anos antes que o CEO dissesse 'ai!'"

Em uma pesquisa efetuada sobre bancos ao redor do mundo, em 2006, a revista *The Economist* relatou a tendência dessas instituições se manterem crescendo e as implicações disso quanto aos níveis mais baixos de eficiência:

> Ficará cada vez mais difícil para os gestores agregar e resumir tudo o que está acontecendo no banco, abrindo caminho para a duplicação de despesas, a negligência dos riscos ocultos e o fracasso dos controles internos.

Em outras palavras, os riscos inerentes à operação bancária são controláveis na medida em que a gestão está vigilante, mas em algum lugar do império financeiro em expansão podem estar ocorrendo transações que expõem o banco a riscos que a administração central desconhece. Sem que se tenha conhecimento na sede de Nova

---

[4] Um livro meu foi resenhado no *New York Times* em dois dias consecutivos por duas pessoas diferentes — uma opinou favoravelmente e a outra não — aparentemente porque a edição semanal e a edição de domingo estavam sob a direção de dois departamentos diferentes.

York de um banco internacional, algum banco oficial em uma filial em Cingapura pode estar fazendo transações que não criam apenas riscos financeiros, mas de ordem criminal. Esse não é um problema peculiar aos bancos ou aos Estados Unidos. Como um professor da London Business School coloca, algumas organizações "alcançam tal escala e complexidade que cometem erros de gestão de risco quase de modo inevitável, enquanto outras haviam se tornado tão burocráticas e rígidas que tinham perdido a capacidade de responder às novas exigências do mercado". Rivais de menor porte podem responder mais rapidamente porque seus tomadores de decisão não têm de atravessar tantas camadas burocráticas para obter a aprovação para suas ações.

Durante o longo período em que a General Motors foi a maior fabricante de veículos a motor do mundo, seu custo de produção por unidade era maior em centenas de dólares que os da Ford, Chrysler ou dos fabricantes japoneses líderes de mercado. Problemas associados ao tamanho podem afetar a qualidade assim como o preço. Entre os hospitais, por exemplo, as pesquisas sugerem que hospitais menores e mais especializados são geralmente mais seguros para os pacientes do que grandes hospitais tratando de uma ampla gama de doenças.

Economias e deseconomias de escala podem existir simultaneamente na mesma empresa em vários níveis de produção. Isto é, pode haver algumas coisas que uma determinada empresa poderia fazer melhor se fosse maior, e outras coisas que poderia fazer melhor se fosse menor. Como um empresário na Índia colocou: "O que as pequenas empresas perdem em termos de influência financeira, tecnológica, recursos e resiliência, ganham em flexibilidade, falta de burocracia e velocidade na tomada de decisão". As pessoas encarregadas das operações de uma empresa em Calcutá podem decidir o que precisa ser feito para melhorar os negócios na cidade, porém, se também necessitam convencer a administração central na sede em Nova Déli, não conseguem implementar suas decisões rapidamente, ou talvez não tão completamente, e às vezes as pessoas em Nova Déli não compreendem a situação em Calcutá bem o suficiente para aprovar uma decisão que faz sentido para as pessoas que vivem lá.

Com o porte a cada dia mais avantajado, em dado momento no tempo a empresa verá as deseconomias começarem a superar as economias, e não valerá a pena para ela se expandir além desse ponto. É por esse motivo que um segmento de mercado é constituído por um certo número de empresas, em vez de um monopólio gigante e supereficiente.

Na União Soviética, onde havia um fascínio pelas economias de escala e um desrespeito às deseconomias de escala, suas empresas agrícolas e industriais foram as maiores do mundo. Uma fazenda soviética média, por exemplo, tinha dez vezes o tamanho da fazenda americana média e empregava dez vezes ou mais trabalhadores.

O Papel dos Lucros — e das Perdas

Mas as fazendas soviéticas eram notoriamente ineficientes. Entre as razões para essa ineficiência, citadas por economistas soviéticos, estava a "coordenação deficiente". Um exemplo pode ilustrar um problema geral:

> Nos vastos campos comunitários, frotas de tratores se espalhavam para começar a arar. O plano a ser cumprido fora calculado com base nos hectares trabalhados, e por isso era vantajoso para os motoristas cobrir mais território o mais rápido possível. Os operadores iniciaram cavando sulcos profundos em torno da borda dos campos. À medida que se moviam mais para o interior dos campos, no entanto, eles levantavam a lâmina do arado e corriam o trator, e os sulcos tornavam-se progressivamente menos profundos. Os primeiros sulcos tinham de 23cm a 25cm de profundidade. Um pouco mais longe da estrada, tinham de 13cm a 15cm de profundidade, e no centro do campo, onde os motoristas estavam certos de que ninguém verificaria, os sulcos mal passavam de 5cm de profundidade. Normalmente, ninguém descobria que os sulcos eram tão rasos no meio do campo até que se tornou óbvio que algo estava errado com a natureza atrofiada da cultura.

Mais uma vez, um comportamento economicamente contraproducente não era um comportamento irracional do ponto de vista da pessoa envolvida na questão. Claramente, os tratoristas entendiam que seu trabalho poderia ser mais facilmente monitorado na borda do que no centro do campo, e ajustaram o tipo e qualidade do trabalho em conformidade de modo a maximizar seu próprio salário, baseado em quanta terra aravam. Ao não arar tão profundamente a terra onde não poderiam ser facilmente monitorados pelos funcionários da fazenda, os condutores de tratores eram capazes de cobrir mais terrenos em um determinado período de tempo, mesmo que o fizessem menos eficazmente.

Em uma economia de mercado, o agricultor provavelmente não se comportaria assim em suas próprias terras, porque suas ações seriam controladas pelo incentivo do lucro e não por monitores externos.

O ponto em que as desvantagens do tamanho começam a suplantar as vantagens difere de um segmento econômico para outro. Por essa razão, restaurantes são menores que siderúrgicas. Um restaurante bem administrado geralmente requer a presença de um proprietário com motivação suficiente para monitorar continuamente as diversas coisas necessárias para que o negócio seja bem-sucedido em um ramo no qual falhas são muito comuns. Não só a comida deve ser preparada para atender aos gostos da clientela, mas garçons e garçonetes devem fazer seu trabalho de forma a incentivar as pessoas a voltar para outra experiência agradável, e o mobiliário do restaurante também precisa adaptar-se aos desejos dos clientes que serve.

Tais problemas não podem ser resolvidos de uma vez por todas. Os fornecedores de alimentos requerem contínuo monitoramento quanto ao tipo e qualidade dos produtos, peixes, carnes e outros ingredientes necessários para satisfazer os clientes. Cozinheiros e chefes de cozinha também devem ser monitorados para ver se continuam a atender os padrões existentes — bem como para acrescentar no cardápio novos alimentos e bebidas que se tornaram populares, e verificar quais pratos antigos são pedidos com menos frequência pelos clientes. A normal rotatividade dos funcionários também exige que o proprietário seja capaz de recorrentemente selecionar, treinar e monitorar novas pessoas. Além disso, eventuais mudanças externas — no tipo de vizinhança, por exemplo — podem ampliar ou quebrar seu negócio. Todos esses fatores, e outros mais, devem ser mantidos em mente, ponderados pelo proprietário e continuamente ajustados para que o negócio sobreviva e seja rentável.

Tal rol de detalhes, que exige conhecimento pessoal e controle direto por alguém presente e com motivações que vão além de um salário fixo, limita o tamanho dos restaurantes em comparação com o das usinas siderúrgicas, fábricas de automóveis ou mineradoras. Mesmo para redes de restaurantes em todo o país, muitas vezes cada unidade é administrada por proprietários privados operando com franquias de alguma organização nacional que oferece orientação geral e normas de publicidade, deixando as inúmeras tarefas de gestão local para os franqueados. Howard Johnson foi pioneiro no franchising de restaurantes em 1930, entrando com metade do capital e o gerente local com a outra metade. Com isso, o franqueado tinha interesse na rentabilidade do restaurante em vez de simplesmente ser remunerado com um salário fixo por seu trabalho.

Custos e Capacidade

Os custos variam não só com o volume de produção, em níveis variados e de um setor para o outro, eles também variam conforme o grau de utilização da capacidade existente.

Em muitos setores de atividade e empresas, a capacidade deve ser estabelecida para lidar com o pico do volume — o que significa que há excesso de capacidade em certos momentos. O custo de acomodar mais usuários do produto ou serviço durante períodos em que há excesso de capacidade é muito menor do que o custo de manipulação nos horários de pico. Um navio de cruzeiro, por exemplo, deve receber dinheiro suficiente de seus passageiros para cobrir não apenas os custos atuais para remunerar a tripulação, comprar alimentos e combustível, mas também para cobrir o preço de compra do navio e as despesas administrativas da sede da empresa de cruzeiros marítimos.

Lidar com o dobro de passageiros de um determinado cruzeiro na alta temporada pode exigir a compra de um outro navio, bem como a contratação de outra tripulação e de adquirir duas vezes mais alimentos e combustível. Entretanto, se o número de passageiros na baixa estação é apenas 1/3 do que é no pico, então a duplicação do número de passageiros na baixa temporada pode não exigir a compra de um outro navio. Os navios existentes podem simplesmente navegar com um menor número de cabines vazias. Portanto, vale a pena a empresa de cruzeiros tentar atrair os passageiros interessados em economizar oferecendo tarifas muito reduzidas durante o período de menor ocupação. Grupos de pessoas aposentadas, por exemplo, geralmente podem agendar seus cruzeiros para qualquer época do ano, não ficando sujeitos a programações de férias dos locais de trabalho e, normalmente, não têm filhos jovens cujas obrigações escolares limitariam sua flexibilidade. É comum que os idosos obtenham grandes descontos em viagens fora de temporada, tanto em terra como no mar. As empresas, em geral, podem se dar ao luxo de fazer tais concessões porque seus custos são menores na baixa estação e cada uma em particular é obrigada a fazê-lo, porque senão seus competidores atrairão os clientes para si.

O excesso de capacidade também pode resultar de demasiado otimismo. Em virtude do que o *Wall Street Journal* chamou de "um prematuro frenesi de construção de navios de luxo", as empresas de cruzeiros de luxo adicionaram mais de 4.000 novos leitos em pouco mais de um ano durante o início do século XXI. Quando descobriram que não havia tal demanda para preencher todas as cabines adicionais em seus preços existentes, o resultado foi que a Crystal Cruises, por exemplo, passou a oferecer seu cruzeiro pelo Canal do Panamá, que habitualmente custava US$2.995, por US$1.695, e a Seabourn Cruise Line rebaixou o preço de seu cruzeiro pelo Caribe de US$4.495 para US$1.999. Elas dificilmente teriam feito isso a menos que as pressões da concorrência as deixassem sem escolha — e a menos que seus custos incrementais, quando havia excesso de capacidade, fossem inferiores a seus preços reduzidos.

Capacidade ociosa pode causar anomalias de preços em muitos setores da economia. Em Cancun, no México, a diária dos quartos mais baratos disponíveis no modesto hotel Best Western era de US$180 em meados de 2001, enquanto o mais luxuoso Ritz-Carlton, nas proximidades, alugava seus quartos por US$169 a diária. O Best Western ficou lotado e o Ritz-Carlton dispunha de vagas. E isso não foi algo peculiar do México. Um hotel de quatro estrelas em Manhattan estava alugando quartos por menos que um hotel de duas estrelas nos arredores, e o elegante Phoenician, em Phoenix, trabalhava com diárias inferiores às do Holiday Inn na mesma cidade.

Por que hotéis normalmente muito caros alugam quartos por menos que hotéis que geralmente operam com preços muito mais baixos? Novamente, a chave está na utilização da capacidade. Os turistas com orçamentos limitados fizeram reservas em hotéis de baixo custo com antecedência, a fim de se certificar de encontrar algo acessível. Isso significou que a flutuação no número de turistas seria absorvida pelos hotéis com preços mais elevados. Um declínio geral do turismo em 2001, portanto, originou vagas nos hotéis de luxo, que não tiveram outra opção a não ser reduzir os preços a fim de atrair mais pessoas para preencher seus quartos. Assim, o luxuoso Boca Raton Resort & Spa, na Flórida, deu a seus convidados uma terceira noite grátis e turistas obtiveram vantagens de última hora em luxuosas acomodações "pé na areia" em Hilton Head, Carolina do Sul, onde as reservas normalmente tinham que ser feitas com seis meses de antecedência.

Por outro lado, um aumento do turismo também afetaria os hotéis de luxo, que poderiam colocar seus preços em um patamar ainda maior do que o habitual. Depois de três anos consecutivos de declínio dos lucros, os hotéis em 2004 começaram a "abolir os descontos", como o *Wall Street Journal* estampou, quando o aumento das viagens trouxe mais gente. As reações dos hotéis de luxo assumiram a forma de aumento nos preços — US$545 para passar a noite no menor e mais barato quarto no Four Seasons Hotel em Nova York — e eliminação de vários extras gratuitos:

> Já está mais difícil este ano para as famílias se depararem com ofertas de café da manhã gratuito e outras vantagens encontradas nos hotéis de negócios que, nos últimos três anos, representavam um esforço para encher as camas vazias.

Uma vez que os preços podem variar tão amplamente para o mesmo quarto no mesmo hotel, dependendo da existência ou não de excesso de capacidade, foram criadas empresas que auxiliavam os viajantes a obter as melhores ofertas em um determinado dia — Priceline e Travelocity são exemplos de tais empresas que surgiram para reunir os interessados em vantagens e hotéis que têm vagas inesperadas.

Considerando que todas essas respostas ao excesso de capacidade devem-se a incentivos criados pela perspectiva de lucros e a ameaça de perdas em uma economia de mercado, os mesmos princípios *não* se aplicam quando o governo fornece um bem ou serviço e cobra por ele. Há pouca motivação para os funcionários do governo compatibilizarem preços e custos — e às vezes eles cobram mais por aqueles que têm um custo mínimo.

Quando, por exemplo, uma ponte é construída ou sua capacidade é expandida, os custos gerados são, essencialmente, o de a capacitar a lidar com a hora do rush de tráfego. Os carros que atravessam a ponte entre o rush da manhã e do fim da tarde não custam quase nada, porque a ponte tem capacidade ociosa durante essas horas. No entanto, quando há cobrança de pedágios, muitas vezes são disponibilizados talões ou passes eletrônicos a preços por viagem mais baixos do que os cobrados daqueles que atravessam a ponte apenas ocasionalmente fora dos horários de pico.

Embora sejam os usuários regulares durante as horas de rush os que geram os enormes custos de construção ou expansão da capacidade de uma ponte, eles pagam menos porque são eleitores numerosos cuja maior participação nas políticas de cobrança de pedágios os torna mais propensos a reagir politicamente nessa questão específica. O que talvez pareça uma loucura econômica pode não passar de prudência política por parte de quem administra a exploração privada dessas pontes ou é o agente público responsável pela cobrança da travessia. O resultado econômico líquido é que há mais tráfego na ponte durante o horário de pico do que se diferentes tarifas de pedágio refletissem os custos de diferentes períodos do dia. Tarifas maiores nas horas de rush motivariam alguns motoristas a atravessar a ponte antes ou depois dos horários de pico. Por sua vez, isso significaria que a parcela da capacidade necessária para lidar com o tráfego no rush seria menor, reduzindo os custos, tanto em termos de dinheiro como da utilização de recursos escassos que têm usos alternativos.

"Repassando" e Economizando Custos

Diz-se frequentemente que as empresas repassam os custos adicionais representados por impostos mais elevados, elevação dos preços do combustível, reajustes salariais de seus empregados quando há dissídio coletivo, ou por uma série de outros acréscimos de custos. Do mesmo modo, sempre que os custos caem por algum motivo, seja devido a um corte de impostos ou aprimoramento tecnológico, por exemplo, a questão é frequentemente levantada quanto ao fato de esses custos mais baixos terem ou não sido repassados aos consumidores em forma de preços mais baixos.

A ideia de que os vendedores podem cobrar o preço que quiserem é raramente expressa explicitamente, mas a implicação de que eles podem muitas vezes se esconde no fundo de questões sobre o que vão repassar aos clientes. Mas o repasse de qualquer aumento dos custos, ou da diminuição deles, não é um processo automático e, em ambos os casos, isso depende do tipo de competição enfrentado pelo negócio e de como muitas das empresas concorrentes têm os mesmos aumentos ou decréscimos de custos.

Se você estiver gerindo uma empresa de mineração de ouro na África do Sul e o governo aumenta o imposto sobre o ouro em US$10 o quilo, você não pode repassá-lo elevando o preço para os compradores de ouro no mercado mundial, porque os produtores de ouro de outros países não são obrigados a pagar esses US$10 extras. Para os compradores em todo o mundo, ouro é ouro, onde quer que seja produzido. Não há nenhuma maneira de esses compradores pagarem US$10 a mais por quilo pelo seu ouro do que para o de outra pessoa. Sob tais circunstâncias, um imposto de US$10 em seu ouro significa que seus lucros sobre as vendas de ouro no mercado mundial simplesmente diminuirão em US$10 por quilo.

O mesmo princípio se aplica quando há aumento dos custos de transporte. Se você despachar seu produto para o mercado por ferrovia e as estradas de ferro aumentarem o custo do frete, você pode repassar essa elevação para os compradores apenas na medida em que seus concorrentes também despachem o produto deles por via férrea. Contudo, se o transporte utilizado por seus concorrentes for caminhão ou barco, e sua localização não lhe permite fazer igual, então, elevar seus preços para cobrir os encargos ferroviários adicionais simplesmente dará a seus concorrentes, que operam com custos mais baixos, a chance de roubar parte de seus clientes por meio da cobrança de preços mais baixos. Por outro lado, se todos os concorrentes usam o transporte ferroviário para distâncias semelhantes, então, todos vocês podem repassar as taxas mais elevadas de frete ferroviário para todos os clientes. Mas se o ponto de entrega de sua produção estiver a uma distância de 100km, em média, e a de seus concorrentes a apenas 10km, em média, então você só pode aumentar seus preços para cobrir o custo adicional da carga ferroviária para esses 10km e assumir uma redução no lucro em função do custo aumentado dos outros 90km.

Princípios semelhantes aplicam-se quando se trata de repassar uma poupança (no sentido de menores custos) para os clientes. Se apenas você introduz uma nova tecnologia que corta os custos de produção pela metade, então você pode manter todos os lucros adicionais resultantes desses custos poupados, continuando a cobrar o mesmo que seus concorrentes de maior custo. Alternativamente — e é isso que tem ocorrido muitas vezes — você pode reduzir seus preços e atrair os clientes de seus concorrentes, o que pode levar a lucros totais ainda maiores, apesar da diminuição de seus lucros por unidade vendida. Muitos dos grandes bilionários americanos — Rockefeller, Carnegie e outros — descobriram formas de operar com custos mais baixos de fabricação e entrega do produto para o cliente e, em seguida, cobraram preços mais baixos do que o custo maior dos concorrentes poderiam possibilitar, atraindo, assim, os clientes deles.

Após um certo período de tempo, geralmente os concorrentes passavam a usar avanços tecnológicos e organizacionais semelhantes para cortar custos e reduzir os preços, mas nesse meio tempo fortunas podiam ser feitas pelos inovadores pioneiros. Isso motiva as empresas nas economias de mercado com fins lucrativos a ir à procura de novas maneiras de fazer as coisas, em contraste com as empresas atuando em economias geridas por governos como aqueles da União Soviética ou em economias nas quais as leis protegem as empresas privadas da competição nacional ou internacional, como na Índia antes de começar a abrir sua economia à concorrência no mercado mundial.

ESPECIALIZAÇÃO E DISTRIBUIÇÃO

Um empreendimento é limitado não só em termos de tamanho (como vimos, um porte além de determinado ponto é contraproducente), mas também na amplitude de funções que podem ser executadas eficientemente. A General Motors fabrica milhões de automóveis, mas nem um único pneu. Em vez disso, ela os compra da Goodyear, Michelin e outras fabricantes de pneus, que podem produzir esse item do carro mais eficientemente do que a General Motors. E as montadoras de automóveis não possuem distribuidoras próprias em todo o país. Tipicamente, a indústria automobilística tem representantes para vender seus carros para o público em geral. Nos EUA, não há como a General Motors manter o controle de todas as condições locais em todo o comprimento e largura do país, as quais determinam o quanto custa comprar ou arrendar terras para estabelecer uma revendedora, ou em que locais há uma dada comunidade, e muito menos avaliar a condição dos clientes locais de carros usados interessados em trocar por um novo.

Ninguém pode, a partir da sede de uma empresa automobilística, decidir como avaliar o valor de um determinado Chevrolet em Seattle com alguns amassados e riscos ou de um Honda usado em "perfeitas condições" em Miami. E, se o tipo de habilidade de um vendedor que trabalha em Los Angeles não funciona em Boston, quem está presente cotidianamente no local sabe disso melhor do que qualquer executivo em Michigan. Em suma, o fabricante de automóveis especializa-se em fabricar automóveis, deixando outras funções para as pessoas que desenvolvem os diferentes conhecimentos e habilidades necessários para se especializarem nessas funções específicas.

Intermediários

O desejo eterno de "eliminar o intermediário" é perenemente frustrado pela realidade econômica. A gama de conhecimento e experiência humana é limitada para qualquer pessoa ou para qualquer conjunto de administradores. Apenas um certo número de elos na grande cadeia de produção e distribuição pode ser dominado e operado eficientemente pelo mesmo grupo de pessoas. A certa altura, há outras pessoas com diferentes habilidades e experiência que podem executar o próximo passo sequencial de forma mais barata ou mais eficaz — e, portanto, é nesse ponto que se remunera uma empresa para vender sua produção a algumas outras empresas que podem realizar a próxima parte da operação mais eficientemente. Isso porque, como vimos em capítulos anteriores, *os bens tendem a fluir para seus usos mais valorizados* no livre mercado, e os bens são mais valiosos para aqueles que podem lidar com eles de forma mais eficiente em um determinado estágio. Fabricantes de móveis geralmente não possuem ou operam lojas de móveis, e a maioria dos autores não tem sua própria editora e muito menos possui livrarias próprias.

Como em outros aspectos de uma economia de mercado, os preços desempenham um papel crucial em todo esse processo. Qualquer economia não só deve alocar recursos escassos que têm usos alternativos, mas determinar quanto tempo os produtos resultantes permanecem em quais mãos antes de serem repassados para outras pessoas que podem lidar mais eficientemente com a próxima fase. Empresas à cata de lucros são orientadas por seus próprios resultados líquidos, mas tais resultados, eles próprios, são determinados pelo que os outros podem fazer e a que custo.

Quando um produto se torna mais valioso nas mãos de outra pessoa, esse alguém vai oferecer mais para o produto do que vale a pena para seu atual proprietário. Este então o vende, não por causa da economia, mas para seu próprio benefício. Porém, o resultado final é uma economia mais eficiente, em que as mercadorias vão para os que mais as valorizam. Apesar de frases superficialmente atraentes sobre "eliminar o intermediário", intermediários continuam a existir, porque eles podem realizar sua fase da operação de maneira mais eficiente do que os outros podem. Não deveria ser surpreendente que as pessoas que se especializam em uma fase podem fazer isso mais eficientemente do que outras.

Países do Terceiro Mundo tendem a ter mais intermediários do que nações mais industrializadas, um fato muito lamentado por observadores que não consideram o aspecto econômico da situação. Produtos agrícolas tendem a circular por mais mãos entre, por exemplo, o agricultor africano que cultiva amendoim e a empresa que vai processá-lo em forma de manteiga de amendoim, do que seria o caso nos Estados Unidos. Um padrão similar foi encontrado com o consumidor de mercadorias que circulam em sentido contrário. Caixas de fósforos podem passar em mais mãos entre o fabricante e o africano consumidor, que, em última análise, vai comprá-lo. Um economista britânico em meados de século XX descreveu e explicou tais situações ocorridas na África Ocidental:

> Os produtos agrícolas de exportação do Oeste Africano são produzidos por dezenas de milhares de africanos muitas vezes dispersos operando em

O Papel dos Lucros — e das Perdas

uma escala muito pequena. Quase inteiramente, faltam instalações adequadas de armazenamento, e suas reservas de caixa não existem ou são mínimas [...] O grande número e a longa linha de intermediários na compra de produtos de exportação derivam, essencialmente, de as economias obtidas se repartirem em um número muito grande de pequenas parcelas [...] Na produção, o primeiro elo da cadeia pode ser a compra, há centenas de quilômetros de Kano, de alguns quilos de amendoim, os quais, após várias etapas de novos embarques desse tipo, chegam lá como parte de um vagão ou carga de caminhão de várias toneladas.

Em vez de dez agricultores de toda uma dada área deixarem sua ocupação principal para transportar suas individualmente pequenas quantidades de produtos para vender em uma cidade distante, um intermediário pode recolher os produtos de muitos agricultores e conduzi-los todos de uma só vez para um comprador, permitindo que os agricultores aplicassem seus escassos recursos — tempo e trabalho — em usos alternativos, voltando-os para o cultivo de mais produtos. A sociedade como um todo poupa, portanto, quanto ao montante de recursos necessários para levar os produtos da fazenda para o próximo comprador, bem como economiza no número de negociações individuais necessárias até os pontos finais de venda. Essa economia de tempo é especialmente importante durante a época da safra, quando parte dela pode passar do ponto ou estragar depois se não for colhida prontamente e, em seguida, armazenada ou processada rapidamente.

Em um país mais rico, cada fazenda teria mais produtos, e o transporte motorizado em estradas modernas reduziria o tempo necessário para os colocar no ponto de venda mais próximo, de modo que o tempo perdido por tonelada de colheita teria um menor número de intermediários e menos seria exigido no transporte. Além disso, os agricultores modernos em países prósperos estariam mais propensos a ter seus próprios silos, colheitadeiras e outros equipamentos. Ser ou não eficiente — do ponto de vista do agricultor individual ou da sociedade como um todo — depende das circunstâncias. Uma vez que as circunstâncias podem diferir radicalmente entre países ricos e pobres, métodos muito diferentes podem ser eficientes em cada país e nenhum método específico precisa ser bom para ambos.

Por razões semelhantes, muitas vezes há mais intermediários entre o fabricante industrial e o consumidor final nos países pobres. No entanto, os lucros auferidos por cada um desses intermediários não é um desperdício tão grande como muitas vezes é considerado por terceiros observadores, especialmente os de uma sociedade diferente. Aqui, o fator limitante é a pobreza do consumidor, fator restritivo do quanto pode ser comprado ao mesmo tempo. Novamente, a África Ocidental em meados do século XX forneceu exemplos especialmente claros:

> A mercadoria importada chega em grandes remessas e precisa ser distribuída em grandes áreas ao consumidor final que, na África Ocidental, tem de comprar em quantidades extremamente pequenas por causa de sua pobreza [...] A organização da venda a varejo em Ibadan (e outros) exemplifica os serviços prestados por pequenos comerciantes, tanto para os fornecedores quanto para os consumidores. Aqui não existe um conveniente mercado central, e é comum ver camelôs sentados com suas mercadorias nas entradas das lojas de empresas comerciais europeias. Esses pequenos comerciantes vendem basicamente as mesmas mercadorias que as lojas, mas em quantidades muito menores.

Essa parece ser a situação ideal para "eliminar o intermediário", uma vez que os pequenos comerciantes estavam acampados bem defronte das lojas vendendo a mesma mercadoria, e os consumidores poderiam simplesmente entrar naqueles estabelecimentos e comprar os mesmos bens a preços mais baixos por unidade. Porém, esses comerciantes vendem em quantidades muito pequenas, como dez fósforos ou meio maço de cigarros, assim, seria um desperdício que as pessoas nas lojas por trás deles gastassem seu tempo fracionando seus produtos embalados tendo em vista as melhores utilizações alternativas de seu trabalho e capital.

As alternativas disponíveis para os pequenos comerciantes africanos raramente compensavam em termos de remuneração, por isso fazia sentido para eles fazer o que não fazia sentido para o comerciante europeu. Além disso, fazia sentido para os consumidores africanos muito pobres comprar deles, mesmo que o lucro adicional aumentasse o preço da mercadoria, porque o consumidor muitas vezes não tinha dinheiro para comprar os produtos nas quantidades vendidas pelos comerciantes europeus.

Por mais óbvio que possa parecer, isso tem sido mal interpretado por renomados escritores e — pior ainda — pelos governos coloniais e pós-coloniais hostis aos intermediários e propensos a criar leis e políticas que expressam essa hostilidade.

As economias socialistas

Como em outros casos, uma das melhores maneiras de entender o papel dos preços, lucros e prejuízos é ver o que acontece em sua ausência. Economias socialistas não só não têm os tipos de motivações que forçam as empresas para a eficiência e inovação, como também não têm os tipos de incentivos financeiros que levam cada determinado

O Papel dos Lucros — e das Perdas

produtor em uma economia capitalista a limitar seu trabalho para as fases de produção e distribuição em que têm custos mais baixos do que as empresas alternativas. As firmas capitalistas compram componentes de outras cujos custos de produção daqueles específicos componentes são mais baixos e vendem seus produtos para quaisquer que sejam os intermediários capazes de maior eficiência para realizar a distribuição. Mas uma economia socialista pode renunciar a essas vantagens da especialização — e por razões perfeitamente racionais, dadas as circunstâncias muito diferentes em que operam.

Na União Soviética, por exemplo, muitas empresas produziam seus próprios componentes, embora os que fossem especializados na fabricação deles existissem e pudessem fabricá-los a custos mais baixos. Dois economistas soviéticos estimaram que os custos dos componentes necessários para uma empresa de construção de máquinas na U.R.S.S. eram de duas a três vezes maiores do que os custos de produção daqueles mesmos itens em empresas especializadas. Contudo, por que razão a empresa tomaria individualmente decisões como essas em um sistema em que os lucros e prejuízos não eram decisivos? O aspecto decisivo era cumprir as quotas mensais de produção definidas pelas autoridades governamentais, que poderiam ser asseguradas mais prontamente por uma empresa que fabrica seus próprios componentes, uma vez que não podiam depender de entregas rápidas de outras empresas que não tinham a motivação de lucros e prejuízos de um fornecedor em uma economia de mercado.

Essa não era uma característica peculiar a empresas de construção de máquinas. Segundo os mesmos economistas soviéticos, "a ideia de autossuficiência no abastecimento penetra em todas as camadas da pirâmide administrativa econômica, de cima para baixo". Cerca de metade dos tijolos na U.R.S.S. eram produzidos por empresas que *não* foram constituídas para esse fim, mas que fabricaram seus próprios tijolos para construir qualquer coisa que fosse necessária no prédio para abrigar sua principal atividade econômica. Isso porque essas empresas soviéticas não podiam contar com as entregas do Ministério da Indústria de Materiais de Construção, que não tinha incentivos financeiros para ser confiável no fornecimento de tijolos no tempo ou qualidade exigidos.

Por razões semelhantes, muito mais empresas soviéticas estavam produzindo máquinas-ferramentas em relação às que foram especificamente criadas para o fazer. Assim, as indústrias especializadas criadas para tal finalidade trabalhavam abaixo de sua capacidade — ou seja, com maiores custos de produção por unidade do que se suas despesas gerais tivessem sido rateadas por mais unidades produzidas — porque muitas outras empresas estavam produzindo essas máquinas-ferramentas para si mesmas. Produtores capitalistas de tijolos ou de máquinas-ferramentas não têm escolha senão produzir o que é desejado pelo cliente e ser confiável no fornecimento se pretendem manter os clientes concorrendo com outros produtores de tijolos ou máquinas-ferramentas. Isso, no entanto, não é o caso quando existe um monopólio nacional de um produto específico sob controle do governo, como era a situação na União Soviética.

Também na China, cuja economia esteve sob planejamento governamental por décadas depois que os comunistas tomaram o poder em 1949, muitas empresas cuidavam do transporte de seus próprios produtos, ao contrário do que se fazia, de modo geral, nos Estados Unidos, onde o serviço de frete rodoviário, ferroviário ou aéreo era executado por empresas de terceiros. Como a *Far Eastern Economic Review* colocou: "Por décadas de desenvolvimento planejado pelo Estado, quase todas as grandes empresas chinesas transportavam seus próprios bens, porém, de forma ineficiente". Embora empresas teoricamente especializadas em transporte pudessem operar mais eficientemente, a ausência de incentivos financeiros para os empreendimentos monopolistas governamentais fazia com que as empresas de transporte especializado não fossem muito confiáveis, tanto no prazo de entrega quanto no cuidado — ou na falta de cuidado — ao manusear mercadorias em trânsito. Um fabricante de televisores na China pode não ser tão eficiente no transporte desses aparelhos quanto uma empresa especializada seria, mas ao menos tinha menor propensão a danificar seus próprios produtos quando em trânsito.

Um entre outros efeitos secundários de entregas não confiáveis é que as empresas chinesas tinham de manter em estoque um número maior de bens, deixando de usufruir das vantagens das práticas de "just in time" (um método de gestão de estoque em que os insumos chegam à empresa o mais próximo possível do momento em que são necessários no processo de produção) que, no Japão, reduzem os custos de manutenção de estoques das empresas japonesas. A Dell Computers, nos Estados Unidos, também opera com estoques muito pequenos em relação às suas vendas, mas isso é possível apenas porque existem empresas de transporte, como a Federal Express ou UPS nas quais a Dell pode confiar para obter os componentes dos quais precisa para montar, com rapidez e segurança, os computadores que comercializa.

O resultado líquido de hábitos e padrões de comportamento que restaram dos dias de uma economia controlada pelo governo é que, na China, o comprometimento da renda nacional com o transporte é duas vezes maior do que nos Estados Unidos, embora este país tenha um território maior, incluindo dois estados separados por mais de 1.600km dos outros 48.

O Papel dos Lucros — e das Perdas

Contrastes no tamanho — e, portanto, nos custos — dos estoques podem ser extremos de um país para outro. O Japão opera os menores estoques e a União Soviética o maior, com os Estados Unidos entre eles. Como dois economistas soviéticos assinalaram:

> Peças de reposição estão literalmente "caindo do caminhão": no Japão, os fabricantes comumente entregam os pedidos de suprimentos de três a quatro vezes em um dia. Na Toyota, o montante de estoque é calculado em apenas uma hora de trabalho, enquanto na Ford representa até três semanas de operação.

Na União Soviética, esses economistas disseram que "nós temos em estoques quase tanto quanto produzimos em um ano". Em outras palavras, a maioria das pessoas que trabalha na indústria soviética "poderia tirar férias remuneradas por um ano" e a economia poderia viver de seus estoques. Isso não é uma vantagem, mas sim uma desvantagem, pois estoques custam dinheiro — e não ganham nenhum. Do ponto de vista da economia como um todo, a produção de estoque utiliza recursos sem adicionar nada ao nível de vida da população. Como os economistas soviéticos apontaram: "nossa economia está sempre sobrecarregada com o grande fardo dos estoques, muito mais pesados que aqueles que se acumulam em uma economia capitalista durante as recessões mais destrutivas".

No entanto, manter enormes estoques não eram decisões irracionais, dadas as circunstâncias da economia soviética e os incentivos e restrições inerentes a essas circunstâncias. As empresas soviéticas não tinham outra opção que não a de manter esses onerosos estoques. Quanto menos confiáveis os fornecedores, maior o estoque que deve ser mantido de forma a não ter componentes vitais à disposição[5]. Todavia, os estoques são uma adição aos custos de produção, o que repercute no preço, aumentando-o, e consequentemente reduz o poder de compra do público e, portanto, seu padrão de vida.

A Geografia também pode aumentar a quantidade necessária de estoque. Em decorrência de graves desvantagens geográficas que limitam o transporte em certos locais da África subsaariana[6], grandes estoques, tanto da produção agrícola como da produção industrial, podem ser obrigados a permanecer lá porque se tratam de regiões

---

[5] Longe de serem excessivos em face das circunstâncias, os estoques na União Soviética muitas vezes provaram ser inadequados, na medida em que as empresas fabricantes ainda assim acabavam não dispondo dos componentes de que necessitavam. De acordo com os economistas soviéticos, "1/3 de todos os carros saem da linha de montagem com peças faltando". Shmelev e Popov, *The Turning Point*, p. 136.

[6] Ver meu livro *Conquests and Cultures*, pg. 101-108 (na edição em inglês).

muito dependentes do transporte fluvial, que pode ser interrompido se a vazão dos rios e córregos for insuficiente para os tornar navegáveis caso a estação chuvosa atrase ou termine prematuramente. Em resumo, desvantagens geográficas para transporte por terra e drásticas diferenças no regime de chuvas em diversas épocas do ano adicionam enormes custos de estoque na África subsaariana, contribuindo para o dolorosamente baixo padrão de vida da região. Na África, como em qualquer outro lugar, manter grandes estoques significa usar os recursos escassos sem o correspondente aumento no padrão de vida dos consumidores.

A razão pela qual a General Motors pode fabricar automóveis sem produzir os pneus que os equipam é porque pode confiar na Goodyear, Michelin, e quem mais fornece pneus para os ter à disposição no final da linha de montagem. Se esses fornecedores não conseguissem entregar seria, evidentemente, um desastre para a General Motors. Mas seria ainda mais catastrófico para os próprios fabricantes de pneus. Deixar a General Motors sem pneus para seus Cadillacs ou Chevrolets seria um suicídio financeiro para um fornecedor, uma vez que perderia um cliente de milhões de pneus por ano, sem contar as indenizações milionárias por perdas e danos de ações judiciais sobre descumprimento de contratos. Sob tais circunstâncias, não é de surpreender que a General Motors não tenha de produzir todos os componentes necessários, como muitas empresas soviéticas fizeram.

Por mais absurdo que possa parecer imaginar Cadillacs saírem da linha de montagem sem pneus, na época da União Soviética um dos próprios altos funcionários desse país se queixou de que "centenas de milhares de veículos a motor permanecem ociosos, sem pneus". O fato de uma coordenação complexa ocorrer de forma tão aparentemente automática em um sistema econômico, de um modo que as pessoas nem sequer pensam nisso, não significa que se dará o mesmo em outro sistema econômico funcionando com base em princípios diferentes[7]. Ironicamente, é precisamente onde não existe quem controle toda a economia que há coordenação automática proporcionada pelos movimentos de preços, enquanto nas economias deliberadamente planejadas tem sido recorrentemente demonstrado que um nível semelhante de coordenação é praticamente impossível de ser alcançado.

---

[7] Isso não quer dizer que nunca há fornecedores de componentes que não conseguem fazer as entregas em uma economia de mercado. Aviões que custam centenas de milhões de dólares podem ficar ociosos após serem construídos, à espera de um equipamento de cozinha, um vaso sanitário ou algum outro componente antes que possa ser vendido. Como um funcionário da Boeing colocou: "Você tem um enorme ativo parado, à espera de uma cozinha". Um executivo da Airbus disse que "A coisa pode chegar a tal ponto que tenho que ir e perguntar: 'Que droga está acontecendo aí?'". Uma pergunta de uma empresa que está comprando milhões de dólares em componentes dos fornecedores é mais do que um exercício de retórica. Em suma, seres humanos têm as mesmas falhas em todos os sistemas econômicos, mas a diferença está nas pressões que podem ser exercidas para forçar as correções. Daniel Michaels e J. Lynn Lunsford, "Lacks of Seats, Galleys Delays Boeing, Airbus", *Wall Street Journal*, 8 de agosto de 2008, pp. B1, B4.

Confiabilidade é um acompanhamento inerente ao produto físico quando manter os clientes é uma questão de vida ou morte econômica sob o capitalismo, quer no nível de fabricação quer no de varejo. Voltando ao início da década de 1930, quando os refrigeradores estavam apenas começando a se tornar amplamente utilizados nos EUA, havia muitos problemas tecnológicos e de produção com as primeiras unidades produzidas em massa vendidas pela Sears. Para honrar sua garantia de devolução do dinheiro, a empresa não teve outra atitude a tomar a não ser se dar ao luxo de receber de volta 30.000 geladeiras em um momento em que a economia estava nas profundezas da Grande Depressão, quando as empresas tinham tão pouco dinheiro quanto seus clientes. Essa situação colocou uma enorme pressão financeira sobre a Sears para deixar de vender geladeiras (algo que alguns de seus executivos e muitos de seus gerentes de loja queriam) ou melhorar o mais significativamente possível sua confiabilidade. O que eles finalmente fizeram foi aprimorar a confiabilidade de seus refrigeradores, tornando-se assim um dos principais vendedores desses aparelhos no país.

Capítulo 7

A ECONOMIA DAS GRANDES EMPRESAS

A competição sempre foi e sempre será problemática para aqueles que têm de enfrentá-la.

Frédéric Bastiat

As grandes empresas podem ser grandes de maneiras diferentes. Elas podem ser grandes em termos absolutos, como o Wal-Mart — com bilhões de dólares em vendas por ano, tornando-o a maior empresa da nação — sem vender mais do que uma modesta porcentagem do total de mercadorias de seu ramo de atividade. Outras empresas podem ser grandes no sentido de realizarem parte substancial de todas as vendas efetuadas em seu segmento, como a Microsoft com relação aos sistemas operacionais para computadores pessoais em todo o mundo. Existem expressivas diferenças econômicas entre grandezas nesses dois sentidos. Um monopólio absoluto em um setor de atividade pode ser menor em tamanho do que uma empresa muito maior em outro setor no qual existem numerosos concorrentes.

Os incentivos e as restrições em um mercado competitivo são bastante diferentes daqueles em um mercado no qual uma empresa goza de um monopólio, e tais diferenças levam a um comportamento diferente, com consequências diferentes para a economia como um todo. Mercados controlados por monopólios, oligopólios ou cartéis exigem uma análise à parte. Mas, antes de nos ocuparmos com isso, vamos considerar as grandes empresas em geral, sejam elas grandes, ou absolutamente grandes em relação ao mercado para os produtos de seu segmento. Uma das características gerais das grandes empresas já foi tratada no Capítulo 6 — economias e deseconomias de escala, que, juntas, determinam a escala real de produção de empresas que são susceptíveis de sobreviver e prosperar em um determinado ramo de atividade econômica. Outra das características gerais das grandes empresas é que elas, tipicamente, tomam a forma de uma corporação, em vez de serem propriedade de um determinado indivíduo, família ou sócios. As razões para esse tipo particular de organização e as suas consequências requerem exame.

CORPORAÇÕES

Nem todas as corporações são empresas. A primeira corporação da América foi a Harvard Corporation, formada no século XVII para dirigir a primeira faculdade da América. Entre esses outros tipos de empresas, há aquelas em que os proprietários podem ser pessoalmente responsáveis por todas as obrigações financeiras da organização (no Brasil, são conhecidas como "Sociedades em nome coletivo"). Se acontecer de não haver dinheiro suficiente em mãos para pagar suas contas ou quaisquer danos resultantes de processos judiciais, um tribunal pode ordenar a apreensão das contas bancárias ou outros bens pessoais daqueles que possuem a empresa. Há também aquelas cujos proprietários particulares não são pessoalmente responsáveis pelas obrigações financeiras. A responsabilidade legal dessas empresas é limitada a seu próprio patrimônio. No Brasil, dá-se a esse tipo de constituição empresarial o nome de "Sociedade Limitada" (Ltda.); já os empreendimentos de maior porte normalmente são constituídos sob a forma jurídica denominada "Sociedade Anônima" (S/A) — cujo capital é dividido em ações, que podem ser negociadas em Bolsas de Valores ("Capital Aberto") ou não ("Capital Fechado") —, na qual os acionistas não respondem com seus bens particulares em caso de inadimplência ou falência da empresa.

"Corporação" (em inglês, "Corporation") tem nos EUA o sentido que tem "Sociedade Anônima" aqui no Brasil quanto à responsabilidade legal e abrange as empresas de qualquer porte. Nos EUA, tais empresas têm após o nome a sigla "Inc." para as identificar como tal. Note que, em nosso país, as empresas de porte realmente grande costumam ser chamadas de "Corporações", quer sejam Sociedades Limitadas, quer sejam Sociedades Anônimas.

A responsabilidade limitada ao patrimônio é mais do que um privilégio conveniente para os acionistas corporativos. Ela tem grandes implicações para a economia como um todo. Empresas enormes, com negócios valendo e faturando bilhões, raramente podem ser formadas ou mantidas com o dinheiro de alguns investidores ricos. Não há ricos o bastante para que isso aconteça, e mesmo aqueles que são ricos dificilmente arriscariam toda a fortuna em uma empresa. Em vez disso, corporações gigantescas são geralmente de propriedade de milhares, ou mesmo milhões, de acionistas. Estes incluem não apenas as pessoas que detêm as ações em que se divide o capital das empresas, mas também muitas outras pessoas que nunca se imaginaram acionistas, mas cujo dinheiro colocado em fundos de pensão tem sido usado por esses fundos para comprar ações. Direta ou indiretamente, cerca de metade da população americana investe em ações de empresas.

Como muitas outras coisas, a importância de a responsabilidade legal ser limitada pode ser entendida com mais facilidade vendo o que acontece na sua ausência. Durante a I Guerra Mundial, Herbert Hoover organizou uma empresa filantrópica para comprar e distribuir alimentos para um grande número de pessoas que passavam fome e sofriam de inanição em toda a Europa em função de bloqueios e interrupções decorrentes do conflito militar. Um banqueiro a quem havia recrutado para ajudá-lo nessa empreitada perguntou a Hoover se aquela era uma organização de responsabilidade limitada. Quando Hoover disse que não, o banqueiro desistiu imediatamente, pois, caso contrário, as economias de sua vida poderiam ser dizimadas se a organização não recebesse doações suficientes do público para pagar por todos os milhões de dólares necessários para alimentar todas as pessoas que passavam fome na Europa.

Para esses indivíduos em particular, a importância da responsabilidade limitada para criar ou investir em empresas é óbvia. Mas a limitação da responsabilidade dos acionistas é de importância ainda maior para a sociedade em geral, incluindo as pessoas que não possuem nenhuma ação corporativa, nem têm qualquer outra afiliação com uma corporação. O que a responsabilidade limitada faz para a economia e para a sociedade como um todo é viabilizar muitas atividades econômicas gigantescas, cuja implementação exigiria recursos demais para ser assumida por um determinado indivíduo, e significaria um risco muito grande para o investimento de um grande número de indivíduos se cada um deles se tornasse responsável pelas dívidas de uma empresa cujo porte é demasiado grande para que todos os acionistas monitorem seu desempenho de perto.

As economias de escala e os preços mais baixos que as grandes corporações podem conseguir em virtude delas, e os padrões de vida mais elevados resultantes dessas economias de escala, permitem que um grande número de consumidores possam pagar muitos bens e serviços que poderiam estar distantes de seus meios financeiros. Em suma, o significado da corporação na economia em geral se estende muito além daquelas pessoas que possuem, administram ou trabalham para as corporações.

Pode-se cobrar as dívidas das empresas apenas na medida dos ativos da companhia, não sendo possível recuperar quaisquer perdas além disso. O "S.A.", ou o "Inc.", após o nome de uma corporação advertem os credores com antecedência para que possam limitar seus empréstimos em conformidade e cobrar taxas de juros ajustadas ao risco.

Governança Corporativa

Ao contrário de outros tipos de empresas, nas quais os donos também as controlam, uma grande corporação tem demasiados acionistas para que eles sejam capazes de gerir suas operações. Os executivos são os encarregados da gestão corporativa, e precisam ser contratados ou dispensados por um Conselho de Administração que possui a autoridade máxima em uma corporação. Esse arranjo não é exclusividade de empresas. Nos EUA, por exemplo, faculdades e universidades são também, geralmente, geridas por profissionais que são contratados e demitidos por um conselho de curadores que possuem a autoridade legal final, mas que não gerenciam o dia a dia das salas de aula ou os atos administrativos.

Sendo a responsabilidade limitada, a separação entre propriedade e gestão é a característica-chave das corporações. É também um dos principais alvos de críticas das empresas. Muitos têm argumentado que uma "separação entre propriedade e controle" permite que as diretorias das empresas as administrem segundo seus próprios interesses em detrimento dos interesses dos acionistas. Certamente, os enormes e altamente divulgados escândalos corporativos do início do século XXI confirmam o potencial de fraude e abuso. Entretanto, uma vez que fraude e abuso também têm ocorrido em empresas não corporativas, incluindo governos democráticos e totalitários, bem como nas Nações Unidas e em instituições de caridade não lucrativas, não fica claro se a empresa de responsabilidade limitada é mais propensa a tais coisas que outros tipos de organizações, ou menos sujeita a detecção e punição daqueles que cometem crimes.

Reclamações sobre a separação entre propriedade e controle muitas vezes ignoram o fato de que os proprietários de ações de uma empresa não necessariamente *querem* as responsabilidades e o tempo que vem junto com o controle. Muitas pessoas desejam as recompensas de investir sem as dores de cabeça de gerenciar. Isso é especialmente evidente no caso de grandes acionistas, cujos investimentos seriam suficientes para que eles iniciassem seus próprios negócios, se almejassem responsabilidades de gestão. O formato corporativo interessa àqueles que simplesmente querem investir seu dinheiro, sem assumir os encargos inerentes ao gerenciamento de uma empresa, deixando a tarefa de monitorar a honestidade da administração existente a cargo dos órgãos reguladores e legais, e o monitoramento da eficiência da gestão para a competição do mercado.

Especialistas em investimentos externos estão sempre à procura de empresas cuja eficiência de gestão eles esperam aprimorar ao comprar um número suficiente de ações que lhes permita assumir o controle dessas corporações e administrá-las de forma diferente. Nos EUA, essa ameaça foi suficientemente detectada por muitos gestores para os levar a fazer lobby em governos estaduais no intuito de aprovar leis que impedissem

A Economia das Grandes Empresas

esse processo. Porém, esses investidores de fora têm ambos, incentivos e conhecimentos disponíveis, para avaliar a eficiência da corporação melhor do que pode a maioria dos acionistas alheios à administração da empresa.

Reclamações de que as corporações são "antidemocráticas" deixam escapar o ponto de que os acionistas podem não querer que elas sejam democráticas; nem os consumidores, apesar dos esforços das pessoas que se autodenominam "defensores do consumidor" para promover leis que obrigam as empresas a ceder controles de gestão, quer para acionistas quer para pessoas de fora que se proclamam representantes do interesse público. A verdadeira razão para a existência de qualquer empresa é que aqueles que as dirigem sabem como realizar as funções necessárias para a sobrevivência e bem-estar da organização melhor do que pessoas de fora sem participação financeira e sem a especialização necessária para que se autodenominem "defensores dos consumidores" ou organizações "de interesse público". Significativamente, as tentativas de vários ativistas de criar uma maior participação dos acionistas em coisas como remuneração dos CEOs foram contestadas pelos fundos de investimento com ações das empresas. Esses fundos mútuos não querem pôr em risco seus enormes investimentos nas corporações por pessoas cujo histórico, habilidades e agendas não são susceptíveis de servir aos propósitos das corporações.

O destino econômico de uma corporação, como o de outras empresas privadas, é controlado em última instância por inúmeros consumidores individuais. Mas em sua maioria os consumidores podem não estar mais interessados que os acionistas em assumir a responsabilidade pela gestão. Nem basta que os consumidores que não querem ser incomodados não o sejam. A própria existência de poderes reforçados em indivíduos sem participação na gestão, que tem uma palavra a dizer na administração de uma empresa, forçaria outros consumidores e acionistas a querer dedicar tempo para representar seus próprios pontos de vista e interesses nesse processo ou arriscarem-se a ter pessoas com outras agendas substituírem seus interesses e interferirem na gestão da empresa, sem que tenham, essas pessoas de fora, que pagar qualquer preço por estarem errados.

Diferentes países têm diferentes leis sobre os direitos legais dos acionistas corporativos — e resultados muito diferentes. Eis as declarações de um professor de Direito que tem se especializado no estudo das organizações empresariais, escrevendo no *Wall Street Journal*:

> A legislação corporativa americana limita severamente os direitos dos acionistas. O mesmo acontece com a legislação societária japonesa, alemã e francesa. Em contraste, o Reino Unido parece um paraíso para os

acionistas. Lá, os acionistas podem convocar uma reunião para remover o Conselho de Administração a qualquer momento. Eles podem aprovar resoluções para tomar certas medidas, têm direito de voto sobre os dividendos e remuneração do CEO e podem forçar o Conselho a aceitar uma oferta hostil a despeito da rejeição anterior desse órgão.

Qual é o desempenho econômico das empresas britânicas em comparação aos de empresas em outros países? Segundo a revista britânica *The Economist*, 13 das 30 maiores empresas do mundo são americanas, 6 são japonesas, 3 são alemãs e outras 3, francesas. Apenas uma é britânica e outra é metade de propriedade de britânicos. Mesmo um pequeno país como a Holanda tem uma parcela maior das maiores corporações do mundo. Sejam quais forem os benefícios psíquicos da participação dos acionistas em decisões empresariais na Grã-Bretanha, seu histórico de benefícios às empresas é inexpressivo.

Questões sobre o papel das corporações, como tal, são muito diferentes das questões sobre o que corporações específicas fazem em circunstâncias específicas. As pessoas que gerenciam corporações fazem uma série de coisas, do mais sábio ao mais tolo e do mais honesto o mais desonesto, que fazem as pessoas em outras instituições e atividades — incluindo aquelas que optam por chamar a si mesmas de "defensores do consumidor", membros de organizações "de interesse público" ou defensores da "democracia acionária".

Remuneração dos Executivos

A chamada "compensação", o conjunto que compõe a remuneração dos executivos-chefes das grandes corporações — aquelas capazes de serem listadas no índice Standard & Poor's[1] — foi de US$10 milhões por ano em 2010. Ainda que muito mais do que a maioria das pessoas ganha, também é muito menor do que ganham inúmeros artistas e atletas profissionais, para não mencionar pessoas do mercado financeiro.

Alguns críticos afirmam que os executivos das empresas e, especialmente, os diretores executivos (CEOs), foram mais que generosamente recompensados por conselhos de diretores descuidadamente gastando o dinheiro dos acionistas. No entanto, essa crença pode ser testada comparando a remuneração dos CEOs de empresas de propriedade de muitos acionistas com a remuneração dos CEOs de empresas de pro-

---

[1] O Índice Standard & Poor's, ou S&P 500, é um índice de mercado de ações que acompanha as 500 maiores empresas, em capitalização de mercado, listadas nas Bolsas de Valores de Nova York e NASDAQ. É tido como um termômetro do mercado de ações americano e um dos mais importantes índices de mercado do mundo.

priedade de um pequeno número de grandes instituições financeiras. Em último caso, pessoas do mercado financeiro com seu próprio dinheiro em jogo definem os salários dos CEOs — e é precisamente esse tipo de empresas que estabelece os salários mais altos para os CEOs. Uma vez que se trata de seu próprio dinheiro, aquelas pessoas não têm nenhum motivo para pagamentos excessivos, mas também não têm nenhuma razão para não serem cuidadosas ao contratar alguém para gerenciar uma empresa na qual têm milhares de milhões de dólares em jogo. E nem precisam temer as reações adversas dos inúmeros acionistas que podem ser suscetíveis a queixas veiculadas nos meios de comunicação de que os executivos corporativos ganham muito.

O que provocou clamor e indignação foram os pacotes de indenização de milhões de dólares para os executivos apesar de suas próprias falhas. Contudo, ninguém acha estranho que alguns divórcios custam muito mais do que o gasto no casamento ou que um cônjuge pode acabar sendo recompensado pelo outro por ser impossível conviver com ele. No mundo corporativo, é especialmente importante acabar com uma relação rapidamente, mesmo a um custo de milhões de dólares, porque manter um CEO recorrentemente tomando más decisões pode custar bilhões à empresa. Atrasos na demissão de um CEO, pela empresa ou nos tribunais, pode facilmente custar muito mais do que o pacote.

MONOPÓLIOS E CARTÉIS

Embora grande parte da discussão nos capítulos anteriores tenha sido sobre a liberdade no funcionamento dos mercados competitivos, estes não são os únicos tipos de mercado, e nem os controles de preços impostos pelo governo ou planejamento central são as únicas interferências nas operações desses mercados. Monopólios, oligopólios e cartéis também produzem resultados econômicos muito diferentes dos observados em um mercado livre.

Um monopólio significa, literalmente, um vendedor. Porém, um pequeno número de vendedores — um "oligopólio", como os economistas dizem — pode cooperar um com o outro, explícita ou tacitamente, na fixação de preços e assim produzir resultados semelhantes aos de um monopólio. Onde há uma organização formal em um segmento econômico fixando preços e produção — um cartel — seus resultados também podem se parecer um pouco com aqueles de um monopólio, embora possam haver numerosos vendedores envolvidos. Ainda que esses vários tipos de atividades econômicas difiram entre si, seus efeitos prejudiciais geralmente originam leis e políticas públicas destinadas a combatê-los. Às vezes, essa intervenção governamental assume a forma de regulamentação direta dos preços e implementação de políticas de aumento da concorrência. Em outros casos, o governo proíbe práticas particulares sem tentar microgerenciar as empresas envolvidas. Entretanto, a primeira e mais fundamental questão é a seguinte: Como as empresas monopolistas agem em detrimento da economia?

Às vezes, uma só empresa detém a produção total de um determinado bem ou serviço que abastece uma região ou país. Por muitos anos, cada uma das empresas de telefonia local nos Estados Unidos monopolizava o segmento em sua região, algo que continua ocorrendo em alguns outros países. Por cerca de meio século antes da II Guerra Mundial, a Aluminum Company of America (Alcoa) produziu todos os lingotes de alumínio nos EUA. Nesse país, tais situações são incomuns, mas merecem muita atenção.

Em sua maioria, as grandes empresas não são monopólios, e nem todos os monopólios são grandes empresas. Antes do automóvel e da ferrovia, uma loja de artigos em geral, em uma comunidade rural isolada, poderia facilmente ser o único estabelecimento comercial nos arredores, e era um monopólio como qualquer corporação relacionada entre as 500 da *Fortune*, mesmo que geralmente fosse de tamanho muito modesto. Hoje em dia, por outro lado, até mesmo redes de supermercados que comercializam bilhões em todo o país, como Safeway ou Kroger, têm muitos concorrentes para serem capazes de definir preços nos produtos que vendem da maneira como faz um monopolista.

Preços de Monopólio x Preços Competitivos

Assim como podemos entender melhor a função dos preços depois de virmos o que acontece quando os preços não estão autorizados a funcionar livremente, podemos compreender melhor o papel da concorrência na economia após verificar o que se passa em mercados não competitivos.

Vamos começar com algo tão simples como suco de maçã. Como os consumidores sabem que o preço que está sendo cobrado para o suco de maçã não fica muito acima de seu custo de produção e distribuição, incluindo um retorno sobre o investimento suficiente para manter os investimentos que estão sendo feitos? Afinal, as pessoas em sua maioria não plantam e colhem maçãs e muito menos as transformam em suco, envasam e, em seguida, transportam e armazenam as garrafas para que tenham ideia de quais sejam quaisquer desses custos, isoladamente ou em conjunto. A concorrência no mercado torna desnecessário saber. As poucas pessoas que conhecem essas coisas e são investidoras têm todo o incentivo para aplicar seu dinheiro onde há taxas de retorno mais elevadas e reduzir seus investimentos onde as taxas de retorno são mais baixas ou

A Economia das Grandes Empresas

negativas. Se o preço do suco de maçã supera o necessário para compensar os custos incorridos em sua produção, então, maiores taxas de lucro serão obtidas — atraindo cada vez mais investimentos nesse segmento até que a concorrência dos produtores adicionais impulsiona os preços para baixo para um nível que apenas compensa os custos mediante a mesma taxa média de retorno sobre investimentos semelhantes, disponível em outros setores da economia.

Só então, não mais incentivados, o afluxo de investimentos vindos de outros setores da economia cessa. Se, no entanto, houver um monopólio na produção de suco de maçã, a situação seria muito diferente. As chances são de que os preços de monopólio permaneceriam em níveis superiores ao necessário para compensar os custos e esforços voltados à produção de suco de maçã, incluindo o pagamento de uma taxa de retorno sobre o capital suficiente para atrair o investimento necessário. O monopolista ganharia uma taxa de retorno maior que o necessário para atrair o capital. Não havendo a produção de nenhuma empresa concorrente para competir e fazer baixar os preços, o monopolista poderia continuar a amealhar lucros acima do necessário para atrair o investimento.

Muitas pessoas se opõem ao fato de que um monopolista pode cobrar preços mais elevados do que um negócio competitivo. Mas a capacidade de transferir dinheiro de outros membros da sociedade para si não esgota os danos causados por um monopólio. Na perspectiva da economia como um todo, essas transferências internas não alteram a renda total da sociedade, ainda que tais transferências redistribuam a renda de forma que possa ser considerada censurável. O que afeta de maneira adversa a renda total da economia é o efeito do monopólio na alocação de recursos escassos que têm usos alternativos.

Quando um monopólio impõe um preço superior ao que haveria em caso de concorrência, os consumidores tendem a comprar menos. Em suma, dados os mesmos recursos disponíveis, tecnologia e custo, um monopolista produz menos do que seria produzido em um ambiente competitivo. No monopólio, não se chega a um ponto em que os consumidores ainda estão dispostos a pagar o suficiente para cobrir o custo de produção (incluindo uma taxa normal de lucro) de mais oferta.

Em termos de alocação de recursos que têm usos alternativos, o resultado líquido é que alguns recursos poderiam ter sido utilizados para produzir mais suco de maçã em vez de produzir outras coisas em outros setores da economia, mesmo essas outras coisas não sendo tão valiosas quanto o suco de maçã que poderia e teria sido produzido em um mercado competitivo livre. Em resumo, os recursos da economia são utilizados de forma ineficiente quando há monopólio, porque esses recursos são transferidos de usos mais valorizados para usos menos valorizados.

Felizmente, é muito difícil manter monopólios sem leis para proteger as empresas monopolistas da concorrência. A busca incessante de investidores por taxas mais altas de retorno praticamente garante que tais investimentos fluirão abundantemente para qualquer setor econômico que esteja auferindo lucros mais elevados, até o ponto em que a taxa de lucro nesse segmento é impulsionada para baixo pelo aumento da concorrência ocasionada pelo forte afluxo de investimentos. É como a água buscando nivelar-se. Contudo, assim como as barragens podem evitar que a água encontre seu próprio nível, a intervenção do governo pode impedir que a taxa de lucro de um monopólio seja reduzida pela concorrência.

Em séculos passados, solicitava-se a permissão do governo para abrir empresas em muitos setores da economia, especialmente na Europa e na Ásia, e direitos de monopólio foram concedidos a vários negociantes, seja pagando ao governo diretamente por esses direitos, seja subornando os funcionários públicos que tinham o poder de os conceder. Entretanto, no final do século XVIII, o desenvolvimento da economia tinha atingido um ponto em que um número cada vez maior de pessoas, percebendo como isso feria os interesses da sociedade como um todo, passou a pressionar para libertar a economia do monopólio e da intervenção governamental. Monopólios tornaram-se, portanto, muito mais raros, pelo menos em nível nacional, não obstante as restrições à concorrência continuem a ser comuns em muitas cidades nas quais leis de licenciamento restritivas limitam a quantidade de táxis autorizados a funcionar, traduzindo-se em tarifas artificialmente mais elevadas do que o necessário e menor disponibilidade de táxis do haveria em um mercado livre.

Mais uma vez, a perda não é simplesmente dos consumidores individuais. A economia em geral perde quando as pessoas que estão inteiramente dispostas a conduzir táxis com tarifas que os consumidores estão dispostos a pagar são, no entanto, impedidas de o fazer por restrições artificiais sobre o número de licenças e, assim, têm de fazer algum outro trabalho de menor valor ou permanecer desempregados. Se o trabalho alternativo tivesse maior valor, sendo devidamente compensados, então essas pessoas nunca teriam sido taxistas em potencial em primeiro lugar.

Do ponto de vista da economia como um todo, precificação monopolizada significa que os consumidores estão renunciando à utilização de escassos recursos que teriam um valor maior para eles do que em usos alternativos. Essa é a ineficiência que faz com que a economia como um todo tenha menos renda sob o monopólio do que teria sob livre concorrência. Diz-se às vezes que um monopolista "restringe a produção", mas essa não é a intenção, nem é o monopolista que restringe a produção. Quem dispõe de um monopólio gostaria que os consumidores comprassem mais pagando seu preço inflado, mas estes ficam aquém do montante que eles comprariam a um preço mais baixo sob livre concorrência. É o preço mais alto do monopolista que faz com que os consumidores restrinjam suas próprias compras e, portanto, levam o monopolista a limitar a produção àquilo que pode ser vendido. Mas o monopolista pode se utilizar fortemente da publicidade para tentar convencer os consumidores a comprar mais.

Princípios similares aplicam-se a um cartel — isto é, um grupo de empresas que acordaram entre si cobrar preços mais elevados ou de outra forma evitar competir uns com os outros. Em teoria, um cartel poderia operar coletivamente do mesmo modo que um monopólio. Na prática, porém, os membros individuais de cartéis tendem a trair um ao outro secretamente — abaixando o preço do cartel para certos clientes a fim de realizar negócios à parte. Quando essa prática se torna generalizada, o cartel se torna irrelevante ou cessa de existir formalmente.

Quando as ferrovias foram construídas, no século XIX, era frequente haver linhas competindo entre si nas principais cidades, como Chicago e Nova York. Elas eram chamadas de "linhas tronco", para distingui-las dos "ramais" que ligavam as linhas tronco a comunidades menores que podiam, então, ser servidas por uma única ferrovia cada uma. Isso levou a preços de monopólio sobre os ramais e preços concorrenciais sobre as linhas tronco, de tal modo que o custo do frete de longa distância em uma linha tronco era, comumente, mais barato do que enviá-lo utilizando os trilhos de um ramal. Mais importante, do ponto de vista das ferrovias, era que os preços das linhas tronco eram tão baixos que ameaçavam os lucros. A fim de lidar com a questão, as ferrovias se uniram para formar um cartel:

> Esses cartéis se desmantelaram [...] O custo do envio de um trem daqui para lá é largamente independente de quanto de carga ele transporta. Portanto, acima de um ponto de equilíbrio, cada tonelada adicional de rendimentos de frete é quase lucro puro. Mais cedo ou mais tarde, a tentação de oferecer descontos secretos aos transportadores, a fim de capturar esse tráfego rentável a qualquer preço, se tornaria irresistível. Uma vez iniciados os descontos secretos, guerras de preço em breve se seguiriam e o cartel entraria em colapso.

Por razões muito semelhantes, as empresas de barco a vapor haviam tentado formar um cartel antes das ferrovias — e, por razões semelhantes, tais cartéis se desintegraram, como muitos outros cartéis posteriormente. Um cartel de sucesso requer não só um acordo entre as empresas envolvidas, mas também alguns métodos pelos quais elas podem checar umas às outras para se certificar que todos os integrantes do cartel estão cumprindo o acordo, e também para, de alguma forma, prevenir a concorrência de outras empresas fora do cartel. Todas essas coisas são mais fáceis de falar do que fazer. Um dos acordos mais bem-sucedidos, o da indústria de aço norte-americano, foi baseado em um sistema de preços que facilitava a vigilância mútua[2] para as empresas, sistema esse finalmente banido pelos tribunais com base na legislação antitruste.

Respostas do Governo e do Mercado

Pelo fato de que alguns tipos de organizações empresariais enormes foram outrora conhecidos como "trustes", as leis destinadas a proibir monopólios e cartéis tornaram-se conhecidas como "leis antitrustes". Todavia, essas leis não são a única forma de luta contra monopólios e cartéis. As empresas privadas que não fazem parte do cartel têm motivação para combatê-lo no mercado. Além disso, as empresas privadas podem tomar medidas muito mais rapidamente do que o governo, que leva anos para trazer um grande caso antitruste a uma conclusão bem-sucedida.

Nos tempos áureos dos trustes americanos, Montgomery Ward foi um de seus maiores adversários. Se o truste envolvia máquinas agrícolas, bicicletas, açúcar, pregos ou barbantes, Montgomery Ward ia procurar fabricantes que não fizessem parte dele para comprar abaixo dos preços cartelizados e revender ao público em geral a um preço de varejo menor que o dos bens produzidos por membros do cartel. Como Montgomery Ward era o varejista número um do país naquela época, também era grande o suficiente para estabelecer fábricas próprias para produzir o que fosse necessário. Mais tarde, o surgimento de outros grandes varejistas como as redes de supermercados Sears e A&P permitiu enfrentar os grandes produtores com empresas gigantes capazes de produzir seus próprios produtos concorrentes para vender em suas lojas próprias, ou adquirir o suficiente de alguma pequena empresa fora do cartel, permitindo-lhe crescer como um grande concorrente.

---

[2] Esse era um sistema no qual todos os preços do aço nos EUA eram baseados no preço fixo do aço mais o custo de enviá-lo por transporte ferroviário a partir de Pittsburgh, Birmingham ou outro lugar qualquer, independentemente do meio de transporte — por via-férrea, barco ou outros. Não fosse assim, seria fácil para os produtores individuais esconder reduções de preços nos grandes e variáveis custos de frete para o transporte de um produto pesado como aço a partir de diferentes locais por diferentes modos de transporte, dificultando muito mais dizer quem foi que rebaixou o preço acordado pelo cartel. Mas, sob o sistema de preços cartelizado, era fácil dizer quanto o custo total do aço fornecido — o preço mais o frete ferroviário do envio para Pittsburgh — deveria ser, em qualquer ponto do país, independentemente de onde ele fosse produzido ou como fosse enviado. Do ponto de vista da economia, porém, esse sistema levava a uma má alocação de recursos, uma vez que alguém localizado perto de Birmingham compraria tão logo quanto pudesse o aço produzido tanto em Pittsburgh como em Birmingham, uma vez que, de qualquer forma, tinha de pagar o mesmo preço, mais o mesmo custo do transporte ferroviário de Pittsburgh. Isso significava que muito mais aço foi transportado a maiores distâncias do que teria sido o caso em um mercado livre e competitivo.

A Sears fez ambas as coisas. Produzia fogões, sapatos, armas e papel de parede, entre outras coisas, além de subcontratar a produção de outros bens. A A&P importava e torrava seu próprio café, enlatava seu próprio salmão, e assava meio bilhão de pães por ano para vender em suas lojas. Embora empresas gigantes como a Sears, Montgomery Ward e A&P fossem as únicas capazes de competir contra uma série de cartéis simultaneamente, empresas menores também poderiam subtrair vendas de cartéis em seus respectivos setores. A motivação delas era a mesma dos cartéis — o lucro. Sempre que um monopólio ou cartel mantém preços que produzem lucros maiores que os normais, outras empresas são atraídas para o segmento. Essa competição adicional, em seguida, tende a forçar os preços e os lucros para baixo. Para que um monopólio ou cartel continuem a ter êxito na manutenção de lucros acima do nível competitivo, precisam encontrar maneiras de impedir que outros ingressem em seu setor de atividade.

Uma maneira de impedir a entrada de concorrentes potenciais é com o governo tornando ilegal para os outros operar em determinados segmentos econômicos. Durante séculos, os reis concederam ou venderam os direitos de monopólio. Modernamente, os governos têm restringido a emissão de licenças para diversos setores de atividade e ocupações, que vão desde companhias aéreas e caminhões até tranças de cabelos. Racionalizações políticas nunca estão em falta para essas restrições, mas seu efeito econômico líquido é proteger as empresas existentes de concorrentes potenciais adicionais e, portanto, manter os preços em níveis artificialmente elevados.

Em grande parte do século XX, o governo da Índia não só decidia que as empresas precisariam ter licença para produzir tais e quais produtos, como impunha limites sobre quanto cada empresa poderia produzir. Assim, um indiano fabricante de lambretas foi levado perante uma comissão do governo por ter produzido mais unidades do que fora autorizado, e uma fabricante de medicamentos para resfriados temia que o público tivesse comprado "uma quantidade demasiada" de seu produto durante uma epidemia de gripe na Índia. Advogados contratados para defender o fabricante desses remédios levaram meses preparando uma defesa legal para o fato de haver sido produzido e vendido mais do que o autorizado, caso a empresa fosse intimada por aquela mesma comissão. Todo esse oneroso trabalho legal tinha que ser pago por alguém, e esse alguém era, em última instância, o consumidor.

Na ausência de proibição do governo da entrada em um certo segmento econômico, vários esquemas inteligentes podem ser usados na tentativa de erguer barreiras para impedir a entrada de concorrentes e proteger os lucros do monopólio. Mas as outras empresas têm motivação para serem tão inteligentes quanto e contornar esses obstáculos. Com isso, a eficácia das barreiras de entrada variou de segmento para segmento e de uma época para outra no mesmo segmento. Já foi difícil de entrar na indústria de computadores, quando um computador era uma máquina enorme, que ocupava áreas imensas e possuía custo de fabricação igualmente grande. Mas o surgimento dos microchips significava que computadores menores poderiam ter o mesmo desempenho, e os chips estavam agora baratos o suficiente para serem fabricados por empresas menores. Estas incluem empresas localizadas por todo o mundo, de modo que mesmo um monopólio nacional não impede a concorrência. Embora os EUA tenham sido pioneiros na criação de computadores, a produção atual dessas máquinas espalhou-se rapidamente pela Ásia Oriental, que supre grande parte do mercado americano, mesmo quando esses computadores exibem marcas americanas.

Capítulo 8

REGULAMENTAÇÃO E LEIS ANTITRUSTE

A concorrência não é facilmente suprimida, mesmo quando existem apenas algumas empresas independentes [...] a concorrência é uma dura erva daninha, não uma flor delicada.

George J. Stigler

No final do século XIX, o governo americano começou a reagir aos monopólios e cartéis regulamentando diretamente os preços que os monopólios e cartéis foram autorizados a cobrar e aplicando medidas legais punitivas contra eles no âmbito da legislação antitruste (Sherman Anti-Trust Act) e outras leis promulgadas posteriormente. As reclamações sobre os altos preços cobrados pelas ferrovias em lugares onde elas tinham o monopólio levou à criação da Interstate Commerce Commission em 1887, a primeira de muitas comissões reguladoras federais instituídas para controlar os preços cobrados pelos monopolistas.

Durante a época em que as empresas de telefonia locais eram monopólios em suas respectivas regiões e a American Telephone and Telegraph Company (hoje conhecida como A.T.&T.) monopolizava os serviços de telefonia de longa distância, a Federal Communications Commission controlava os preços praticados pela A.T.&T., enquanto as agências reguladoras estaduais faziam o mesmo com as tarifas telefônicas locais. Outra abordagem foi a de aprovar leis contra a criação ou manutenção de um monopólio ou contra várias práticas, como a discriminação de preços, presentes em mercados não competitivos. Essas leis antitruste destinavam-se a permitir que as empresas operassem sem a supervisão detalhada do governo que existe quando há comissões reguladoras, instituindo uma espécie de vigilância geral, como a da polícia de trânsito, com a intervenção ocorrendo apenas na hipótese de violações específicas da lei.

COMISSÕES REGULADORAS

Embora, em teoria, as funções de uma comissão (ou agência) reguladora sejam bastante simples, na prática sua tarefa é muito mais complexa e, em alguns aspectos, impossível. Além disso, o clima político em que comissões reguladoras operam muitas vezes leva a políticas e resultados diretamente opostos ao que era esperado por aqueles que as criaram. Idealmente, uma agência reguladora definiria os preços em bases em que se estabeleceriam se houvesse um mercado competitivo. Na prática, não há nenhuma maneira de saber quais seriam esses preços. Só o funcionamento real de um mercado poderia estipular tais preços, com as empresas menos eficientes sendo eliminadas pela falência e sobrevivendo apenas as mais eficientes, cujos preços mais baixos passariam a ser os preços de mercado. Nenhum observador externo tem condições de saber quais são as formas mais eficientes de operação de uma determinada empresa ou setor de atividade. Na verdade, muitos gestores em um certo segmento econômico descobrem da maneira mais difícil que aquilo que imaginavam ser a maneira mais eficiente de fazer as coisas não bastou para enfrentar a concorrência, e então acabam perdendo clientes. O máximo que uma agência reguladora pode fazer é aceitar o que parece ser razoável quanto aos custos de produção e permitir que o monopólio obtenha o que parece ser um lucro razoável.

Determinar o custo de produção não é de forma alguma sempre fácil. Como observado no Capítulo 6, pode não haver tal coisa como "o" custo de produção. O custo de produção de eletricidade, por exemplo, pode variar enormemente, dependendo de quando e onde ela é gerada. Quando você acorda no meio da noite e acende a luz, não custa praticamente nada para fornecer a eletricidade porque o sistema de geração deve ser mantido em funcionamento ininterruptamente para que não haja capacidade não utilizada no meio da noite, quando a maioria das pessoas está dormindo. Porém, ao ligar o aparelho de ar-condicionado em uma tarde quente de verão, quando milhões de casas e escritórios já estão com seus aparelhos de ar-condicionado funcionando a toda carga, você pode ajudar a forçar o sistema a atingir seu limite e necessitar de geradores de reserva caros, a fim de evitar apagões.

Estima-se que o custo de fornecer a eletricidade necessária para, por exemplo, colocar em operação uma máquina de lavar louça em um momento de pico de utilização de eletricidade, pode ser cem vezes maior do que se ela fosse utilizada em um horário de baixa demanda. Ligar a máquina de lavar louça no meio da noite, assim como acender a luz nesse período, custa para o sistema de geração de energia elétrica praticamente nada pelo mesmo motivo.

Há muitas razões pelas quais a eletricidade adicional à habitual capacidade do sistema pode ser muitas vezes mais cara por kWh do que os custos normais, quando o sistema está operando dentro da capacidade costumeira. O sistema principal que abastece um vasto número de consumidores pode fazer uso de economias de escala para produzir eletricidade em seu menor custo, enquanto geradores em standby normalmente produzem menos energia e, portanto, não podem tirar o máximo partido das economias de escala, produzindo a custos mais elevados por kWh. Às vezes, o progresso tecnológico possibilita que o sistema principal trabalhe a custos mais baixos, enquanto equipamentos obsoletos são mantidos como equipamento de reserva, em vez de descartados, com os custos de produção de eletricidade adicional a partir deles sendo naturalmente maiores. Caso a eletricidade adicional tenha de vir de fontes externas devido à capacidade de geração local ter alcançado seu limite, o custo adicional de transmissão por distâncias maiores aumenta o custo da eletricidade adicional para níveis muito mais elevados do que originalmente.

Mais variações "no" custo de produção de eletricidade provêm de flutuações nos custos das várias fontes — água (nas usinas hidrelétricas) e petróleo, gás, carvão (nas usinas termoelétricas) ou do combustível atômico utilizado nas usinas nucleares. Uma vez que todos esses elementos são usados para outras coisas além de gerar eletricidade, a flutuação da demanda delas para essas outras atividades, ou para uso em casas ou automóveis, torna seus preços imprevisíveis. Nas represas hidrelétricas, a variação na eletricidade produzida varia consoante a precipitação pluviométrica, que aumenta ou reduz o volume de água que flui pelos geradores. Quando os custos fixos da barragem estão distribuídos por diferentes quantidades de energia elétrica, o custo por kWh varia em conformidade.

De que modo uma agência reguladora define as taxas de eletricidade a serem cobradas, uma vez que o custo de geração desse insumo pode variar tão ampla e imprevisivelmente? Nos EUA, se comissões reguladoras estaduais estabelecem as tarifas de eletricidade com base na "média" de custos da geração de energia elétrica, então, quando há maior demanda ou uma menor oferta dentro do estado, fornecedores de outras regiões podem não estar dispostos a vender a eletricidade a preços mais baixos do que seus próprios custos de geração de eletricidade adicional proveniente de unidades de reserva. Essa foi parte da razão para os apagões muito divulgados na Califórnia, em 2001. Os custos "médios" são irrelevantes quando os custos de produção estão, em média, muito acima de um determinado período ou muito abaixo da média em outros momentos.

Como é improvável que as pessoas em geral estejam familiarizadas com todas as complicações econômicas envolvidas, elas são susceptíveis de ficar indignadas por ter de pagar tarifas de energia elétrica muito mais elevadas do que as habituais. Por sua vez, isso significa que os políticos sofrem a tentação de intervir e impor controles de preços com base nas antigas tarifas. E, como já observado em outros contextos, os controles de preços criam escassez — neste caso, a falta de energia elétrica que resulta em apagões. Voltando atrás na História, para uma época anterior ao uso da energia elétrica, observa-se que uma maior quantidade demandada e uma menor quantidade ofertada foram uma resposta muito comum ao controle de preços. No entanto, o sucesso dos políticos não depende de aprender as lições da História ou da Economia. Ele depende muito mais de ir ao encontro do que o público e os meios de comunicação acreditam, o que pode incluir desde teorias da conspiração à crença de que os preços mais altos se devem à "ganância" ou "espoliação".

Em outros lugares do mundo, como na Índia, as tentativas de aumentar as taxas de energia elétrica foram contestadas por manifestações de rua, como ocorreu na Califórnia. No estado indiano de Karnataka, controlado politicamente pelo Partido do Congresso da Índia em determinada ocasião, os esforços para mudar as tarifas de eletricidade levaram às ruas pessoas contrárias a eles instadas por um dos partidos de oposição. Contudo, no estado vizinho de Andhra Pradesh, onde quem estava na oposição era o mesmo Partido do Congresso, as ruas foram tomadas por semelhantes manifestações contra os aumentos da tarifa de eletricidade. Em suma, o que estava envolvido nessas manifestações não era nem ideologia nem partido, mas um jogo oportunista aproveitando-se da galeria de equívocos públicos.

As complexidades econômicas envolvidas quando as agências reguladoras definem preços são agravadas por complexidades políticas. As comissões reguladoras são frequentemente criadas depois de alguns cruzados políticos lançarem com sucesso investigações ou campanhas publicitárias de convencimento das autoridades para estabelecer uma comissão permanente com a atribuição de supervisionar e controlar um monopólio ou algum grupo de umas poucas empresas em número suficiente para ser considerado uma ameaça por se comportar em conluio, agindo como se fossem um monopólio. Entretanto, após uma comissão ter sido criada e seus poderes estabelecidos, os cruzados e os meios de comunicação tendem a perder o interesse ao longo dos anos e voltar sua atenção para outras coisas. Enquanto isso, são as empresas regulamentadas que passam a ter um grande interesse nas atividades da comissão e passam a pressionar o governo para estabelecer regras favoráveis e nomear indivíduos convenientes como membros dessas comissões.

O resultado líquido desses interesses externos assimétricos sobre tais agências é que as comissões criadas para manter uma determinada empresa ou setor dentro de limites, para benefício dos consumidores, muitas vezes se transformam em agências

Regulamentação e Leis Antitruste

que procuram proteger as empresas reguladas existentes contra ameaças decorrentes de novas empresas com novas tecnologias ou novos métodos organizacionais. Assim, nos Estados Unidos, a Interstate Commerce Comission (I.C.C) — inicialmente criada para impedir as ferrovias de cobrar preços de monopólio junto ao público — respondeu ao crescimento do setor caminhoneiro, cuja concorrência no transporte de mercadorias ameaçava a viabilidade econômica das ferrovias, incluindo as empresas de frete rodoviário no âmbito de controle da Comissão.

A lógica original da regulamentação das ferrovias era de que elas, com frequência, praticavam o monopólio em áreas específicas do país em que havia apenas uma linha ferroviária. Mas agora que o transporte por caminhões minava esse monopólio por ser feito onde houvesse estradas, a resposta do I.C.C. derivava de não querer admitir que a necessidade de regulamentação do transporte era agora menos urgente ou talvez até desnecessária. Em vez disso, procurou — e recebeu do Congresso — autoridade mais ampla com a promulgação da Motor Carrier Act, uma lei de 1935 que restringia as atividades dos caminhoneiros. Isso permitiu que as ferrovias sobrevivessem com as novas condições econômicas, apesar da concorrência proporcionada pelos caminhões, que eram mais eficientes em vários tipos de transporte de carga e poderiam, portanto, cobrar preços mais baixos. Os caminhões eram agora autorizados para operar dentro das fronteiras estaduais somente se tivessem um certificado da Interstate Commerce Commission declarando que suas atividades serviam "ao interesse e necessidade pública", tal como definido pela I.C.C. Isso impediu que os caminhoneiros levassem as ferrovias à falência subtraindo-lhes os clientes, como poderia ocorrer em um mercado não regulamentado.

Em suma, o frete já não estava sendo transportado de um modo que requeria menos recursos, como se daria em uma situação de concorrência aberta, mas apenas de forma a cumprir as exigências arbitrárias da Interstate Commerce Commission. O I.C.C. podia, por exemplo, autorizar uma determinada empresa de transporte rodoviário a transportar mercadorias de Nova York para Washington, mas não da Filadélfia para Baltimore, ainda que essas cidades estivessem no meio do caminho. Se o certificado não autorizasse o frete na volta de Washington para Nova York, então os caminhões teriam que retornar vazios, enquanto outros caminhões transportavam as mercadorias da Washington para Nova York.

Do ponto de vista da economia como um todo, era necessário incorrer em custos enormemente maiores para realizar o trabalho. Mas o que esse arranjo realizado politicamente fazia era permitir que muito mais empresas — tanto de caminhões como as ferrovias — sobrevivessem e lucrassem, mesmo que pouco em comparação ao que ocorreria se houvesse um mercado competitivo sem restrições, no qual as empresas de transporte não teriam escolha a não ser usar as formas mais eficientes de transportar carga, mesmo que menores custos e preços mais baixos levassem à falência de algumas ferrovias cujos custos eram demasiados para sobreviver à competição com os caminhões. O uso de mais recursos do que o necessário implicou a sobrevivência de mais empresas do que era preciso.

Uma concorrência aberta e irrestrita poderia ter sido economicamente benéfica para a sociedade como um todo, mas seria politicamente ameaçadora para a comissão reguladora. As firmas que enfrentassem a extinção econômica em face da competição recorreriam, com certeza, à agitação política e a intrigas contra a permanência dos comissários e/ou contra a própria existência da Comissão e seus poderes. Os sindicatos também tinham interesse em manter o *status quo* a salvo da competição de tecnologias e métodos que viessem a exigir menos mão de obra.

Após o Congresso, em 1980, finalmente reduzir os poderes do I.C.C. para controlar o transporte rodoviário, as taxas de frete diminuíram substancialmente e os clientes relataram uma melhoria na qualidade do serviço. Isso foi possível pela maior eficiência, na medida em que, agora, menos caminhões circulavam vazios e os caminhoneiros eram remunerados conforme a oferta e a demanda, e não segundo contratos sindicalizados. Com as entregas via caminhão sendo agora mais confiáveis, as empresas que utilizavam seus serviços podiam trabalhar com estoques menores, economizando, no agregado, dezenas de bilhões de dólares.

As ineficiências que até então existiam foram reveladas não só por tal economia após a desregulamentação federal, mas também pela diferença entre os custos dos fretes interestaduais e as transferências *dentro do estado*, onde a estrita regulamentação estatal continuou após implementada a regulamentação federal. Por exemplo, o transporte de jeans de El Paso para Dallas, dentro do estado do Texas, custa cerca de 40% a mais do que o transporte dos mesmos jeans internacionalmente, de Taiwan para Dallas.

Essas ineficiências não eram peculiares à Interstate Commerce Commission. O mesmo era verdade para o Conselho de Aeronáutica Civil (CAB, na sigla em inglês), que deixava de fora empresas potencialmente competitivas mantendo as tarifas aéreas nos Estados Unidos suficientemente elevadas para assegurar a sobrevivência das companhias aéreas existentes, em vez de as forçar a enfrentar concorrentes que poderiam transportar passageiros a preços menores ou com um melhor serviço. Uma vez que a CAB foi abolida, as tarifas aéreas caíram e algumas companhias aéreas foram à falência, mas outras surgiram e, no final, havia muito mais passageiros sendo transportados que em qualquer momento sob as restrições do regime de regulamentação. Os valores poupados pelos passageiros contam-se em bilhões de dólares.

Essas não foram apenas mudanças de soma zero, com as companhias aéreas perdendo o que os passageiros ganhavam. O país como um todo se beneficiou da desregulamentação, e a indústria tornou-se mais eficiente. Assim como havia menos caminhões circulando vazios após a desregulamentação do transporte rodoviário, também os aviões passaram a voar com uma maior taxa de ocupação após a desregulamentação da aviação e os passageiros, em geral, tinham mais opções de operadoras em uma determinada rota do que antes. Em boa parte, isso se repetiu após a desregulamentação das companhias aéreas europeias em 1997, com a concorrência de novas companhias aéreas de desconto, como a Ryanair, obrigando a British Airways, Air France e Lufthansa a baixar suas tarifas.

Nesse e em outros segmentos econômicos, a razão original para a regulamentação era impedir que os preços subissem excessivamente, mas, ao longo dos anos, essa preocupação se transformou em restrições regulamentares contra deixar os preços *caírem* para um nível que poderia ameaçar a sobrevivência das empresas existentes. Cruzadas políticas são baseadas em justificativas plausíveis, mas, mesmo quando essas justificativas são sinceras e honestamente aplicadas, suas consequências reais podem ser completamente diferentes dos objetivos iniciais. As pessoas cometem erros em todos os campos da atividade humana, porém, quando os maiores erros ocorrem em uma economia competitiva, aqueles que estavam enganados podem ser forçados a sair do mercado em função dos prejuízos que se seguem. Na política, contudo, as agências reguladoras muitas vezes continuam a sobreviver mesmo quando já não existem as justificativas iniciais, e passam a tomar medidas que nunca foram contempladas quando sua burocracia e poderes foram criados.

LEIS ANTITRUSTE

Com as leis antitruste, como acontece com as agências reguladoras, uma nítida distinção deve ser feita entre suas justificativas originais e o que elas realmente fazem. A razão básica para as leis antitruste é evitar o monopólio e outras condições não competitivas que permitem que os preços subam acima de onde deveriam estar em um mercado livre e competitivo. Na prática, a maior parte dos famosos casos antitruste nos Estados Unidos envolveu alguns negócios que praticavam preços *mais baixos* do que seus concorrentes. Queixas frequentes contra o comportamento desses concorrentes levaram o governo a agir.

Competição versus Competidores

A base de muitos processos do governo fundamentados na legislação antitruste está na ameaça à concorrência originada de certas ações de alguma empresa. Todavia, o mais importante sobre a concorrência é que ela é uma condição de mercado. Essa condição não pode ser medida pelo número de competidores existentes em um determinado setor de atividade em um determinado momento, embora políticos, advogados e uma variedade de outras pessoas confundam a existência de concorrência com o número de concorrentes sobreviventes. Mas a competição como condição é precisamente o que elimina muitos participantes de um mercado em particular.

Obviamente, se ela elimina todos os concorrentes, então, a companhia sobrevivente passa a ser um monopólio, pelo menos até que novos concorrentes surjam, e poderia nesse ínterim cobrar preços muito mais elevados do que em um mercado competitivo. Mas isso é extremamente raro. Não obstante, o espectro do monopólio é muitas vezes usado para justificar políticas governamentais intervencionistas onde não há perigo grave de monopólio. Por exemplo, voltando ao tempo em que a A&P foi a maior rede varejista do mundo, mais de 80% de todos os mantimentos nos Estados Unidos eram comercializados por *outras* lojas. Nem por isso o governo americano deixou de interpor uma ação antitruste contra a A&P, utilizando os preços baixos da empresa e os métodos pelos quais ela operava com esses preços baixos como prova de competição "injusta" contra mercearias e cadeias de supermercados rivais.

Ao longo da história dos processos antitruste, tem havido um equívoco não resolvido entre o que é prejudicial para a concorrência e o que é prejudicial para os concorrentes. Em meio a essa confusão, a questão do que é benéfico para o consumidor tem sido muitas vezes deixado de lado.

O que se tem também negligenciado é a questão da eficiência da economia como um todo, que é uma outra maneira de olhar para os benefícios para o público consumidor. Por exemplo, menos recursos escassos são usados quando produtos são comprados e vendidos em grandes lotes, como as maiores redes de lojas muitas vezes fazem, do que quando comercializados individualmente em menor quantidade para várias lojas pequenas. Ambos os custos, de entrega e de venda, são menores por unidade quando o produto é comprado e vendido em quantidades grandes o suficiente para lotar um vagão de trem. O mesmo princípio se aplica quando um enorme caminhão leva um montante enorme de mercadorias para um Wal-Mart Supercenter em comparação com entregar a mesma quantidade total de mercadoria em inúmeras pequenas lojas espalhadas por uma área maior.

Os custos de produção também são mais baixos quando o produtor recebe um pedido grande o suficiente para garantir a produção futura, em vez de se encontrar na

Regulamentação e Leis Antitruste

condição de ter que pagar horas extras para atender muitos pedidos pequenos e inesperados que cheguem simultaneamente.

Pedidos imprevisíveis também aumentam a probabilidade de períodos em que não há trabalho suficiente para manter todos os trabalhadores empregados. Os trabalhadores que precisam ser dispensados em tais ocasiões podem encontrar outros empregos, e nem todos eles podem retornar quando o primeiro empregador tem mais pedidos para atender, tornando-se assim necessário contratar novos trabalhadores, o que implica custos de treinamento e menor produtividade até que os novos funcionários adquiram experiência suficiente para alcançar a máxima eficiência. Além disso, os empregadores incapazes de oferecer um emprego estável podem encontrar dificuldade para recrutar trabalhadores, a menos que lhes ofereçam salários mais elevados para compensar as incertezas do trabalho.

Em todas essas hipóteses, os custos de produção são maiores quando existem encomendas imprevisíveis do que quando um grande comprador, como uma grande rede de lojas de departamento, pode contratar quantidades substanciais do fornecedor ao longo de um considerável espaço de tempo, permitindo economias de custos na produção, parte das quais vai para o comprador em termos de preços mais baixos, bem como para o produtor como custos de produção inferiores que geram mais lucro. Entretanto, esse processo tem sido apresentado como se a grande cadeia de lojas usasse seu "poder" para "forçar" os fornecedores a lhes vender mais barato. Por exemplo, veja um trecho de uma reportagem do jornal *San Francisco Chronicle*:

> Durante décadas, grandes varejistas como Target e Wal-Mart Stores têm se valido de seu tamanho extraordinário para espremer os preços dos fornecedores, que têm interesse em mantê-los felizes.

Mas o que é representado como um "apertão" nos fornecedores para o benefício exclusivo de uma rede varejista "poderosa" é, na verdade, uma redução na utilização de recursos escassos, beneficiando a economia e liberando alguns desses recursos para uso em outros lugares. Além disso, apesar do uso da palavra "poder", cadeias de lojas não têm capacidade de reduzir as opções disponíveis de outra forma para os produtores. Um produtor de toalhas ou pastas de dente dispunha de compradores alternativos inumeráveis e não tinha compulsão nenhuma para vender para a A&P no passado ou ao Target e Wal-Mart hoje. Somente se as economias de escala tornam lucrativo suprir um grande comprador com toalhas ou pastas de dente (ou outros produtos) o fornecedor achará vantajoso diminuir o preço abaixo do que seria cobrado. Todas as transações econômicas envolvem adaptação mútua e cada parte tem de proporcionar um benefício para a outra, a fim de o negócio ser bom para ambas.

Apesar das economias de escala, o governo tem repetidamente realizado ações antitruste contra diversas empresas cujo nível de descontos as autoridades não gostam ou entendem. Lembre-se, por exemplo, de uma conhecida ação antitruste movida contra a Morton Salt Company na década de 1940 por dar descontos para os compradores que adquiriam grandes lotes de seu produto. Para empresas que comprassem menos do que uma determinada quantidade de sal, era cobrado US$1,60 por caixa, US$1,50 para as que adquirissem essa quantidade pré-determinada e US$1,35 para aquelas que comprassem 50.000 caixas ou mais no período de um ano. Como havia relativamente poucas empresas que podiam comprar tanto sal e muitas mais que não podiam, "as oportunidades de concorrência de certos comerciantes foram prejudicadas", de acordo com o Supremo Tribunal, que confirmou a conclusão das ações da Trade Commission contra a Morton Salt.

O governo também tomou medidas contra a Standard Oil Company na década de 1950 porque ela oferecia descontos para os distribuidores que comprassem óleo em vagões-tanque. Também a Borden Company foi levada a julgamento em 1960 por ter cobrado menos pelo leite vendido para as grandes cadeias de lojas do que para mercearias menores. Em todos esses casos, o ponto-chave era que tais diferenças de preços foram consideradas "discriminatórias" e "injustas" para as empresas concorrentes que não conseguiam fazer grandes compras.

Não obstante os vendedores fossem autorizados a se defender na justiça alegando diferenças de custo nas vendas para diferentes classes de compradores, o aparentemente simples conceito de "custo" não é de forma alguma simples quando discutido por advogados rivais, contadores e economistas. Quando nenhum dos lados podia provar nada conclusivamente sobre os custos — algo que era comum — o réu perdia a ação. Em um descaso fundamental em relação às tradições seculares das leis anglo-americanas, o governo só precisava formalizar um caso superficial ou *prima facie* (expressão que, no Direito, significa decisão tomada à primeira vista, sem um exame mais aprofundado), com base em números brutos, para deslocar o ônus da prova para o acusado. Esse mesmo princípio e procedimento reapareceram, anos mais tarde, em casos de discriminação no emprego no contexto das leis de direitos civis. Tal como acontece nas ações antitruste, esses casos de discriminação de emprego igualmente produziram grandes acordos e conciliações fora dos tribunais por empresas bem conscientes da virtual impossibilidade de provar sua inocência, independentemente do que os fatos pudessem dizer.

Regulamentação e Leis Antitruste

A ênfase em proteger os concorrentes, em nome da proteção à competição, assume muitas formas e tem aparecido em outros países além dos Estados Unidos. Um caso antitruste europeu contra a Microsoft foi baseado na ideia de que a Microsoft tinha o dever de compatibilizar softwares produzidos por concorrentes que quisessem incluí--los em seu sistema operacional. A fundamentação da decisão europeia foi defendida em um editorial do *New York Times*:

> A retumbante derrota da Microsoft em um caso antitruste europeu estabelece princípios basilares que devem ser adotados nos Estados Unidos para o futuro desenvolvimento da economia da informação. O tribunal concordou com os regulamentadores europeus que a Microsoft tinha abusado de seu monopólio do sistema operacional por meio da incorporação de seu Media Player, aplicativo de música e filmes, no Windows. Isso eliminaria os rivais, tais como o RealPlayer. A decisão se constitui em um sólido precedente de que as empresas não podem alavancar seu domínio em um mercado (o sistema operacional) para o estender em novos (o player). O tribunal também concordou que a Microsoft deve fornecer às empresas rivais de softwares a informação de que precisam para que seus produtos possam funcionar no software do servidor da Microsoft.

O editorial do *New York Times* parecia demonstrar surpresa com o fato de que outros viram o princípio envolvido nessa decisão antitruste como "um golpe mortal contra o próprio capitalismo". Mas quando a livre concorrência de mercado é substituída pela intervenção de terceiros para forçar as empresas a facilitar os esforços dos concorrentes, é difícil interpretar a proteção aos concorrentes como fomento à concorrência.

A confusão entre as duas coisas vem de longa data. Quando a Kodachrome era o filme colorido líder no mundo, também era chamado, apropriadamente, de "o filme mais complicado que existe para processar". Como a Eastman Kodak tinha um enorme interesse em manter a reputação do Kodachrome, procurou protegê-la vendendo o processamento e o filme juntos, em vez de correr o risco de que processadores alternativos trouxessem resultados abaixo do padrão e vistos pelos consumidores como deficiências do filme. No entanto, uma ação antitruste obrigou a Kodak a comercializar o processamento e o filme em separado, a fim de não fechar o mercado para os outros processadores. O fato de que todos os outros filmes Kodak foram vendidos sem processamento incluído poderia sugerir que a Kodak não estava lá para impedir o acesso ao mercado para o processamento de terceiros, mas para proteger a qualidade e reputação de um filme específico que tinha um processamento especialmente difícil. Todavia, o foco na proteção aos concorrentes prevaleceu nos tribunais.

"Controle" do Mercado

A raridade de monopólios genuínos na economia americana levou a muita criatividade legalista com a finalidade de definir várias empresas como monopolistas ou como monopólios potenciais ou "incipientes". Até que ponto isso poderia ir foi ilustrado quando a Suprema Corte, em 1962, rompeu uma fusão entre duas empresas calçadistas que teria originado uma nova empresa com participação no mercado de calçados dos EUA inferior a 7%. O tribunal também impediu, em 1966, a fusão de duas redes de supermercados locais que, juntas, venderiam menos de 8% dos mantimentos na área de Los Angeles. Da mesma forma arbitrária, categorizações de empresas como "monopólios" foram impostas na Índia conforme a Monopolies and Restrictive Trade Practices Act, uma lei de 1969 pela qual quaisquer empresas com ativos superiores a um determinado montante (cerca de US$27 milhões) eram consideradas monopólios e proibidas de expandir seus negócios.

A prática padrão em tribunais americanos e na literatura sobre leis antitruste é descrever a porcentagem das vendas feitas por uma determinada empresa como a parte do mercado que ela "controla". Por esse padrão, empresas extintas, tais como a Pan American Airways, "controlavam" uma parcela substancial de seus respectivos mercados, quando, na verdade, a passagem do tempo mostrou que elas nada controlavam, ou então jamais teriam permitido serem forçadas a sair do negócio. A enorme contração do porte de antigos gigantes como a A&P sugere, igualmente, que a retórica do "controle" tem pouca relação com a realidade. Porém, tal retórica permanece em vigor nos tribunais de justiça e no tribunal da opinião pública.

Mesmo no caso raro em que existe um monopólio genuíno — isto é, um que não foi criado ou sustentado por políticas governamentais — as consequências práticas têm a tendência de ser menos terríveis que em teoria. Durante as décadas em que a Aluminum Company of America (Alcoa) foi o único produtor de lingotes de alumínio nos Estados Unidos, sua taxa de lucro anual sobre o investimento foi de cerca de 10% após os impostos. Além disso, o preço do alumínio caiu ao longo dos anos para uma fração do que tinha sido antes que a Alcoa existisse. Não obstante, a Alcoa foi processada e condenada sob as leis antitruste.

Por que os preços do alumínio diminuíram em um monopólio, se em teoria deveriam ter aumentado? Apesar de seu "controle" do mercado de alumínio, a Alcoa estava bem consciente de que não podia subir os preços à vontade, pois arriscaria favorecer um processo de substituição do alumínio por outros materiais — aço, estanho, madeira, plásticos — por parte de muitos usuários. O progresso tecnológico reduziu os custos de produção de todos esses itens e a competição econômica obrigou as empresas concorrentes a baixarem seus preços em conformidade.

Isso levanta uma questão cujo âmbito extrapola a indústria de alumínio. Parcelas do mercado "controladas" por essa ou aquela empresa ignoram o papel de produtos que podem ser classificados oficialmente como característicos de outros setores de atividade, mas que podem, contudo, ser utilizados como substitutos por muitos compradores no caso de o preço do produto monopolizado subir significativamente. Quer em um mercado monopolizado, quer em um mercado competitivo, um produto tecnologicamente muito diferente pode servir como substituto, como ocorreu com a televisão quando substituiu muitos jornais como fonte de informação e entretenimento, ou quando "telefones inteligentes", que podiam tirar fotos, geraram uma concorrência devastadora para as câmeras simples e baratas, que por longo tempo eram rentáveis para a Eastman Kodak. Telefones e câmeras seriam classificados como pertencendo a segmentos de mercado estanques ao calcular qual porcentagem do mercado era "controlada" pela Kodak, mas a realidade econômica disse o contrário.

Na Espanha, quando os trens de alta velocidade começaram a operar entre Madri e Sevilha, a divisão do tráfego de passageiros entre o transporte ferroviário e o aéreo passou de 33% e 67%, respectivamente, para 82% e 18%, na mesma ordem. Claramente, muitas pessoas consideraram trens e aviões como formas substitutas entre si de viajar para essas duas cidades. Não importa quão elevada seja a participação de uma companhia de aviação no tráfego aéreo entre Madri e Sevilha, ou a de uma empresa de trens no tráfego ferroviário entre essas mesmas cidades, cada uma ainda teria de enfrentar, respectivamente, a competição de todas as outras companhias de aviação ou de todos os serviços ferroviários que operam entre aqueles destinos.

Da mesma forma, em anos anteriores, transatlânticos transportaram um milhão de passageiros pelo Atlântico em 1954, contra 600.000 dos aviões. Mas, onze anos depois, esses números eram de 650.000 e 4.000.000, respectivamente. O fato de se constituírem em meios de transporte de passageiros tecnologicamente muito distintos não significa que não podem servir como substitutos econômicos. Na América Latina do século XXI, as companhias aéreas sequer competem com sucesso com os ônibus. De acordo com o *Wall Street Journal*:

> As novas transportadoras de baixo custo no Brasil, México e Colômbia estão evitando concorrer com as companhias aéreas com serviços completos. Em vez disso, estão estimulando tráfego novo, adicionando voos baratos, sem cortesias, para destinos secundários que, para muitos moradores, requerem viagens de ônibus de um dia inteiro.

> Em decorrência disso, o número de passageiros das companhias aéreas nesses países subiu. A mobilidade recém-descoberta expandiu o fluxo de

comércio e cortou drasticamente o tempo de viagem em regiões com estradas ruins, praticamente sem nenhum serviço de transporte ferroviário e trechos inóspitos.

Uma companhia aérea de baixo custo oferece voos para a Cidade do México por "cerca de metade do preço da viagem noturna de 14 horas de ônibus". No Brasil e na Colômbia, há mais da mesma história. Em ambos os países, novas companhias aéreas de baixo custo têm aumentado bastante as viagens aéreas, reduzindo um pouco as feitas por ônibus, e com isso cresceu o número total de viajantes. Aviões e ônibus são, obviamente, muito diferentes tecnologicamente, mas podem servir ao mesmo propósito e competir uns com os outros no mercado — um fato crucial ignorado por aqueles que compilam dados sobre o tamanho da quota de mercado que algumas empresas "controlam".

Aqueles que instauram processos antitruste geralmente procuram definir o mercado em questão estreitamente, de modo a produzir elevadas participações de mercado "controladas" pela empresa que está *sub judice*. No famoso caso antitruste contra a Microsoft, na virada deste século, por exemplo, o mercado foi definido como o dos sistemas operacionais para computadores "stand-alone" (um computador de mesa autônomo sem ligação a uma rede) usando microchips do tipo fabricado pela Intel. Com isso, ficaram de fora não apenas os sistemas operacionais rodando em computadores da Apple, mas também outros como os produzidos pela Sun Microsystems para múltiplos computadores ou o Linux para computadores "stand-alone".

Em seu mercado restrito, a Microsoft claramente tinha uma participação "dominante". O processo antitruste, no entanto, não acusou a Microsoft de elevar os preços inescrupulosamente, segundo a teoria clássica de monopólio. Em vez disso, a Microsoft tinha acrescentado um navegador de internet em seu sistema operacional Windows gratuitamente, minando o navegador rival Netscape.

A existência de todas as diferentes fontes de concorrência potencial fora do mercado estritamente definido pode bem ter tido algo a ver com o fato de a Microsoft não aumentar os preços, como poderia ter feito no curto prazo — mas ao custo de prejudicar suas vendas de longo prazo e os lucros, uma vez que outros sistemas operacionais poderiam ter sido substituídos pelo sistema da Microsoft se os preços desses outros sistemas estivessem corretos. Em 2003, o governo da cidade de Munique de fato deixou de utilizar o Microsoft Windows em seus 14.000 computadores, trocando-os pelo Linux — um dos sistemas excluídos da definição do mercado que a Microsoft "controlava", mas que era, obviamente, um substituto.

Regulamentação e Leis Antitruste

Em 2013, o Departamento de Justiça americano apresentou um processo antitruste para prevenir que a Budweiser e outras cervejarias assumissem o controle acionário da Corona. A propriedade de todas as diferentes marcas de cerveja envolvidas teria dado à Budweiser o "controle" de 46% de todas as cervejas vendidas nos Estados Unidos, com "controle" sendo definido na retórica antitruste. Na realidade, a fusão ainda deixaria a maior parte da cerveja vendida no país nas mãos de outros fabricantes, tendo surgido mais de 400 novas fábricas no ano anterior, elevando o número total de fabricantes de cerveja para 2.751, o maior de todos os tempos. Mais fundamentalmente, definir o mercado relevante como sendo o mercado cervejeiro ignorou o fato de que a cerveja era apenas uma bebida alcoólica — e "a cerveja tem perdido participação de mercado nesse amplo campo de jogo há uma década ou mais" para outras bebidas alcoólicas, de acordo com o *Wall Street Journal*.

A propagação do livre comércio internacional significa que mesmo um verdadeiro monopólio de um produto específico em um determinado país pode significar pouco se esse mesmo produto pode ser importado de outros países. Se houver apenas um fabricante de aplicativos no Brasil, esse produtor não será um monopolista, em nenhum sentido economicamente significativo, se houver uma dúzia de fabricantes de aplicativos na vizinha Argentina e centenas deles em países ao redor do mundo. Somente se o governo brasileiro impedir que os aplicativos sejam importados o produtor solitário no país se tornaria um monopólio no sentido de que permitiria preços mais elevados do que em um mercado competitivo.

Se parece tolo definir arbitrariamente um mercado e o "controle" desse mercado em função das vendas atuais de uma determinada empresa de produtos fabricados internamente, não é tão tolo quanto se constituir no fundamento de uma decisão histórica do Supremo Tribunal dos EUA em 1962, que definiu o mercado de calçados em termos de "produção nacional de sapatos sem sola de borracha". Ao eliminar tênis, mocassins e sapatos importados de todos os tipos, essa definição aumentou a participação de mercado das empresas acusadas de violar a legislação antitruste, as quais, neste caso, foram condenadas.

Até agora, seja discutindo aplicativos, sapatos ou sistemas operacionais de computadores, temos considerado os mercados definidos por um determinado produto realizando uma dada função. Mas muitas vezes a mesma função pode ser realizada por produtos tecnologicamente diferentes. Milho e petróleo podem não parecer produtos similares pertencentes ao mesmo segmento econômico, mas os produtores de plásticos podem usar o óleo derivado de qualquer um deles na fabricação de produtos de plástico.

Quando os preços do petróleo dispararam em 2004, as vendas de uma resina da Cargill Dow feita a partir de óleo de milho subiram 60% em relação ao ano anterior, na medida em que os fabricantes de produtos plásticos a utilizaram no lugar dos componentes derivados do petróleo mais caro. Se duas coisas se substituem economicamente ou não é algo que independe de sua semelhança ou definição convencional em um mesmo setor de atividade. Ninguém considera o milho como integrante da indústria do petróleo ou considera esse produto ao calcular quanto do mercado é "controlado" por um produtor de derivados de petróleo. Isso simplesmente destaca a insuficiência das estatísticas de "controle".

Até produtos que não têm nenhuma semelhança funcional podem, contudo, ser substitutos em termos econômicos. Se campos de golfe dobrarem suas taxas, muitos golfistas casuais podem frequentá-los com menos assiduidade ou desistir inteiramente, e em ambos os casos procurarão por recreação, viajando mais, participando de cruzeiros ou praticando um hobby como fotografia ou esqui, usando o dinheiro que seria utilizado para jogar golfe. O fato de essas outras atividades serem funcionalmente muito diferentes do golfe não importa. Em termos econômicos, quando os preços mais elevados de A levam as pessoas a comprar mais de B, então A e B são substitutos, sejam ou não parecidos ou funcionem da mesma forma. Porém, as leis e políticas governamentais raramente veem as coisas dessa maneira, especialmente na definição de quanto de um determinado mercado uma determinada empresa "controla".

No âmbito doméstico, bem como internacionalmente, à proporção que a área que pode ser atendida pelos produtores se expande, o grau de domínio estatístico ou "controle" por produtores locais em qualquer área significa cada vez menos. Por exemplo, como o número de jornais publicados em dadas comunidades americanas caiu substancialmente a partir de meados do século XX com o surgimento da televisão, houve muita preocupação com a crescente participação em mercados locais "controlados" pelos jornais sobreviventes. Em muitas comunidades, somente um jornal local resistiu, tornando-se um monopólio, tal como definido pela parcela do mercado "controlada". Entretanto, o fato de que os jornais publicados em outros lugares se tornaram disponíveis em áreas cada vez mais amplas fez tal estatística sobre "controle" cada vez menos relevante economicamente.

Por exemplo, alguém que vive na pequena comunidade de Palo Alto, na Califórnia, quase 50 km ao sul de San Francisco, não precisa comprar um jornal lá para saber quais filmes estão em exibição na cidade, uma vez que essa informação está prontamente disponível no *San Francisco Chronicle*, facilmente encontrado em Palo Alto, e com entrega em domicílio. Um residente em Palo Alto precisa ainda menos do jornal local para ler as notícias nacionais ou internacionais.

Os avanços tecnológicos permitiram que o *New York Times* e o *Wall Street Journal* fossem impressos na Califórnia tão rapidamente como em Nova York, e ao mesmo tempo, de modo que eles se tornaram jornais nacionais, distribuídos em grandes e pequenas comunidades em toda a América. O *USA Today* tem a maior circulação em termos nacionais sem nenhum local de origem, sendo impresso em numerosas comunidades em todo o país.

O resultado líquido de tal ampla disponibilidade de jornais para além da localização de sua sede foi que muitos "monopólios" de jornais locais tiveram dificuldades até mesmo para sobreviver financeiramente, em virtude da concorrência com jornais regionais e nacionais maiores, e muito menos obter qualquer lucro adicional associado ao monopólio. Todavia, as políticas antitruste com base nas estatísticas de participação de mercado entre os jornais com sede local continuaram a impor restrições às fusões desses periódicos para evitar que o jornal sobrevivente assumisse muito "controle" sobre seu mercado local. Mas o mercado definido pela localização da sede de um jornal tornou-se irrelevante economicamente.

Um exemplo extremo de como as estatísticas sobre a participação de mercado podem ser enganosas foi o caso de uma rede de distribuição de filmes cinematográficos que alocou 100% de todas as estreias de filmes em Las Vegas. Ela foi processada por postura monopolista, mas, na época em que o caso foi submetido à justiça, outra rede havia exibido mais lançamentos de filmes em Las Vegas do que o "monopólio" que estava sendo processado. Felizmente, a sanidade prevaleceu nesse caso. O juiz Alex Kozinski, encarregado do caso, ressaltou que a chave para o monopólio não é a participação no mercado, mesmo quando é de 100%, mas a capacidade de manter os outros de fora. Uma empresa que não é capaz disso não é um monopólio, não importa qual a fatia do mercado que pode ter em um dado momento. É por isso que o *Palo Alto Daily News* não é um monopólio em nenhum sentido economicamente significativo, mesmo que seja o único diário local jornal publicado na cidade.

Concentrar-se na participação de mercado em um dado momento também levou a um padrão em que o governo federal americano muitas vezes processou empresas líderes em um segmento bem quando elas estavam prestes a perder essa condição. Em um mundo no qual é comum que as empresas cresçam e declinem com o tempo, os advogados de defesa da concorrência podem levar anos para construir um caso contra uma empresa que está no auge — e já começa a perder o pique. Um grande caso antitruste pode levar uma década ou mais para chegar a uma conclusão. Os mercados muitas vezes reagem muito mais rapidamente contra os monopólios e cartéis, como os trustes do início do século XX perceberam quando gigantes varejistas como Sears, Montgomery Ward e A&P os atingiram muito antes de o governo constituir um caso legal contra eles.

Preços "Predatórios"

Uma das teorias notáveis que se tornou parte da tradição das leis antitruste é a dos "preços predatórios". Segundo essa teoria, uma grande empresa que está se esforçando intensamente para eliminar seus concorrentes menores e aumentar sua participação de mercado reduzirá seus preços para um nível que condena o competidor a perdas insustentáveis, obrigando-o a sair do negócio quando a empresa é pequena e seus recursos se esgotam. Então, tendo alcançado a posição de monopólio, a empresa maior aumentará seus preços — não apenas ao nível anterior, mas a um patamar mais alto em consonância com a nova condição monopolista. Assim, posteriormente, de acordo com a teoria de preços predatórios, ela recupera as perdas e usufrui de lucros acima do normal à custa dos consumidores.

Uma das coisas mais notáveis sobre essa teoria é que aqueles que a defendem raramente tentam fornecer quaisquer exemplos concretos de quando isso realmente aconteceu. Talvez ainda mais notável, eles não têm que o fazer, mesmo nos tribunais, em casos antitruste. O economista Gary Becker, premiado com o Nobel, disse: "Não tenho conhecimento de nenhum caso documentado de precificação predatória".

No entanto, tanto a rede de supermercados A&P na década de 1940, quanto a Microsoft Corporation na década de 1990 foram acusadas de perseguir tal prática em casos antitruste, mas sem que um único exemplo desse procedimento tenha sido realmente citado. Em vez disso, seus baixos preços correntes (no caso da A&P), e a inclusão de um navegador de internet gratuito no software do Windows (no caso de Microsoft), foram interpretados como ações implementadas com aquela finalidade ainda que não tenham, de fato, conseguido isso.

Uma vez que é impossível provar uma negativa, a empresa acusada não pode refutar que estava perseguindo essa meta, e tudo se torna simplesmente uma questão de saber se aqueles que ouvem a acusação escolhem acreditar nela.

Preços predatórios são mais do que apenas uma teoria sem provas. É algo que faz pouco ou nenhum sentido econômico. Uma empresa que sustenta perdas com a venda abaixo do custo para expulsar um concorrente está seguindo uma estratégia muito arriscada. A única coisa que se pode ter certeza é perder dinheiro inicialmente. Se haverá no longo prazo lucros adicionais suficientes para fazer a aposta valer a pena é algo problemático. Fazer isso e escapar das leis antitruste é ainda bem mais problemático — e leis antitruste podem levar a milhões de dólares em multas e/ou ao desmembramento da empresa. Contudo, mesmo que o pretenso predador consiga de alguma forma superar esses problemas formidáveis, não é incontestável que a eliminação de todos os concorrentes existentes significa eliminar a concorrência.

Mesmo quando uma empresa rival é obrigada a declarar falência, seus equipamentos físicos e as habilidades das pessoas que uma vez a viabilizaram não se desvanecem no ar. Um novo empresário pode vir a adquirir ambos, talvez com preços de venda circunstancialmente baixos para os bens físicos e a mão de obra de trabalhadores desempregados, permitindo que o novo concorrente tenha custos mais baixos do que o antigo — e, portanto, seja um concorrente mais perigoso, capaz de se dar ao luxo de cobrar preços mais baixos ou proporcionar maior qualidade ao mesmo preço.

Como ilustração do que pode acontecer, em 1933 o *Washington Post* faliu, embora não devido a preços predatórios. De qualquer forma, essa falência não fez com que as prensas de impressão, o edifício ou os repórteres desaparecessem. Todos foram adquiridos pela editora Eugene Meyer, a um preço inferior a 20% do que ele havia oferecido sem sucesso para o mesmo jornal apenas quatro anos antes. Nas décadas que se seguiram, sob nova propriedade e gestão, o *Washington Post* cresceu para se tornar o maior jornal da capital do país. No início do século XXI, o *Washington Post* teve uma das cinco maiores circulações do país.

Caso aquela falência tivesse sido orquestrada por algum concorrente utilizando uma estratégia de preços predatórios, ele nada teria conseguido exceto permitir que *Post* se reerguesse, com Eugene Meyer agora tendo menores custos de produção do que o proprietário anterior e, portanto, se constituindo em um concorrente formidável.

Falências podem eliminar proprietários e gerentes, mas isso não implica em eliminar a concorrência sob a forma de novas pessoas, que tanto podem assumir uma empresa existente que quebrou ou iniciar do zero seu próprio negócio no mesmo segmento de mercado. Destruir um competidor específico — ou mesmo todos os existentes — não significa liquidar a concorrência, a qual pode assumir a forma de novas empresas. Resumindo, "preços predatórios" podem ser um empreendimento caro, com poucas perspectivas de recuperar as perdas por lucros monopolistas subsequentes. Dificilmente pode ser surpreendente que preços predatórios continuem a ser uma teoria sem exemplos concretos. O que é surpreendente é a seriedade com que se recorre a uma teoria não fundamentada em casos antitruste.

Benefícios e Custos das Leis Antitruste

Talvez o benefício mais claramente positivo das leis antitruste americanas seja a proibição geral contra a conivência na fixação de preços. Essa é tratada como uma violação automática, sujeita a pesadas multas independentemente de qualquer justificativa que possa ser colocada. Se isso supera os vários efeitos negativos das leis antitruste em matéria de concorrência no mercado é outra questão.

As leis antimonopolistas mais rigorosas na Índia produziram muitos resultados claramente contraproducentes antes que essas leis fossem finalmente revogadas em 1991. Alguns dos principais industriais da Índia foram impedidos de expandir suas empresas altamente bem-sucedidas, pois havia um limite financeiro arbitrário para definir um "monopólio" — independentemente de quantos concorrentes um "monopolista" possa ter — que não podia ser ultrapassado. Como resultado, indianos empresários muitas vezes aplicavam seus esforços e capital para fora da Índia, em países nos quais o fornecimento de bens, mão de obra e impostos não eram tão restritos. Um desses empreendedores indianos, por exemplo, produzia fibras na Tailândia a partir de celulose comprada no Canadá e enviava esse produto para sua fábrica na Indonésia para ser convertido em fios. Depois, então, exportava os fios para a Bélgica para serem usados na confecção de tapetes.

É impossível saber de que forma muitas outras empresas indianas investiram fora da Índia por causa das restrições contra o "monopólio". O que se sabe é que a revogação dos monopólios e práticas comerciais restritivas da lei, em 1991, foi seguida por uma expansão em grande escala de empresas no país, tanto por parte de empresários indianos como de estrangeiros, que agora encontravam na Índia uma melhor condição para estabelecer ou expandir negócios. A taxa de crescimento econômico do país também se acelerou dramaticamente, reduzindo o número de pessoas em situação de pobreza e aumentando a capacidade do governo indiano para ajudá-los, porque as receitas fiscais foram incrementadas com a atividade econômica em ascensão no país.

Apesar de a legislação contra monopólios e práticas comerciais restritivas na Índia ter sido criada para frear um grande negócio, seu efeito real era servir de amortecedor para as empresas em face das pressões da concorrência, nacional e internacional — e, com isso, reduzir os incentivos para a eficiência. Olhando para aquela época, Ratan Tata, da Tata Industries, um líder industrial da Índia, disse a respeito de seu próprio enorme conglomerado:

> O grupo operava em um ambiente protegido. Quanto mais as empresas não se preocupavam com a concorrência, menos se preocupavam com seus custos e não olhavam para a tecnologia mais recente. Muitas delas nem sequer olhavam para a participação no mercado.

Em suma, o capitalismo amortecido produziu resultados semelhantes àqueles sob o socialismo. Quando a economia da Índia mais tarde abriu-se à concorrência, em casa e no exterior, foi um choque. Alguns dos diretores da Tata Steel "seguravam as cabeças com as mãos" quando souberam que a empresa enfrentava agora uma perda anual de US26 milhões de euros devido à elevação dos fretes. No passado, eles poderiam simplesmente repassar tais aumentos ao preço do aço, mas agora, com outros produtores de aço livres para competir, os custos de frete locais não poderiam simplesmente ser agregados aos preços cobrados dos consumidores, sem o risco de perdas maiores caso os clientes passassem a comprar dos concorrentes mundiais. A Tata Steel não teve escolha — sair do negócio ou mudar a forma como faziam negócio. Segundo a revista *Forbes*:

> A Tata Steel gastou US$2,3 bilhões com o fechamento de fábricas decrépitas, e modernização de minas de carvão e siderúrgicas, bem como a construção de um novo alto-forno [...] De 1993 a 2004, a produtividade disparou de 78 toneladas de aço por trabalhador por ano para 264 toneladas, graças a melhoramentos de plantas e menos defeitos.

Em 2007, o *Wall Street Journal* informava que a alegação da Tata Steel de ser a produtora de aço de menor custo do mundo havia sido confirmada por analistas. Mas nenhum desses ajustes teria sido necessário se ela e outras empresas na Índia continuassem a ser protegidas da concorrência sob o disfarce de prevenção contra "monopólios". A indústria siderúrgica da Índia, tal como sua indústria automobilística e sua indústria relojoeira, entre outras, foram revolucionadas pela concorrência.

Capítulo 9

ECONOMIA DE MERCADO
E OUTRAS ECONOMIAS

*Em geral, "o mercado" é mais esperto que o mais
inteligente de seus participantes individuais.*

Robert L. Bartley

Embora os empreendimentos visando a obtenção de lucro tenham se tornado uma das mais comuns organizações econômicas das nações industrializadas modernas, a compreensão de como as empresas operam internamente e de que maneira se encaixam na economia e na sociedade em geral não é tão comum. A prevalência de empresas de negócios em muitas economias ao redor do mundo tem sido considerada como um fato tão corriqueiro que poucas pessoas se perguntam por que essa forma específica de prover as necessidades e conveniências da vida prevaleceram sobre formas alternativas de realizar as funções econômicas.

As empresas capitalistas são apenas um entre os muitos empreendimentos economicamente produtivos em vários momentos e lugares ao longo da história. Seres humanos viveram milhares de anos sem que houvessem empresas. Tribos caçavam e pescavam juntos. Durante os séculos de feudalismo, nem servos nem nobres eram empresários. Mesmo nos séculos mais recentes, milhões de famílias nos Estados Unidos moram em fazendas autossuficientes, cultivam seus próprios alimentos, constroem suas próprias casas e costuram suas próprias roupas. Mesmo em tempos mais contemporâneos, há grupos cooperativos como os kibutzim israelenses nos quais as pessoas fornecem bens e serviços umas às outras, voluntariamente, sem a intermediação de dinheiro. Nos dias da União Soviética, toda uma economia moderna, industrial, pertencia ao governo e as empresas operadas por ele faziam as mesmas coisas que as empresas fazem em uma economia capitalista, sem serem empresas de fato em nenhum de seus incentivos ou restrições.

Mesmo em países onde as empresas com fins lucrativos tornaram-se a norma, há muitas empresas privadas sem fins lucrativos, tais como faculdades, fundações, hospitais, orquestras sinfônicas e museus que proporcionam vários serviços e produtos, além de empresas do governo tais como correios e bibliotecas públicas. Ainda que algumas dessas instituições forneçam bens e serviços diferentes dos fornecidos pelas empresas que visam lucros, outras fornecem bens e serviços semelhantes ou que se sobrepõem.

Universidades publicam livros e organizam eventos esportivos, de entretenimento e culturais que arrecadam milhões de dólares em receitas de bilheteria. A revista *National Geographic* é publicada por uma organização sem fins lucrativos, assim como outras revistas são publicadas pela Smithsonian Institution e uma série de instituições de pesquisa independentes sem fins lucrativos (em inglês, "think tanks"), como a Brookings Institution, o American Enterprise Institute e a Instituição Hoover. Nos EUA, algumas funções dos órgãos de fiscalização do trânsito, tais como renovação de licenças de automóveis, são também exercidas pela American Automobile Association, uma organização sem fins lucrativos que também organiza viagens de avião e navios de cruzeiros, como fazem as agências de viagens comerciais.

Em resumo, as atividades desenvolvidas pelas organizações com ou sem fins lucrativos se sobrepõem, inclusive as realizadas por algumas agências governamentais, nacionais ou internacionais. Muitas atividades podem mudar de um desses tipos de organizações para outro com o passar do tempo.

Nos Estados Unidos, o trânsito municipal, por exemplo, já foi monitorado por uma empresa privada com fins lucrativos antes que muitos governos municipais assumissem os trólebus, ônibus e metrôs. As atividades também têm se deslocado no sentido inverso. Em tempos mais recentes e em alguns lugares, funções públicas como recolhimento do lixo e gestão prisional foram transferidas para empresas do setor privado com fins lucrativos, e livrarias dos *campi* de faculdades e universidades sem fins lucrativos foram entregues a empresas como a Follet ou Barnes & Noble. Tradicionais instituições acadêmicas sem fins lucrativos também foram complementadas com a criação de universidades com fins lucrativos como a Universidade de Phoenix, que não só tem mais estudantes do que qualquer uma das instituições acadêmicas privadas sem fins lucrativos, como também mais alunos do que até mesmo alguns sistemas universitários do estado inteiro.

A presença simultânea de uma variedade de organizações fazendo coisas semelhantes ou que se sobrepõem oferece oportunidades para insights sobre como as diferentes formas de organização das atividades econômicas afetam os diferentes incentivos e restrições que os tomadores de decisão dessas instituições enfrentam, e como isso, por sua vez, afeta a eficiência de suas atividades e a maneira como isso se reflete na economia e na sociedade em geral.

Equívocos de negócios são quase inevitáveis em uma sociedade na qual a maioria das pessoas não gerencia uma empresa nem as estuda. Em uma sociedade em que os indivíduos em sua maior parte são empregados e consumidores, é fácil pensar nas empresas como "elas" — como organizações impessoais, cujas operações internas são em grande parte desconhecidas e cujas somas de dinheiro podem às vezes ser tão grandes a ponto de serem insondáveis.

NEGÓCIOS *VERSUS* PRODUTORES NÃO MERCANTIS

Uma vez que maneiras de produzir bens e serviços não mercantis precederam os mercados e as empresas por séculos, se não milênios, a pergunta óbvia é: por que as empresas deslocaram esses produtores não mercantis em tão grande medida, em tantos países ao redor do mundo?

O fato de que as empresas têm deslocado muitas outras formas de organizar a produção de bens e serviços sugere que vantagens de custo, refletidas nos preços, são consideráveis. Essa não é apenas uma conclusão de economistas do livre mercado. No *Manifesto Comunista*, Marx e Engels diziam sobre a empresa capitalista que "Os baixos preços de seus produtos são a artilharia pesada que derruba todas as muralhas da China". Isso de nenhuma forma significa que as empresas tenham sido poupadas de críticas, seja à época de Marx ou mais tarde.

Considerando que há poucas, se houver, pessoas que querem voltar ao feudalismo ou para os dias de fazendas agrícolas familiares autossuficientes, as empresas do governo são a principal alternativa para as empresas capitalistas atualmente. Essas empresas públicas podem ser ou fenômenos isolados ou parte de um conjunto abrangente de organizações baseadas na propriedade estatal dos meios de produção, ou seja, o socialismo. Tem havido muitas teorias sobre os méritos ou deméritos do mercado em relação a formas de produção de bens e serviços não mercantis. Mas o histórico real dos produtores mercantis e não mercantis é a verdadeira questão.

Em princípio, o mercado ou a atividade econômica fora dele pode ser exercida por empresas concorrentes ou por empresas monopolistas. Na prática, entretanto, as empresas concorrentes têm sido largamente confinadas às economias de mercado, embora os governos geralmente criem uma agência com um mandato exclusivo para fazer uma coisa específica.

Economia Básica - Volume I

O monopólio é inimigo da eficiência, no capitalismo e no socialismo. A diferença entre os dois sistemas é que o monopólio é a norma sob o socialismo. Mesmo em uma economia mista, com algumas atividades econômicas sendo de responsabilidade do governo e outras sendo realizadas pelo setor privado, aquelas são, normalmente, monopólios, enquanto no mercado privado as atividades são, tipicamente, realizadas por empresas rivais.

Assim, quando um furacão, uma inundação ou outro desastre natural atinge alguma parte dos Estados Unidos, a ajuda emergencial normalmente vem tanto da Federal Emergency Management Agency (FEMA) — uma agência do governo federal — e de inúmeras companhias privadas de seguros para os clientes cujas casas foram danificadas ou destruídas. A FEMA tem sido, notoriamente, mais lenta e menos eficiente do que as companhias de seguros privadas. Uma companhia de seguros não pode se permitir atrasar as indenizações de seus segurados em relação aos rivais. Não só os clientes na área do desastre provavelmente trocariam de companhia de seguros se tivessem de implorar para receber seu dinheiro enquanto seus vizinhos eram atendidos rapidamente por uma outra companhia de seguros, mas uma palavra sequer sobre eventuais diferenças se espalharia como fogo na palha por todo o país, levando milhões de pessoas em outros lugares a desviar bilhões de dólares de uma empresa menos eficiente para outra mais eficiente.

Uma agência do governo, no entanto, não enfrenta essa pressão. Não importa o quanto a FEMA possa ser criticada ou ridicularizada por seus fracassos em ajudar as vítimas do desastre em tempo hábil, não há nenhuma agência governamental rival à qual as pessoas possam recorrer. Além disso, os funcionários dessas agências têm horários e salários fixos, independentemente da rapidez ou qualidade do atendimento às pessoas atingidas pelo desastre. Nos raros casos em que um governo monopolista é forçado a competir com empresas privadas, os resultados são muitas vezes como o do serviço postal do governo na Índia:

> Quando o agente postal A.P. Srivastava, da região de Mumbai, ingressou no sistema postal 27 anos atrás, era comum que os carteiros contratassem trabalhadores extras para ajudar a carregar os sacos repletos de correspondência que eram entregues diariamente.
>
> Hoje, correios privados como FedEx Corp. e United Parcel Service Inc. são responsáveis por mais da metade do serviço postal do país. Isso significa que milhares de carteiros daquela cidade terminam seu trabalho antes do almoço. O Sr. Srivastava, que não pode demitir os funcionários exce-

Economia de Mercado e outras Economias

dentes, utiliza boa parte de seu tempo procurando novas atividades para manter seus trabalhadores ocupados. Ele já descartou vender cebolas nos correios de Mumbai: o produto é perecível. Em vez disso, está considerando a comercialização de loção capilar e shampoo.

O correio da Índia, que entregou 16 bilhões de cartas e encomendas em 1999, viu o movimento cair pela metade em 2005, após a FedEx e a UPS entrarem no mercado. O fato de que concorrência significa perdedores e vencedores pode ser óbvia, mas não significa que suas implicações sejam amplamente compreendidas e aceitas. Uma reportagem do *New York Times* em 2010 considerou "paradoxal" que um fabricante alemão de prateleiras de museu altamente eficiente "dificultasse a vida" dos fabricantes de produtos similares em outros países. Outros alemães fabricantes de outros produtos têm igualmente sido muito bem-sucedidos, mas "alguns de seus sucessos se dão às expensas de países como Grécia, Espanha e Portugal". Sua conclusão é muito familiar: "O problema que os formuladores de políticas econômicas estão enfrentando é como corrigir os desequilíbrios econômicos que a competitividade alemã cria".

Por décadas a fio, nos Estados Unidos, uma sucessão de varejistas trabalhando com preços baixos têm sido demonizados por levar concorrentes de custo mais elevado a abandonar o mercado. Uma lei de 1936 — a Robinson-Patman Act — foi por vezes chamada de "Anti-Sears Roebuck Act" e o deputado Patman também denunciou os dirigentes da rede de supermercados A&P. No século XXI, o Wal-Mart herdou o papel de vilão, porque também dificulta a sobrevivência dos concorrentes de custo mais alto. Em lugares como na Índia, nos quais o competidor de alto custo é uma agência do governo, a rigidez de suas regras — tais como a de não poder demitir trabalhadores desnecessários — ocasiona ajustes ainda mais sérios do que ocorreriam para uma empresa privada que tentasse sobreviver em face da nova concorrência.

A questão, do ponto de vista da sociedade como um todo, não é a qualidade superior ou eficiência, mas a inércia e ineficiência. A inércia é comum nas pessoas tanto no capitalismo como no socialismo, mas o mercado cobra um preço por ela. No início do século XX, ambas, Sears e Montgomery Ward, estavam relutantes em começar a operar com lojas próprias depois de décadas de grande sucesso vendendo exclusivamente por correspondência a partir de seus catálogos de produtos. Somente quando os anos 1920 trouxeram as redes de lojas, cuja concorrência as levou a trabalhar no vermelho, elas não tiveram escolha a não ser adotar a mesma sistemática e se transformar em cadeias varejistas. Em 1920, a Montgomery Ward perdeu quase US$10 milhões e a Sears teve prejuízos da ordem de US$44 milhões, e em uma moeda muitas vezes mais valiosa do que hoje[1]. No socialismo, a Sears e a Montgomery Ward poderiam ter permanecido como varejistas vendendo pelo correio indefinidamente, e haveria pouca motivação para que o governo introduzisse cadeias rivais para complicar a vida de todos.

Economias socialistas e capitalistas diferem não só na quantidade, mas também na qualidade da produção. Tudo, desde carros e câmeras a serviços de restaurante e transporte aéreo, era de notória baixa qualidade na União Soviética. E isso não ocorreu por acaso. Os incentivos são radicalmente diferentes quando o produtor tem de satisfazer o consumidor a fim de sobreviver financeiramente, do que quando o teste de sobrevivência é alcançar a quota de produção fixada pelos planejadores centrais do governo. O consumidor em uma economia de mercado vai olhar não só para a quantidade, mas também para a qualidade. Porém, uma comissão de planejamento central é muito sobrecarregada com os milhões de produtos que supervisiona para poder controlar muito mais do que o produto bruto.

Que essa baixa qualidade resulta de incentivos, em vez de se dever a traços peculiares dos russos, é demonstrada pela deterioração da qualidade nos Estados Unidos e na Europa Ocidental, quando os preços no livre mercado foram substituídos pelo controle de aluguéis ou por outras formas de controles e alocação de preços governamentais. Quando existem incentivos diferentes, ambos, excelentes e terríveis serviços, podem ocorrer no mesmo país, como um vendedor na Índia constatou:

> Toda vez que eu comia em um restaurante de beira de estrada, meu prato de arroz chegava em três minutos. Se eu quisesse um roti extra, chegaria em trinta segundos. Em uma loja de vestimentas hindus, o lojista mostrava-me uma centena delas mesmo que eu não comprasse uma única peça. Depois que saí, ele passaria pelo ingrato e laborioso trabalho de dobrá-las todas, uma por vez, e colocá-las de volta na prateleira. Em contraste, quando eu ia comprar uma passagem de trem, pagar minha conta de telefone ou retirar dinheiro da minha conta em um banco nacionalizado, era maltratado ou considerado um incômodo, e obrigado a esperar em uma longa fila. O bazar oferecia um serviço excepcional porque o lojista sabia que sua existência dependia de seu cliente. Se ele fosse cortês e oferecesse produtos de qualidade a um preço competitivo, seus clientes o recompensariam. Se não, o abandonariam e entrariam na loja ao lado. Não havia concorrência

---

[1] Embora a moeda à época fosse o mesmo dólar americano dos dias de hoje, o autor se refere ao fato de que, com a inflação das últimas 9 décadas, 1 dólar americano hoje vale muito menos, em termos do que consegue comprar, do que valia na década de 1920.

nas estradas de ferro, telefones ou bancos, e seus funcionários nunca poderiam colocar o cliente no centro das atenções.

A revista *The Economist*, de Londres, igualmente assinalou que na Índia alguém pode "ver os caixas batendo papo entre si em um banco estatal, enquanto a fila de clientes se estende até a rua". Comparações entre instituições administradas pelo governo e empresas privadas muitas vezes ignoram o fato de que a propriedade e o controle não são as únicas diferenças entre elas. As instituições públicas são quase sempre monopólios, enquanto as companhias privadas normalmente têm concorrentes. Instituições públicas competindo entre si e exercendo a mesma função são referidas negativamente como "duplicação desnecessária". Se os clientes frustrados esperando na fila de um banco gerido pelo governo considerariam que um banco alternativo seria duplicidade desnecessária é uma outra questão. A privatização ajudou a dar uma resposta a essa pergunta na Índia, como cita o *Wall Street Journal*:

> O setor bancário ainda é dominado pela gigante State Bank of India, mas a crescente classe média do país está levando a maior parte de seus negócios para os bancos privados de alta tecnologia, tais como HDFC Bank Ltd. e ICICI Bank Ltd., deixando os bancos estaduais com as empresas menos rentáveis e piores clientes.

Embora, em vários países, algumas empresas privadas possam prestar um mau serviço ou diminuir a qualidade em um mercado livre, fazem-no colocando em risco sua própria sobrevivência. Quando a indústria de alimentos processados iniciou suas atividades na América do século XIX, era comum que os produtores adulterassem itens alimentares com ingredientes menos caros. A raiz-forte, por exemplo, era frequentemente vendida em recipientes de vidro colorido para esconder a adulteração. Mas quando Henry J. Heinz começou a vender raiz-forte não adulterada em embalagens de vidro transparente, beneficiou-se de uma vantagem decisiva sobre seus competidores, que caíram no esquecimento enquanto a empresa de Heinz tornou-se um dos gigantes duradouros da indústria americana, ainda presente no século XXI e altamente bem-sucedida. Quando a empresa H.J. Heinz foi vendida, em 2013, o preço chegou a US$23 bilhões.

O mesmo se deu com a empresa britânica de processamento de alimentos Crosse & Blackwell, que vende alimentos de qualidade na Grã-Bretanha e nos Estados Unidos. Também ela continuou sendo um dos gigantes da indústria durante o século XX, chegando em plena forma aos dias de hoje. A perfeição não é encontrada em uma economia de mercado ou de outro tipo, nem em quaisquer esforços humanos, mas economias de mercado exigem um preço a pagar das empresas que decepcionam seus clientes, e premiam aquelas que cumprem suas obrigações para com o público consumidor. As grandes histórias de sucesso financeiro na indústria americana têm muitas vezes envolvido empresas quase fanáticas em manter a reputação de seus produtos, mesmo quando esses produtos são bastante comuns e baratos.

O McDonald's construiu sua reputação a partir de um hambúrguer padronizado e da manutenção da qualidade por ter seus próprios inspetores realizando visitas inesperadas aos fornecedores de carne, mesmo no meio da noite, para ver o que estava sendo colocado no produto que estava adquirindo. O Coronel Sanders era famoso por aparecer de surpresa nos restaurantes Kentucky Fried Chicken (KFC). Se não gostasse da maneira como os frangos estavam sendo preparados, jogava-os todos no lixo, colocava um avental e cozinhava alguns frangos para demonstrar como queria que fosse feito. Seu protegido, Dave Thomas, seguiu, depois, práticas semelhantes quando criou sua própria rede de hamburguerias Wendy. Embora o Coronel Sanders e Dave Thomas não pudessem estar em toda parte em uma cadeia nacional, nenhum proprietário de uma franquia local queria correr o risco de ver seus lucros sendo jogados na lata de lixo pelo chefão.

Na era do cartão de crédito, proteger os dados pessoais dos usuários de cartão em caso de roubo ou utilização indevida tornou-se parte da qualidade do serviço. Por conseguinte, empresas como Visa e MasterCard "aplicaram multas, enviaram cartas de advertência e promoveram seminários para pressionar os restaurantes a serem mais cuidadosos na proteção às informações" dos usuários do cartão, de acordo com o *Wall Street Journal*, que acrescentou: "Todas as empresas que aceitam o cartão devem seguir um conjunto complexo de regras de segurança postas em prática pela Visa, MasterCard, American Express e a unidade Discover do Morgan Stanley".

Por trás de tudo isso está o fato básico de que uma empresa está vendendo não apenas um produto físico, mas também a reputação que o cerca. Os motoristas que viajam para uma região desconhecida do país são mais propensos a entrar em uma lanchonete com o símbolo do McDonald's do que em uma outra. Essa reputação se traduz em dinheiro — no caso, muito dinheiro. Pessoas com isso em jogo não são susceptíveis de serem muito tolerantes com qualquer um que possa comprometer sua reputação. Ray Kroc, fundador do McDonald's, explodiria de raiva se encontrasse o estacionamento de um McDonald's superlotado. Esperava-se dos franqueados que mantivessem não só suas próprias instalações livres de lixo, mas também que verificassem se havia lixo nas ruas em um raio de dois quarteirões dos restaurantes.

Quando se fala de qualidade nesse contexto, o que importa é o tipo de qualidade relevante para a clientela específica que está sendo atendida. Hambúrgueres e frangos

Economia de Mercado e outras Economias

fritos não podem ser considerados por outros como alimento gourmet ou saudável, nem que a produção em massa de tais refeições em uma cadeia nacional atinja níveis de qualidade alcançáveis por restaurantes mais elegantes, mais extravagantes e mais caros. O que uma rede dessas pode fazer é garantir a qualidade dentro dos limites previstos por seus clientes específicos. Essas normas de qualidade, no entanto, muitas vezes excedem as impostas ou utilizadas pelo governo. Como o *USA Today* relatou:

> O Departamento de Agricultura dos EUA (sigla em inglês, USDA) diz que a carne comprada para o National School Lunch Program "atende ou excede os padrões dos produtos comerciais".

> Nem sempre é o caso. McDonald's, Burger King e Costco, por exemplo, são muito mais rigorosos na verificação de contaminação por bactérias e patógenos perigosos. Eles testam a carne moída e compram de cinco a dez vezes mais frequentemente do que o USDA testa da carne enviada para as escolas durante um típico dia de produção.

> E os limites que a Jack in the Box e outras grandes varejistas definem com relação a bactérias em seus hambúrgueres são até dez vezes mais rigorosos.

> Quanto ao frango, o USDA tem fornecido às escolas milhares de toneladas de carne de aves já velhas que poderiam ir para a compostagem ou servir de alimento para animais. Chamadas de "galinhas gastas" porque deixaram de botar ovos, as galinhas não fariam parte do grupo aceito pelo Coronel Sanders — a KFC não as compraria — e não seriam aprovadas no teste da sopa, também. A Campbell Soup Company diz que parou de usá-las uma década atrás baseando-se em "considerações de qualidade".

Ainda que uma economia de mercado seja essencialmente um mecanismo impessoal para a alocação de recursos, algumas das empresas mais bem-sucedidas têm prosperado por sua atenção para o elemento pessoal. Uma das razões para o sucesso da rede varejista Woolworth foi a insistência do fundador, F.W. Woolworth, sobre a importância da cortesia para os clientes. A inspiração proveio de suas próprias e dolorosas memórias de balconistas tratando-o como lixo quando era um menino pobre de fazenda que entrava nas lojas para comprar ou olhar.

O zelo de Ray Kroc em manter a reputação do McDonald's quanto à limpeza evoca um momento crucial nos primeiros anos, quando ele precisava desesperadamente de um empréstimo para permanecer no negócio. Um financiador que visitou os restaurantes do McDonald's disse, mais tarde: "Se os estacionamentos estivessem sujos, se o ajudante tivesse manchas de gordura em seus aventais, e se a comida não fosse boa, o McDonald's jamais teria conseguido o empréstimo". Da mesma forma, o bom relacionamento de Kroc com seus fornecedores — pessoas que vendiam copos de papel, leite, guardanapos etc. para o McDonald's — o salvou antes, quando esses fornecedores concordaram em lhe emprestar dinheiro para tirá-lo de uma crise financeira anterior.

O que é chamado de "capitalismo" pode mais precisamente ser chamado consumismo. Note que os consumidores escolhem a música e os capitalistas que querem permanecer capitalistas têm de aprender a dançar conforme o ritmo. O século XX começou com uma grande esperança de substituir a competição no mercado por uma economia mais eficiente e mais humana, planejada e controlada pelo governo no interesse das pessoas. Contudo, chegado o final desse século, todos esses esforços foram tão desacreditados por seus resultados reais, em vários países, que mesmo a maioria das nações comunistas abandonaram o planejamento central, enquanto os governos socialistas dos países democráticos começaram a se livrar das empresas públicas, cujas perdas crônicas eram um pesado fardo para os contribuintes.

A privatização foi adotada como um princípio por governos conservadores como o da primeira-ministra Margaret Thatcher na Grã-Bretanha e o Presidente Ronald Reagan nos Estados Unidos. Mas a prova mais decisiva da eficiência do mercado foi que mesmo governos comunistas e socialistas, liderados por pessoas que se opunham filosoficamente ao capitalismo, voltaram-se para o livre mercado depois de observarem o que acontece quando a indústria e o comércio operam sem a orientação de preços, lucros e prejuízos.

VENCEDORES E PERDEDORES

Muitas pessoas que apreciam a prosperidade gerada por economias de mercado podem, todavia, lamentar o fato de que determinados indivíduos, grupos, segmentos de atividade ou regiões do país não compartilham plenamente os avanços econômicos gerais, e alguns podem até ficar em pior situação do que antes. Líderes políticos ou candidatos têm especial inclinação para lamentar a desigualdade e propor várias "soluções" de governo para "corrigir" a situação.

Quaisquer que sejam os méritos ou deméritos das várias propostas políticas, o que deve ser mantido em mente ao avaliá-las é que boa sorte e desgraças dos diferentes setores da economia podem estar intimamente relacionadas a uma questão de causa e efeito — e que impedir efeitos ruins pode impedir efeitos bons. Não foi coincidência que Smith Corona passou a perder milhões de dólares por ano em suas máquinas de escrever quando a Dell começou a ganhar milhões de dólares com seus computadores. Os computadores estavam substituindo as máquinas de escrever. Também não foi coincidência que as vendas de filmes fotográficos entraram em declínio com o surgimento das câmeras digitais. O fato de que recursos escassos têm usos alternativos implica que algumas empresas devem perder sua capacidade de usar esses recursos a fim de que outros possam ganhar a capacidade de os usar.

Smith Corona teve que ser *impedido* de utilizar recursos escassos, incluindo materiais e mão de obra, para fabricar máquinas de escrever quando esses recursos poderiam ser utilizados para produzir os computadores que o público preferia. Alguns dos recursos utilizados para a fabricação de câmeras que usavam filmes fotográficos tiveram de ser redirecionados para produzir câmeras digitais. E isso não foi culpa de ninguém. Não importa o quanto as máquinas de escrever feitas por Smith Corona eram boas ou quão hábeis e conscienciosos eram seus empregados, máquinas de escrever já não eram o que público queria depois que tiveram a opção de obter o mesmo resultado final — e algo mais — com computadores. Algumas excelentes câmeras que usavam filme foram descontinuadas quando as novas câmeras digitais foram criadas.

Hoje, ontem e sempre, escassez implica que os recursos têm de ser tomados de alguns a fim de ir para outros quando novos produtos e novos métodos de produção elevam o padrão de vida.

É difícil saber como a indústria em geral poderia ter absorvido, durante o século XX, o acréscimo de milhões de trabalhadores cuja produção contribuiu para aumentar dramaticamente os padrões de vida para o público em geral, sem o correspondente declínio, muito lamentado, do número de fazendas e trabalhadores agrícolas ocorrido durante o mesmo século. São poucos os indivíduos ou empresas que, voluntariamente, desistiriam do que estão habituados a fazer, em especial se bem-sucedidos, em prol do bem maior da sociedade como um todo. Mas, de uma forma ou de outra — em qualquer sistema econômico ou político — eles serão forçados a abrir mão de recursos e mudar o que fazem se o aumento dos padrões de vida deve ser alcançado e mantido.

As pressões financeiras do livre mercado são apenas uma das maneiras como isso pode ser feito. Em vez de simplesmente pedir aos indivíduos e às empresas, reis ou comissários poderiam simplesmente determinar que deixassem de fazer *A* para fazer *B*. Sem dúvida, outras formas de transferência de recursos de um produtor para outro são possíveis, com diferentes graus de eficácia e eficiência. O que é fundamental, todavia, é que isso tem de ser feito. Em outras palavras, o fato de que algumas pessoas, regiões ou segmentos estão sendo "deixados para trás" ou não estão recebendo seu "quinhão" da prosperidade geral não é necessariamente um problema com uma solução política, tão abundantes como as soluções propostas podem ser, especialmente durante anos de eleição.

A vida poderia ser mais agradável e simples se todos os setores da economia crescessem em simultânea e idêntica sincronia, mas isso jamais tem sido a realidade em qualquer economia em mutação. Quando e onde novas tecnologias e novos métodos de organização ou de financiamento da produção surgirão parece não ser algo previsível. Para saber o que as novas descobertas significariam, seria preciso fazer as descobertas antes que elas fossem feitas, o que é uma contradição.

A tentação política é que o governo esteja pronto para vir em auxílio de segmentos econômicos, regiões ou parcelas da população que estão sendo adversamente afetados por mudanças econômicas. Porém, isso só pode ser feito tomando recursos provenientes dos setores da economia que estão avançando e redirecioná-los para aqueles cujos produtos ou métodos são menos produtivos — em outras palavras, impedir ou frustrar a economia de alocar recursos escassos para usos mais valorizados, dos quais depende o padrão de vida de toda a sociedade. Além disso, uma vez que mudanças econômicas são recorrentes, essas mesmas políticas de impedimento da transferência de recursos para usos mais valorizados por milhões de pessoas também já devem estar em curso quando é costume do governo de sucumbir à tentação política de intervir em nome de determinados setores, regiões ou segmentos da população, sacrificando o nível de vida da população como um todo.

É preciso reconhecer que as mudanças econômicas vêm acontecendo há séculos e que não há nenhum sinal de que isso vá parar — ou que as adaptações necessárias a essas mudanças vão parar. Isso se aplica ao governo, setores econômicos e pessoas em geral. Nem as empresas nem os indivíduos podem gastar toda sua renda atual, como se não existissem contingências imprevisíveis para as quais se preparar. No entanto, muitos observadores continuam a lamentar que mesmo pessoas que estão financeiramente preparadas são obrigadas a fazer ajustes, como um repórter de economia do *New York Times* lamentou em um livro sobre a perda de empregos com o título sombrio de *The Disposable American* (algo como "O Americano Descartável"). Entre outras, é relatada a situação de uma executiva cujo emprego em uma grande corporação foi eliminado em uma reorganização da empresa e que, em consequência, teve que vender "dois dos três cavalos" de sua propriedade e também de se desfazer de "US$16.500 em ações da Procter, resgatando suas poupanças para se sustentar enquanto procurava trabalho".

Embora essa pessoa tivesse mais de um milhão de dólares em poupança e fosse dona de uma propriedade com quase 70.000m², sua situação foi apresentada como se decorresse de alguma falha trágica da sociedade ela ter que fazer ajustes em uma economia em constante mudança que, antes, lhe havia produzido tamanha prosperidade.

PARTE III: TRABALHO E REMUNERAÇÃO

Capítulo 10

PRODUTIVIDADE
E REMUNERAÇÃO

*Os dados do governo, se mal interpretados ou mal
utilizados, podem levar a muitas conclusões falsas.*

Steven R. Cunningham

Ao discutir a alocação de recursos, temos até agora nos preocupado em grande parte com recursos inanimados. Mas as pessoas são uma parte fundamental, uma vez que a mão de obra é um dos insumos envolvidos na produção. A maioria das pessoas não trabalha gratuitamente, então, devem ser remuneradas ou forçadas a trabalhar, pois o trabalho tem de ser feito de qualquer maneira se quisermos viver e apreciar as várias amenidades presentes em nosso padrão de vida moderno. Em muitas sociedades do passado, as pessoas foram forçadas a trabalhar, seja como servos ou como escravos. Em uma sociedade livre, as pessoas são pagas para trabalhar. Mas salário não é apenas a renda dos indivíduos. É também um conjunto de incentivos para que todos trabalhem ou potencialmente trabalhem, e um conjunto de restrições sobre os empregadores para que estes não utilizem o recurso escasso da mão de obra como foi feito nos dias da União Soviética, que mantinha trabalhadores extras à mão, como uma espécie de "reserva estratégica", quando esses trabalhadores poderiam fazer algo produtivo em outro lugar.

Em resumo, o pagamento dos salários tem um papel econômico que vai além de proporcionar renda para as pessoas físicas. Do ponto de vista da economia como um todo, o pagamento do trabalho é uma forma de alocação de recursos escassos que têm usos alternativos. Trabalho é um recurso escasso porque há sempre mais trabalho a fazer do que há pessoas com tempo para fazer tudo, assim, o tempo dessas pessoas deve ser distribuído entre os usos competitivos de sua disponibilidade e talentos. Se o salário dos motoristas de caminhão dobra, alguns motoristas de táxi podem preferir dirigir um caminhão. Dobrar a remuneração dos engenheiros pode levar alguns estudantes pensando em se formar em matemática ou física a decidirem dedicar-se à engenharia. Duplicar o salário de todos os empregos pode ter como consequência que alguns aposentados decidam voltar ao mercado de trabalho, pelo menos em meio período, enquanto outros, prestes a solicitar a aposentadoria, podem adiá-la por um tempo.

O quanto as pessoas são pagas depende de muitas coisas. Histórias sobre o salário astronômico de atletas profissionais, estrelas de cinema ou principais executivos de grandes corporações muitas vezes levam jornalistas e outras pessoas a questionar se essa ou aquela pessoa "realmente" vale o que custa.

Felizmente, como vimos no Capítulo 2, não existe tal coisa como "realmente" valer a pena, e nós podemos nos poupar de todo o tempo e energia que outros colocam em tais perguntas sem respostas. Em vez disso, podemos fazer uma pergunta mais pé no chão: O que determina o quanto as pessoas são pagas pelo seu trabalho? Para tal pergunta, há uma resposta muito pé no chão: oferta e demanda. Entretanto, isso é apenas o começo. Por que a oferta e a demanda levam um indivíduo a ganhar mais do que outro?

Os trabalhadores, obviamente, gostariam de obter a maior remuneração possível, e os empregadores, de pagar o menos que pudessem. Somente onde há sobreposição entre o que é oferecido e o que é aceitável alguém pode ser contratado. Mas por que essa sobreposição ocorre em um nível de remuneração que é várias vezes maior para um engenheiro do que para um porteiro?

Naturalmente, porteiros gostariam de ganhar o mesmo que os engenheiros, mas é muito grande a oferta de pessoas capazes de ser porteiros para forçar os empregadores a aumentar os salários a esse ponto. Como formar um engenheiro requer muito tempo, e nem todo mundo é capaz de dominar essa função, não há tal abundância de engenheiros em relação à demanda. Esse é o lado da oferta na história. Mas o que determina a procura do trabalho? O que determina o limite do que um empregador está disposto a pagar?

Não é apenas o fato de que engenheiros são escassos que os torna valiosos. É o que os engenheiros podem adicionar aos ganhos de uma companhia que inclina os empregadores a requisitar seus serviços — e o que define o limite a que estão dispostos a chegar. Um engenheiro que viesse a agregar US$100.000 aos ganhos de uma empresa e solicitasse um salário de US$200.000 não seria, obviamente, contratado. Por outro lado, se o engenheiro acrescentasse um quarto de milhão de dólares ao que uma empresa ganhasse, valeria a pena atender à solicitação daquele engenheiro — desde que não houvesse outros engenheiros que fizessem o mesmo trabalho por um salário mais baixo.

PRODUTIVIDADE

Embora o termo "produtividade" possa ser utilizado para descrever a contribuição do empregado para os resultados da empresa, tal palavra é também muitas vezes definida inconsistentemente de outras maneiras. Às vezes, dá-se como implicação dela que cada trabalhador tem uma espécie de produtividade que lhe é intrínseca, em vez de também depender das circunstâncias.

Um trabalhador que usa o equipamento moderno mais recente pode, obviamente, produzir por hora mais do que o mesmo trabalhador em outra empresa cujo equipamento não é tão atualizado ou cuja gestão não organiza a produção de forma tão eficiente. Por exemplo, os cotonifícios de propriedade japonesa na China, durante a década de 1930, pagavam salários mais elevados do que os de propriedade chinesa, mas as usinas japonesas operavam com custos de mão de obra por unidade mais baixos graças a maior escala de produção. Isso não se devia a equipamentos diferentes — os trabalhadores de ambas as fábricas usavam a mesma maquinaria — mas a uma gestão eficiente trazida do Japão.

Da mesma forma, no início do século XXI, uma empresa de consultoria internacional descobriu que empresas produtoras americanas que operavam na Grã-Bretanha tinham muito maior produtividade do que suas congêneres de propriedade britânica. Segundo a revista britânica *The Economist*, "as indústrias britânicas têm desempenho assustadoramente inferior em relação às suas contrapartes americanas", de modo que, quando se trata de "economia na utilização de tempo e materiais", menos de 40% dos fabricantes britânicos "têm prestado alguma atenção nisso". Ademais, "graduados em engenharia topo de linha da Grã-Bretanha preferem trabalhar para empresas estrangeiras". Em suma, menor produtividade nas empresas de propriedade britânica reflete diferenças nas práticas de gestão, mesmo quando a produtividade foi medida em termos de produção por unidade de mão de obra.

Em geral, a produtividade de qualquer item no processo de produção depende da quantidade e qualidade de outros fatores de produção, bem como da sua própria. Assim, trabalhadores na África do Sul têm uma produtividade mais elevada do que os trabalhadores no Brasil, Polônia, Malásia ou China porque, como a revista *The Economist* assinalou, as empresas sul-africanas "confiam mais no capital do que na mão de obra". Em outras palavras, trabalhadores sul-africanos não necessariamente trabalham mais duro ou mais habilmente do que os trabalhadores nesses outros países. Eles só têm mais ou melhores equipamentos para trabalhar.

O mesmo princípio se aplica fora do que normalmente pensamos como atividades econômicas, inclusive naquilo que normalmente reputamos como uma façanha individual, como, por exemplo, um jogador de futebol considerado um craque e acostumado a fazer vários gols quando joga próximo à grande área adversária. Mas, se um treinador, por um motivo ou outro, o posiciona no meio do campo e lhe dá funções defensivas, com toda a probabilidade dificilmente ele manterá igual desempenho em termos de gols assinalados, pois as chances de marcar cairão acentuadamente. A abundância de críticas na imprensa esportiva brasileira contra atitudes assim dos técnicos de futebol evidencia a realidade dessa situação.

De modo mais geral, em quase todas as ocupações, a produtividade não depende apenas de seu próprio trabalho, mas também de fatores colaborativos, tais como a qualidade do equipamento, gestão e outros trabalhadores ao redor — e nisso se inclui aquele artilheiro, que depende dos companheiros que lhe passam a bola, deixando-o em condições de marcar. As estrelas de cinema gostariam de ter bons atores coadjuvantes, bons maquiadores e bons diretores, os quais melhoram o desempenho do protagonista. Os estudiosos acadêmicos dependerão, e muito, de seus assistentes de pesquisa, e os generais confiam em sua assessoria, bem como em suas tropas, para vencer as batalhas.

De todo modo, é a produtividade, seja qual for sua fonte, que determina o limite superior de quão longe um empregador irá para obter os serviços dessa pessoa. Assim como qualquer valor do trabalhador pode ser aumentado por fatores complementares — sejam eles companheiros de trabalho, máquinas, ou gestão mais eficiente — o valor do trabalhador pode também ser reduzido por outros fatores sobre os quais ele, individualmente, não tem controle.

Mesmo os trabalhadores cuja produção por hora é a mesma podem apresentar um valor muito diferente se os custos de transporte em um lugar são mais elevados do que em outro, de tal maneira que a receita líquida de vendas do empregador é menor quando esse maior custo de transporte tiver de ser deduzido da receita recebida. No caso de um mesmo produto ser fabricado por empresas com diferentes custos de transporte e vendido em um mercado competitivo, aquelas com maior custo de transporte não podem repassá-lo a seus clientes uma vez que os competidores de menores custos desse tipo seriam capazes de cobrar um preço mais baixo e roubar seus clientes. As empresas em países do Terceiro Mundo, carentes de autoestradas modernas ou trens e companhias aéreas eficientes, podem ter de absorver maiores custos de transporte. Mesmo quando vendem o mesmo produto pelo mesmo preço que as empresas nas economias mais avançadas, a receita líquida da transação será menor, e, por conseguinte, a mão de obra envolvida na fabricação desse produto também valerá, correspondentemente, menos.

Nos países em que os níveis de corrupção são elevados, as propinas necessárias para obter dos burocratas a permissão para que o negócio possa operar têm, da mesma forma, que ser deduzidas das receitas de venda, diminuindo também o valor do produto e da mão de obra aplicada nele, mesmo que os trabalhadores tenham a mesma produção por hora que seus companheiros em economias mais modernas e menos corruptas. Na verdade, a produção por hora dos trabalhadores do Terceiro Mundo é, mais tipicamente, menor, e quanto mais elevados os custos de transporte e da corrupção que devem ser deduzidos das vendas, as receitas líquidas podem deixar esses trabalhadores ganhando uma fração do que ganham os empregados fazendo um trabalho semelhante em outros países.

Em suma, a produtividade não é apenas e exclusivamente o resultado do que um trabalhador faz, mas também de inúmeros outros fatores. Dizer que a demanda de trabalho se baseia no valor da produtividade do trabalhador não é dizer que a remuneração se baseia no mérito. Mérito e produtividade, assim como moralidade e nexo de causalidade, são duas coisas muito diferentes.

DIFERENÇAS DE REMUNERAÇÃO

Até agora, a discussão centrou-se naquilo que afeta a demanda por trabalho. E quanto à oferta? Os empregadores raramente pagariam em troca do trabalho de alguém específico tanto quanto o fariam se houvessem outros indivíduos dispostos e capazes de fornecer os mesmos serviços por menos.

Salários e vencimentos têm a mesma função econômica que os outros preços — isto é, orientar a utilização dos recursos escassos que têm usos alternativos, de modo que cada recurso é utilizado onde for mais valorizado. Porém, como no caso esses escassos recursos são seres humanos, temos a tendência de olhar para os salários e ordenados de um jeito diferente da forma como olhamos os preços pagos por outros insumos do processo de produção. Muitas vezes fazemos perguntas que são emocionalmente poderosas, ainda que logicamente sem sentido e totalmente não definidas. Por exemplo: Os salários são "justos"? Os trabalhadores são "explorados"? Este é "um salário digno"?

Ninguém gosta de ver companheiros seres humanos que vivem na pobreza e na miséria, e muitos estão preparados para fazer algo a respeito, como mostram os muitos bilhões de dólares que são doados a uma ampla gama de instituições de caridade todos os anos, e os bilhões adicionais despendidos pelos governos na tentativa de melhorar a condição das pessoas pobres. Atividades assim, socialmente importantes, ocorrem em paralelo a uma economia coordenada por preços, mas as duas coisas servem a propósitos diferentes. Tentativas de transformar os preços, incluindo os do trabalho e talentos das pessoas, em algo além de sinais para orientar os recursos rumo a seus usos mais valorizados têm como decorrência fazê-los menos eficazes em sua finalidade básica, da qual a prosperidade de toda a sociedade depende. Em última análise, é a prosperidade econômica que possibilita que milhares de milhões de dólares sejam dedicados a ajudar os menos afortunados.

"Distribuição" de Renda

Nada é mais simples e fácil de entender do que o fato de que algumas pessoas ganham mais do que outras, e por uma variedade de razões. Algumas pessoas são simplesmente mais velhas, por exemplo, e os anos adicionais lhes proporcionaram mais oportunidades para adquirir mais experiência, habilidades, educação formal e treinamento profissional — tudo que lhes permite fazer um determinado trabalho mais eficientemente ou aceitar trabalhos mais complicados, que seriam uma tarefa esmagadora para um novato ou alguém com experiência profissional muito limitada. Não surpreende, portanto, que habilidades funcionais melhores levem a rendimentos mais elevados. Com o passar dos anos, indivíduos mais velhos também podem tornar-se mais bem informados sobre oportunidades de emprego, enquanto um número crescente de outras pessoas se tornam mais conscientes de si e de suas capacidades individuais, atraindo a oferta de novos postos de trabalho ou promoções até onde se encontram trabalhando atualmente. Não é incomum que a maioria das pessoas entre os 5% de maior renda tenham 45 anos ou mais de idade.

Essas e outras razões de senso comum para diferenças de renda entre indivíduos são muitas vezes omitidas nas discussões abstratas de uma expressão ambígua como "distribuição de renda". Embora as pessoas no topo e na base da pirâmide de renda — os "ricos" e os "pobres" como são muitas vezes chamados —, possam ser tratadas nas discussões como se fossem diferentes classes de pessoas, muitas vezes eles são, na verdade, pessoas em diferentes fases de suas vidas. Por volta de 75% dos trabalhadores norte-americanos que estavam entre os 20% de menor renda em 1975 ocuparam também os 40% de maior renda em algum ponto ao longo dos 16 anos subsequentes.

Isso não é surpreendente. Depois de 16 anos, as pessoas costumam ter tido 16 anos de mais experiência de trabalho, talvez incluindo uma formação profissional ou de educação formal. Aqueles em um negócio ou profissão tiveram 16 anos para construir uma clientela. Seria surpreendente se não conseguissem ganhar mais dinheiro como resultado.

Produtividade e Remuneração

Nada disso é exclusividade dos Estados Unidos. Um estudo efetuado em onze países europeus encontrou padrões similares. Metade das pessoas na Grécia e 2/3 na Holanda que estavam abaixo da linha da pobreza em um determinado ano haviam subido acima dessa linha após dois anos. Um estudo realizado na Grã-Bretanha entre milhares de pessoas ao longo de um período de cinco anos obteve padrões semelhantes — cerca de 2/3 dos indivíduos que estavam inicialmente nos 10% de renda inferior subiram acima desse patamar. Estudos na Nova Zelândia mostraram, do mesmo modo, aumentos significativos dos indivíduos que deixaram de integrar os 20% de menor renda em apenas um ano e, claro, números expressivos e crescentes ao longo de um período de vários anos.

Quando algumas pessoas nascem, vivem e morrem na pobreza, enquanto outras nascem, vivem e morrem no luxo, trata-se de uma questão muito diferente daquela em que os jovens ainda não atingiram o nível de renda das pessoas mais velhas, tais como seus pais. Mas o tipo de estatísticas frequentemente citadas nos meios de comunicação, e mesmo no meio acadêmico, normalmente não distinguem essas situações muito diferentes.

Além disso, aqueles que divulgam tais estatísticas geralmente procedem como se estivessem falando sobre diferenças de renda entre as classes, em vez de diferenças entre as faixas etárias. Contudo, embora seja possível que as pessoas fiquem na mesma faixa de renda toda a vida, o que é raro, não é igualmente possível que permaneçam na mesma faixa etária a vida inteira.

Por causa da mudança de patamar de renda no transcorrer dos anos, o grau de desigualdade de renda ao longo da vida não é o mesmo que o grau de desigualdade de renda em um determinado ano. Um estudo realizado na Nova Zelândia descobriu que o nível de desigualdade de renda ao longo da vida profissional era menor do que em *qualquer* ano durante a vida.

Muitos dos debates sobre "ricos" e "pobres" — ou sobre os 10% ou 20% do topo e da base da pirâmide de renda — não conseguem dizer exatamente que espécies de renda qualificam para se estar naquelas categorias. A partir de 2011, uma renda familiar anual de US$101.583 era suficiente para incluir os americanos entre os 20% de maior renda. Mas um casal ganhar um pouco mais de US$50.000 por ano cada um dificilmente os colocaria entre "os ricos", mesmo considerando que os 5% exigissem uma renda familiar de mais de US$186.000 — ou seja, cerca de US$93.000 para cada um deles. Esse é um bom rendimento, mas subir de patamar depois de trabalhar durante décadas em patamares mais baixos não é um indicativo de riqueza.

Descrever as pessoas em determinadas faixas de renda como "rico" é falso por uma razão das mais elementares: renda e riqueza são coisas diferentes. Não importa quanto de renda passe por suas mãos em um determinado ano, sua riqueza depende de quanto você tem retido e acumulado ao longo da vida. Se você recebe um milhão de dólares em um ano e gasta um milhão e meio, você não ficará rico. Mas muitas pessoas frugais, de rendimentos modestos, depois de suas mortes, deixam testamentos surpreendentemente ricos em benefício de seus herdeiros.

Mesmo entre os verdadeiramente ricos há rotatividade. Quando, em 1982, a revista *Forbes* publicou sua primeira lista dos 400 americanos mais endinheirados, nela estavam relacionados 14 Rockefellers, 28 du Ponts e 11 Hunts. Vinte anos mais tarde, a lista incluía 3 Rockefellers, um Hunt e nenhum du Pont. Pouco mais de 20% das pessoas naquela lista de 1982 da Forbes dos americanos mais ricos herdou sua riqueza. Em 2006, no entanto, apenas 2% das pessoas na lista eram herdeiros.

Embora haja muita falação sobre "distribuição de renda", a maior parte da renda, é claro, *não* é, em absoluto, distribuída no sentido que se dá quando se fala de jornais ou panfletos, como se viessem de um centro de distribuição. A maioria da renda é distribuída apenas estatisticamente, no sentido figurado, como se fosse uma distribuição das pessoas conforme a altura delas — algumas com 1,60m, outras com 1,70m etc. —, mas com nenhuma dessas alturas sendo enviada de algum local central. Não obstante, é muito comum ler ou ouvir jornalistas e outros discutindo como a "sociedade" *distribui* sua renda, em vez de dizer em português claro que algumas pessoas ganham mais dinheiro do que outras.

Não há nenhuma decisão coletiva tomada pela sociedade a respeito de quanto vale o trabalho de cada indivíduo. Em uma economia de mercado, aqueles que recebem o benefício direto proporcionado por bens ou serviços de alguém decidem o quanto pagarão pelo que recebem. Pessoas que preferem tomadas de decisão coletivas sobre essas coisas podem argumentar a favor de um determinado método de tomada de decisão. Mas é enganoso sugerir que hoje a "sociedade" *distribui* sua renda com um dado conjunto de resultados e deveria simplesmente alterar a distribuição de sua renda com diferentes resultados no futuro.

Há mais envolvido aí que uma metáfora enganosa. Muitas vezes, as unidades em que as diferenças de renda são discutidas são tão equivocadas como a metáfora. Estatísticas de renda familiar ou de renda de agregados familiares[1] podem ser especialmente enganosas em comparação com estatísticas de renda individuais. Um indivíduo sempre significa a mesma coisa: uma pessoa — mas o tamanho das famílias e agre-

---

[1] A diferença entre família e agregado familiar é que na família todas as pessoas que vivem em uma mesma casa são ligadas de alguma forma ao dono da casa, enquanto um agregado familiar é composto por duas ou mais famílias coabitando; note, ainda, que um indivíduo morando sozinho constitui uma família – uma unidade familiar.

Produtividade e Remuneração

gados familiares difere substancialmente de um período de tempo para outro, de um grupo racial ou étnico para outro, e de uma faixa de renda para outra.

Por exemplo, uma análise detalhada dos dados do U.S. Census mostrou que havia 40 milhões de pessoas nos 20% da base da pirâmide familiar em 2002, mas 69 milhões de pessoas entre os 20% na parte superior dela. Embora os incautos possam supor que esses quintis significam dividir o país em "cinco camadas iguais", como dois conhecidos economistas depreenderam equivocadamente em um livro muito popular, não há nada de igual nessas camadas. Elas representam grosseiramente números diferentes de pessoas.

Não só o número de pessoas difere consideravelmente entre famílias de baixa e alta renda, também a proporção de pessoas que trabalham, em umas ou outras, difere substancialmente. No ano de 2010, nos 20% das famílias de maior renda, cerca de 20,6 milhões de chefes de família trabalhavam, em comparação com 7,5 milhões de chefes de família trabalhando nos 20% das famílias componentes do extrato inferior de renda. Essas disparidades marcantes nem sequer levam em conta se eles estão trabalhando em tempo integral ou meio período. Quando se trata de trabalhar o dia inteiro durante todo o ano, até mesmo os 5% das famílias no topo da pirâmide de renda continham mais chefes de família que trabalharam em tempo integral por 50 semanas ou mais, do que os 20% da base da pirâmide. Ou seja, havia mais chefes de família *em números absolutos* — 4,3 milhões contra 2,2 milhões — trabalhando em tempo integral e durante todo o ano no extrato de renda correspondente aos 5% das famílias em comparação com os 20% da base da pirâmide.

Tempos atrás, por volta da década de 1890, as pessoas integrantes dos 10% de maior renda trabalhavam menos horas do que aquelas nos 10% de menor renda, mas essa situação reverteu-se há muito. Não estamos falando sobre ricos ociosos contra pobres labutando. Hoje geralmente estamos falando sobre aqueles que trabalham regularmente e aqueles que, na maioria dos casos, não o fazem com regularidade ou nunca. Nessas condições, quanto mais aumenta a remuneração pelo trabalho, mais aumenta a desigualdade de renda. Em uma pesquisa publicada na *Harvard Business Review*, entre os 6% no topo da pirâmide de renda, 62% trabalhavam mais de 50 horas por semana e 35% trabalhavam mais de 60 horas por semana.

Os tamanhos das famílias e agregados familiares têm diferido não só de uma faixa de renda para outra em um determinado momento, mas também ao longo do tempo. Essas diferenças não são acidentais. Elas mudam radicalmente as implicações das tendências estatísticas de "distribuição de renda". Por exemplo, a renda real por família americana subiu apenas 6% ao longo de todo o período entre 1969 e 1996, enquanto a renda real *per capita* cresceu 51% no mesmo intervalo de tempo. A discrepância deve-se ao fato de que o tamanho médio das famílias e agregados familiares estava em declínio durante esses anos, de modo que famílias menores — incluindo algumas constituídas por apenas uma pessoa — passaram a ganhar agora quase o mesmo que as famílias maiores da geração anterior. Olhando para um período ainda mais longo, de 1967 a 2007, a renda média real familiar aumentou 30%, contra 100% da renda real *per capita*. Números declinantes de pessoas por família foram a chave para essas diferenças.

O aumento da prosperidade contribuiu para o declínio no tamanho das famílias. Já em 1966, a agência americana responsável pelo recenseamento informou que o número de unidades familiares foi aumentando mais rápido do que o número de pessoas e concluiu: "A principal razão para a taxa mais rápida de formação de unidades familiares é o aumento da tendência, especialmente entre indivíduos não aparentados, de manter suas próprias casas ou apartamentos em vez de viver com parentes ou em famílias já existentes como inquilinos, companheiros de quarto e assim por diante". Entretanto, tais consequências do aumento da prosperidade geram estatísticas de renda familiar que são amplamente utilizadas para sugerir que não houve nenhum progresso econômico real.

Um escritor declarou no *Washington Post*, por exemplo, que "os rendimentos da maioria dos lares americanos têm permanecido teimosamente estável há três décadas". Seria mais preciso dizer que alguns escritores têm permanecido teimosamente cegos à realidade econômica. Hoje, quando duas pessoas de uma família trabalham, ganham a mesma quantia total de dinheiro que três pessoas nas mesmas condições no passado, ou seja, um crescimento de 50% da renda por pessoa — mesmo quando a renda familiar permanece a mesma.

A despeito de algumas discussões confusas ou enganosas sobre "os ricos" e "os pobres", baseadas nas posições transitórias das pessoas no fluxo de renda, as pessoas genuinamente ricas e genuinamente pobres — as que vivem no luxo ou na pobreza a vida inteira — existem, mas são muito mais raras do que estatísticas de renda grosso modo poderiam sugerir. Assim como a maioria dos americanos "pobres" não permanecem pobres, a maior parte dos americanos mais ricos não nasceram ricos. Cerca de 80% dos americanos milionários amealharam sua fortuna ao longo de suas próprias vidas, nada tendo herdado. Além disso, os verdadeiramente ricos são raros, assim como os verdadeiramente pobres.

Mesmo considerando um milhão de dólares de patrimônio líquido como nosso critério para ser rico, apenas cerca de 3,5% dos lares americanos estão nesse patamar. Isso é, na verdade, um nível bastante modesto, dado que no patrimônio líquido estão incluídos desde utensílios domésticos e roupas até a quantidade total de dinheiro aplicado em um fundo de pensão individual. Se contarmos como genuinamente pobres

Produtividade e Remuneração

os 5% da população que permanece na base da pirâmide de renda que engloba os 20% mais pobres ao longo de alguns anos, então, os verdadeiramente ricos e os genuinamente pobres — juntos — somam menos de 10% da população americana. Não obstante, a retórica de alguns políticos pode sugerir que a maioria das pessoas está entre "os que têm" e "os que nada têm".

Tendências ao Longo do Tempo

Se nossa preocupação é com o bem-estar econômico dos seres humanos de carne e osso, como distinguido a partir de comparações estatísticas entre faixas de renda, então temos de olhar para a renda real *per capita*, porque as pessoas não vivem em meio à participação porcentual. Elas vivem com sua renda real. Entre aqueles americanos que estavam entre os 20% da parte inferior da pirâmide de renda em 1975, cerca de 98% tinham rendimentos mais elevados reais em 1991 — e 2/3 tinham rendimentos reais em 1991 maiores do que o americano médio tinha em 1975, quando integrava aquela faixa de 20%.

Mesmo quando nos detemos estritamente nas faixas de renda, o fato de as famílias dentro dos 20% da base da pirâmide de renda terem caído de 4% da renda total em 1985 para 3,5% em 2001 não impediu a renda real das famílias nessa faixa de renda de crescer milhares de dólares em termos absolutos, muito além do ocorrido com as pessoas de verdade fora da faixa dos 20% da base entre aqueles dois anos.

Tendências radicalmente diferentes são detectadas quando se olha para as estatísticas baseadas nas comparações das faixas de renda superior e inferior ao longo do tempo, em vez de observar os ganhos de renda dos indivíduos no mesmo espaço de tempo. Por exemplo, é um fato amplamente divulgado que os dados do censo mostram que a parcela da renda nacional americana que vai para os integrantes dos 20% de menor renda tem diminuído com o passar dos anos, enquanto o inverso acontece com relação aos 20% de maior renda — e mais acentuadamente para o 1% do topo da pirâmide de renda. Isso levou ao refrão familiar de que "os ricos estão ficando mais ricos e os pobres estão ficando mais pobres" — uma noção que proporciona aos meios de comunicação o tipo de notícias dramáticas e alarmantes que os jornais vendem e que atraem audiência para a televisão, além de serem ideologicamente satisfatórias para alguns e politicamente úteis para outros. A questão primordial, porém, é: isso é verdade?

Uma imagem diametralmente oposta é encontrada quando se compara o que acontece a *indivíduos específicos* ao longo do tempo. Infelizmente, a maioria das estatísticas, incluindo as do recenseamento americano, *não* acompanham indivíduos específicos ao longo do tempo, em que pese a ilusão de que elas possam ser fomentadas ao longo do tempo por dados sobre categorias de renda. Dentre os poucos estudos que têm realmente seguido americanos individualmente ao longo do tempo, um da Universidade de Michigan e outro da Secretaria da Receita Federal mostram padrões semelhantes, mas radicalmente diferentes, daqueles frequentemente citados nos dados do recenseamento e de outras fontes. O estudo da Universidade de Michigan acompanhou as mesmas pessoas de 1975 a 1991, e o estudo da Receita Federal baseou-se nas declarações pessoais de renda entre 1996 e 2005.

O estudo da Universidade de Michigan descobriu que entre os americanos que trabalham e que estavam nos 20% da base de renda em 1975, cerca de 95% tinham subido de patamar em 1991 — incluindo 29% que tinham atingido o quintil superior em 1991, em comparação aos apenas 5% que permaneceram no quintil mais baixo. A maior quantidade absoluta de aumento de renda entre 1975 e 1991 coube às pessoas que estavam inicialmente no quintil mais baixo em 1975, e o menor aumento absoluto de renda ocorreu entre aqueles situados inicialmente no quintil superior em 1975.

Em outras palavras, os rendimentos das pessoas que estavam inicialmente na parte inferior aumentaram *mais* do que os rendimentos das pessoas que estavam inicialmente no topo. Isso é completamente oposto ao quadro apresentado pelos dados do Censo com base na evolução das faixas de renda ao longo do tempo, em vez de se centrar em como as pessoas se deslocam dentro e fora de tais faixas.

Padrões semelhantes apareceram nas estatísticas da Receita Federal (RF) que acompanharam os dados individuais. A RF descobriu que, entre 1996 e 2005, a renda dos indivíduos que, em 1996, estavam entre os 20% de menor renda tinha aumentado em 91% até 2005, e a renda dos ocupantes do 1% lá no topo *caiu* 26%. Pode parecer quase impossível que os dados do recenseamento, da RF e da Universidade de Michigan possam estar corretos, mas estão. Estudos da evolução no tempo das faixas de renda e das pessoas individuais medem coisas fundamentalmente diferentes que são, muitas vezes, confundidas uma com a outra.

Um estudo sobre a evolução dos rendimentos individuais ao longo do tempo no Canadá revelou padrões muito semelhantes àqueles dos Estados Unidos. Durante o período de 1990 a 2009, os canadenses que estavam inicialmente entre os 20% que compunham a base inferior de renda apresentaram tanto o maior aumento absoluto quanto o maior aumento relativo em sua renda. Apenas 13% dos canadenses que estavam inicialmente no quintil mais baixo em 1990 permaneciam ali em 2009, ao passo que 21% deles haviam percorrido todo o caminho até o quintil mais alto da pirâmide de renda.

A relação entre uma faixa de renda e outra, qualquer que seja ela, não é, necessariamente, a mesma que existe entre as *pessoas*, porque estas se movem de um patamar

Produtividade e Remuneração

para o outro à medida que o tempo passa. Por conseguinte, o destino das faixas e o destino das pessoas podem ser muito diferentes — e, em muitos casos, totalmente opostos. Quando a renda dos americanos na faixa inferior quase duplica em uma década, eles já não estão mais no suporte inferior. Não há nada de misterioso sobre isso, pois a maioria das pessoas começa suas carreiras em empregos no nível de entrada no mercado de trabalho e sua experiência vai crescendo ao longo dos anos, proporcionando rendimentos mais elevados. Também não é surpreendente que as pessoas cujos ganhos as situam no topo da pirâmide de renda pareçam, muitas vezes, também estar próximos ao pico de seus rendimentos, não podendo continuar a subir tão dramaticamente como aqueles que iniciaram na parte inferior das faixas de renda.

Alguns americanos chegaram ao grupo de 1% de pessoas de maior renda — aproximadamente US$369.500 em 2010 — em um determinado ano graças a algum impulso em especial de sua renda durante esse ano em particular. Alguém que vende uma casa pode ter uma renda que, naquele ano, é um múltiplo da renda recebida em qualquer ano antes ou depois. Da mesma forma, isso vale para alguém que recebe uma grande herança em um certo ano ou prêmios em opções de ações que foram se acumulando no decorrer do tempo. Esses picos no montante de rendimentos explicam parte substancial do fato de a renda em um dado ano alcançar os níveis mais altos. Mais de metade das pessoas cuja renda as colocava entre o 1% do patamar mais elevado da pirâmide em 1996 já não estavam lá em 2005. E, daqueles que integravam o 0,01% do patamar mais alto de renda em 1996, por volta de 75% não tinham mais essa condição em 2005.

Muitas pessoas que nunca têm um aumento de renda que iria colocá-los no 1% de maior renda podem, contudo, chegar aos 20% depois de muitos anos trilhando uma carreira. Eles não são "ricos" em nenhum sentido significativo, embora possam ser chamados assim pela retórica de políticos, pessoas da mídia ou mesmo de acadêmicos. Como já mencionado, a quantidade de renda necessária para alcançar o patamar de 20% das maiores rendas dificilmente é o suficiente para viver no estilo de vida dos ricos e famosos. Nem de estar lá no topo, entre o 1%, pois metade das pessoas nessa faixa não permanecem lá.

Em termos de rendimentos, assim como existem picos de tempos em tempos, há também depressões em anos específicos. Assim, muitas pessoas genuinamente afluentes, ou verdadeiramente ricas, podem ter perdas em seus negócios ou serem afastadas após vários anos em suas profissões ou investimentos, de modo que seu rendimento em um determinado ano pode ser muito baixo ou mesmo negativo, sem que fiquem pobres em algum sentido. Isso pode ajudar a explicar anomalias como centenas de milhares de pessoas com rendimentos abaixo de US$20.000 por ano que estão vivendo em casas que custam de US$300.000 para cima.

A confusão fundamental que faz os dados por faixa de renda e sobre os rendimentos individuais parecerem mutuamente contraditórios decorre do pressuposto implícito de que as pessoas em determinadas faixas de renda em um determinado momento são uma "classe" duradoura nesse nível. Se isso fosse verdade, então as tendências ao longo do tempo nas comparações entre as faixas de renda seriam as mesmas que as tendências ao longo do tempo entre indivíduos. Como *não* é o caso, no entanto, os dois conjuntos de estatísticas levam não só a conclusões diferentes, mas até mesmo a conclusões que parecem contradizerem-se umas às outras.

Quanto mais alto na escala de renda as pessoas estão, mais voláteis são seus rendimentos. "Durante as últimas três recessões, a faixa de 1% dos maiores ganhos (aqueles entre US$380.000 ou mais em 2008) registrou os maiores choques de renda em termos porcentuais de qualquer faixa de renda nos EUA", segundo relatado pelo *The Wall Street Journal*. Enquanto os rendimentos das pessoas que ganham US$50.000 ou menos caiu 2% entre 2007 e 2009, os das pessoas na faixa de um milhão de dólares ou mais diminuíram quase 50%.

Por outro lado, quando a economia cresce, a renda do 1% "cresce até três vezes mais rápido do que a do resto do país". Isso não causa, realmente, nenhuma surpresa, uma vez que os rendimentos nos níveis mais altos são menos susceptíveis de se originarem de salários e mais provavelmente advêm de investimentos ou vendas, ambos os quais podem variar muito quando há um vai e vem da economia. Semelhantes padrões aplicam-se à riqueza também. "Durante as recessões nos anos 1990 e 2001, os 5% norte-americanos mais ricos (em termos de patrimônio líquido) apresentaram o maior declínio em sua riqueza", informou o *Wall Street Journal*.

Diferenças nas Habilidades

Entre as muitas razões para as diferenças de produtividade e salários é que algumas pessoas têm mais habilidades do que outras. Ninguém se surpreende que os engenheiros ganhem mais do que porteiros, ou que funcionários de transporte experientes tendem a ganhar remuneração mais elevada do que balconistas — e pilotos experientes tendem a ganhar mais do que qualquer um deles. Embora os trabalhadores possam ser considerados simplesmente por sua oferta de mão de obra, o que a maioria das pessoas tem a oferecer não é apenas a capacidade de se envolver em esforços físicos, mas também a de aplicar a proficiência mental em suas tarefas. O tempo em que "costas fortes e uma mente fraca" foram suficientes para muitos postos de trabalho faz parte do passado na maioria das economias modernas. Por óbvio que isso possa parecer, suas implicações não são igualmente óbvias e nem sempre amplamente compreendidas.

Em épocas e lugares nos quais a força física e a resistência eram as principais exigências de trabalho, a produtividade e os salários tendiam a chegar em seu ponto máximo no auge da juventude, com os trabalhadores de meia-idade recebendo menor remuneração e/ou encontrando emprego com menos frequência. A ênfase na força física igualmente favorecia os trabalhadores do sexo masculino em relação às mulheres.

Em alguns países desesperadamente pobres que vivem quase no limite da sobrevivência, como a China em tempos passados, o diferencial quanto ao sexo na realização do trabalho físico era tal que não era incomum que as pessoas mais pobres matassem lactentes femininos. Enquanto a mãe era necessária para a família, a produtividade de uma mulher adicional no árduo trabalho agrícola em pequenas áreas de terra com ferramentas primitivas pode não produzir comida suficiente para mantê-la viva — e, assim, ao consumir o alimento produzido por outros, ameaçava a sobrevivência do conjunto da família em um momento em que a desnutrição e a morte por inanição eram perigos sempre presentes. Um dos muitos benefícios do desenvolvimento econômico foi tornar desnecessárias tais escolhas desesperadas e brutais.

A crescente importância das habilidades e experiência em relação à força física mudou a produtividade relativa dos jovens em comparação à dos mais velhos, e das mulheres em relação à dos homens. Isso tem ocorrido especialmente em tempos mais recentes, com o poder das máquinas substituindo a força humana nas sociedades industriais, e com as habilidades tornando-se cruciais nas economias de alta tecnologia. Mesmo em um prazo relativamente curto, a idade em que a maioria das pessoas obtém seus ganhos máximos deslocou-se para cima. Em 1951, essa idade estava entre 35 e 44 anos, com as pessoas nessa faixa etária ganhando 60% ou mais do que os trabalhadores em seus primeiros vinte anos. Em 1973, porém, as pessoas na faixa entre 35 e 44 anos de idade ganhavam mais do que o dobro da renda dos trabalhadores mais jovens. Vinte anos depois, a faixa de ganhos no pico tinha se movido para cima, para as pessoas com idades entre 45 e 54 anos, cujos ganhos superavam em mais de três vezes o rendimento dos trabalhadores em seus primeiros vinte anos.

Enquanto isso, a importância cada vez menor da força física também reduziu ou eliminou o viés positivo para os trabalhadores do sexo masculino em uma gama cada vez maior de ocupações. Isso não exigiu de todos os empregadores um interesse iluminado. Aqueles que persistiam em pagar mais por trabalhadores do sexo masculino que não eram correspondentemente mais produtivos estavam em desvantagem competitiva em relação às empresas rivais que operavam a custos mais baixos ao eliminar a vantagem masculina, equalizando a remuneração de mulheres e homens para corresponder às respectivas produtividades. Os empregadores mais ignorantes ou preconceituosos tinham custos mais elevados de trabalho, arriscando-se a liquidar seus negócios em face da concorrência cruel do mercado. Assim, a remuneração das mulheres de qualificações semelhantes às dos homens começou a se emparelhar antes mesmo de haver leis tornando compulsória essa igualdade.

Embora a crescente importância das habilidades tendesse a reduzir as desigualdades econômicas entre os gêneros, tendia a aumentar a desigualdade entre aqueles com e sem habilidades. Além disso, com o aumento dos lucros em geral, que cresciam em virtude de uma economia mais produtiva com mais pessoas qualificadas, tendia a aumentar a desigualdade entre os que trabalhavam regularmente e aqueles que não o faziam. Como já foi dito aqui, existem diferenças marcantes entre os números e proporções de pessoas que trabalham e aqueles que não trabalham, ao se comparar as faixas de renda superiores com as faixas de renda inferiores. Um acréscimo simultâneo de recompensas para o trabalho, e um crescente estado de bem-estar social que permite que mais pessoas vivam sem trabalhar, praticamente garante o aumento da desigualdade nos lucros e rendimentos quando muitos dos benefícios do estado de bem-estar social são recebidos em produtos ou serviços, em vez de dinheiro, tais como subsídios à habitação ou assistência médica, pois esses benefícios não são contados nas estatísticas de renda.

Uma das razões aparentemente mais óbvias para diferentes indivíduos (ou nações) viverem em níveis econômicos muito diferentes é que eles *produzem* em níveis econômicos muito diferentes. À medida que as economias vão se tornando tecnológica e economicamente mais complexas, e o trabalho físico é menos exigido, os indivíduos com qualificações mais elevadas são mais procurados e mais altamente recompensados. As crescentes disparidades entre as faixas de renda superior e inferior, sob tais condições, não chega a surpreender de modo algum.

Discriminação no Trabalho

Muito embora as diferenças salariais por vezes reflitam diferenças nas habilidades, experiência, ou vontade de fazer o trabalho duro e perigoso, podem também significar discriminação contra segmentos específicos da sociedade, como minorias étnicas, mulheres, castas mais baixas, ou outros grupos. No entanto, a fim de determinar se há discriminação e o quanto é grave, precisamos primeiro definir o que queremos dizer.

Às vezes, a discriminação é definida como julgar indivíduos de diferentes grupos por diferentes normas na contratação, pagamento ou promoção. Em sua forma mais grave, isso pode chegar à recusa de contratar em tudo. "Nenhum Irlandês Precisa se Candidatar" era um chavão nos anúncios de muitos empregos cobiçados no século XIX e início do século XX na América. Antes da II Guerra Mundial, muitos hospitais

Produtividade e Remuneração

nos Estados Unidos não contratavam médicos negros ou judeus e alguns escritórios de advocacia de prestígio não admitiam alguém que não fosse homem, branco, das classes altas e da religião protestante. Em outros casos, as pessoas podem ser contratadas a partir de uma série de grupos, mas os indivíduos de diferentes grupos eram alocados em diferentes tipos de trabalhos.

Nada disso foi peculiar aos Estados Unidos ou à era moderna. Ao contrário, os membros de diferentes grupos foram tratados de forma diferente nas legislações e práticas em todo o mundo e nos milhares de anos da história registrada. A ideia de tratar todos os indivíduos da mesma maneira, independentemente de que grupo venham, é relativamente recente em termos históricos, e de modo algum universalmente observado em todo o mundo hoje.

Justapondo-se à discriminação e, muitas vezes confundidas com ela, são as diferenças de emprego com base em diferenças substanciais em habilidades, experiência, hábitos de trabalho e padrões de comportamento de um grupo para outro. Índios Moicanos, por exemplo, foram muito requisitados para trabalhar na construção de arranha-céus nos Estados Unidos, porque circulavam no alto das estruturas de aço sem medo aparente ou distraindo-se do trabalho. Em tempos passados, os trabalhadores chineses em plantações de borracha na Malásia colonial coletavam o dobro do látex das seringueiras que os trabalhadores locais no mesmo período de tempo.

Embora as preferências por alguns grupos e a relutância ou falta de vontade de contratar outros tenham sido muitas vezes descritas como devido à "parcialidade", "preconceito" ou "estereótipos", observadores terceiros não podem tão facilmente descartar o conhecimento em primeira mão daqueles que estão apoiando suas crenças arriscando seu próprio dinheiro. Mesmo na ausência de diferentes crenças sobre diferentes grupos, a aplicação de critérios de trabalho equânimes para diferentes grupos pode resultar em proporções muito diferentes na contratação, demissão ou promoção desses grupos. Na prática, distinguir discriminação de diferenças nas qualificações e performances não é fácil, apesar de a distinção ser, em princípio, fundamental. Raramente, dados estatísticos contêm informações suficientemente detalhadas sobre habilidades, experiência, desempenho ou absenteísmo, e muito menos sobre hábitos e atitudes de trabalho, para possibilitar comparações entre indivíduos verdadeiramente comparáveis de diferentes grupos.

As mulheres, por exemplo, há muito têm rendimentos mais baixos do que os homens, mas a maioria delas dá à luz em algum momento de suas vidas e muitas afastam-se da força de trabalho até que seus filhos cheguem a uma idade na qual possam frequentar uma creche quando suas mães retornam ao trabalho. Essas interrupções de suas carreiras custam às mulheres experiência profissional e antiguidade, que por sua vez inibem o aumento de seus rendimentos ao longo dos anos em relação aos de homens que trabalharam continuamente no mesmo período. Todavia, já em 1971, mulheres americanas solteiras na faixa de trinta anos de idade, que trabalharam ininterruptamente a partir do ensino médio, ganhavam um pouco *mais* do que homens solteiros na mesma condição, ainda que as mulheres, como um grupo, ganhassem substancialmente menos do que os homens como um grupo.

Isso sugere que os empregadores estavam dispostos a pagar às mulheres com idêntica experiência o mesmo que os homens, mesmo porque eram forçados a isso pela concorrência no mercado de trabalho, e as mulheres com a mesma experiência podiam até superar os homens nesse quesito e, portanto, ganhar mais. Mas diferenças em responsabilidades domésticas impedem os sexos de ter no local de trabalho experiências iguais ou rendimentos idênticos com base nessa experiência. Nada disso deveria ser surpreendente. Se, por exemplo, as mulheres fossem remuneradas com apenas 75% do que ganham os homens *com o mesmo nível de experiência e desempenho*, então qualquer empregador poderia contratar quatro mulheres, em vez de três homens, para o mesmo montante de salários e ganhar uma vantagem decisiva nos custos de produção em relação às empresas concorrentes.

Dito de outro modo, qualquer empregador que discriminasse as mulheres nessa situação incorreria em custos desnecessariamente elevados, arriscando lucros, vendas, e sobrevivência em um segmento competitivo. Vale a pena notar mais uma vez a distinção feita no Capítulo 4 entre causalidade *intencional* e *sistêmica*. Ainda que um único empregador, consciente ou intencionalmente, não atentasse para as implicações sobre a situação econômica da discriminação contra as mulheres, os efeitos sistêmicos da concorrência tenderiam a eliminar, ao longo do tempo, os empregadores que remunerassem um dos sexos com um diferencial sem correlação com uma diferença de produtividade. Esse processo seria acelerado na medida em que as mulheres criariam suas próprias empresas, como muitas cada vez mais fazem e não discriminam outras mulheres.

De uma forma geral, diferenças salariais significativas entre homens e mulheres não são as mesmas em todo lugar, mas variam entre aquelas mulheres que se tornam mães e as que não o fazem. Em um estudo, mulheres sem filhos ganhavam 95% do que os homens ganhavam, contra 75% das mulheres com crianças. Além disso, mesmo aquelas mulheres sem filhos não precisavam ter uma função equivalente à dos homens. A própria possibilidade de ter filhos faz ocupações diferentes apresentarem atrativos diferentes para as mulheres, mesmo antes de se tornarem mães. Ocupações como bibliotecárias ou professoras, às quais se pode retornar após alguns anos dedicados a cuidar de crianças pequenas, são mais atrantes para as mulheres que planejam

Produtividade e Remuneração

ter filhos. Porém, ocupações tais como engenheiros de computação, em que apenas alguns anos de afastamento podem deixar o profissional muito para trás nesse campo em rápida mudança, tendem a ser menos atraentes para muitas mulheres. Em suma, mulheres e homens fazem diferentes escolhas profissionais e se preparam para muitas dessas ocupações especializando-se em uma seleção de assuntos muito diferentes enquanto estudam.

Saber se ou quanto as mulheres enfrentam situações de discriminação no mercado de trabalho é uma questão sobre se há diferenças substanciais de remuneração entre mulheres e homens nos mesmos domínios com a mesma qualificação. Já saber se existe ou não paridade de renda entre os sexos é algo muito diferente, pois as diferenças nas opções profissionais, escolhas educacionais e continuidade no emprego, todas elas, afetam os rendimentos. Os homens também tendem a trabalhar em ocupações mais perigosas, que geralmente pagam mais do que ocupações similares que são mais seguras. Como um estudo observou, "embora 54% dos postos de trabalho sejam do sexo masculino, os homens respondem por 92% de todas as mortes relacionadas com o trabalho".

Problemas semelhantes em tentar comparar indivíduos verdadeiramente comparáveis torna difícil determinar a presença e a grandeza da discriminação entre grupos que diferem em raça ou etnia. Não é incomum, tanto nos Estados Unidos como em outros países, que um grupo racial ou étnico difira em idade em relação a um outro em uma década ou mais — e já vimos como a idade faz uma grande diferença na renda. Enquanto as estatísticas brutas mostram grandes diferenças de renda entre os grupos raciais e étnicos da América, as mais refinadas geralmente mostram diferenças muito menores. Por exemplo, homens afrodescendentes, brancos e hispânicos da mesma idade (29 anos) e QI (100) têm rendimentos anuais médios de mil dólares. Na Nova Zelândia, embora existam diferenças de renda substanciais entre a população Maori (o povo nativo do país) e a população branca, essas diferenças da mesma forma encolhem drasticamente quando se compara com outros Maoris neozelandeses da mesma idade e com as mesmas habilidades e níveis de alfabetização.

Muitas discussões a propósito da discriminação ocorrem como se os empregadores fossem livres para tomar sejam lá quais forem as decisões arbitrárias que desejarem ao contratar ou remunerar. Isso ignora o fato de que os empregadores não operam isoladamente, mas em mercados. As empresas competem umas contra as outras para admitir funcionários ou atrair clientes. Enganar-se nas decisões incorre em custos em ambos os mercados, de trabalho e produtos, e, como temos visto em capítulos anteriores, os custos de estar errado podem ter graves consequências. Além disso, tais custos variam com as condições do mercado.

Não obstante seja evidente que a discriminação impõe um custo nos que a estão sofrendo sob a forma de perda de oportunidades para rendimentos mais elevados, também é verdade que a discriminação age de igual maneira sobre aqueles que a estão praticando, pois também eles perdem oportunidades de rendimentos mais compensadores. Por exemplo, quando um proprietário se recusa a alugar um apartamento para as pessoas do grupo "errado", isso pode significar deixar o apartamento vago por mais tempo. Claramente, isso representa uma perda de renda — se esse for um mercado livre. No entanto, se houver controle de aluguel, com um excedente de interessados em apartamentos vagos, então a tal discriminação nada custa para o senhorio, uma vez que, nessas condições, não haverá atraso para encontrar um novo inquilino.

Princípios semelhantes aplicam-se nos mercados de trabalho. Um empregador que se recusa a contratar pessoas qualificadas dos grupos "errados" corre o risco de deixar seus postos de trabalho sem serem preenchidos por mais tempo em um mercado livre. Isso implica que algum trabalho não será concluído e alguns pedidos de clientes não serão atendidos — ou então incorrerá em horas extras dos funcionários existentes para terminar o trabalho. De qualquer maneira, isso custa ao empregador mais dinheiro. Contudo, em um mercado no qual os salários são fixados artificialmente acima do nível em que estariam segundo a oferta e a demanda, o excedente de candidatos a emprego pode significar que a discriminação nada custa ao empregador, pois, em tal situação, não haveria nenhum atraso para completar o trabalho.

Salários artificialmente elevados estabelecidos por um sindicato ou salário-mínimo legal não mudam o princípio. A evidência empírica indica fortemente que a discriminação racial tende a ser maior quando os custos são mais baixos e diminui quando os custos são maiores.

Mesmo na África do Sul governada pelos brancos durante a era do *apartheid*, quando a discriminação racial contra os negros era legal, os empregadores brancos em indústrias competitivas muitas vezes contratavam mais negros e em ocupações mais elevadas do que eram autorizados a fazer pelo governo — e muitas vezes foram multados quando apanhados agindo assim. Isso ocorria em razão do interesse econômico dos empregadores em contratar negros. Da mesma forma, os brancos que queriam casas bem construídas em Joanesburgo normalmente contratavam, à margem da lei, equipes compostas de negros, muitas vezes com um branco apenas simbolicamente na função de encarregado a fim de atender as exigências das leis do *apartheid*, em vez de pagar mais contratando uma equipe de construção de brancos como o governo queria que fizessem. Senhorios sul-africanos brancos, da mesma forma, muitas vezes alugavam casas para negros em áreas onde apenas brancos eram legalmente autorizados a viver.

O custo da discriminação para os que a praticavam é crucial para compreender tal comportamento. Os empregadores que estão gastando o dinheiro de outras pessoas — agências governamentais ou organizações sem fins lucrativos, por exemplo — são muito menos afetados pelo custo da discriminação. Em países de todo o mundo, a discriminação por parte do governo tem sido maior do que a das empresas que operam em mercados privados e competitivos. Compreender os aspectos econômicos básicos da discriminação faz com que seja mais fácil entender por que os negros estrelavam espetáculos na Broadway na década de 1920, em uma época em que eles não tinham permissão para se alistar na Marinha dos EUA ou ser admitidos em muitos empregos civis do governo também. Os produtores da Broadway não estavam dispostos a abrir mão das receitas que poderiam obter com a contratação de artistas negros capazes de atrair um grande público, mas os custos da discriminação do governo foram pagos pelos contribuintes, tenham eles se dado conta disso ou não.

Para o empregador, assim como leis de salário-mínimo reduzem o custo da discriminação, leis que impõem salários *máximos* agem no sentido contrário. Entre os poucos exemplos de leis fixando salários máximos em séculos recentes figuram os controles de preços e salários nos Estados Unidos durante a II Guerra Mundial. Uma vez que os salários não foram autorizados a subir para o nível que estariam segundo a oferta e a demanda, houve uma escassez de trabalhadores, assim como há escassez de habitações quando os aluguéis são controlados. Muitos empregadores que haviam deixado de contratar negros ou mulheres antes, ou que não os admitiam em empregos melhores antes da guerra, agora passaram a fazê-lo. A imagem "Rosie the Riveter" (algo como "Rosie, a Britadeira", era um ícone cultural nos EUA que representava as mulheres que trabalhavam em fábricas e estaleiros navais americanos) que surgiu na II Guerra Mundial foi, em parte, resultado dos controles de preços e salários.

CAPITAL, TRABALHO E EFICIÊNCIA

Não obstante tudo que se produz requeira algum trabalho, praticamente nada pode ser produzido somente pelo trabalho. Os agricultores precisam de terra, os taxistas precisam de carros, os artistas precisam de algo para desenhar e algo com que desenhar. Mesmo um comediante de standup necessita ter um estoque de piadas, que é o seu capital, assim como represas hidrelétricas são o capital das empresas que geram eletricidade.

O capital complementa o trabalho no processo de produção, mas também compete com o trabalho para o emprego. Em outras palavras, muitos bens e serviços podem ser produzidos com muito trabalho e pouco capital, ou muito capital e pouco trabalho. Quando os sindicatos fazem com que a remuneração dos motoristas de ônibus fique muito acima do que estaria em um mercado de trabalho competitivo, as empresas de transporte tendem a adicionar mais capital a fim de compensar a utilização do trabalho mais caro. Os ônibus aumentam de tamanho, às vezes tornando-se biarticulados, de modo que um motorista usa o dobro de capital e transporta o dobro de passageiros.

Alguns podem pensar que isso é mais "eficiente", mas eficiência não é algo tão facilmente definido. Se conceituarmos arbitrariamente eficiência como produção por unidade de trabalho, como alguns fazem, então é um raciocínio meramente circular dizer que ter um motorista de ônibus transportando mais passageiros é mais eficiente. Isso pode, de fato, custar mais dinheiro por passageiro em consequência do capital adicional necessário para os ônibus expandidos e o trabalho mais caro dos motoristas.

Caso os motoristas de ônibus não fossem sindicalizados e ganhassem não mais do que o necessário para atrair pessoas qualificadas, sem dúvida seus salários seriam menores e, então, seria rentável que as empresas de transporte contratassem mais deles e utilizassem os ônibus mais curtos. O custo total de deslocamento seria menor e os passageiros esperariam menos tempo nos pontos em virtude do maior número de ônibus. Essa não é uma preocupação menor para as pessoas à espera nas esquinas nos dias frios de inverno ou em bairros de alta criminalidade à noite.

"Eficiência" não pode ser significativamente definida sem levar em conta as preferências e desejos humanos. Mesmo a eficiência de um motor de automóvel não é uma simples questão de física. Toda a energia gerada pelo motor será utilizada de algum modo — quer movendo o carro para a frente, superando o atrito interno entre as partes móveis do motor, ou sacudindo a carroceria do automóvel de várias maneiras. É somente quando definimos nosso objetivo — fazer o carro andar — que podemos considerar a parcela de potência do motor que será usada para essa tarefa como indicativo de sua eficiência, e o restante da potência dissipada em diversas outras maneiras como sendo "desperdício".

Os europeus há muito consideram a agricultura americana como "ineficiente", porque a produção por hectare era muito menor nos Estados Unidos do que na maior parte da Europa. Por outro lado, a produção por trabalhador agrícola foi muito maior nos Estados Unidos do que na Europa. A explicação para isso está nas terras mais abundantes e no trabalho mais escasso nos EUA. Um fazendeiro americano tinha que cuidar de uma área maior e, em decorrência, seu tempo para isso era mais curto. Na Europa, onde a terra era mais escassa, e, portanto, mais cara por causa da oferta e da procura, o agricultor europeu concentrou-se no cultivo mais intensivo, gastando mais tempo limpando ervas daninhas e pedras, ou de outra forma dedicando mais atenção em garantir o máximo rendimento por hectare.

Da mesma forma, os países do Terceiro Mundo muitas vezes fazem uso mais intensivo dos equipamentos disponíveis do que os países mais ricos e mais industrializados. Ferramentas como martelos e chaves de fenda podem ser abundantes para cada trabalhador em uma loja ou fábrica americana, algo muito menos provável de acontecer em um país muito mais pobre em que tais ferramentas são mais susceptíveis de serem compartilhadas, ou compartilhadas mais amplamente, do que entre os americanos produzindo o mesmo bem. Visto sob outro ângulo, cada martelo em um país pobre é utilizado mais vezes por ano, pois é compartilhado entre mais pessoas e fica menos tempo inativo. Isso não faz o país mais pobre ser mais "eficiente". Trata-se apenas de as carências relativas de capital e trabalho serem diferentes.

O capital tende a ser mais escasso e, em decorrência, mais caro nos países mais pobres, enquanto o trabalho é mais abundante e, consequentemente, mais barato do que nos países mais ricos. Países pobres tendem a economizar o fator mais caro, assim como os países mais ricos economizam um fator diferente, que é mais caro e escasso lá, ou seja, o trabalho. Nos países mais ricos, o capital é mais abundante e barato, ao passo que o trabalho é mais escasso e mais caro.

Quando um trem de carga para na estação, é preciso que haja trabalhadores para descarregá-lo. Se isso acontecer no meio da noite, as mercadorias podem ou não ser descarregadas, de modo que o comboio pode prosseguir com todas as composições ou alguns dos vagões podem ser desengatados e postos de lado até que os trabalhadores cheguem na manhã seguinte para descarregá-los.

Em um país onde o capital, no caso os vagões ferroviários, é muito escasso e o trabalho é mais abundante, faz sentido ter trabalhadores disponíveis que possam descarregar os vagões imediatamente, e o recurso muito escasso não permanece inativo. Mas em um país que é rico em capital, muitas vezes pode ser mais econômico desengatar algumas das composições do trem, deixando-o seguir seu caminho.

Não se trata apenas de uma questão sobre salários desses trabalhadores em particular ou das despesas monetárias dessa empresa ferroviária em particular. Do ponto de vista da economia como um todo, a questão mais fundamental é: quais são os usos alternativos do tempo desses trabalhadores e os usos alternativos dos vagões da ferrovia? Em outras palavras, não é somente uma questão de dinheiro. O dinheiro só reflete as realidades subjacentes, que seriam as mesmas em uma economia socialista, feudal ou de mercado. Se faz sentido deixar os vagões ociosos à espera de que os trabalhadores cheguem, ou deixar os trabalhadores inativos à espera do trem chegar, depende da escassez relativa de trabalho e capital e sua produtividade relativa em usos alternativos.

Durante a Guerra Fria, com a antiga União Soviética competindo com os Estados Unidos, os soviéticos costumavam se vangloriar do fato de que, em média, um vagão de seus trens movimentava mais cargas por ano do que sua contraparte americana. Mas longe de ser um sinal de uma economia mais eficiente, isso revelava que às ferrovias soviéticas faltava o capital abundante do serviço ferroviário americano, e que o tempo disponível da mão de obra soviética tinha usos alternativos de menor valor do que o dos americanos. Da mesma forma, um estudo das economias da África Ocidental nos meados do século XX observou que, lá, os caminhões "estavam em serviço 24 horas por dia durante sete dias por semana e, geralmente, lotados de passageiros e mercadorias".

Por razões semelhantes, automóveis tendem a ter uma vida útil mais longa em países pobres do que nos países mais ricos. E isso não se limita ao uso por mais tempo em muitos países mais pobres, estendendo-se à compra de carros usados nos países mais ricos. Em apenas um ano, 90.000 carros usados do Japão foram vendidos aos Emirados Árabes Unidos. Dubai, um dos Emirados, tornou-se um centro para a venda desses veículos usados para outros países do Oriente Médio e da África. De acordo com o *Wall Street Journal*, "muitas cidades africanas já estão repletas de Toyotas, embora muito poucos carros novos tenham sido vendidos lá". Em Camarões, os táxis "são Toyotas velhos e batidos, carregando quatro na parte de trás e três na frente". Mesmo necessitando de reparos são vendidos internacionalmente:

> Empresas do Japão também exportam milhares de carros amassados ou danificados. As oficinas mecânicas em Dubai podem consertar os veículos por uma fração do preço no Japão, onde altos custos trabalhistas tornam o país um dos lugares mais caros do mundo para consertar um carro.

De um modo geral, compensa para os países mais ricos descartar carros, geladeiras e outros bens de capital em um tempo mais curto do que valeria a pena para as pessoas dos países mais pobres fazê-lo. E isso nada tem a ver com ser capaz de suportar "desperdícios". Seria um desperdício reparar esses produtos quando o mesmo esforço, em outro lugar na economia japonesa, americana ou alemã produziria mais do que a riqueza suficiente para substituí-los. Já não é o caso para os países mais pobres, cujos usos alternativos do tempo não são tão produtivos, jogar fora seus equipamentos após os mesmos prazos de utilização dos países mais ricos. O fato de que o trabalho é mais barato em Dubai do que no Japão não é uma casualidade. O trabalho é mais produtivo nos países mais ricos. A propósito, essa é uma das razões pelas quais eles são mais prósperos. A venda de equipamentos usados dos países ricos para os países pobres pode ser uma forma eficiente de lidar com a situação para ambos.

Produtividade e Remuneração

Em uma economia industrial moderna, muitos bens são produzidos em massa, e, graças às economias de escala, seus custos de produção diminuem e os preços, consequentemente, diminuem também. Porém, os reparos efetuados nesses produtos ainda são, tipicamente, feitos individualmente à mão, sem o benefício de economias de escala e, portanto, relativamente dispendiosos. Em uma economia de produção em massa, a recorrência das reparações pode, em muitos casos, rapidamente chegar a uma situação em que seria mais barato obter um novo massificando a substituição. O número de lojas de conserto de televisores nos EUA, por conseguinte, não acompanhou o ritmo do crescente número de aparelhos de televisão, e a produção em massa reduziu os preços unitários a tal ponto que, para muitos casos de mau funcionamento, pode ser mais barato comprar um substituto do que fazer o conserto. Um livro escrito por dois economistas russos, com referência à antiga União Soviética, apontou que, naquele país, "equipamentos são interminavelmente reparados e remendados", de modo que a "vida útil média dos bens de capital na U.R.S.S. é de 47 anos, contra 17 anos nos Estados Unidos". Eles não estavam se vangloriando. Estavam reclamando.

Capítulo 11

LEIS SOBRE SALÁRIO-MÍNIMO

A oferta e demanda dizem que os preços acima do mercado criam excedentes não comercializáveis, mas isso não impediu a maioria da Europa de regulamentar os mercados de trabalho em décadas de desemprego em nível de depressão.

Bryan Caplan

Assim como podemos entender melhor o papel econômico dos preços em geral quando vemos o que acontece quando eles não estão autorizados a funcionar, para que possamos compreender melhor o papel econômico da remuneração dos trabalhadores, precisamos ver o que acontece quando não se permite que essa remuneração varie com a oferta e a procura de trabalho. Historicamente, as autoridades políticas definiam níveis salariais máximos séculos antes de o fazer com os salários-mínimos. Hoje em dia, entretanto, apenas os últimos são generalizados.

Conforme a legislação do salário-mínimo, é ilegal pagar menos do que o preço especificado pelo governo para o trabalho. A Economia mais simples e básica nos diz que um preço artificialmente aumentado tende a fazer com que mais seja fornecido e menos seja demandado, do que quando os preços são deixados para serem determinados pela oferta e demanda em um mercado livre. O resultado é um excedente, não importando se o preço elevado definido artificialmente refere-se a produtos agrícolas ou à mão de obra.

Tornar ilegal pagar menos do que uma dada quantia não significa imputar mais valor à produtividade de um trabalhador — e se assim não for, é improvável que esse trabalhador consiga um emprego. Contudo, leis de salário-mínimo são quase sempre discutidas politicamente em termos dos benefícios que conferem aos trabalhadores assim remunerados. Infelizmente, o salário-mínimo real é sempre zero, independentemente das leis, e esse é o salário que muitos trabalhadores recebem na sequência da criação ou elevação pelo governo de um salário-mínimo obrigatório, por perder seus empregos ou não conseguir encontrar um ao entrar na força de trabalho. A lógica é simples e um exame da evidência empírica observada em vários países ao redor do mundo tende a corroborá-la, como veremos.

DESEMPREGO

O governo compra o excedente da produção agrícola, mas como não contrata o excedente de mão de obra, este assume a forma de desemprego, que tende a ser maior na vigência das leis de salário-mínimo do que em um mercado livre.

Trabalhadores desempregados não são excedentes no sentido de serem inúteis ou de que não há nenhum trabalho em volta que precisa ser feito. A maioria de tais trabalhadores são perfeitamente capazes de produzir bens e serviços, ainda que não na mesma medida que colegas mais qualificados ou mais experientes. Os desempregados ficam ociosos devido aos salários artificialmente fixados acima do nível de sua produtividade. Aqueles que, na juventude, estão ociosos, naturalmente se atrasam em adquirir as habilidades e experiência profissional que poderiam torná-los mais produtivos no futuro — e, em consequência, ganharem mais. Ou seja, eles não só perdem o salário baixo que poderiam ter recebido em um trabalho de nível de entrada no mercado profissional, como deixam de ganhar a remuneração mais elevada que seria proporcionada pela maior experiência adquirida mais à frente. Os trabalhadores mais jovens estão desproporcionalmente representados entre as pessoas com baixos índices de remuneração em países ao redor do mundo. Apenas cerca de 3% dos trabalhadores norte-americanos com idade superior a 24 anos ganham o salário-mínimo, por exemplo.

Embora a maioria das sociedades industriais modernas tenham leis de salário-mínimo, há exceções. A Suíça tem sido uma delas — e obteve taxas de desemprego muito baixas. Em 2003, a revista *The Economist* relatou: "O desemprego na Suíça se aproximava de uma alta em cinco anos de 3,9% em fevereiro". Os sindicatos suíços tentam emplacar uma lei de salário-mínimo argumentando que isso impediria a "exploração" dos trabalhadores. No entanto, o governo suíço rejeitou a lei do salário-mínimo proposta em janeiro de 2013. Sua taxa de desemprego naquele tempo era de 3,1%.

Em Cingapura também não há nenhuma lei do salário-mínimo e a taxa de desemprego lá é de 2,1%. De volta a 1991, quando Hong Kong ainda uma era colônia britânica, de igual modo não havia ali uma lei de salário-mínimo, e sua taxa de desemprego era menor que 2%. Nos Estados Unidos, durante a administração do presidente Coolidge (entre 1923 e 1929) — a última antes de haver qualquer lei federal de salário-mínimo — a taxa de desemprego anual era de apenas 1,8%.

A taxa de salário-mínimo explícita subestima os custos trabalhistas impostos pelos governos europeus, que também estabelecem várias contribuições do empregador para planos de pensão e benefícios para a saúde, entre outras coisas. Os custos mais altos na forma de benefícios obrigatórios têm o mesmo efeito econômico que as leis de salário-mínimo. As taxas de desemprego na Europa subiram quando tais benefícios impostos pelo Governo, a serem pagos pelos empregadores, cresceram acentuadamente durante os anos 1980 e 1990.

Na Alemanha, esses benefícios foram responsáveis por metade do custo médio do trabalho por hora. Em comparação, representam menos de 25% dos custos médios do trabalho por hora no Japão e nos Estados Unidos. A remuneração média horária dos trabalhadores industriais nos países da União Europeia, em geral, é maior do que nos Estados Unidos ou no Japão. Daí o desemprego. Comparações do Canadá com os Estados Unidos mostram padrões similares. Ao longo de um período de cinco anos, as províncias canadenses tiveram taxas de salário-mínimo que eram uma porcentagem mais elevada do produto per capita do que em estados americanos, e as taxas de desemprego eram, correspondentemente, maiores no Canadá, tal como a duração média do desemprego, enquanto a taxa de geração de empregos ficou atrás da observada nos Estados Unidos. Durante esse período de cinco anos, três províncias canadenses tinham taxas de desemprego superiores a 10%, com alta de 16,9% em Newfoundland, mas nenhum dos 50 estados americanos apresentou, em média, taxas de desemprego de dois dígitos nesse mesmo período.

Um reconhecimento tardio pelos funcionários do governo da ligação entre a legislação do salário-mínimo e o desemprego fez com que em alguns países os níveis de salário-mínimo real fossem corroídos pela inflação, evitando os riscos políticos de tentar revogar essas leis explicitamente quando tantos eleitores as reputavam como sendo boas para os trabalhadores. Tais leis são de fato benéficas para os trabalhadores que continuam empregados — aqueles que estão do lado de dentro olhando para fora, mas à custa dos desempregados que estão do lado de fora olhando para dentro.

Nos EUA, os sindicatos também se beneficiam com leis de salário-mínimo, e estão entre seus mais fortes defensores, apesar de seus próprios membros tipicamente ganharem muito mais que esse piso. Há uma razão para isso. A maioria dos produtos e serviços podem ser produzidos com qualquer combinação de trabalho e capital. Idêntico raciocínio é válido também para quaisquer proporções entre trabalhadores pouco e muito qualificados, cada grupo com seus respectivos custos. Assim, os trabalhadores mais experientes e sindicalizados estão competindo pelos empregos com os trabalhadores mais jovens, inexperientes e menos qualificados, cuja remuneração é provável que seja ou esteja próxima do salário-mínimo. Quanto maior esse piso salarial, mais os trabalhadores não qualificados e inexperientes são susceptíveis de serem preteridos em prol dos trabalhadores sindicalizados mais experientes e mais qualificados.

Assim como interessa às empresas que o governo tribute os bens importados que competem com seus produtos, interessa aos sindicatos que as leis de salário-mínimo funcionem como tarifas a fim de elevar o preço dos trabalhadores não sindicalizados que competem com seus associados pelos postos de trabalho[1].

Entre os 3,6 milhões de americanos que ganhavam mais do que o salário-mínimo em 2012, pouco mais da metade estavam na faixa de 16 a 24 anos de idade e 64% deles trabalhavam meio período. No entanto, as campanhas políticas para aumentar o salário-mínimo geralmente falam em termos de proporcionar "um salário digno" suficiente para sustentar uma família composta por quatro pessoas — tais famílias que, nos EUA, a maioria dos trabalhadores que ganham um salário-mínimo não tem, e seria imprudente ter antes de chegar ao ponto em que possam alimentar e vestir seus filhos. Nesse país, a renda média da família de alguém que ganha um salário-mínimo é de mais de US$44.000 por ano — muito mais do que o valor de um salário-mínimo. Mas 42% dos trabalhadores que ganham o piso salarial moram com os pais ou algum outro parente. Em outras palavras, eles não estão sustentando uma família, e muitas vezes a família os sustenta. Apenas 15% dos trabalhadores de salário-mínimo sustentam a si mesmos e um dependente, o tipo de pessoa imaginado por aqueles que defendem um "salário digno".

Não obstante, diversas cidades americanas aprovaram leis de "salário digno" que são essencialmente locais, estabelecendo pisos salariais maiores que o salário-mínimo federal. Seus efeitos foram semelhantes aos da legislação dos EUA e outros países — isto é, as pessoas mais pobres costumam ser as que mais frequentemente perdem o emprego.

O enorme investimento financeiro, político, emocional e ideológico de vários grupos nas questões que giram em torno de leis de salário-mínimo significa que a análise desapaixonada nem sempre é a norma. Além disso, as complexidades estatísticas para avaliar isoladamente os efeitos do salário-mínimo sobre o emprego, separando-os de todas as outras variáveis em constante mudança que também afetam o emprego, significa que diferenças de opinião honestas são possíveis quando se examinam os dados empíricos. Contudo, quando tudo for devidamente levado em conta, a maioria dos es-

---

[1] Isso ocorre nos EUA. No Brasil, o salário-mínimo é um direito de todo trabalhador formal, seja ele associado ou não a um sindicato; além disso, pisos salariais maiores que o salário-mínimo eventualmente estabelecidos por acordo entre o sindicato de uma determinada categoria profissional e o respectivo sindicato patronal, ou definido por dissídio coletivo pela Justiça do Trabalho, devem ser pagos a todo trabalhador dessa categoria, sindicalizado ou não.

tudos empíricos indica que leis de salário-mínimo reduzem o emprego em geral, e especialmente o emprego dos jovens trabalhadores, menos qualificados e minoritários.

A maioria dos economistas profissionais pesquisados na Grã-Bretanha, Alemanha, Canadá, Suíça e Estados Unidos concordaram que as leis de salário-mínimo aumentam o desemprego entre os trabalhadores pouco qualificados. Economistas na França e Áustria discordam, mas não é o caso da maioria dos economistas canadenses (85%) e americanos (90%). Dezenas de estudos sobre os efeitos do salário-mínimo nos Estados Unidos e em vários países da Europa, América Latina, Caribe, Indonésia, Canadá, Austrália e Nova Zelândia foram revistos em 2006 por dois economistas do National Bureau of Economic Research (agência americana encarregada de realizar pesquisas econômicas). Eles concluíram que, apesar das várias abordagens e métodos usados nesses estudos, essa literatura como um todo foi em "grande parte solidificando a visão convencional de que salários-mínimos reduzem o emprego entre os trabalhadores pouco qualificados".

Nos EUA, os responsáveis oficiais pela administração das leis de salário-mínimo, como o U.S. Department of Labor e várias agências locais, preferem afirmar que essas leis não geram desemprego. Assim fazem os sindicatos, que têm um grande interesse em tais leis como proteção para seus trabalhadores associados. Na África do Sul, por exemplo, *The Economist* relatou:

> O principal órgão sindical, o Congress of South African Trade Unions (Cosatu) diz que o desemprego não tem nada a ver com as leis trabalhistas. O problema, afirma, é que as empresas não estão se esforçando o bastante para criar empregos.

Na Grã-Bretanha, a Low Pay Comission, a instituição que define o salário-mínimo, igualmente resistiu à ideia de que os salários que ela propôs foram responsáveis por uma taxa de desemprego de 17,3% entre os trabalhadores com idade inferior a 25 anos, quando a taxa de desemprego global foi 7,6%.

Não obstante a maioria dos estudos mostrem que o desemprego tende a crescer à medida que os salários-mínimos são impostos ou reajustados, alguns poucos entre eles que parecem indicar o contrário foram aclamados em alguns setores como tendo "refutado" esse "mito". Porém, um problema comum com algumas pesquisas sobre os efeitos do emprego de leis de salário-mínimo é que as pesquisas de empregadores antes e depois de um aumento do piso salarial podem examinar apenas as empresas particulares que sobreviveram em ambos os períodos. Considerando os expressivos números de empresas que faliram em muitos setores de atividade, os resultados relativos àquelas que sobreviveram podem ser completamente diferentes levando em conta o todo.[2] Utilizando tais métodos de pesquisa entre as pessoas que jogaram roleta-russa, você pode "provar", a partir das experiências delas, tratar-se de uma atividade inofensiva, uma vez que aqueles para os quais o jogo foi fatal já não estão por aí. Com isso, você teria "refutado" o "mito" de que a roleta-russa é perigosa.

Seria reconfortante acreditar que o governo pode simplesmente decretar salários mais elevados para os trabalhadores com baixa remuneração sem ter que se preocupar com repercussões infelizes, mas a preponderância das evidências indica que a mão de obra não está isenta do princípio econômico básico segundo o qual preços artificialmente elevados geram excedentes. No caso dos seres humanos, ser um excedente pode ser trágico se você for de baixa renda, não qualificado ou proveniente de minorias, e precisa urgentemente crescer na carreira, se é que tem uma, para adquirir experiência e habilidades.

O desemprego varia não apenas em quantidade a partir de um determinado momento, mas também em extensão temporal. Tal como em termos de taxa, a *duração* do desemprego varia consideravelmente de país para país. Países que fazem subir os custos do trabalho, quer com salários-mínimos elevados ou benefícios generosos — ou ambos — para os empregados, impostos aos empregadores por lei, tendem a apresentar altas taxas de desemprego que perduram por longo tempo. Na Alemanha, por exemplo, não existe um salário-mínimo legal, mas as injunções do governo sobre os empregadores, as leis de segurança do trabalho e fortes sindicatos nacionais aumentam artificialmente os custos do trabalho. A partir do ano 2000, 51,5% dos desempregados na Alemanha estavam nessa condição há doze meses ou mais, enquanto apenas 6% dos trabalhadores nos Estados Unidos estavam desempregados há muito tempo. Todavia, como o Congresso dos EUA prorrogou o período de pagamento do seguro-desemprego, a porcentagem de americanos sem ocupação por um ano ou mais subiu para 31,3% em 2011, em comparação com 48% na Alemanha.

---

[2] Imagine que em um setor de atividade há dez empresas e cada uma contrata 1.000 trabalhadores antes de um aumento do salário-mínimo, totalizando 10.000 empregados. Se três dessas empresas saírem do mercado entre a primeira e a segunda pesquisa, e apenas uma nova empresa ingresse, então, apenas as sete empresas que existiam "antes" e "depois" podem ser pesquisadas e seus resultados relatados. Com menos participantes, o emprego por empresa pode aumentar, mesmo que o emprego no segmento como um todo tenha diminuído. Se, por exemplo, as sete empresas sobreviventes e a nova empresa contratarem, cada uma, 1.100 funcionários, isso significa que o setor como um todo terá 8.800 empregados — menos do que antes do aumento do salário-mínimo — e com isso um estudo das sete empresas sobreviventes mostraria um aumento de 10% do emprego nas empresas pesquisadas, em vez dos 12% de decréscimo do setor como um todo. Considerando que salários-mínimos podem causar desemprego, por (1) reduzir o emprego entre todas as empresas, (2) empurrar as empresas marginais à falência ou (3) desencorajar a entrada de novas empresas em substituição, levantamentos somente entre os sobreviventes pode criar uma conclusão tão falsa quanto entrevistar pessoas que tenham jogado roleta-russa.

Salários-Mínimos Informais

Às vezes, não há um salário-mínimo determinado por lei, mas, pelo costume, pressões informais do governo, pela presença de sindicatos ou — especialmente no caso de países do Terceiro Mundo — pela opinião pública internacional ou boicotes, que pressionam as empresas multinacionais a pagar, aos trabalhadores do Terceiro Mundo, salários comparáveis aos normalmente encontrados em países mais desenvolvidos industrialmente. Embora pressões públicas organizadas no sudeste da Ásia e da América Latina para elevar os salários dos trabalhadores do Terceiro Mundo tenham repercutido nos Estados Unidos nos últimos anos, não são um fenômeno novo nem restrito aos americanos. Empresas que operavam na África Ocidental colonial em meados do século XX sofreram pressões semelhantes.

Salários-mínimos informais impostos assim tiveram efeitos muito semelhantes aos legais. Um economista estudando a África Ocidental colonial em meados do século XX encontrou avisos aos candidatos a emprego informando que "não havia vagas" em quase toda parte. E isso não foi só na África Ocidental. O mesmo economista — P.T. Bauer, da London School of Economics — observou que era "uma característica marcante de muitos países subdesenvolvidos os salários nominais serem mantidos em níveis elevados", ao mesmo tempo em que "grandes contingentes estão buscando, mas não encontram emprego". Naturalmente, não se trata de altos níveis de salários em comparação com o auferido pelos trabalhadores em economias mais industrializadas, mas em relação à produtividade dos trabalhadores do Terceiro Mundo e às suas oportunidades para ganhos alternativos, como na agricultura, serviços domésticos, vendedores ambulantes autônomos ou similares — isto é, em setores da economia não sujeitos a pressões externas para manter uma taxa de salário artificialmente inflada.

A magnitude do desemprego criado pelos salários artificialmente elevados que as empresas multinacionais se sentiram pressionadas a pagar na África Ocidental foi demonstrada por investigações em primeira mão do Professor Bauer:

> Eu perguntei ao gerente da fábrica de tabaco da Nigerian Tobacco Company (uma subsidiária da British-American Tobacco Company) em Ibadan se ele poderia expandir sua força de trabalho sem elevar os salários se quisesse fazê-lo. Ele respondeu que seu único problema seria o de controlar a multidão de candidatos. Muito da mesma opinião foi expressa pelo agente distrital de Kano da empresa John Holt and Company em relação a seu curtume. Em dezembro de 1949, uma empresa em Kano demitiu dois funcionários e em dois dias recebeu entre 50 e 60 candidaturas para os postos sem ter divulgado as vagas. A mesma empresa pretendia instalar uma in-

dústria de beneficiamento de amendoins. Por volta de junho de 1950, as máquinas ainda não haviam sido instaladas, mas sem ter anunciado uma vaga sequer já tinha recebido cerca de 700 cartas pedindo emprego [...] eu tive conhecimento de que uma cervejaria europeia e fabricantes de artigos de papel recém-estabelecidos recebem, constantemente, pilhas de pedidos de emprego.

Fundamentalmente, nada havia mudado décadas mais tarde, já no século XXI, quando os candidatos a emprego superavam em muito o número de empregos disponíveis, conforme relatado no *New York Times*:

> Quando a Tiger Wheels abriu uma fábrica de rodas há seis anos nesta cidade industrial enfraquecida, a aglomeração de candidatos a emprego era tão grande que o executivo-chefe, Eddie Keizan, solicitou um telhado de zinco para protegê-los do calor do meio-dia.
>
> Em uma entrevista, o sr. Keizan lembrou-se de que "Havia centenas e centenas de pessoas em nosso portão, apenas sentados ali, ao sol, por dias e dias". E complementou: "Não tínhamos mais vagas, mas eles se recusavam a acreditar em nós".

Por que, então, os salários não caem em resposta à oferta e procura, gerando mais empregos em um nível salarial mais baixo, como os princípios econômicos básicos podem nos levar a esperar? De acordo com o mesmo relatório:

> Em outros países em desenvolvimento, legiões de trabalhadores não qualificados mantêm baixos os custos trabalhistas. Mas os líderes da África do Sul, prometendo não deixar sua nação ser explorada pelo Ocidente, atendem às demandas por novas proteções e benefícios por parte de sindicatos politicamente poderosos.

Tais "proteções e benefícios" incluem salários-mínimos fixados em níveis mais elevados do que a produtividade de muitos trabalhadores sul-africanos. O resultado líquido foi que, quando a Tiger Wheels, que há duas décadas fabricava rodas de alumínio apenas na África do Sul, expandiu sua produção, aumentou a contratação de mais trabalhadores na Polônia, onde obtinha lucro, em vez de na África do Sul, onde poderia apenas quebrar ou sustentar prejuízos. O infortúnio dos ansiosos mas frustrados candidatos africanos a um emprego, por toda a economia sul-africana, foi apenas uma parte da história. A produção que poderiam ter proporcionado, se empregados, teria feito uma contribuição particularmente importante para o bem-estar econômico

Leis sobre Salário-Mínimo

do público consumidor em uma região muito pobre, carente de muitas coisas que outras pessoas usufruem em sociedades mais prósperas.

Não é claro, em absoluto, que os trabalhadores como um todo são beneficiados pelos salários artificialmente altos no Terceiro Mundo. Trabalhadores empregados — aqueles lá dentro olhando para fora — obviamente se beneficiam, enquanto os que ficam olhando para dentro perdem. Para a população como um todo, incluindo os consumidores, seria difícil concluir que há um benefício líquido, já que há menos bens de consumo quando as pessoas que estão dispostas a trabalhar não conseguem encontrar os empregos que produzem esses bens de consumo. A única categoria claramente beneficiada constitui-se das pessoas que vivem nos países mais ricos, que podem desfrutar da sensação de estarem ajudando alguém nos países mais pobres, ou líderes do Terceiro Mundo demasiado orgulhosos para deixar que seus trabalhadores sejam contratados com níveis salariais compatíveis com sua produtividade.

Embora a produtividade dos trabalhadores da África do Sul seja o dobro da apresentada pelos trabalhadores na Indonésia, eles ganham cinco vezes mais — quando encontram trabalho. Em suma, esses produtivos trabalhadores sul-africanos não são "excedentes" ou "não empregáveis" em qualquer sentido que não o de serem precificados fora do mercado pelos políticos.

Como já foi observado no Capítulo 10, as empresas sul-africanas usam muito capital por trabalhador. Isso é mais eficiente para as empresas, mas apenas porque as leis trabalhistas do país fazem com que o trabalho seja artificialmente mais custoso, tanto em função da regulamentação do salário-mínimo quanto por tornarem muito caro demitir trabalhadores. "Os custos do trabalho são mais de três vezes e meia superiores aos das áreas mais produtivas da China e bem uns 75% mais elevados do que na Malásia ou na Polônia", de acordo com *The Economist*. Tais custos artificialmente elevados do trabalho na África do Sul, que inclinam os empregadores a usar mais capital, não se constituem em uma maior eficiência para a economia como um todo pois levam muita gente a ficar desempregada, que é o mesmo que dizer que, no lugar de alocar, deixam ociosos muitos recursos.

A África do Sul não está sozinha nisso. O National Bureau of Economic Research, comparando o emprego dos trabalhadores menos qualificados na Europa e nos Estados Unidos, descobriu que desde os anos 1970 esses trabalhadores foram desproporcionalmente substituídos por máquinas em países europeus em que há salários-mínimos mais elevados e mais benefícios compulsórios impostos aos empregadores. O estudo apontou que foi a partir de 1970 que os mercados de trabalho europeus passaram a ser submetidos a um maior controle por parte dos governos e sindicatos de trabalhadores, enquanto nos Estados Unidos diminuía a influência do governo e sindicatos no mercado de mão de obra.

O resultado líquido foi que, a despeito dos maiores avanços tecnológicos nos Estados Unidos, a substituição do trabalho pelo capital em ocupações de baixa qualificação tem sido maior na Europa. Às vezes, a mão de obra de baixa qualificação não é deslocada pelo capital, mas simplesmente dispensada, como o estudo observou:

> É quase impossível encontrar um auxiliar de estacionamento em Paris, Frankfurt ou Milão, enquanto em Nova York eles são comuns. Quando você chega em uma cidade americana, mesmo em um hotel médio, é recebido por um pelotão de carregadores de malas, abridores de portas etc. Em um hotel semelhante na Europa, muitas vezes você mesmo tem que carregar suas malas. Essas não são simplesmente anotações triviais de viagem, elas indicam um fenômeno mais profundo e generalizado: na Europa, empregos pouco qualificados foram substituídos por máquinas ou eliminados, muito mais do que nos EUA, ao passo que o progresso tecnológico de "ponta", ou seja, de alta tecnologia, é mais acelerado nos EUA do que na Europa.

Assim como um preço fixado pelo governo abaixo do nível de livre mercado tende a causar deterioração da qualidade no produto comercializado, pois haver escassez significa que os compradores serão obrigados a aceitar coisas de menor qualidade, também um conjunto de preços acima do que seria estabelecido pelo livre mercado tende a causar um aumento da qualidade média, algo como o excesso de cerejas permitir que os compradores selecionem para compra apenas as de melhor qualidade. No que diz respeito ao mercado de trabalho, isso significa que os requisitos de qualificação de emprego tendem a subir e que alguns trabalhadores que normalmente seriam contratados em um mercado livre podem tornar-se "não empregáveis" quando existem leis de salário-mínimo. Não empregabilidade, assim como escassez e excedentes, não independe do preço.

Em um mercado livre, os trabalhadores de baixa produtividade são tão empregáveis por um salário baixo quanto trabalhadores de alta produtividade por um salário alto. No decorrer do longo espaço de tempo entre o final do século XIX e meados do século XX, quando os negros americanos vivendo no sul do país tinham menos escolaridade que os brancos, refletindo a formação educacional oferecida, quantitativa e qualitativamente, suas taxas de participação na força de trabalho foram, no entanto, um pouco maiores que as dos brancos. Na maior parte desse período, não havia leis de salários-mínimos fixando o preço da mão de obra, e mesmo depois de um piso salarial nacional ter sido aprovado em 1938, a inflação gerada pela guerra da década de 1940 levou os salários no mercado livre a superarem o salário-mínimo legalmente prescrito, tornando a lei em grande parte irrelevante no final da década de 1940. A legislação foi alterada em 1950, iniciando uma escalada nos valores do salário-mínimo.

Se os empregadores que pagam salários baixos deixam os trabalhadores em situação pior, então é difícil imaginar por que as pessoas trabalhariam para eles. "Porque não têm alternativa" pode ser uma resposta. Mas essa resposta implica que os empregadores que oferecem salários baixos são uma opção melhor que aquelas abertas a esses trabalhadores em particular — então, *não* os estão deixando em pior situação. Assim, o argumento lançado contra os empregadores que pagam salários baixos, de que estão piorando a condição de vida dos trabalhadores, é internamente contraditório. O que pioraria a situação dos trabalhadores de baixa renda seria eliminar uma das suas já limitadas opções. Isso é especialmente prejudicial quando se considera que os trabalhadores com baixos salários são muitas vezes jovens que estão ingressando no mercado de trabalho, para quem a experiência profissional pode ser mais valiosa em longo prazo do que a remuneração imediata.

IMPACTO DIFERENCIAL

Porque as pessoas diferem umas das outras em muitos aspectos, as que estão desempregadas provavelmente não podem ser consideradas uma amostra aleatória da força de trabalho. Observando o que ocorre no mundo, os indivíduos cujas perspectivas de emprego são mais reduzidas em decorrência das leis de salário-mínimo são os mais jovens, menos experientes ou menos especializados. Tal padrão foi encontrado na Nova Zelândia, França, Canadá, Holanda e Estados Unidos, por exemplo. Não deveria ser surpreendente que aqueles cuja produtividade os coloca mais distantes do nível do salário-mínimo seriam os que, com maior probabilidade, não conseguiriam encontrar um emprego.

Na Austrália, a *menor* taxa de desemprego para trabalhadores com idade inferior a 25 anos durante todo o período de 1978 a 2002 nunca ficou abaixo de 10%, enquanto a taxa de desemprego *mais elevada* para a população em geral mal chegou a 10% nesse mesmo intervalo de tempo. A Austrália tem um salário-mínimo, relativamente falando, bastante alto, alcançando quase 60% do salário médio do país, contra menos de 40% nos EUA.

No início do século XXI na França, a taxa de desemprego nacional era de 10%, mas entre os trabalhadores com idade inferior a 25 anos ultrapassava 20%. Na Bélgica, a taxa de desemprego para os trabalhadores nessa mesma faixa etária foi de 22% e na Itália de 27%. Durante a crise global em 2009, a taxa de desemprego para os trabalhadores com idade inferior a 25 anos foi de 21% nos países da União Europeia como um todo, com mais de 25% na Itália e na Irlanda, e mais de 40% na Espanha.

No início do século XXI, as leis e políticas americanas passaram a seguir na mesma direção daquelas outras nações industriais modernas, e a taxa de desemprego dos americanos entre 25 e 34 anos, que estava no ano 2000 abaixo das vigentes na mesma faixa etária no Canadá, Grã-Bretanha, Alemanha, França e Japão, em 2011 trocou de posição e era mais elevada do que naqueles países.

Algumas nações da Europa estabelecem salários-mínimos menores para os adolescentes do que para adultos, e a Nova Zelândia simplesmente retirou os adolescentes da geração pós 1994 da abrangência da lei. Isso foi um reconhecimento tácito do fato de que os trabalhadores menos demandados eram susceptíveis de serem mais duramente atingidos pelo desemprego criado por leis de salário-mínimo.

Outras pessoas desproporcionalmente afetadas por tal legislação são os componentes de grupos minoritários raciais ou étnicos impopulares. Na verdade, as leis de salário-mínimo foram defendidas explicitamente em virtude da probabilidade de que reduziriam ou eliminariam a concorrência de certas minorias, sejam elas japoneses no Canadá durante os anos 1920, ou negros nos Estados Unidos e na África do Sul na mesma época. Tais expressões de discriminação racial manifestas eram então legal e socialmente aceitas em todos os três países.

A história dos trabalhadores negros nos Estados Unidos ilustra o ponto. Como já mencionado, a partir do final do século XIX até meados do século XX, a taxa de participação da força de trabalho dos negros americanos foi ligeiramente mais elevada do que a dos americanos brancos. Em outras palavras, os negros eram tão empregáveis nos salários que recebiam como os brancos com seus salários muito diferentes. A lei do salário-mínimo mudou isso. Antes da instituição da legislação federal americana em 1930, a taxa de desemprego dos negros nesse ano era um pouco menor que a dos brancos. Mas, em seguida, entraram em vigor as leis Davis-Bacon, em 1931, National Industrial Recovery em 1933 e Fair Labor Standards em 1938 — todas impondo salários-mínimos por determinação governamental, setorialmente ou de forma mais ampla.

A Lei National Labor Relations, de 1935, que promoveu a sindicalização, também tendia a precificar os trabalhadores negros de modo a excluí-los do mercado de trabalho dadas as regras sindicais que os impediam de se afiliar. A lei National Industrial Recovery Act elevou as taxas salariais na indústria têxtil do sul dos EUA em 70% em apenas cinco meses, estimando-se que seu impacto em todo o país tenha custado aos negros meio milhão de postos de trabalho. Embora essa lei tenha sido posteriormente

Leis sobre Salário-Mínimo

declarada inconstitucional pelo Supremo Tribunal Federal, a lei Fair Labor Standards de 1938, que estabelece um salário-mínimo nacional, foi confirmada por essa mesma instância. Como já mencionado, a inflação dos anos 1940 anulou em grande parte o efeito da lei Fair Labor Standards, que foi alterada em 1950 para aumentar os salários--mínimos em um nível que teria algum efeito real sobre os salários correntes.

As taxas de desemprego de homens jovens e negros durante o final da década de 1940 — os anos que antecederam a escalada dos repetidos aumentos do salário-mínimo, iniciada em 1950 — contrastam fortemente com as taxas de desemprego em anos posteriores. A partir de 1948, por exemplo, a taxa de desemprego para os negros com idade entre 16 e 17 anos foi de 9,4%, enquanto que a dos brancos da mesma faixa etária foi de 10,2%. Para os negros de 18 e 19 anos de idade, a taxa de desemprego naquele ano foi de 10,5%, contra 9,4% dos brancos da mesma faixa etária. Em resumo, as taxas de desemprego dos adolescentes eram uma fração do que se tornariam anos mais tarde, com semelhantes taxas de desemprego de adolescentes em geral.

Ainda que no ano seguinte — 1949 — tenha havido recessão, o aumento das taxas de desemprego de negros adolescentes do sexo masculino nesse ano não chegou aos 20%. A taxa de desemprego de adolescentes negros durante a recessão de 1949 foi menor do que seria em qualquer ocasião, mesmo durante os anos de boom da década de 1960 e décadas posteriores. Jovens negros de 16 e 17 anos tinham uma taxa de desemprego de 15,8% no ano recessivo de 1949, menos da metade do que seria em todos os anos no período de 1971 a 1997, e menos de 1/3 da vivida em 2009. Os aumentos recorrentes do salário-mínimo marcaram nos últimos anos taxas de desemprego muito maiores entre adolescentes negros.

A grande diferença entre as taxas de desemprego de adolescentes negros e brancos do sexo masculino remonta, da mesma forma, à escalada do salário-mínimo e à ampliação de sua abrangência na década de 1950. As explicações usuais de maior desemprego entre os adolescentes negros — menor nível educacional, falta de habilidades, racismo — são inconsistentes, uma vez que todas essas desvantagens eram mais acentuadas durante o período anterior, quando o desemprego dos adolescentes negros era muito menor.

Capítulo 12

PROBLEMAS ESPECÍFICOS DOS MERCADOS DE TRABALHO

A promoção da igualdade econômica e da redução da pobreza são distintas e muitas vezes conflitantes.

Peter Bauer

Embora os princípios econômicos básicos subjacentes à alocação do trabalho não sejam fundamentalmente diferentes dos princípios subjacentes à alocação de recursos inanimados, não é fácil olhar para o trabalho e suas taxas de remuneração da mesma maneira que se olha para os preços do minério de ferro ou das safras de trigo. Além disso, nos preocupamos com as condições em que as pessoas trabalham, de uma forma diversa da que fazemos com relação à utilização de máquinas ou processamento das matérias-primas, a não ser na medida em que isso afeta as pessoas.

Outras questões que surgem com o trabalho e não com os fatores inanimados de produção incluem a segurança do emprego, negociações coletivas, licenciamento ocupacional e dúvidas sobre se o trabalho é "explorado" em qualquer um dos vários significados da palavra.

As estatísticas que mensuram o que está acontecendo nos mercados de trabalho também apresentam problemas específicos que não estão presentes nas estatísticas sobre os fatores inanimados de produção. A taxa de desemprego é um exemplo.

AS ESTATÍSTICAS DE DESEMPREGO

A taxa de desemprego é uma estatística muito importante como um indicador da saúde da economia e da sociedade. Mas, por isso mesmo, é necessário conhecer suas limitações[1].

Como os seres humanos, ao contrário dos fatores inanimados de produção, têm livre arbítrio e fazem escolhas, muitas pessoas optam por não estar na força de trabalho em um determinado tempo e lugar. Elas podem ser estudantes, aposentados e donas de casa que trabalham em seus próprios lares, cuidando de suas famílias, mas não estão na folha de pagamento de nenhum empregador. Crianças abaixo de alguma idade legalmente especificada nem sequer são autorizadas a ter uma atividade remunerada. Aqueles indivíduos que são contados oficialmente como desempregados são os que pertencem à força de trabalho, procuram emprego, mas não o encontram. Pacientes em hospitais, pessoal convocado para servir as forças militares e detentos prisionais também figuram entre as pessoas que não são computadas como integrantes da força de trabalho.

Ainda que as estatísticas de desemprego possam ser muito valiosas, também podem ser enganosas se suas definições não são mantidas em mente. A taxa de desemprego é baseada na porcentagem de pessoas pertencentes à força de trabalho que não estão na ativa. No entanto, as escolhas individuais quanto à possibilidade ou não de estar na força de trabalho em um determinado momento significa que as taxas de desemprego não são dados totalmente objetivos, mas variam de acordo com as escolhas feitas de formas diferentes sob diferentes condições, que variam de país para país.

Embora a taxa de desemprego supostamente indique qual a proporção das pessoas na força de trabalho que têm ou não um emprego, por vezes ela cai enquanto o número de pessoas sem emprego está subindo. A razão é que uma recessão prolongada ou depressão podem levar alguns indivíduos a desistir de procurar um emprego, por estarem exaustos de muitas tentativas longas e fúteis. Uma vez que tais indivíduos já não são contados como integrando a força de trabalho, seu êxodo reduzirá a taxa de desemprego, mesmo que a proporção de pessoas sem emprego não tenha de modo algum sido reduzida.

Na sequência da desaceleração da economia americana no início do século XXI, a taxa de desemprego subiu para pouco mais de 10%. Em seguida, começou a declinar — à medida que mais e mais pessoas deixavam de procurar emprego e, assim, retira-

---

[1] NRT: No Brasil, o principal indicador de desemprego é dado pela Pesquisa Mensal do Emprego, divulgada pelo Instituto Brasileiro de Geografia e Estatística - IBGE

Problemas Específicos dos Mercados de Trabalho

vam-se da força de trabalho. A taxa de participação na força de trabalho regrediu para níveis não observados em décadas. Não obstante alguns interpretassem a taxa de desemprego em declínio como uma indicação do sucesso das políticas governamentais, grande parte da involução espelhava, simplesmente, aqueles que deixaram de procurar emprego e subsistiam com recursos fornecidos pelos diferentes programas de governo. Por exemplo, mais de 3,7 milhões de trabalhadores americanos entraram nas listas de pagamentos da Seguridade Social a portadores de deficiência entre meados de 2009 e início de 2013, "o ritmo de inscrição mais rápido desde sempre", segundo o *Investor's Business Daily*.

Em vez de confiar exclusivamente na taxa de desemprego, uma forma alternativa de medir o desemprego é comparar qual a porcentagem da população adulta, com exceção dos integrantes de instituições (faculdades, os militares, hospitais, prisões etc.) que estão trabalhando[2]. Isso evita o problema de pessoas que desistiram de procurar trabalho não serem contadas como desempregadas, mesmo se ficassem contentes de ter um emprego se achassem que não havia nenhuma chance razoável de encontrar um. No primeiro semestre de 2010, por exemplo, enquanto a taxa de desemprego permaneceu estável em 9,5%, a proporção da população adulta não institucional empregada continuou em queda, que foi a maior em mais de meio século. O fato de que mais pessoas estavam desistindo de procurar emprego impediu que a taxa oficial de desemprego subisse para refletir o aumento da dificuldade de encontrar uma colocação.

As coisas se tornam mais complicadas quando se comparam países diferentes. Por exemplo, a revista *The Economist* constatou que mais de 80% da população masculina entre as idades de 15 e 64 anos estavam empregados na Islândia, contra 70% na França. Inúmeros fatores poderiam ser responsáveis por essas diferenças. Não só há variações de país para país no número de pessoas que vão para a faculdade, mas também quanto à facilidade ou dificuldade com que as pessoas se qualificam para usufruir de benefícios do governo que tornam desnecessário para eles trabalhar ou procurar trabalho, ou aceitar empregos que não atendam às suas esperanças e expectativas.

Na França, país em que as taxas de desemprego são elevadas há anos, as estatísticas do desemprego nesse país tendem a *subestimar* quantos adultos não estão trabalhando. Isso acontece porque o estado de bem-estar francês facilita que os idosos se retirem completamente da força de trabalho — e as taxas de desemprego são baseadas no tamanho da força de trabalho. Assim, enquanto mais de 70% das pessoas entre 55 e 64 anos de idade estão trabalhando na Suíça, nessa condição estão apenas 37% dos franceses.

---

[2] No Brasil, este conceito é conhecido como Nível de Ocupação das Pessoas em Idade de Trabalhar. O IBGE calcula o nível de ocupação dentro de uma pesquisa periódica maior chamada Pesquisa Nacional por Amostras de Domicílios – PNAD.

Economia Básica - Volume I

A questão é que, quando as pessoas que optam por não procurar trabalho não estão empregadas, também não são automaticamente classificadas como desempregadas. Portanto, estatísticas sobre as taxas de emprego e taxas de desemprego não necessariamente se movem em direções opostas. Ambas as taxas podem cair ou subir simultaneamente, dependendo de quão fácil ou difícil é para as pessoas viver sem trabalhar. O seguro-desemprego é uma maneira óbvia para as pessoas passarem algum período de tempo sem trabalhar. Por quanto tempo e qual o nível de generosidade dos benefícios é algo que varia de país para país. Conforme a *The Economist*, o seguro-desemprego nos Estados Unidos "paga benefícios mais baixos por menos tempo e com menor participação de desempregados" do que em outros países industrializados. Também é verdade que desempregados americanos gastam mais tempo por dia à procura de trabalho — mais de quatro vezes o que ocorre na Alemanha, Grã-Bretanha ou Suécia.

"Mesmo cinco anos depois de perder seu emprego, um trabalhador norueguês demitido pode esperar levar para casa quase 75% do que ganhava quando em atividade", relatou *The Economist*. Alguns outros países da Europa Ocidental são quase tão generosos para o primeiro ano após a perda de um emprego: Espanha, França, Suécia e Alemanha garantem mais de 60% da remuneração do trabalhador quando estava empregado, mas apenas na Bélgica esse nível de generosidade se mantinha por cinco anos. Nos Estados Unidos, os subsídios de desemprego normalmente expiram após um ano, embora o Congresso, em alguns momentos, os tenha estendido por mais tempo.

Existem vários tipos de desemprego, e as estatísticas, por si só, não conseguem mostrar qual espécie de desemprego existe atualmente. Há, por exemplo, o que os economistas chamam de "desemprego friccional". As pessoas que se formam no ensino médio ou faculdade nem sempre têm um posto de trabalho à espera deles ou o encontram no primeiro dia em que começam a procurar. Nesse meio tempo, há ofertas de vagas por preencher enquanto, simultaneamente, existem pessoas desempregadas à procura de trabalho, porque é preciso um certo tempo para esses empregadores e trabalhadores encontrarem um ao outro. Se você pensar a economia como uma grande máquina, complexa, então haverá sempre alguma perda de eficiência por versões sociais de atrito interno. É por isso que a taxa de desemprego não é literalmente zero, mesmo em anos de boom quando os empregadores atravessam um momento difícil tentando encontrar pessoas suficientes para preencher suas vagas de emprego.

Tal desemprego transitório deve ser diferenciado do desemprego de longa duração. Os países diferem em quanto tempo o desemprego dura. Um estudo da Organização para a Cooperação e Desenvolvimento Econômico (OCDE) mostrou que os trabalhadores que estavam disponíveis no mercado há um ano ou mais constituíam 9% do total

Problemas Específicos dos Mercados de Trabalho

de desempregados nos Estados Unidos, 23% na Grã-Bretanha, 48% na Alemanha e 59% na Itália. Em suma, mesmo a diferença entre as taxas americanas e europeias de desemprego como um todo subestima a diferença na probabilidade de um trabalhador encontrar um emprego. Ironicamente, em países com leis de segurança do trabalho fortes, como a Alemanha, é mais difícil encontrar um novo emprego. Menores oportunidades de colocação nesses países muitas vezes tomam a forma de menos horas de trabalho por ano, bem como levam a taxas de desemprego mais altas e a períodos mais longos de desemprego.

Uma forma de desemprego cujas repercussões emocionais vêm de há muito agitando o ambiente político e levado a falácias econômicas é o desemprego tecnológico. Virtualmente, cada avanço na eficiência tecnológica retira alguém de seu trabalho. Isso não é novidade:

> Em 1830, Barthélemy Thimonnier, um alfaiate francês que há muito estava obcecado com a ideia, havia patenteado e aperfeiçoado uma máquina de costura eficaz. Quando 80 de suas máquinas estavam fazendo uniformes para o exército francês, os alfaiates de Paris, alarmados com a ameaça a seus empregos, destruíram as máquinas e expulsaram Thimonnier da cidade.

Tais reações não eram uma exclusividade da França. No início do século XIX, na Grã-Bretanha, os luditas (partidários do Ludismo, um movimento que lutava contra a mecanização do trabalho proporcionada pela Revolução Industrial) arrebentaram máquinas quando perceberam que ameaçavam seus empregos. A oposição à eficiência tecnológica — bem como a outras modalidades de eficiência, que vão desde novos métodos organizacionais ao comércio internacional — tem sido centralizada com frequência em seus efeitos no trabalho. Quase invariavelmente, os efeitos sobre os trabalhadores em particular são de curto prazo, não incidindo sobre os consumidores ou para os trabalhadores em outros campos.

A ascensão da indústria automobilística, por exemplo, sem dúvida causou enormes perdas de emprego entre aqueles que criavam e cuidavam de cavalos, bem como para fabricantes de selas, ferraduras, chicotes, carruagens a tração animal e outros apetrechos associados a esse modo de transporte. Mas isso não significou perdas *líquidas* de postos de trabalho, pois a indústria automobilística necessitava de um grande número de trabalhadores, assim como as indústrias que produzem gasolina, baterias e serviços de reparo e manutenção de automóveis, e outros setores da economia provedores de refeições para os motoristas, como motéis de beira de estrada, restaurantes de fast food e shoppings suburbanos.

CONDIÇÕES DE TRABALHO

Ambos, governos e sindicatos de trabalhadores, têm regulamentado as condições de trabalho, tais como um máximo de horas trabalhadas por semana, regras de segurança, e várias comodidades para tornar o trabalho menos estressante ou mais agradável.

Os efeitos econômicos da regulamentação das condições de trabalho são muito semelhantes aos efeitos da regulamentação dos salários, porque melhores condições de trabalho, tal como salários mais altos, tendem a fazer com que, quanto mais atraente um determinado trabalho for para os trabalhadores, mais caro será para os empregadores. Além disso, os empregadores levam em consideração esses custos, posteriormente, ao decidir quantos trabalhadores podem se permitir contratar em função do custo unitário da mão de obra, bem como estabelecer a quantidade de dinheiro gasto na criação de melhores condições de trabalho, na medida em que se trata do mesmo dinheiro destinado a remunerar os elevados salários por hora trabalhada.

Tudo o mais constante, melhores condições de trabalho significam salários mais baixos do que o contrário, então, os trabalhadores estão de fato comprando a melhoria das condições de trabalho. Os empregadores podem não reduzir o pagamento sempre que as condições de trabalho são melhoradas, mas, quando o aumento da produtividade do trabalhador leva ao aumento da folha salarial pela concorrência entre os empregadores para admitir os trabalhadores, é improvável que a folha de pagamento suba tanto quanto poderia se os custos das melhores condições de trabalho não fossem levados em conta. Ou seja, as propostas patronais são limitadas não só pela produtividade dos trabalhadores, mas também por todos os outros custos além da taxa de remuneração. Em alguns países, esses custos não salariais do trabalho são muito mais elevados do que em outros — cerca de duas vezes mais altos na Alemanha, por exemplo, em relação aos Estados Unidos, fazendo com que o trabalho alemão seja mais caro que o trabalho norte-americano remunerado pelo mesmo salário.

Embora seja sempre politicamente tentador para os governos impor benefícios para os trabalhadores, que são pagos pelos empregadores — e é uma medida que nada custa ao governante e atrai mais votos dos trabalhadores do que repele entre os empregadores — as repercussões econômicas raramente recebem muita atenção, tanto dos políticos que criam esses benefícios quanto dos eleitores. Mas uma das razões pelas quais os desempregados podem não começar a ser contratados assim que o ritmo de produção aumenta, tal como quando uma economia está saindo de uma recessão, é que trabalhar com horas extras a partir da mão de obra existente pode ser mais barato para o empregador do que contratar novos trabalhadores.

Nos EUA, isso ocorre porque um aumento das horas de trabalho dos funcionários existentes não exige pagamento de benefícios obrigatórios adicionais, como a contratação de novos trabalhadores faria (no Brasil é o total da remuneração, incluindo as horas extras, a base de cálculo dos benefícios). Apesar da remuneração mais elevada exigida para horas extras, tanto nos EUA como no Brasil pode em muitos casos ainda ser mais barato trabalhar com os funcionários existentes estendendo o expediente em vez de contratar novos trabalhadores.

Em novembro de 2009, sob o título "Overtime Creeps Back Before Jobs", lia-se no *Wall Street Journal*: "Em outubro, o setor manufatureiro dispensou 61.000 pessoas, e aqueles ainda empregados estavam trabalhando mais horas". O motivo: "As horas extras permitem que as empresas americanas aumentem a produtividade para atender aos crescentes pedidos de clientes sem adicionar custos fixos, tais como benefícios de saúde para os novos contratados". E também possibilita atender aumentos temporários na demanda por seus produtos sem assumir as despesas de formação de pessoas que terão de ser dispensadas quando o aumento temporário da demanda do consumidor refluir. O custo de formação de um novo trabalhador inclui a redução da produção de um trabalhador já treinado pois lhe é atribuída a tarefa de treinar o novo contratado, ambos sendo pagos enquanto nenhum deles está produzindo tanto quanto os outros trabalhadores já capacitados.

Embora seja mais fácil visualizar as consequências de condições de trabalho mais caras em uma economia capitalista, na qual elas podem ser mensuradas em termos monetários, condições semelhantes existiam nos dias da economia socialista na União Soviética. Por exemplo, um estudo da economia soviética observou que "jovens (menores de 18 anos) têm direito a férias mais longas, expediente mais curto, licenças para estudar; consequentemente, os gestores preferem evitar o emprego de jovens". Não existe almoço grátis em uma economia, socialista ou capitalista.

Como no passado as condições de trabalho eram frequentemente muito piores — poucas precauções de segurança, expediente mais longo, ambiente de trabalho desagradável e insalubre — alguns defensores da regulamentação externa das condições de trabalho, assumida pelo governo ou por sindicatos, argumentam como se elas nunca tivessem melhorado. Mas os salários também foram muito mais baixos no passado, e ainda assim cresceram de uma maneira geral, quer os empregos fossem sindicalizados ou não, quer fossem encampados ou não pelas leis de salário-mínimo. O crescimento na produção *per capita* permite salários mais elevados e melhores condições de trabalho, enquanto a concorrência pela mão de obra obriga os empregadores a, individualmente, fazer melhorias em ambos, assim como são forçados a aprimorar os produtos que vendem para o público consumidor, e pela mesma razão.

Leis de Segurança no Trabalho

Embora a segurança seja um dos aspectos das condições de trabalho, é um item especial porque, em alguns casos, ao ponderar seus custos e benefícios para empregadores e trabalhadores, pode-se, indiretamente, comprometer a segurança do público em geral. Exemplos óbvios incluem pilotos, motoristas de caminhão e operadores de trens de passageiros, porque o cansaço pode pôr em perigo muitos outros além desses profissionais se um avião cair, um caminhão ficar fora de controle em uma estrada lotada ou um trem descarrilar, vitimando não só os passageiros a bordo, mas também espalhando fogo ou fumaça tóxica nos arredores e causando danos a quem estiver por ali. Leis sobre esse assunto limitam o número de horas consecutivas que as pessoas podem trabalhar nessas ocupações, ainda que um horário mais estendido possa ser aceitável para ambos, empregadores e empregados envolvidos.

Leis de Trabalho Infantil

Na maioria dos países, as leis de proteção às crianças no local de trabalho surgiram antes das que regem as condições de trabalho para os adultos. Tais leis refletem as preocupações com a vulnerabilidade infantil em virtude de inexperiência, organismo mais frágil e desamparo ante o poder dos adultos. Ao mesmo tempo, crianças foram usadas no trabalho duro e perigoso das minas de carvão, ou para manejar máquinas que podem mutilar ou matar se os riscos de as operar forem negligenciados. No entanto, as leis refletem um conjunto de condições, e muitas vezes permanecem em vigor muito tempo depois que as circunstâncias que as originaram já não são as mesmas. No século XXI, alguém já disse que:

> Leis de trabalho infantil destinadas a proteger as crianças de fábricas perigosas agora mantêm adolescentes robustos fora dos escritórios com ar--condicionado.

Tais resultados não são meros exemplos de irracionalidade. Como se deu com outras leis, as de trabalho infantil não só foram promulgadas em resposta a um determinado eleitorado — de indivíduos humanitários, neste caso — mas também geraram novos grupos de eleitores entre aqueles que encontraram nessas leis utilidade para seus interesses particulares. Os sindicatos, por exemplo, há muito tempo procuram manter crianças e adolescentes à margem da força de trabalho para evitar que concorram por empregos com seus afiliados. Educadores em geral, e sindicatos de professores em particular, também têm interesse em manter os jovens na escola por mais tempo, onde

Problemas Específicos dos Mercados de Trabalho

sua presença aumenta a demanda por professores e pode ser utilizada politicamente para defender gastos maiores no sistema escolar.

Impedir, como ocorre nos EUA, que adolescentes saudáveis trabalhem em escritórios com ar-condicionado pode parecer irracional em termos das razões originais das leis de trabalho infantil derivadas do eleitorado humanitário, mas é bastante racional do ponto de vista dos interesses desses novos grupos. Se é racional, do ponto de vista da sociedade como um todo, negar a tantos jovens formas legais de ganhar dinheiro enquanto formas ilegais se disseminam, é outra questão.

Horas de Trabalho

Uma das condições de trabalho que podem ser quantificadas é a duração da semana de trabalho. A maioria dos países industriais modernos especifica o número máximo de horas por semana que podem ser dedicadas ao trabalho, em termos absolutos ou antes de o empregador ser obrigado por lei a pagar taxas mais elevadas por horas extras. A semana de trabalho assim determinada varia de país para país. A França, por exemplo, reduziu para 35 horas o trabalho semanal normal, com os empregadores sendo forçados a continuar a pagar para essa semana de trabalho mais curta o mesmo montante que pagava anteriormente à redução. Além disso, a legislação francesa exige que se conceda aos funcionários 25 dias de férias remuneradas por ano, além de pagar os feriados — algo não exigido pelas leis norte-americanas[3].

Perante esses fatos, não surpreende que o número médio de horas trabalhadas por ano na França seja inferior a 1.500, em comparação com mais de 1.800 nos Estados Unidos e no Japão. Obviamente, as 300 ou mais horas extras por ano dos trabalhadores americanos têm um efeito sobre a produção anual e, portanto, sobre o nível de vida. As diferenças também não são todas de natureza financeira. Segundo a revista *BusinessWeek*:

> Médicos trabalham 20% menos, em média. A falta de pessoal nos hospitais e lares de idosos devido à semana de 35 horas foi uma das principais razões das 14.000 mortes causadas pela onda de calor de agosto na França.

A tradição francesa de longas férias de verão teria agravado o problema da insuficiência de pessoal durante a onda de calor de agosto.

---

[3] De acordo com a legislação brasileira, a carga horária semanal média é de 44 horas, não podendo exceder 220h por mês. Também é direito do trabalhador 30 dias corridos de férias a cada 12 meses trabalhados.

Às vezes, em vários países, especialmente durante períodos de alto desemprego, a redução da semana de trabalho determinada pelo governo é defendida com o argumento de que o trabalho exigiria mais pessoal, reduzindo a taxa de desemprego. Em outras palavras, em vez de contratar 35 indivíduos para trabalhar 40 horas cada, um empregador pode contratar 40 pessoas para trabalhar 35 horas cada uma. Por mais plausível que isso possa parecer, o problema é que semanas de trabalho mais curtas, quer impostas pelo governo, quer por sindicatos, muitas vezes envolvem manter o salário semanal de antes, como fez a França. Com isso, a taxa de salário por hora aumenta, o que tende a reduzir o número de trabalhadores contratados, em vez de aumentar o emprego como planejado.

As nações da Europa Ocidental, em geral, tendem a ter políticas de tempo livre mais generosas obrigatórias por lei. De acordo com o *Wall Street Journal*, o trabalhador médio europeu "folgou 11,3 dias em 2005, em comparação com 4,5 dias para o americano médio".

A Espanha é especialmente generosa a esse respeito. O *Wall Street Journal*, em 2012, relatou que na Espanha a lei possibilita que os trabalhadores gozem 14 feriados pagos anualmente, além de 22 dias de férias remuneradas, 15 dias de licença para se casar e de 2 a 4 dias de folga quando alguém na família de um funcionário contrai matrimônio, nasce, é hospitalizado ou morre. Os empregados que se ausentam do trabalho por motivo de doença podem continuar a receber a totalidade ou a maior parte de seus rendimentos por até 18 meses se apresentarem um atestado médico. Caso o empregador opte por demitir um trabalhador adoentado, as verbas rescisórias necessárias para compensar esse trabalhador podem ser até equivalentes ao que esse funcionário teria ganho em dois anos.

Tal generosidade não é isenta de custos, e não simplesmente para o empregador, mas para a economia em geral e os trabalhadores em particular. A Espanha teve níveis cronicamente altos de desemprego — 25% em 2012, mas que chegaram a 52% entre os trabalhadores mais jovens. Além disso, 49% dos desempregados na Espanha no segundo trimestre de 2013 estavam atrás de empregos há um ano ou mais, em comparação com 27% nos Estados Unidos.

O mercado de trabalho é afetado não só pelos benefícios obrigatórios para os trabalhadores, custeados pelo empregador, mas também pelos benefícios fornecidos pelo governo que tornam desnecessário, para muitas pessoas, trabalhar. Na Dinamarca, por exemplo, uma mulher de 36 anos de idade, mãe solteira de dois filhos, "recebia cerca de US$2.700 por mês, e estava na assistência social desde os 16 anos", de acordo com o *New York Times*, que também observou que "em muitas regiões do país as pessoas sem emprego agora superam aquelas que o têm".

Países do Terceiro Mundo

Algumas das piores condições de trabalho existem em alguns dos países mais pobres — isto é, países nos quais os trabalhadores poderiam ao menos permitir-se aceitar salários mais baixos como preço por um melhor ambiente ou circunstâncias de trabalho. As empresas multinacionais com fábricas no Terceiro Mundo são muitas vezes alvo de críticas severas na Europa ou América por manterem condições de trabalho nessas fábricas que não seriam toleradas em seus próprios países. Isso significa que os trabalhadores mais prósperos na Europa ou na América na verdade compram melhores condições de trabalho, assim como estão propensos a comprar casas e roupas melhores do que as pessoas no Terceiro Mundo podem pagar. Se os empregadores no Terceiro Mundo são obrigados por lei ou pela opinião pública a proporcionar melhores condições de trabalho, a despesa adicional reduz o número de trabalhadores contratados, tal como os salários em níveis mais elevados que aqueles que resultariam da relação entre a oferta e a demanda frustraram muitos africanos em suas tentativas de conseguir emprego nas empresas multinacionais.

Por mais que os empregos gerados pelas companhias multinacionais para os trabalhadores do Terceiro Mundo possam ser desprezados por críticos na Europa ou nos Estados Unidos devido aos baixos salários ou más condições de trabalho, a verdadeira questão para os trabalhadores nos países pobres é a forma como esses empregos se comparam com as alternativas locais. Um correspondente do *New York Times* no Camboja, por exemplo, observou: "Aqui no Camboja, os empregos nas fábricas estão em tal demanda que os trabalhadores geralmente têm de subornar alguém da fábrica com o salário de um mês apenas para ser contratado". É evidente que esses são trabalhos muito procurados. Também não é exclusividade do Camboja. As empresas multinacionais normalmente pagam cerca do dobro do salário local nos países do Terceiro Mundo.

É a mesma história das condições de trabalho. Os trabalhadores do Terceiro Mundo comparam as condições oferecidas pelas empresas multinacionais com suas próprias alternativas locais. O mesmo correspondente do *New York Times* no Camboja descreveu uma dessas alternativas — trabalhar como catador em lixões, onde o "mau cheiro entope as narinas" e a queima produz "fumaça acre que cega os olhos", enquanto "os catadores são atacados por enxames de moscas e insetos picadores". Falando de um desses catadores, o correspondente disse:

> Nhep Chanda conseguia ganhar em média US$0,75 por dia com seus esforços. Para ela, a ideia de ser explorada em uma fábrica de vestuário — trabalhando apenas seis dias por semana, em vez de no sol escaldante, por até US$2 por dia — é um sonho.

Não seria ainda melhor se essa jovem pudesse receber e trabalhar nas mesmas condições que os trabalhadores na Europa e EUA? Claro que seria. A verdadeira questão é: como pode a produtividade dela chegar ao mesmo nível que a dos trabalhadores na Europa ou nos Estados Unidos — e o que é provável que aconteça se as questões de produtividade são postas de lado e melhores condições de trabalho são simplesmente impostas por lei ou pressões públicas? Há pouca razão para duvidar que os resultados seriam semelhantes ao que ocorre quando os salários-mínimos são prescritos desrespeitando a produtividade.

Isso não significa que os trabalhadores em países mais pobres estão condenados para sempre a baixos salários e más condições de trabalho. Ao contrário, na medida em que mais e mais empresas multinacionais se localizam em países pobres, as condições, bem como a produtividade e salários, são afetadas pela crescente competição entre elas pelo trabalho a cada dia mais especializado em decorrência dos modernos métodos de produção — ou seja, essas companhias competem pelos trabalhadores cujo capital humano cresce constantemente. Em 2013, a revista *The Economist* relatou: "Os salários na China e Índia foram subindo entre 10 e 20% ao ano durante a última década". Dez anos antes, "os salários em mercados emergentes representavam 10% do nível verificado nos países ricos". Mas, entre 2001 e 2011, a diferença da remuneração entre os programadores de computadores na Índia e nos Estados Unidos estreitou-se recorrentemente.

A competição pela mão de obra das empresas multinacionais tem se refletido na remuneração não só de seus empregados, mas também na dos funcionários de empresas indianas que tiveram de concorrer pelos mesmos trabalhadores. Em 2006, a revista *BusinessWeek* informou que um fabricante chinês de compressores de ar-condicionado "verificou que a rotatividade de alguns empregos atingiu 20% ao ano", com o gerente--geral observando que "fazia tudo que podia para impedir que seus 800 funcionários pulassem do barco e fossem para a Samsung, Siemens, Nokia e outras multinacionais" que operavam em sua área. Na província de Guangdong, as fábricas "há cinco anos têm se esforçado para encontrar pessoal, elevando os salários em taxas de dois dígitos", relatou a *Far Eastern Economic Review* em 2008.

Essas pressões competitivas que faziam crescer os salários continuaram. Em 2012, de acordo com o *New York Times*, "a escassez de mão de obra já é tão aguda em muitas zonas industriais chinesas que as fábricas se esforçam para encontrar pessoas suficientes para operar suas linhas de montagem" e "muitas vezes pagam comissões para as agências que tentam recrutar trabalhadores vindos de ônibus e trens de províncias distantes". Naquele mesmo ano, o *Wall Street Journal* informou que os salários médios urbanos na China haviam crescido 13% em um ano.

Problemas Específicos dos Mercados de Trabalho

Pressões competitivas afetaram as condições de trabalho tal como os salários:

> Isso significa que os gestores não podem mais simplesmente providenciar dormitórios para oito pessoas e esperar trabalhadores para labutar doze horas por dia, sete dias por semana [...] Além de aumentar significativamente os salários, Yongjin melhorou os alojamentos e a comida no refeitório da empresa. Apesar desses esforços, suas cinco fábricas permanecem com cerca de meros 10% dos 6.000 funcionários de que necessitam.

Em 2012, no *New York Times*, lia-se que os trabalhadores de montagem de iPads em uma fábrica na China, que antes sentavam-se em "banquinhos estreitos de plástico verde" que os deixavam com dor nas costas por falta de onde se recostar, subitamente receberam cadeiras mais altas de madeira decorada com "um robusto apoio para as costas". Não se tratavam de mudanças pontuais, dado o mercado de trabalho competitivo, no qual até mesmo empresas de diferentes setores de atividade concorriam para muitos dos mesmos trabalhadores. De acordo com o *New York Times:*

> "Quando a maior empresa aumenta os salários e corta as horas, força todas as outras fábricas a fazer a mesma coisa, queiram elas ou não", disse Tony Prophet, vice-presidente sênior da Hewlett-Packard. "O incêndio começou, e essas empresas estão no caminho do fogo. Elas têm que melhorar para competir. É uma enorme mudança em relação a apenas 18 meses atrás".

A diferença entre ter tais melhorias nas condições de trabalho decorrentes da concorrência no mercado, e as impostas pelo governo, é que nos mercados essas melhorias são como subprodutos das maiores opções de emprego que os trabalhadores têm — em virtude da maior concorrência entre os empregadores pela mão de obra cada vez mais especializada e, portanto, mais valorizada — enquanto imposições governamentais tendem a reduzir as opções existentes, elevando o custo da contratação de mão de obra em desrespeito ao fato de que tais custos excedem a produtividade do trabalho.

Um mercado livre não é um sistema de soma zero, em que os ganhos de uma parte se dão às expensas da outra. Como se trata de um processo que leva a uma produção mais expressiva e valoriza o capital humano, os empregadores, os trabalhadores e os consumidores podem se beneficiar ao mesmo tempo. Contudo, os políticos em vários países asiáticos têm procurado simplesmente impor taxas de remuneração mais elevadas por meio de leis de salário-mínimo, o que pode inibir esse processo e criar outros problemas muito familiares, a julgar pelo histórico da legislação de pisos salariais em outros países.

Pressões informais por melhores condições de trabalho vindas de organizações não governamentais internacionais tendem, da mesma forma, a ignorar os custos e suas repercussões na definição das normas de procedimento. Acontecimentos trágicos, como o colapso em 2013 de uma fábrica em Bangladesh, que matou mais de mil trabalhadores, geram pressões internacionais da opinião pública sobre as corporações multinacionais no sentido de que arquem com o custo de condições de trabalho mais seguras ou deixem os países cujos governos não fazem cumprir as normas de segurança. Mas tais pressões também são usadas para obter leis aumentando o salário-mínimo e fundar mais sindicatos, geralmente sem levar em conta os custos e as repercussões sobre o mercado de trabalho de tais medidas.

Observadores terceiros não incorrem em nenhuma das limitações inerentes e trade-offs inevitáveis enfrentados por empregadores e trabalhadores e, portanto, nada os força a pensar em tais termos.

BARGANHA COLETIVA

Nos capítulos anteriores, consideramos os mercados de trabalho em que os trabalhadores e os empregadores são numerosos e competem individual e independentemente, com ou sem regulamentação governamental de salários e condições de trabalho. Porém, esses não são os únicos tipos de mercados de trabalho. Alguns trabalhadores são membros de sindicatos que negociam salários e condições de trabalho com os empregadores, com estes agindo individualmente ou em conjunto como afiliados de uma associação patronal.

Organizações de Empregadores

Nos séculos anteriores, eram os empregadores os mais propensos a se organizar e definir a remuneração e condições de trabalho como um grupo. Em guildas medievais, os mestres artesãos elaboravam coletivamente as regras que determinavam as condições em que os aprendizes e artífices seriam contratados e quanto seria cobrado dos clientes pelos produtos. Hoje, nos EUA, por exemplo, grandes proprietários de ligas esportivas estabelecem coletivamente as regras sobre o total máximo de salários que qualquer equipe pode pagar a seus jogadores sem incorrer em sanções financeiras das próprias ligas.

Claramente, remuneração e condições de trabalho tendem a ser diferentes quando determinadas coletivamente do que em um mercado de trabalho em que os emprega-

Problemas Específicos dos Mercados de Trabalho

dores competem uns contra os outros individualmente pela mão de obra e os trabalhadores competem uns contra os outros individualmente pelos empregos. Obviamente, não valeria a pena para os empregadores se organizar se eles não conseguissem ganhar com isso, mantendo os salários que pagam mais baixos do que ocorreria em um mercado livre. Muito se tem dito sobre a justiça ou injustiça das ações das guildas medievais, sindicatos modernos ou outras formas de negociação coletiva. Aqui, estamos estudando suas consequências econômicas e, em especial, seus efeitos sobre a alocação de recursos escassos que têm usos alternativos.

Quase por definição, todas essas organizações existem para impedir o preço do trabalho de ser o que seria de outra forma em competição livre e aberta no mercado. Assim como a tendência da competição de mercado é a base da remuneração sobre a produtividade do trabalhador, deslocando, assim, a mão de obra de onde ela é menos produtiva para onde é mais produtiva, esforços organizados para manter os salários artificialmente baixos ou artificialmente altos subvertem esse processo e, desse modo, fazem a alocação de recursos ser menos eficiente para a economia como um todo.

Por exemplo, se uma associação patronal mantém os salários na indústria de aplicativos abaixo do nível que os trabalhadores de habilidades semelhantes recebem em outro lugar, menos trabalhadores são susceptíveis de se candidatar a empregos produzindo os aplicativos do que se a remuneração fosse maior. Se os fabricantes de aplicativos estão pagando US\$10 por hora para um trabalho que receberia US\$15 por hora se os empregadores tivessem que competir uns com os outros pela mão de obra em um mercado livre, então, alguns trabalhadores irão para outras indústrias que pagam US\$12 por hora. Do ponto de vista da economia como um todo, isso significa que as pessoas capazes de produzir ao valor de US\$15 a hora estão produzindo por apenas US\$12 a hora em outro lugar. Trata-se de clara perda para os consumidores — isto é, para a sociedade como um todo, já que todos somos consumidores.

O fato de que a perda é mais imediata e mais visível para os trabalhadores na indústria de aplicativos não é o aspecto mais relevante a citar a partir de uma perspectiva econômica. Perdas e ganhos entre empregadores e empregados são questões sociais ou morais, mas não mudam a questão *econômica* chave, que é como a alocação de recursos afeta a riqueza total disponível para a sociedade como um todo. O que faz a riqueza total produzida pela economia ser menor do que seria em um mercado livre é que os salários fixados abaixo do nível do mercado levam os profissionais a trabalhar não onde são mais produtivos, mas onde são pagos melhor em função de um mercado de trabalho competitivo em ocupações menos produtivas.

O mesmo princípio se aplica quando os salários são fixados acima do nível de mercado. Se um sindicato é bem-sucedido em aumentar o salário para aqueles mesmos trabalhadores na indústria de aplicativos, digamos para US$20 por hora, então, os empregadores vão admitir menos trabalhadores do que o fariam no caso de uma remuneração de US$15 por hora que teria prevalecido no mercado de livre concorrência. Na verdade, os únicos trabalhadores que valerá a pena contratar são aqueles cuja produtividade equivale a pelo menos US$20 por hora. Essa maior produtividade pode ser alcançada de variadas maneiras, seja mantendo apenas os funcionários mais qualificados e experientes, injetando mais capital para permitir que a mão de obra produza mais bens por hora, ou por outros meios — nenhum deles gratuitos.

Esses trabalhadores deslocados do segmento de aplicativos devem ir para sua segunda melhor alternativa. Como antes, os que valem US$15 por hora para produzir aplicativos podem transferir-se para outro setor a US$12 por hora. Mais uma vez, essa não é simplesmente uma perda para os trabalhadores em particular que não conseguem encontrar emprego por um salário maior, mas uma perda para a economia como um todo, porque os recursos escassos não estão sendo alocados onde sua produtividade é maior.

Quando os sindicatos estabelecem salários acima do nível que prevalecem nas condições de oferta e demanda em um mercado livre, os fabricantes de aplicativos não estão apenas pagando mais pela mão de obra, eles também estão arcando com o custo do capital adicional ou de outros recursos complementares para aumentar a produtividade do trabalho acima dos US$20 a hora. Maior produtividade do trabalho pode parecer, na superfície, maior "eficiência", mas produzir menos aplicativos com maior custo unitário não beneficia a economia, embora menos mão de obra esteja sendo usada. Outras indústrias que absorvem mais mão de obra do que normalmente faria, em razão dos trabalhadores deslocados da indústria de aplicativos, podem expandir sua produção. Todavia, essa expansão da produção não é a utilização mais produtiva do adicional de mão de obra. É somente o nível salarial imposto artificialmente pelo sindicato provocando a substituição de um uso mais produtivo por outro menos produtivo.

Os artificialmente baixos salários estabelecidos por uma associação patronal ou os salários artificialmente elevados definidos por um sindicato reduzem, ambos, o emprego na indústria de aplicativos. Um lado ou o outro devem agora ir para sua segunda melhor opção — que também é a segunda melhor do ponto de vista da economia como um todo, porque os recursos escassos não tinham sido alocados em seus usos mais valorizados. As partes envolvidas na negociação coletiva estão, naturalmente, preocupadas com seus próprios interesses, mas aqueles que avaliam o processo globalmente precisam se concentrar em como esse processo afeta os interesses econômicos de toda a sociedade, em vez de se fixar na divisão interna dos benefícios econômicos entre as partes da sociedade em disputa.

Problemas Específicos dos Mercados de Trabalho

Mesmo em situações em que possa parecer que os empregadores poderiam fazer praticamente tudo o que querem, a História muitas vezes mostra que não — em face dos efeitos da concorrência no mercado de trabalho. Poucos trabalhadores eram tão vulneráveis quanto os negros recém-libertados nos Estados Unidos após a Guerra Civil. Eles eram extremamente pobres, a maioria completamente ignorante, desorganizados e sem familiaridade com o funcionamento de uma economia de mercado. No entanto, as tentativas organizadas por empregadores brancos e proprietários de terras no sul para manter seus salários e limitar sua tomada de decisão como meeiros foram todas elas desfeitas no mercado, em meio a amargas recriminações mútuas entre empregadores brancos e proprietários de terras.

Quando as tabelas salariais definidas pelos empregadores brancos organizados ficaram abaixo da produtividade real dos trabalhadores negros, tornou-se rentável para qualquer empregador oferecer mais que os outros a fim de atrair mais trabalhadores enquanto sua maior oferta ainda não estava acima do nível de produtividade dos trabalhadores negros. No trabalho agrícola, especialmente, a pressão sobre cada empregador crescia à medida que a época de plantio se aproximava, porque o proprietário sabia que o tamanho da safra do ano inteiro dependia de quantos trabalhadores poderiam ser contratados para semear na época certa. Essa realidade inescapável muitas vezes sobrepujou qualquer senso de lealdade para com colegas proprietários de terras. A taxa porcentual de aumento dos salários dos trabalhadores negros foi maior do que a dos trabalhadores brancos nas décadas após a Guerra Civil, embora estes últimos tivessem maior remuneração em termos absolutos.

Um dos problemas dos cartéis em geral, não importa quais as condições definidas em conjunto para maximizar os benefícios ao cartel como um todo, é a vantagem individual que cada membro do cartel tem se violar essas condições, algo que com frequência leva à desintegração do cartel. Essa era a situação dos cartéis de empregadores brancos no sul do pós-guerra civil americana. Deu-se o mesmo na Califórnia no final do século XIX e início do século XX, quando fazendeiros brancos organizados tentaram diminuir a remuneração dos agricultores e trabalhadores imigrantes japoneses. Também esse cartel entrou em colapso em meio a acusações mútuas e amargas discussões entre os brancos, com a concorrência entre os proprietários de terras levando a violações generalizadas dos acordos que haviam feito em conluio uns com os outros.

A capacidade das organizações de empregadores para atingir seus objetivos depende de seu poder para impor disciplina aos seus próprios membros, e em impedir que surjam empregadores concorrentes fora de seu âmbito de ação. As guildas medievais tinham a força da lei por detrás das regras. Quando não havia nenhuma força de lei para manter a disciplina interna dentro da organização empregadora, ou para impedir o surgimento e atuação de empregadores de fora, os cartéis de empregadores tiveram muito menos êxito.

Há casos especiais, tais como as organizações empregadoras na forma de ligas esportivas dos EUA, que são um monopólio legalmente fora do alcance da legislação antitruste. Portanto, regras internas podem ser impostas para cada equipe, uma vez que nenhuma delas pode esperar retirar-se da liga esportiva principal e obter o mesmo apoio financeiro dos fãs, ou a mesma atenção da mídia, quando já não estão jogando contra outras grandes equipes da liga. Nem seria provável, ou mesmo possível, surgirem novas ligas para competir com a liga esportiva principal com alguma esperança de receber o mesmo apoio dos fãs ou cobertura da mídia. Assim, aquelas ligas esportivas principais podem agir como uma organização patronal, exercendo alguns dos poderes uma vez usados por corporações medievais antes de perderem o apoio crucial da lei e desaparecerem.

Sindicatos de Trabalhadores

Enquanto as organizações de empregadores procuram impedir a remuneração dos empregados de subir ao nível que atingiria de acordo com a interação da oferta e demanda em um mercado competitivo livre, os sindicatos agem no sentido oposto, tentando aumentar os salários acima de onde estariam em um mercado concorrencial. Trata-se de intenções inteiramente diferentes, mas que podem levar a consequências semelhantes em termos de alocação de recursos escassos que têm usos alternativos.

O lendário líder sindical americano John L. Lewis, presidente do United Mine Workers entre 1920 e 1960, foi enormemente bem-sucedido em conseguir salários mais elevados para os afiliados de seu sindicato. No entanto, um economista também o chamou de "o maior vendedor de petróleo do mundo", porque o preço mais caro do carvão e as interrupções da produção ocasionadas pelas inúmeras greves levaram muitos usuários de carvão a trocá-lo pelo óleo combustível. Isso, obviamente, reduziu o emprego na indústria carvoeira.

Na década de 1960, o declínio do emprego nessa indústria prejudicou economicamente muitas comunidades mineiras a ponto de algumas delas transformarem-se virtualmente em cidades fantasmas. Na mídia, as histórias sobre seus apuros raramente vinculam os problemas atuais com os antigos dias de glória de John L. Lewis. Para ser justo com Lewis, ele tomou a decisão consciente de que era melhor ter menos mineiros fazendo um perigoso trabalho subterrâneo e mais máquinas pesadas lá embaixo, ao considerar que máquinas não podiam ser mortas por desmoronamentos, explosões e outros perigos inerentes à mineração.

Problemas Específicos dos Mercados de Trabalho

Para o público em geral, entretanto, essas e outras compensações são em grande parte desconhecidas. Muitos simplesmente aplaudiram o que Lewis fez para melhorar os salários dos mineiros e, anos mais tarde, condoeram-se com o declínio das comunidades mineiras — mas fizeram pouca ou nenhuma conexão entre as duas coisas. Não obstante, estava envolvido ali um dos princípios mais simples e básicos da Economia, segundo o qual se demanda menos a um preço mais elevado do que em um preço mais baixo. Esse princípio é aplicável aos preços do carvão, da mão de obra dos trabalhadores de minas ou a qualquer outra coisa.

Tendências muito similares foram observadas na indústria automobilística, na qual o fator perigo não era o mesmo da mineração. Aqui, o sindicato United Automobile Workers também foi muito bem-sucedido na obtenção de salários mais elevados, mais segurança no trabalho e normas trabalhistas mais favoráveis para seus associados. No longo prazo, porém, todos esses custos adicionais aumentaram o preço dos automóveis, reduzindo, em decorrência, a competitividade dos carros americanos frente aos veículos japoneses e outros, não só nos Estados Unidos como em mercados ao redor do mundo.

A partir de 1950, a produção americana representava 75% de todos os carros fabricados no mundo, com o Japão colocando no mercado menos de 1% do que os americanos produziam. Vinte anos depois, o Japão estava produzindo quase 67% da quantidade de automóveis fabricado pelos Estados Unidos e, dez anos depois, sua produção já havia ultrapassado a dos americanos. Em 1990, 1/3 dos carros vendidos nos Estados Unidos eram japoneses. Anos à frente, mais modelos Honda Accord ou Toyota Camry foram vendidos nos Estados Unidos do que qualquer carro fabricado por qualquer companhia automobilística americana. Tudo isso, claro, teve efeito sobre o emprego. Em 1990, tinha diminuído em 200.000 o número de postos de trabalho na indústria americana em comparação a 1979.

As pressões políticas sobre o Japão para "voluntariamente" limitar sua exportação de carros para os EUA levou à criação de fábricas de automóveis japoneses nos Estados Unidos e à contratação de trabalhadores norte-americanos, para substituir as exportações perdidas. No início da década de 1990, essas fábricas japonesas transplantadas estavam produzindo tantos carros quanto estavam sendo exportados pelo Japão para os Estados Unidos — e, em 2007, cerca de 63% dos carros japoneses vendidos nos Estados Unidos foram fabricados lá mesmo. Muitas das empresas de automóveis japonesas com plantas nos EUA tinham forças de trabalho que não eram sindicalizadas — e que rejeitaram a sindicalização quando houve uma votação entre os funcionários em eleições de escrutínio secreto conduzidas pelo governo. O resultado líquido, no início do século XXI, era que as montadoras de Detroit dispensavam trabalhadores aos milhares, enquanto a Toyota contratava trabalhadores norte-americanos aos milhares.

O declínio de trabalhadores sindicalizados na indústria automobilística fazia parte de uma tendência mais geral entre os trabalhadores industriais nos Estados Unidos. O United Steelworkers of America foi outro sindicato grande e altamente bem-sucedido na obtenção de remuneração elevada e outros benefícios para seus membros. Mas também aqui o número de empregos na indústria siderúrgica diminuiu em mais de 200.000 em uma década, enquanto as empresas desse setor investiram US$35 bilhões em máquinas que substituíram esses trabalhadores, ao mesmo tempo em que as cidades nas quais se concentrava a produção de aço eram economicamente devastadas.

A crença antes comum de que os sindicatos foram uma bênção e uma necessidade para os trabalhadores mesclava-se agora, cada vez mais, com ceticismo e apreensão sobre o papel dos sindicatos no declínio econômico e perda de postos de trabalho em muitas indústrias. Confrontados com a perspectiva de ver alguns empregadores abandonarem o negócio ou precisarem reduzir drasticamente a mão de obra, alguns sindicatos foram forçados a "dar marcha a ré" — isto é, abrir mão de vários salários e benefícios que haviam obtido para seus afiliados em anos anteriores. Doloroso como foi, muitos sindicatos concluíram que essa era a única maneira de salvar os empregos dos trabalhadores associados. Uma história na página principal do noticiário do *New York Times* resumiu a situação no início do século XXI:

> Para chegar a um acordo com a General Motors na quinta-feira e em recentes acordos com vários outros gigantes industriais — Ford, Daimler-Chrysler, Goodyear e Verizon — os sindicatos demonstraram uma nova disposição para controlar suas demandas. Manter seus empregadores competitivos, eles concluíram, é essencial para evitar que empregos sindicalizados sejam perdidos para a não sindicalização, como é frequente em empresas com salários mais baixos em outras partes deste país ou no exterior.

Os sindicatos e seus membros tiveram, ao longo dos anos, de aprender da maneira mais difícil o que é ensinado geralmente no início dos cursos de introdução à Economia — que as pessoas compram menos a preços mais elevados do que a preços mais baixos. Não é um princípio complicado, mas que muitas vezes se perde de vista no turbilhão dos acontecimentos e da retórica inebriante.

A proporção da força de trabalho norte-americana que é sindicalizada tem diminuído ao longo dos anos, na medida em que o ceticismo quanto aos efeitos econômicos dos sindicatos permeia os trabalhadores, os quais cada vez mais votam contra serem representados por sindicatos. Os trabalhadores sindicalizados correspondiam a 32%

de todos os trabalhadores em meados do século XX, mas no final do século chegavam a apenas 14%. Além disso, houve uma grande mudança na composição dos trabalhadores sindicalizados.

Na primeira metade do século XX, os grandes sindicatos na economia dos EUA estavam nas áreas de mineração, automóveis, aço e caminhões. Já no final desse século, os sindicatos maiores e de mais rápido crescimento eram os de funcionários públicos. Em 2007, apenas 8% dos trabalhadores do setor privado eram sindicalizados. O maior sindicato do país, de longe, era o de professores — o National Education Association.

As pressões econômicas do mercado, que tinham criado esses problemas para os trabalhadores sindicalizados da indústria privada e do comércio, não se aplicavam aos trabalhadores do governo. Estes poderiam continuar a receber aumentos salariais, benefícios maiores e usufruir da segurança no trabalho sem a preocupação de estarem sujeitos a sofrer o destino de mineiros, trabalhadores da indústria automobilística e outros trabalhadores industriais sindicalizados. Aqueles que contratam os funcionários públicos não o fazem com seu próprio dinheiro, mas com o dos contribuintes, e por isso tinham poucas razões para resistir às demandas sindicais. Além disso, eles raramente enfrentam as forças competitivas do mercado que iriam forçá-los a perder negócios para as importações ou para substituir produtos. A maioria das agências governamentais tem o monopólio de sua função particular.[4] Apenas a Receita Federal cobra impostos para o governo federal, por exemplo.

Na indústria privada, muitas empresas mantiveram-se não sindicalizadas em virtude de sua política de pagar aos trabalhadores pelo menos tanto quanto ganham os trabalhadores sindicalizados. Tal política implica que, para o trabalhador, o custo de ser sindicalizado excede os salários e benefícios pagos aos trabalhadores. Os custos ocultos da regulamentação sindical sobre antiguidade e muitos outros detalhes operacionais são evitados por algumas empresas por uma questão de maior eficiência, mesmo que isso signifique pagar a seus funcionários mais do que o fariam aos trabalhadores sindicalizados. Os três grandes fabricantes de automóveis americanos sindicalizados, por exemplo, requerem de 26 horas a 31 horas de trabalho por carro, enquanto os fabricantes de automóveis japoneses, em grande parte não sindicalizados, requerem de 17 a 22 horas.

Os sindicatos da Europa Ocidental são especialmente poderosos, e os muitos benefícios que obtiveram para seus membros repercutiram sobre o emprego dos tra-

---

[4] Isso nem sempre é verdade: nos EUA, alguns governos estaduais e locais pagam empresas privadas para realizar algumas funções tradicionalmente feitas por funcionários do governo, tais como coleta de lixo e gestão prisional. O governo federal também terceiriza algumas de suas funções a empresas privadas, tanto nos Estados Unidos como no exterior. O grau em que isso pode ser feito, no entanto, é limitado por fatores políticos.

balhadores e as taxas de crescimento de todas as economias. Os países da Europa Ocidental ficaram, durante anos, atrás dos Estados Unidos, tanto no crescimento econômico como na criação de postos de trabalho. Um reconhecimento tardio de tais fatos, na esteira de uma crise econômica, levou alguns sindicatos e governos europeus a relaxar algumas de suas exigências e restrições sobre os empregadores. Em 2006, o *Wall Street Journal* reportou:

> A crise econômica da Europa deu às empresas uma nova musculatura em suas negociações com os trabalhadores. Os governos na Europa têm sido lentos em reformar as leis trabalhistas favoráveis aos trabalhadores por medo de incorrer na ira dos eleitores. Isso retardou o crescimento do emprego conforme as empresas transferiam operações para o exterior, onde os custos de trabalho eram menores. A elevada taxa de desemprego na Europa deprimiu os gastos dos consumidores, o que contribuiu para limitar o crescimento econômico a uma média de parcos 1,4% nos doze países da zona do euro.

Na onda de um relaxamento da ação dos sindicatos trabalhistas e restrições do governo no mercado de trabalho, a taxa de crescimento nesses países aumentou de 1,4% para 2,2% e a taxa de desemprego caiu de 9,3% para 8,3%. Nenhuma dessas estatísticas foi tão boa quanto a dos Estados Unidos na época, mas significavam uma melhoria sobre o que existia no âmbito das políticas e práticas anteriores nos países da União Europeia.

EXPLORAÇÃO

Geralmente, aqueles que condenam a "exploração" não fazem nenhuma tentativa séria para a definir, de modo que a palavra é muitas vezes usada apenas para condenar ou os preços mais elevados ou os salários mais baixos do que o observador gostaria de ver. Não haveria nenhuma base para contestar essa palavra se fosse compreendido por todos que se trata simplesmente de uma declaração sobre reações emocionais internas de alguém, em vez de ser apresentada como uma declaração sobre algum fato do mundo externo. Vimos no Capítulo 4 como os preços mais elevados cobrados pelas lojas em bairros de baixa renda foram chamados de "exploração" quando, na verdade, existem muitos fatores econômicos a serem levados em conta nesses preços mais elevados, muitas vezes cobrados por lojas locais que estão lutando para sobreviver, em vez de estarem lucrando anormalmente. Da mesma forma, vimos no Capítulo 10 alguns

Problemas Específicos dos Mercados de Trabalho

dos fatores por trás dos baixos salários dos trabalhadores do Terceiro Mundo, a quem muitos consideram serem "explorados" porque não recebem os salários mais altos pagos aos trabalhadores em países mais prósperos.

A ideia geral por trás das teorias de "exploração" é que algumas pessoas são de alguma forma capazes de ganhar dinheiro mais que suficiente para compensar suas contribuições para a produção e distribuição dos bens, por cobrar mais do que é necessário para os consumidores ou pagar menos do que os funcionários precisam. Em algumas circunstâncias, isso é, de fato, possível. Mas precisamos examinar essas circunstâncias — e ver quando elas existem ou não no mundo real.

Como vimos em capítulos anteriores, obter uma taxa de retorno sobre o investimento maior que a necessária para compensar as pessoas pelos riscos que correm e por suas contribuições para a produção implica, praticamente, que outras pessoas sejam atraídas a fim de partilhar tal recompensa investindo nas empresas existentes ou implementando novos empreendimentos. Por sua vez, isso, na prática, garante que a taxa média de retorno será induzida a cair graças ao aumento da concorrência causada pelo investimento ampliado na produção, tanto por parte das empresas já existentes quanto pelas novas empresas. Somente quando há alguma maneira de impedir o surgimento ou atuação de novos concorrentes é que se pode sustentar os ganhos acima da média sobre o investimento.

Os governos estão entre as barreiras mais comuns e mais eficazes para a entrada de novos concorrentes. Durante a II Guerra Mundial, o governo colonial britânico na África Ocidental impôs uma ampla gama de controles em tempo de guerra sobre a produção e o comércio, como também aconteceu dentro da própria Grã-Bretanha. Este foi o resultado, conforme relatado por um economista presente na África Ocidental:

> Durante o período de controles comerciais, os lucros eram muito maiores do que o necessário para assegurar os serviços dos comerciantes. Nesse período de grande prosperidade, as barreiras eficazes à entrada de novas empresas reservavam os grandes lucros para aqueles que já participavam dos negócios.

Essa situação não era algo exclusivo da África ou peculiar ao governo colonial britânico local. O Civil Aeronautics Board e a Interstate Commerce Commission, nos Estados Unidos, estão entre os muitos órgãos do governo, em nível nacional e local, que restringiram o número de empresas ou indivíduos autorizados a operar em várias ocupações e setores de atividade. Na verdade, os governos de todo o mundo têm, em várias ocasiões e lugares, colocado restrições a quantas e quais pessoas seriam autorizadas a exercer determinadas profissões ou estabelecer empresas em segmentos econômicos específicos. Isso foi ainda mais comum nos séculos passados, quando os reis frequentemente conferiam a indivíduos ou empresas particulares direitos de monopólio na produção de sal, vinho ou muitos outros produtos, privilégios, às vezes, concedidos por uma questão de generosidade aos favoritos reais e, frequentemente, porque os trocavam por dinheiro.

O objetivo ou o efeito líquido de barreiras de entrada tem sido a persistência de um nível de rendimentos mais elevado do que existiria sob livre concorrência de mercado e maior que o suficiente para atrair os recursos necessários. Isso poderia legitimamente ser considerado "exploração" dos consumidores, uma vez que é um pagamento acima daquele que induziria as pessoas a fornecer o produto ou serviço em questão. Todavia, a existência de um salário mais alto do que sob livre concorrência de mercado nem sempre ou necessariamente significa que esses ganhos são maiores do que os ganhos em setores competitivos. Às vezes, empresas ineficientes conseguem sobreviver sob a proteção do governo, o que não ocorreria em um mercado livre. Assim, taxas de retorno, ainda que modestas, obtidas por essas empresas ineficientes significam que os consumidores se veem obrigados a pagar mais dinheiro do que o necessário em um mercado livre, no qual as empresas mais eficientes teriam uma participação maior na produção da indústria, ao forçar as empresas menos eficientes a deixar o mercado por meio da oferta de preços mais baixos.

Embora tais situações possam ser legitimamente caracterizadas como exploração — definida como preços mais elevados do que os necessários para fornecer os bens ou serviços em questão — não há, geralmente, o tipo de situação que provoca esse rótulo. Também seria legítimo descrever como exploração uma situação em que as pessoas recebem menos pelo seu trabalho do que receberiam em um mercado livre, ou menos do que o necessário para atrair recorrentemente pessoas com seus níveis de habilidades, experiência e talentos. No entanto, tais situações têm mais propensão a envolver pessoas com habilidades e rendimentos elevados do que pessoas com baixa qualificação e menores rendimentos.

Quando exploração é definida como a diferença entre a riqueza que um indivíduo cria e o montante de dinheiro que ele ganha com isso, então o americano Babe Ruth (famoso jogador de beisebol) pode muito bem ter sido o sujeito mais explorado de todos os tempos. Não só o Yankee Stadium foi "a casa que Ruth construiu", mas toda a dinastia Yankee foi edificada sobre as façanhas de Babe Ruth. Antes que ele se juntasse à equipe, o New York Yankees nunca tinha vencido um campeonato regional, muito menos um World Series (o campeonato nacional), e não tinham um estádio próprio, utilizando em seus jogos o estádio do New York Giants quando os Giants estavam visitando seus adversários. As façanhas de Ruth atraíam multidões, e as enormes re-

Problemas Específicos dos Mercados de Trabalho

ceitas de bilheteira eram a base financeira que permitiu que os Yankees formassem equipes que dominaram o beisebol americano durante décadas.

O maior salário de Ruth chegou a US\$80.000 por ano — mesmo aos preços de 1932 — nem mesmo começava a cobrir a diferença financeira que ele proporcionava para a equipe. Mas os longos contratos de exclusividade da carreira davam aos Yankees o direito de não cobrir o que outras equipes teriam generosamente pago pelos serviços de Babe Ruth. Aqui, como em outros lugares, impedir a concorrência é essencial para a exploração. Também é importante notar que os Yankees exploravam Babe Ruth, mas não podiam explorar os trabalhadores não qualificados que varriam o chão do Yankee Stadium, porque esses trabalhadores poderiam obter empregos equivalentes em inúmeros escritórios, fábricas ou casas, então, não havia nenhuma maneira de os remunerar por menos do que trabalhadores comparáveis recebiam em outros lugares.

Em algumas situações, as pessoas em determinada ocupação podem ser menos remuneradas do que o necessário para continuar a atrair um número suficiente de pessoas qualificadas para essa ocupação. Há médicos, por exemplo, que já investiram grandes somas de dinheiro para se formarem em dispendiosas faculdades de medicina, muitas vezes mediante financiamentos que exigem anos para serem quitados, seguidos por baixos salários como residentes antes de finalmente tornarem-se totalmente qualificados para realizar sua própria prática médica independente. Sob um sistema médico dirigido pelo governo, este pode, em determinado momento, definir tabelas salariais para os médicos, ou faixas de pagamento para determinados tratamentos médicos, que não são suficientes para continuar a atrair o maior número de pessoas com as mesmas qualificações para a profissão médica no futuro.

Nesse meio tempo, contudo, os médicos existentes têm pouca escolha a não ser aceitar o que o governo autoriza, seja pagando todas as contas médicas ou contratando todos os médicos. Raramente haverá profissões alternativas para os médicos existentes que lhes possibilitem ganhar um salário melhor, porque se tornar um advogado ou engenheiro exigiria mais um investimento caro na educação e formação. Por isso, a maioria dos médicos raramente têm alternativas realistas disponíveis e é improvável que se tornem motoristas de caminhão ou carpinteiros, só porque não teriam escolhido a profissão médica se soubessem de antemão o nível real de compensação que obteriam.

Trabalhadores com baixos salários também podem ser explorados em circunstâncias nas quais são incapazes de se mudar, ou quando o custo da mudança seria alto, seja por causa dos custos de transporte ou porque o aluguel que pagam é inferior ao que pagariam em outro lugar. Nos séculos passados, os escravos podiam, claro, ser explorados porque eram detidos pela força. Servos presos por contrato ou trabalhadores contratados, especialmente aqueles que trabalham no exterior, tinham da mesma forma altos custos para se mudar, e assim podiam ser explorados em curto prazo. No entanto, muitos trabalhadores contratados por salários muito baixos escolheram renovar os contratos para um novo período de trabalho em empregos cuja remuneração e condições de trabalho eles já tinham conhecimento por experiência pessoal, indicando claramente que — por mais baixa que fosse a remuneração e por pior que fossem as condições de trabalho — eles eram suficientes para os atrair para essa ocupação. Aqui, a explicação menos provável é menos a exploração do que a falta de melhores alternativas ou habilidades necessárias para se beneficiar de melhores alternativas.

Onde há apenas um empregador por um determinado tipo de trabalho, então é claro que a entidade patronal pode definir tabelas salariais que são mais baixas do que as necessárias para atrair novas pessoas para essa ocupação. Mas isso é mais provável de acontecer para as pessoas altamente especializadas e qualificadas, como os astronautas, e não para os trabalhadores não qualificados, que são contratados por uma grande variedade de empresas, agências governamentais, e até mesmo por particulares. Antes da generalização dos transportes modernos, os mercados de trabalho locais podiam ficar isolados e um determinado empregador ser a única opção para muitos habitantes locais em determinadas profissões. Mas a disseminação de serviços de transporte de baixo custo fez com que tais situações sejam hoje muito mais raras do que no passado.

Uma vez que vemos que as barreiras à entrada ou saída — esta última, absoluta no caso de escravos, cara para os médicos e também, como ocorre nos EUA, para as pessoas que moram em habitações locais subsidiadas, por exemplo — são fundamentais, então o termo exploração com frequência é legitimamente aplicável a pessoas muito diferentes daquelas a quem é geralmente aplicado. Ele também se aplica a empresas que investiram grandes quantidades de capital fixo e de difícil remoção em um determinado local. Uma empresa que constrói uma hidrelétrica, por exemplo, não pode transferir a barragem para outro lugar se o governo local duplica ou triplica a tributação ou exige que a empresa pague salários mais elevados a seus trabalhadores do que aquilo que trabalhadores equivalentes recebem em outra parte em um mercado livre. Em longo prazo, contudo, menos empresas tendem a investir em lugares onde o clima político produz tais resultados — a saída de muitas empresas da Califórnia é um exemplo gritante —, mas aqueles que já investiram em tais lugares não têm muito a fazer a não ser aceitar uma menor taxa de retorno lá.

Se o termo "exploração" se aplica ou não a uma situação específica não é simplesmente uma questão de semântica. Diferentes *consequências* ocorrem quando as políticas implementadas se baseiam em uma falsa crença. A imposição de controles de preços

Problemas Específicos dos Mercados de Trabalho

ou leis de salário-mínimo para evitar que os consumidores sejam "explorados" pode piorar a situação para os consumidores ou trabalhadores se, de fato, não estão sendo explorados, como já demonstrado nos Capítulos 3 e 11. Sempre que um dado empregador, ou um pequeno conjunto de empregadores que operam em conluio, constituem um cartel local para a contratação de certos tipos de trabalhadores, podendo então pagar salários mais baixos, e o governo, em tais circunstâncias, impõe um aumento de salários — dentro de certos limites — não resulta em trabalhadores perdendo seus empregos, como tenderia a acontecer com um salário-mínimo imposto no que de outra forma seria um mercado competitivo. Mas essas situações são muito raras e esses cartéis de empregadores são difíceis de manter, como indica o colapso de um deles no sul dos EUA após a II Guerra Mundial e de outro, no século XIX, na Califórnia.

A tendência para considerar trabalhadores com baixos salários como sendo vítimas de exploração é compreensível como um desejo de procurar um remédio em cruzadas morais ou políticas para corrigir um erro. Mas, como observou o economista Henry Hazlitt, anos atrás:

> O verdadeiro problema da pobreza não é um problema de "distribuição", mas de produção. Os pobres são pobres não porque algo está sendo retido a partir deles, mas porque, por alguma razão, eles não estão produzindo o suficiente.

Isso não faz da pobreza nada menos que um problema, mas faz uma solução ser mais difícil, menos certa e mais demorada, bem como requer a cooperação das pessoas em situação de pobreza, além de outros que podem querer ajudá-los, mas que não podem resolver o problema sem essa cooperação. Os próprios pobres não podem ser os culpados porque sua pobreza pode decorrer de muitos fatores fora de seu controle — incluindo o passado, que está além do controle de qualquer um hoje. Algumas dessas circunstâncias serão tratadas no Capítulo 8 do Volume II desta obra.

Segurança do Trabalho

Praticamente toda nação industrial moderna tem enfrentado questões de segurança no emprego, de forma realista ou não, com ou sem êxito. Em alguns países — França, Alemanha, Índia e África do Sul, por exemplo — leis de segurança para o trabalho tornam difícil e oneroso para um empregador privado demitir ninguém. Os sindicatos tentam estabelecer políticas de segurança do trabalho em diversos setores de atividade e em muitos países ao redor do mundo. Os sindicatos de professores nos Estados Unidos são tão bem-sucedidos nesse aspecto que pode facilmente custar milhares de dólares para uma escola — ou mais de cem mil, em alguns lugares — dispensar apenas um professor, mesmo ele sendo manifestamente incompetente.

A finalidade óbvia das leis de segurança do trabalho é reduzir o desemprego, mas é muito diferente afirmar que esse é o efeito real de tais leis. Países com leis fortes de segurança do trabalho normalmente não têm taxas de desemprego mais baixas, mas mais elevadas do que países sem leis generalizadas de proteção de emprego. Na França, que tem algumas das mais rígidas leis de segurança do trabalho da Europa, taxas de desemprego de dois dígitos não são incomuns. Porém, nos Estados Unidos, os americanos ficam alarmados quando a taxa de desemprego se aproxima de um nível assim. Na África do Sul, o próprio governo admitiu que suas rígidas leis de proteção ao trabalho tiveram "consequências não intencionais", entre elas uma taxa de desemprego que se manteve em torno de 25% durante anos, atingindo um máximo de 31% em 2002. Como a revista britânica *The Economist* colocou: "Demitir é uma dor de cabeça tão cara que muitos preferem nem contratar". Esse resultado não é, de forma alguma, privativo da África do Sul.

A verdadeira razão que faz uma sociedade industrial moderna ser tão eficiente e tão eficaz em aumentar o padrão de vida — a busca constante de novas e melhores maneiras de trabalhar e produzir mais bens — torna impossível continuar a manter os mesmos trabalhadores que fazem os mesmos trabalhos do mesmo jeito. Por exemplo, voltando ao início do século XX, os Estados Unidos tinham cerca de 10 milhões de agricultores e trabalhadores agrícolas para alimentar uma população de 76 milhões de habitantes. Até o final do século XX, havia menos de 20% desses muitos agricultores e trabalhadores agrícolas, que alimentavam uma população mais de três vezes maior. Entretanto, longe de dispor de menos alimentos, os maiores problemas dos americanos agora incluem a obesidade e a tentativa de encontrar mercados de exportação para os seus excedentes agrícolas. Tudo isso foi possível porque a agricultura transformou-se em um empreendimento radicalmente diferente utilizando maquinário, produtos químicos e métodos inéditos no início do século — e requisitando o trabalho de muito menos pessoas.

Não havia leis de segurança do trabalho para manter os trabalhadores na agricultura, onde na ocasião passaram a ser supérfluos, então, eles foram aos milhões para a indústria, acrescentando muito à produção nacional. A agricultura, naturalmente, não é o único setor da economia a passar por uma revolução durante o século XX. Novas atividades surgiram, tais como as relacionadas à aviação e aos computadores, e até mesmo as tradicionais, como o varejo, têm visto mudanças radicais em que empresas

Problemas Específicos dos Mercados de Trabalho

e procedimentos comerciais sobreviveram. Mais de 17 milhões de trabalhadores nos Estados Unidos perderam seus empregos entre 1990 e 1995. Mas nunca houve 17 milhões de americanos desempregados em qualquer momento durante esse período, nem nada perto disso. Na verdade, a taxa de desemprego nos Estados Unidos caiu para seu ponto mais baixo em anos durante a década de 1990. Os americanos estavam se movendo de um emprego para outro, em vez de confiar na segurança do emprego em um só lugar. O americano médio ocupa nove postos de trabalho entre as idades de 18 e 34 anos.

Na Europa, onde as leis e as práticas de segurança do trabalho são muito mais rígidas que nos Estados Unidos, é realmente mais difícil de achar um emprego. Ao longo dos anos 1990, os Estados Unidos criaram empregos no setor a um ritmo três vezes maior que o das nações industriais da Europa. No setor privado, a Europa na verdade perdeu empregos, e só a expansão dos postos de trabalho no governo levou a um ganho líquido. Isso não deveria ser surpreendente. Leis de segurança do trabalho encarecem a contratação de trabalhadores — e, assim como qualquer outra coisa que fica mais cara, menos trabalho é demandado a um preço mais elevado do que seria a um preço menor. Políticas de segurança do trabalho poupam os empregos dos trabalhadores existentes, mas à custa de reduzir a flexibilidade e eficiência da economia como um todo, inibindo, assim, a produção da riqueza necessária para a criação de novos postos de trabalho para outros trabalhadores.

Considerando que as leis de segurança do trabalho tornam arriscado para as empresas privadas contratar novos trabalhadores, a opção em períodos de aumento da demanda por seus produtos podem ser as horas extras dos empregados existentes, ou o trabalho ser substituído por capital, como, por exemplo, utilizar ônibus biarticulados no lugar dos de tamanho normal em vez de contratar mais motoristas. No entanto, o aumento da substituição do trabalho pelo capital deixa outros trabalhadores desempregados. Para a população trabalhadora como um todo, pode não haver nenhum aumento líquido da segurança do emprego, mas sim uma concentração de insegurança naqueles que estarão do lado de fora olhando para dentro, especialmente os trabalhadores mais jovens estreando na força de trabalho ou as mulheres que procuram reingressar nela depois de se ausentar para criar os filhos.

A conexão entre leis de segurança de emprego e desemprego tem sido compreendida por alguns funcionários públicos, mas, aparentemente, não por grande parte da população, incluindo a parcela mais educada. Quando a França, em 2006, tentou lidar com sua elevada taxa de desemprego jovem de 23%, aliviando suas rigorosas leis de segurança do trabalho para as pessoas em seu primeiro emprego, os estudantes da Sorbonne e de outras universidades francesas saíram às ruas de Paris e outras cidades francesas em protesto.

LICENCIAMENTOS PROFISSIONAIS

Leis de segurança do trabalho e leis de salário-mínimo são apenas algumas das maneiras como a intervenção do governo nos mercados de trabalho faz com que esses mercados sejam muito diferentes do que seriam sob livre concorrência. Entre as outras maneiras que a intervenção do governo muda os mercados de trabalho estão as que exigem uma licença emitida pelo governo para se envolver em algumas ocupações. Não se pode ser um médico ou um advogado sem uma licença, pela razão óbvia de que as pessoas sem a necessária formação e habilidade praticando aquelas profissões seria perpetrar uma fraude perigosa. Todavia, uma vez que o governo tem uma base racional para o exercício de um poder especial, que o poder possa ser estendido a outras circunstâncias distancia-se de toda a lógica. Essa tem sido a história do licenciamento ocupacional.

Embora os economistas frequentemente primeiro expliquem como a livre concorrência de mercado opera para só depois passar a mostrar como diferentes infrações nesse tipo de mercado afetam os resultados econômicos, o que aconteceu na história é que os mercados controlados precederam os mercados livres por séculos. Requisitos para obter a permissão do governo para se envolver em várias ocupações eram comuns séculos atrás. A ascensão dos mercados livres foi auxiliada pelo aumento e propagação da Economia clássica no século XIX. Embora ambos os mercados, de produto e trabalho, tenham se tornado mais livres no século XIX, as forças à procura de proteção contra a concorrência não foram completamente erradicadas. Gradualmente, ao longo dos anos, mais profissões começaram a exigir licenças — um processo acelerado nos maus tempos econômicos, tais como a Grande Depressão da década de 1930, ou após a intervenção do governo na economia passar a se tornar mais aceita novamente.

Em que pese a razão para a necessidade de licenças em ocupações específicas ter sido, geralmente, proteger o público de diversos riscos ocasionados por profissionais não qualificados ou sem escrúpulos, a demanda por essa proteção raramente vem do público. Quase invariavelmente, a exigência de uma licença veio de profissionais existentes em uma particular ocupação. Mas que o verdadeiro objetivo é proteger-se da concorrência é sugerido pelo fato de ser comum na legislação de licenciamento ocupacional a isenção para os profissionais já existentes, que são automaticamente licenciados, como se fosse possível presumir que o público não requer nenhuma proteção contra profissionais incompetentes ou desonestos já exercendo a ocupação.

O licenciamento profissional pode assumir muitas formas. Em alguns casos, a licença é automaticamente concedida a todos os candidatos que possam demonstrar competência em uma ocupação em particular, talvez com o requisito adicional de uma ficha policial limpa atestando que se trata de um cidadão cumpridor da lei. Em outros casos, há um limite numérico da quantidade de licenças, independentemente de quantos candidatos qualificados existem. Um exemplo comum deste último é a licença para dirigir um táxi. Nova York, por exemplo, limita o número de licenças de táxi desde 1937, quando começou a emitir certificados especiais que autorizam cada táxi a operar. A resultante escassez artificial de táxis teve muitas repercussões, a mais óbvia das quais tem sido o aumento do custo das certificações, que eram vendidas inicialmente por US$10 em 1937, depois por US$80.000 em 1980 e chegaram a valer mais de um milhão de dólares em 2011[5].

---

[5] NRT: Em tempos mais recentes, a limitação artificial da oferta de táxis em grandes cidades do mundo criou a oportunidade de mercado para o desenvolvimento de negócios mais eficientes, baseados na busca e seleção de motoristas privados por celulares, como o Uber, o Lyft e o Cabify. A ascensão incontrolável destes modelos de negócio tem feito diversas cidades rediscutirem restrições de licenciamento para táxis e assemelhados.

PARTE IV: TEMPO E RISCO

Capítulo 13

INVESTIMENTO

*Um turista em Greenwich Village, em Nova York,
decidiu fazer seu retrato pintado por um artista de rua.
O trabalho ficou ótimo, e o artista cobrou US$100 pelo
desenho.*

*"É muito caro", disse ele ao artista, "mas vou pagar,
porque é um grande trabalho. Mas, fala sério, isso
demorou apenas cinco minutos".*

"Vinte anos e cinco minutos", o artista respondeu.

Habilidade artística é apenas uma das muitas coisas que são acumuladas ao longo do tempo para serem usadas mais tarde. Algumas pessoas podem pensar no investimento como simplesmente uma transação de dinheiro. Mas, mais ampla e fundamentalmente, é o sacrifício de se abster de coisas reais hoje, a fim de ter mais coisas reais no futuro.

No caso do artista de Greenwich Village, havia chegado a hora daquilo que fora investido por duas décadas no desenvolvimento das habilidades que permitem fazer um esboço impressionante em cinco minutos. Para a sociedade como um todo, o investimento é mais propenso a assumir a forma de abrir mão da produção de alguns bens de consumo hoje de modo que o trabalho e o capital que teriam sido usados para produzi-los passe a ser usado na produção de máquinas e fábricas que farão com que a produção futura seja maior do que seria se não fosse feita tal opção. As transações financeiras envolvidas nisso podem ser aquelas nas quais os investidores individuais estão interessados, mas aqui, como em outros lugares, para a sociedade como um todo o dinheiro é apenas um dispositivo artificial facilitador das coisas reais que constituem a riqueza real.

Como o futuro não pode ser conhecido com antecedência, os investimentos envolvem necessariamente riscos, bem como as coisas tangíveis que são investidas. Esses riscos devem ser compensados para que os investimentos continuem a ser feitos. O custo de manter as pessoas vivas enquanto se espera seu talento artístico se desenvolver, as explorações petrolíferas para finalmente encontrar locais onde poços de petróleo podem ser perfurados, ou os créditos acadêmicos para enfim alcançar a colação de grau, são, todos, investimentos que devem ser reembolsados, se tais investimentos continuarem a ser feitos.

O reembolso dos investimentos não é uma questão de moralidade, mas de Economia. Se o retorno sobre o investimento não é suficiente para torná-lo útil, menos pessoas farão esse investimento específico no futuro, e aos consumidores futuros, portanto, será negado o uso dos bens e serviços que de outra forma teriam sido produzidos.

Ninguém tem nenhuma obrigação de fazer *todos* os investimentos se pagarem, mas quantos precisam se pagar, e em que medida, é determinado pela forma como muitos consumidores valorizam os benefícios dos investimentos de outras pessoas, e em que extensão.

Quando os consumidores não valorizam o que está sendo produzido, o investimento *não* se paga. Quando as pessoas insistem em se especializar em um campo para o qual há pouca demanda, o investimento é um desperdício de recursos escassos que poderiam ter produzido algo que os outros queriam mais. As oportunidades de baixa remuneração e de trabalho escasso em tal campo são um sinal convincente para elas — e para os outros depois delas — para deixar de fazer tais investimentos.

Os princípios de investimento estão envolvidos em atividades que não passam pelo mercado, e não são normalmente consideradas como de ordem econômica. Jogar as coisas fora depois de as usar é um investimento de tempo no presente para reduzir o tempo necessário para encontrá-las no futuro. Explicar-se para os outros pode consumir tempo, e ser até mesmo uma atividade desagradável, mas pode ser visto como um investimento para evitar maior infelicidade no futuro devido a mal-entendidos evitáveis.

TIPOS DE INVESTIMENTOS

Os investimentos assumem muitas formas, sejam eles em seres humanos, siderúrgicas ou linhas de transmissão de energia elétrica. Risco é uma parte inseparável desses e de outros investimentos. Entre as formas de lidar com o risco estão a especulação, os seguros e a emissão de ações e títulos.

Capital Humano

Ainda que o capital humano possa assumir muitas formas, há a tendência de vinculá-lo à educação formal. Contudo, não só muitas outras formas valiosas de capital humano podem ser ignoradas ao se pensar dessa forma, como a educação formal pode ser exageradamente valorizada e, em alguns casos, ter consequências contraproducentes que não são compreendidas.

A revolução industrial aconteceu não em função de pessoas altamente educadas, mas pela ação de pessoas práticas, com experiência industrial. Uma dupla de mecânicos de bicicleta que nunca tinha ido para a faculdade foi uma das pioneiras na construção de objetos voadores mais pesados que o ar. A eletricidade (e muitas invenções que a utilizam) é peça fundamental do mundo moderno graças a Thomas Edison, um homem com apenas três meses de escolaridade formal. Não obstante, todas essas pessoas tinham conhecimentos extremamente valiosos e insights — capital humano — adquiridos com a experiência e não em salas de aula.

A educação também tem feito, naturalmente, grandes contribuições para o desenvolvimento econômico e a melhoria dos padrões de vida. Mas isso não é válido para toda e qualquer educação. Entre elas, do ponto de vista econômico, diversas têm grande valor, outras nenhum e algumas podem até ter um valor negativo. Embora seja fácil de compreender o grande valor das habilidades específicas da ciência médica e da engenharia, por exemplo, ou dos fundamentos mais gerais de uma série de profissões relacionadas à matemática, temas como literatura não têm a pretensão de produzir habilidades comercializáveis, mas estão disponíveis para poderem contribuir de outras maneiras.

Em um país onde a educação ou níveis mais elevados de educação são novos ou raros, aqueles que têm diplomas ou títulos podem sentir que muitos tipos de trabalho estão agora abaixo deles. Em tais sociedades, mesmo os engenheiros podem preferir sentar-se em uma cadeira no escritório a colocar os pés na lama de um canteiro de obras calçando botas de perneira alta. Dependendo do que estudaram, os recém-formados podem ter níveis mais elevados de expectativas do que seus níveis de capacidade de criar riquezas a partir das quais satisfazê-las.

No Terceiro Mundo, especialmente, aqueles que são os primeiros membros de suas famílias a alcançar o ensino superior normalmente não se propõem a estudar assuntos difíceis e exigentes, como ciência, medicina ou engenharia, e tendem a escolher temas mais fáceis e mais distorcidos que lhes proporcionam pouco em termos de habilidades comercializáveis — ou seja, aquelas que podem criar prosperidade para si ou para seu país.

Um grande número de jovens com escolaridade, mas sem habilidades economicamente significativas, tem produzido muito desemprego nos países do Terceiro Mundo. Uma vez que o mercado tem pouco a oferecer do que é compatível com as expectativas deles, os governos criam burocracias hipertrofiadas para contratá-los a fim de neutralizar seu potencial de descontentamento político, agitação civil ou insurreição. Por sua vez, essas burocracias inchadas e a volumosa papelada de trâmite demorado que geram podem se tornar obstáculos para os outros que *têm* as habilidades e empreendedorismo necessários para contribuir para o avanço econômico do país.

Na Índia, por exemplo, duas de suas famílias líderes empresariais, a Tata e a Birla, recorrentemente colheram frustrações em suas tentativas de obter a permissão do governo necessária para expandir suas empresas:

> A Tata fez 119 propostas, entre 1960 e 1989, para iniciar novos negócios ou expandir os antigos, e todas terminaram nas lixeiras dos burocratas. Aditya Birla, o jovem e dinâmico herdeiro do império Birla, que estudou no MIT, estava tão desiludido com a política indiana que decidiu expandir as empresas Birla fora da Índia e, por fim, fundou empresas dinâmicas na Tailândia, Malásia, Indonésia e Filipinas, longe da atmosfera hostil de sua casa.

As inúmeras regras do governo da Índia, microgerenciando as empresas, "asseguram que cada empresário contornaria uma ou outra lei todo mês", segundo um executivo indiano. As grandes empresas na Índia criam suas próprias burocracias em Déli, paralelas às do governo, com o objetivo de tentar manter o controle sobre o andamento de suas aplicações para as numerosas permissões governamentais necessárias para fazer o que as empresas fazem por conta própria nas economias de mercado livre, e para pagar as propinas necessárias para garantir essas permissões.

As consequências de controles burocráticos sufocantes na Índia foram demonstradas não só por tais experiências enquanto estavam em pleno vigor, mas também por melhorias econômicas dramáticas do país depois que muitos desses controles foram relaxados ou eliminados. A taxa de crescimento da economia indiana aumentou drasticamente após as reformas, em 1991, libertarem muitos de seus empreendedores das amarras de alguns dos piores controles, e os investimentos estrangeiros na Índia subiram de US$150 milhões para US$3 bilhões — em outras palavras, vinte vezes.

A hostilidade para com minorias empresariais como os chineses no Sudeste Asiático ou os libaneses na África Ocidental tem sido especialmente forte entre as pessoas locais recém-formadas, que veem seus próprios diplomas e títulos trazendo-lhes muito menos recompensa econômica do que os ganhos dos donos de empresas daquelas minorias que podem ter menor escolaridade formal.

Em suma, maior escolaridade não é automaticamente mais capital humano. Ela pode, em alguns casos, reduzir a capacidade de um país de utilizar o capital humano que já possui. Além disso, na medida em que alguns grupos sociais se especializam em diferentes tipos de educação, ou apresentam diferentes níveis de desempenho como estudantes, ou frequentam instituições de ensino de qualidade diferente, o mesmo número de anos de escolaridade não significa a mesma educação em nenhum sentido economicamente significativo. Tais diferenças qualitativas têm sido de fato comuns em países ao redor do mundo, quer comparando os chineses e os malaios na Malásia, judeus sefarditas (descendentes de judeus, originários de Portugal e Espanha) e judeus asquenazes (provenientes da Europa Central e Oriental) em Israel, tâmeis e cingaleses no Sri Lanka ou os vários grupos étnicos nos Estados Unidos.

Investimentos Financeiros

Quando milhões de pessoas investem dinheiro, o que estão fazendo de mais fundamental é prescindir do uso de bens e serviços correntes que eles são capazes de adquirir, na esperança de que receberão de volta mais dinheiro no futuro — o que equivale a dizer que poderão comprar uma quantidade maior de produtos e serviços no futuro. Em uma visão de conjunto, os investimentos significam que muitos recursos que de outra forma teriam sido utilizados para produzir agora bens de consumo como roupas, móveis ou pizzas, em vez disso são destinados à produção de fábricas, navios ou hidrelétricas que fornecerão bens e serviços no futuro. Montantes de dinheiro nos dão uma ideia da magnitude dos investimentos, mas os investimentos em si são, em última análise, adições ao capital real do país, seja ele físico ou humano.

Os investimentos podem ser feitos pelos indivíduos que compram ações de uma empresa, por exemplo, suprindo as corporações com dinheiro agora em troca de uma parte do valor futuro adicional que essas corporações esperam auferir usando o dinheiro produtivamente.

Investimentos pesados, porém, são feitos por instituições como bancos, companhias de seguros e fundos de pensões. As instituições financeiras ao redor do mundo possuíam um total de US$60 trilhões em investimentos em 2009, 45% dos quais de propriedade de instituições americanas.

As somas impressionantes de dinheiro pertencentes a várias instituições de investimento são muitas vezes decorrentes de agregar quantias individualmente modestas de milhões de pessoas, tais como acionistas de corporações gigantes, depósitos de pequenos poupadores ou de trabalhadores que recolhem valores de pouca monta, mas, regularmente, em fundos de pensão. Isso representa um número enorme de pessoas

Economia Básica - Volume I

proprietárias de corporações gigantes, maior do que o contingente das pessoas que individualmente compram ações diretamente da própria companhia e que se distinguem daquelas cujo dinheiro circula nessas empresas por meio de algum intermediário financeiro. No final do século XX, pouco mais de metade da população americana era proprietária de ações, diretamente ou por meio de seus fundos de pensão, contas bancárias ou outros intermediários financeiros.

As instituições financeiras permitem que um grande número de pessoas que possivelmente não se conhecem pessoalmente usem dinheiro uns dos outros por meio de algumas instituições intermediárias que assumem a responsabilidade de avaliar os riscos, tomar precauções para reduzir esses riscos e fazer transferências mediante empréstimos a pessoas físicas ou instituições, ou por intermédio de investimentos em empresas, imóveis ou outros empreendimentos.

Os intermediários financeiros não só permitem reunir o dinheiro de inúmeros indivíduos para financiar grandes empreendimentos econômicos por parte das empresas, mas também possibilitam às pessoas redistribuir seu próprio consumo individual ao longo do tempo. Aqueles que tomam recursos emprestados sacam contra o futuro para pagar compras atuais, pagando juros pela conveniência. Por outro lado, os poupadores adiam compras até algum momento adiante, recebendo juros pelo adiamento.

Tudo depende das circunstâncias mutáveis da vida de cada indivíduo, com muitos — se não a maioria — sendo devedores e credores em diferentes estágios de suas vidas. As pessoas de meia-idade, por exemplo, tendem a poupar mais do que os jovens, não só porque seus rendimentos são mais altos, mas também devido à necessidade de se preparar financeiramente para a aposentadoria nos próximos anos e as despesas médicas mais elevadas que se pode esperar que a velhice traga consigo. Nos Estados Unidos, Canadá, Grã-Bretanha, Itália e Japão, as maiores taxas de poupança ocorrem entre 55 e 59 anos e as mais baixas na faixa até os 30 anos de idade — todos com menos de 30 anos de idade têm zero de poupança líquida no Canadá e poupanças líquidas negativas nos Estados Unidos. Como aqueles que estão poupando não podem pensar em si mesmos como credores, o dinheiro que colocaram nos bancos é então emprestado a terceiros, com essas instituições financeiras atuando como intermediários entre aqueles que estão economizando e aqueles que estão tomando emprestado.

O que faz dessas atividades algo mais do que questões de finanças pessoais é que essas operações financeiras são, para a economia como um todo, uma outra maneira de alocar recursos escassos que têm usos alternativos — e isso é feito ao longo do tempo, bem como entre os indivíduos e as empresas em um determinado momento. Construir uma fábrica, uma estrada de ferro ou uma hidrelétrica requer que trabalho, recursos naturais e outros fatores de produção, que de outra forma iriam para a produção cor-

Investimento

rente de bens de consumo, sejam desviados para construir algo que pode levar anos antes de começar a produzir qualquer bem que pode ser utilizado no futuro.

Em resumo, do ponto de vista da sociedade como um todo, produtos e serviços atuais são sacrificados em prol de bens e serviços futuros. Somente quando esses bens e serviços futuros são mais valiosos do que os atuais produtos e serviços que estão sendo sacrificados será viável para as instituições financeiras receber uma taxa de retorno sobre seus investimentos que lhes permitirá oferecer aos inúmeros indivíduos uma taxa de retorno alta o bastante para os induzir a sacrificar seu consumo corrente e, com isso, fornecer as economias necessárias.

Quanto aos intermediários financeiros, assim como com outras instituições econômicas, nada mostra sua função mais claramente do que ver o que acontece quando não conseguem funcionar. Uma sociedade sem o bom funcionamento das instituições financeiras tem menos oportunidades para gerar mais riqueza ao longo do tempo. Os países pobres podem permanecer pobres, apesar de terem uma abundância de recursos naturais, se ainda não desenvolveram as instituições financeiras complexas necessárias para mobilizar as poupanças dispersas da população, de modo a ter a capacidade de fazer os grandes investimentos necessários para transformar recursos naturais em produtos utilizáveis. Às vezes, os investidores estrangeiros em países que não dispõem de tais instituições são os únicos capazes de vir a desempenhar essa função. Em outras ocasiões, todavia, não há uma estrutura legal confiável e segurança quanto aos direitos de propriedade, algo necessário para que investidores nacionais ou estrangeiros invistam.

As instituições financeiras não só transferem recursos de um conjunto de consumidores para outro e de uma utilização para outra, elas também criam riqueza juntando os talentos empresariais de pessoas que não têm dinheiro e as economias de várias outras, a fim de financiar novas empresas e novas indústrias. Muitas, se não a maioria, das grandes indústrias americanas e fortunas individuais começaram com empresários que, no início, dispunham de recursos financeiros muito limitados. A Hewlett-Packard Corporation, por exemplo, abriu em uma garagem alugada com dinheiro emprestado, e muitos outros famosos empreendedores — Henry Ford, Thomas Edison e Andrew Carnegie, por exemplo — tiveram um início modesto semelhante. O fato de que esses indivíduos e as empresas que fundaram mais tarde enriqueceram foi um subproduto incidental de sua vasta criação de riqueza para o país como um todo. Mas a capacidade das sociedades mais pobres de seguir caminhos semelhantes é frustrada quando eles não têm as instituições financeiras para alocar os recursos naqueles com grande capacidade empresarial mas pouco ou nenhum dinheiro.

Tais instituições levaram séculos para se desenvolverem no Ocidente. No século XIX, Londres era a maior capital financeira do mundo, mas séculos atrás os britânicos eram tão pouco versados nas complexidades das finanças que dependiam de estrangeiros para administrar suas instituições financeiras — mais especificamente, lombardos e judeus. É por isso que há hoje uma rua chamada Lombard no distrito financeiro de Londres, e outra rua lá de nome Old Jewry (em português, Judeu Velho). Não só certos países do Terceiro Mundo, mas também alguns do antigo bloco comunista dos países da Europa Oriental, ainda têm de desenvolver os tipos de instituições financeiras sofisticadas que promovem o desenvolvimento econômico. Eles podem agora ter o capitalismo, contudo ainda não desenvolveram as instituições financeiras que mobilizariam capital na escala encontrada em países da Europa Ocidental e suas ramificações no exterior, como os Estados Unidos.

Não é que a riqueza não está presente em economias menos desenvolvidas. O problema é que suas riquezas não podem ser recolhidas a partir de pequenas e inumeráveis fontes, depois concentradas e, em seguida, alocadas em grandes quantidades para determinados empresários, sem que haja instituições financeiras capacitadas para a complexa tarefa de avaliar riscos, mercados e taxas de retorno.

Em anos recentes, os bancos americanos e da Europa Ocidental ingressaram na Europa Oriental para preencher o vácuo. A partir de 2005, 70% dos ativos do sistema bancário da Polônia eram controlados por bancos estrangeiros, bem como mais de 80% dos ativos bancários na Bulgária. Ainda assim, esses países ficaram para trás de outras nações ocidentais no uso de coisas como cartões de crédito ou até mesmo contas bancárias. Apenas 1/3 dos poloneses tinha uma conta bancária e apenas 2% das compras na Polônia foram feitas com cartões de crédito.

A complexidade das instituições financeiras significa que relativamente poucas pessoas são susceptíveis de compreendê-las — o que as torna politicamente vulneráveis, ensejando aos críticos caracterizar suas atividades como sinistras. Nos lugares em que aqueles que têm a expertise necessária para operar tais instituições são estrangeiros ou minorias nacionais, tais indivíduos são especialmente vulneráveis. Aqueles que emprestam dinheiro aos outros raramente têm sido muito populares, e termos como "Shylock" (nome de um personagem fictício — um judeu agiota — da peça teatral "O Mercador de Veneza", de Shakespeare), ou mesmo "especulador" não são expressões de carinho. Muitas pessoas em muitos países e muitos períodos da história, sem refletirem, consideraram que as atividades financeiras "realmente" não contribuem em nada para a economia, e qualificaram as pessoas que se envolvem em tais atividades financeiras como meros parasitas.

Isso ocorreu especialmente em uma época na qual a maioria da população, envolvida em trabalhos físicos pesados na agricultura ou na indústria, dava ouvidos a pessoas desconfiadas e ressentidas que simplesmente se dedicaram à manipulação enquanto nada produziam que pudesse ser visto ou sentido. Com isso, ganharam corpo — e ação prática — hostilidades seculares contra os grupos minoritários que desempenhavam esses papéis — judeus na Europa, minorias chinesas no Sudeste Asiático, ou Chettiars em sua Índia natal, em Mianmar (antiga Birmânia), África Oriental ou Fiji. Muitas vezes esses grupos foram expulsos ou instados a deixar o país — por vezes com violência — devido às crenças populares de que eram parasitas.

As pessoas assim equivocadas, em seguida à saída deles, com frequência se surpreendiam ao descobrir o declínio da atividade econômica e do padrão de vida. Uma compreensão da Economia básica poderia ter evitado muitas tragédias humanas — e muitas ineficiências econômicas.

RETORNO SOBRE O INVESTIMENTO

As recompensas obtidas mais tarde, que haviam sido postergadas por custos incorridos anteriormente, constituem um retorno sobre o investimento, seja assumindo a forma de dividendos sobre as ações, pagos pela própria companhia, seja pelo aumento dos rendimentos resultantes do tempo passado na faculdade ou escola de medicina. Um dos maiores investimentos na vida de muitas pessoas consiste nas incontáveis horas e energia gastas ao longo de anos na criação dos filhos. Houve tempo em que o retorno sobre esse investimento estava incluído no cuidado dos filhos com os pais idosos, mas hoje esse retorno muitas vezes consiste apenas na satisfação dos pais em ver o bem-estar e progresso de seus filhos. Do ponto de vista da sociedade como um todo, cada geração que faz esse investimento em sua prole está recuperando o investimento feito pela geração anterior ao criar aqueles que hoje são pais.

"Renda Não Apropriada"

Embora fazer investimentos e postergar o retorno por eles assuma muitas formas e tenha acontecido em todo o mundo ao longo da história da raça humana, mal-entendidos nesse processo também são generalizados e vêm de longa data. Às vezes, esses benefícios atrasados são chamados de rendas "não apropriadas", simplesmente porque não representam recompensas por contribuições realizadas durante o período de tempo corrente. Investimentos que constroem uma fábrica não podem ser reembolsados até anos mais tarde, depois que os trabalhadores e gerentes foram contratados e os produtos fabricados e vendidos.

Naquele ano em particular, em que os dividendos finalmente começam a ser pagos, os investidores podem não ter contribuído nada, mas isso não significa que a recompensa que recebem é "não apropriada" simplesmente porque não foi ganha por um investimento realizado durante esse particular ano.

O que pode ser visto fisicamente é sempre mais vívido do que aquilo que não pode ser visto. Quem observa uma fábrica funcionando pode ver os trabalhadores criando um produto diante de seus próprios olhos. Eles não podem ver o investimento que fez com que a fábrica fosse possível. Os riscos são invisíveis, mesmo quando estão presentes, e os riscos iniciais do empreendimento são facilmente esquecidos por observadores que veem apenas uma empresa de sucesso.

Também são facilmente esquecidas as muitas decisões de gestão que tiveram de ser feitas para determinar onde localizar, que tipo de equipamento adquirir e quais as políticas a seguir no trato com fornecedores, consumidores e empregados — qualquer uma dessas decisões podendo significar a diferença entre sucesso e fracasso. E é claro que também não podem ser vistas todas as empresas similares que saíram do mercado porque não fizeram todas as coisas feitas pela empresa sobrevivente que vemos diante de nossos olhos, ou não as fizeram igualmente bem.

É fácil considerar os fatores visíveis como os fatores únicos ou mais importantes, mesmo quando outras empresas com esses mesmos fatores visíveis faliram, enquanto uma empresa no mesmo ramo de atuação, habilmente administrada, floresceu e cresceu. Nem esses mal-entendidos são inconsequentes, seja econômica ou politicamente. Muitas leis e políticas econômicas governamentais fundamentaram-se nesses mal-entendidos. Elaboradas ideologias e movimentos de massa também se apoiaram na noção de que apenas os trabalhadores "realmente" criam riqueza, enquanto outros simplesmente retiram os lucros, sem ter contribuído em nada para produzir a riqueza que injustamente compartilham.

Em todo o mundo, tais equívocos tiveram fatídicas consequências para quem empresta dinheiro. Séculos a fio eles têm sido amplamente condenados em muitas culturas por receber de volta mais dinheiro do que emprestaram — ou seja, para obter uma renda "não apropriada" à espera de pagamento e pela assunção de riscos. Muitas vezes, o estigma social associado aos empréstimos de dinheiro foi tão intenso que apenas as minorias que viviam à margem do sistema social existente estavam dispostas a assumir tais atividades. Assim, durante centenas de anos, os judeus predominaram em tais ocupações na Europa, como os chineses no Sudeste Asiático, os Chettiars e Marwaris na Índia, e outros grupos minoritários em outros cantos do planeta.

Equívocos a respeito dos empréstimos de dinheiro tomam com frequência a forma de leis que tentam ajudar os que os solicitaram, dando-lhes mais espaço de manobra quanto ao reembolso dos empréstimos. Entretanto, qualquer coisa que faça com que seja difícil cobrar uma dívida torna menos provável que os empréstimos sejam concedidos ou que sejam feitos a uma taxa mais baixa que aquela que prevaleceria na ausência de tais políticas governamentais protecionistas.

Em algumas sociedades, não se espera que sejam cobrados juros sobre empréstimos a familiares ou outros membros da comunidade local, nem para a insistência para o pagamento imediato de acordo com o que reza o contrato de empréstimo. Esse tipo de situação desencoraja a concessão de empréstimos e, às vezes, inibe aqueles que possuem dinheiro suficiente para emprestar a tornar pública essa condição. Nas sociedades em que tais pressões sociais são particularmente fortes, incentivos para a aquisição de riqueza são reduzidos. Não se trata apenas de uma perda para o indivíduo que poderia de outro modo ter enriquecido, é uma perda para toda a sociedade quando as pessoas que são capazes de produzir coisas que muitos outros estão dispostos a pagar para obter se eximem de o fazer.

Investimento e Alocação

Os juros, sendo o preço pago por se coletar recursos para investimento, funcionam como os outros preços ao trazer a oferta e a procura para uma situação de equilíbrio. Quando as taxas de juros estão baixas, é mais rentável pedir dinheiro emprestado para investir na construção de casas, na modernização de uma fábrica ou no lançamento de outros empreendimentos econômicos. Por outro lado, taxas de juro baixas reduzem os incentivos para poupar. Taxas de juros mais elevadas levam mais pessoas a economizar mais dinheiro, mas levam menos investidores a tomar emprestado esse dinheiro quando ele é mais caro. Tal como acontece com a oferta e procura de produtos em geral, os desequilíbrios entre oferta e demanda de dinheiro levam a aumentos ou diminuições no preço — neste caso, a taxa de juros. Como a revista *The Economist* colocou:

> Na maioria das vezes, os desequilíbrios entre os níveis desejados de poupança e investimento são postos em linha com bastante facilidade por meio do mecanismo da taxa de juros. Se o desejo das pessoas para poupar excede seu desejo de investir, as taxas de juros cairão para que o incentivo para poupar diminua e a vontade de investir suba.

Em um mundo no qual nada mudasse, esses desajustes entre a poupança e o investimento deixariam de existir, e os investidores aplicariam a mesma quantia que os poupadores poupassem, com o resultado de que a taxa de juros seria estável porque não haveria nenhuma razão para mudar. Mas, no mundo tal como ele é, flutuações nas taxas de juros, como flutuações de preços em geral, constantemente redirecionam recursos em diferentes latitudes conforme tecnologia, demanda e outros fatores mudam. Como as taxas de juros são sintomas de uma realidade subjacente e das restrições inerentes a ela, as repercussões de leis ou políticas governamentais que alteram as taxas de juros vão muito além do propósito para o qual a taxa de juros foi modificada, reverberando em toda a economia.

Por exemplo, quando o Federal Reserve (o Banco Central americano), no início do século XXI, reduziu as taxas de juros de modo a tentar sustentar a produção e o emprego nos EUA em face dos sinais de que o crescimento da produção nacional e do emprego estavam perdendo dinamismo, as repercussões incluíram um aumento dos preços das casas. Menores taxas de juros significavam pagamentos de hipoteca mais baixos e, portanto, capacitava mais pessoas a comprar casas. Por sua vez, isso levou à redução na locação de apartamentos, cujos aluguéis diminuíram em virtude da demanda reduzida. Taxas de juros artificialmente baixas também fornecem menos incentivos para as pessoas economizarem.

Essas foram apenas algumas das muitas mudanças que se espalham por toda a economia, provocadas pelas alterações nas taxas de juros promovidas pelo Federal Reserve. De um modo mais geral, isso mostrou o quão intrincada é a correlação entre todas as partes de uma economia de mercado, com as mudanças em uma parte do sistema sendo transmitidas automaticamente para inúmeras outras.

Nem tudo o que é chamado de juros merece, de fato, esse nome. Quando os empréstimos são concedidos, por exemplo, o que é cobrado a título de juros inclui não só a taxa de retorno necessária para compensar a postergação do reembolso do dinheiro mas também um montante adicional para compensar o risco de que o empréstimo não seja reembolsado no prazo contratado, ou em sua totalidade. O que é chamado de juros também inclui os custos de processamento do empréstimo. Com pequenos empréstimos, especialmente, esses custos de processamento podem se tornar uma parte relevante do que é cobrado, porque eles não variam proporcionalmente ao valor do empréstimo. Em outras palavras, emprestar mil dólares não requer dez vezes mais papelada do que emprestar cem dólares.

Assim, os custos de pequenos empréstimos podem ser uma parte maior daquilo que é chamado de juros. Muitas das críticas feitas às pequenas instituições financeiras que atuam em bairros de baixa renda derivam da acusação de que vários encargos são interpretados como juros, quando, segundo o sentido estrito como é conceituado pelos economistas, o juro corresponde ao intervalo de tempo transcorrido para o reembolso

Investimento

do empréstimo e o risco de que esse reembolso não seja feito no prazo contratado ou talvez em momento algum.

Há, nos EUA, empréstimos de curto prazo para as pessoas de baixa renda que são frequentemente chamados de "payday loans", uma vez que serão quitados na próxima folha de pagamento do salário do mutuário tomador, ou quando chegar o cheque da Previdência Social, o que pode significar algumas semanas ou mesmo dias. Esses empréstimos, de acordo com o *Wall Street Journal*, somam "geralmente, entre US\$300 e US\$400". Obviamente, esses empréstimos costumam ser feitos para as pessoas cujos rendimentos e bens são tão baixos que precisam de uma modesta quantia de dinheiro imediatamente para alguma finalidade que de outro modo não poderia ser atendida. No Brasil, algo parecido em termos de público-alvo são os chamados "empréstimos consignados". Destinados a pessoas de baixa renda, na ativa ou aposentados, com quantias que dependem do montante do salário ou aposentadoria, têm taxas de juros menores que as de mercado (nos EUA, ocorre exatamente o contrário quanto às taxas de juros[1]) e prazos variados de pagamento cujas prestações são descontadas diretamente na folha de pagamento ou deduzidas das pensões e aposentadorias.

A mídia e os políticos fazem grande alarde do fato de que a taxa *anual* de juros (que eles chamam imprecisamente de "juros") sobre esses empréstimos é astronômica. O *New York Times*, por exemplo, se refere a "uma taxa de juro anualizada de 312%" em alguns desses empréstimos. Mas os "payday loans" não são reembolsados em um ano, de modo que a taxa de juro anual é irrelevante, exceto para criar uma sensação na mídia ou na política. Como o proprietário de uma instituição financeira que trabalha com "payday loans" apontou, discutir taxas de juros anuais sobre esse tipo de empréstimos é como dizer que o preço do salmão é de US\$15.000 a tonelada ou um quarto de hotel rende mais de US\$36.000 por ano, uma vez que a maioria das pessoas nunca compra uma tonelada de salmão ou aluga um quarto de hotel por um ano.

Quaisquer que sejam os custos de processamento dos empréstimos "payday loans", esses custos, bem como o custo do risco, devem ser recuperados a partir dos juros cobrados — e quanto mais curto o período de tempo envolvido, maior a taxa de juros anual deve ser para cobrir os custos fixos. Para um empréstimo de duas semanas, os credores do "payday" geralmente cobram US\$15 em juros para cada US\$100 empres-

---

[1] Essa diferença de comportamento das taxas de juros se deve a questões estratégicas de cada instituição. Nos EUA, como as proteções legais para trabalhadores são menores que no Brasil, o risco de o tomador de empréstimo ser demitido antes do empréstimo ser quitado é, normalmente, maior que em nosso país. Aqui no Brasil, onde além do custo da demissão ser mais alto (ver discussão sobre isso no Capítulo 12 deste Volume), parte dos valores recebidos pelo trabalhador no momento da rescisão são retidos para quitar o empréstimo, cria-se um cenário menos arriscado para a concessão de empréstimos consignados que nos EUA, o que justifica taxas menores serem cobradas de tomadores brasileiros.

Os chamados "defensores dos consumidores" podem celebrar tais leis, mas a pessoa de baixa renda que não pode obter os US$100 urgentemente necessários pode ter de pagar mais de US$15 por atraso de pagamento do saldo do cartão de crédito ou sofrer outras consequências tais como ter um carro retomado pelo banco ou a eletricidade cortada — algo que aquela pessoa, obviamente, considera mais prejudicial do que pagar US$15 ou nem teria pensado em fazer tal transação.

Quanto mais baixo o teto da taxa de juros, maior a confiança dos que tomam dinheiro emprestado de o fazer. Em uma taxa de juros suficientemente baixa, valeria a pena somente para milionários emprestar dinheiro a alguém e, em um teto ainda mais baixo, apenas para bilionários. Uma vez que diferentes grupos étnicos têm rendimentos diferentes e diferentes capacidades médias de crédito, tetos de taxas de juros praticamente garantem que não haverá disparidades nas proporções desses grupos que são aprovados para os empréstimos hipotecários, cartões de crédito e outras formas de empréstimos.

Nos Estados Unidos, por exemplo, americanos de origem asiática têm em média maior pontuação de crédito do que hispano-americanos ou afrodescendentes americanos ou americanos brancos nessa questão. No entanto, as pessoas a favor do estabelecimento de limites máximos da taxa de juros ficam muitas vezes chocadas ao descobrir que alguns grupos raciais ou étnicos são preteridos na concessão de empréstimos hipotecários mais frequentemente do que outros, e atribuem isso à discriminação racial dos emprestadores. Mas, uma vez que a maioria dos que emprestam dinheiro tendem a ser americanos brancos, e eles recusam a solicitação de empréstimos de pessoas brancas em uma taxa muito mais elevada do que o fazem com americanos de origem asiática, a discriminação racial parece uma explicação pouco crível.

Também nos EUA, onde há instituições que se especializam em conceder grandes empréstimos de curto prazo para pessoas de alta renda com bens caros para dar em garantia, tais "credores colaterais" (essencialmente lojas de penhor para a classe média alta ou para os ricos) cobram taxas de juros que podem exceder 200% ao ano. Essas taxas de juros são altas pelas mesmas razões que empréstimos "payday" para pessoas de baixa renda são elevados. Mas, porque os empréstimos de alta renda são garantidos por colaterais que podem ser vendidos se o empréstimo não for liquidado, as taxas de juros são altas, mas não tão elevadas como as dos empréstimos a pessoas de baixa renda sem garantia. Além disso, uma vez que um credor colateral como Pawngo (uma financeira localizada em Denver, no Colorado) faz empréstimos em média entre US$10.000 a US$15.000, os custos fixos de processamento são uma porcentagem muito menor dos empréstimos e, assim, adicionam correspondentemente menos para a taxa de juros cobrada.

ESPECULAÇÃO

A maioria das transações de mercado envolve comprar coisas que existem, com base em qualquer valor que elas representem para o comprador e qualquer que seja o preço cobrado pelo vendedor. Algumas transações, entretanto, envolvem a compra de coisas que ainda não existem ou cujo valor ainda precisa ser determinado — ou ambos. Por exemplo, o preço das ações da empresa de internet Amazon.com subiu durante anos antes de a empresa realizar seu primeiro centavo de lucro. As pessoas estavam, obviamente, especulando que a empresa auferiria lucros a partir de algum momento ou que os lances de compra e venda em Bolsa dos detentores das ações fariam as cotações aumentarem, de modo que os acionistas iniciais poderiam desfazer-se delas com lucro, com a Amazon.com lucrando ou não. Fundada em 1994, a Amazon.com operou com perdas durante anos até finalmente contabilizar seu primeiro lucro em 2001.

A exploração de petróleo é outra especulação onerosa, uma vez que milhões de dólares podem ser gastos antes de descobrir se existem, de fato, jazidas desse combustível fóssil onde a exploração está ocorrendo e, muito menos, se há petróleo suficiente para reembolsar o dinheiro gasto.

Muitas outras coisas são compradas na esperança de lucros futuros, que podem ou não se materializar — roteiros para filmes que podem não sair do papel, quadros pintados por artistas que podem ou não ganharem fama algum dia, e moedas estrangeiras que podem valorizar ao longo do tempo, mas que também podem facilmente não valer o metal com que foram cunhadas. A especulação como atividade econômica pode ser praticada por pessoas de quaisquer modos de vida, mas existem especuladores profissionais que fazem disso sua atividade primária.

Um dos papéis principais do especulador profissional é aliviar outras pessoas de ter que especular como parte de sua ocupação econômica regular, tais como a agricultura, por exemplo, em que tanto o clima durante a época de crescimento e os preços na época da colheita são imprevisíveis. Dito de outro modo, o risco é inerente a todos os aspectos da vida humana. A especulação é uma maneira de ter algumas pessoas que se especializam em suportar esses riscos, por um preço. Para que tais transações sejam efetuadas, o custo do risco a ser transferido de quem inicialmente o carrega deve ser maior do que o cobrado por quem concorda em assumi-lo. Ao mesmo tempo, o custo para quem assume esse risco deve ser menor do que o preço cobrado.

Em outras palavras, o risco deve ser *reduzido* por essa transferência, para que ela faça sentido para ambas as partes. A razão para um custo mais baixo do especulador pode estar em métodos mais sofisticados de avaliação do risco, na maior quantidade de capital disponível para superar as perdas a curto prazo, ou porque o número e variedade de riscos do especulador são menores do que os riscos em geral. Sem o especulador, pode-se esperar evitar perdas em determinadas especulações, mas, desde que os ganhos excedam as perdas ao longo do tempo, a especulação pode ser um negócio viável.

A outra parte da transação deve também se beneficiar da redução líquida de risco. Quando um agricultor de trigo americano em Idaho ou Nebraska está se preparando para plantar sua safra, não tem como saber qual será o preço do trigo na hora da colheita. Isso depende de inúmeros outros produtores de trigo, não só nos Estados Unidos, mas tão distantes como a Rússia ou a Argentina.

Se a safra de trigo decepcionar na Rússia ou na Argentina, o preço mundial do trigo vai se elevar por causa da oferta e da demanda, fazendo com que os produtores de trigo americano alcancem preços muito altos para sua safra. Mas, se as culturas de trigo na Rússia e na Argentina forem abundantes, pode haver mais trigo no mercado mundial do que é possível consumir, com o excesso precisando ser armazenado em instalações onerosas. Isso fará com que o preço mundial do trigo caia, de modo que o agricultor americano pode ter pouco a ganhar com todo seu trabalho, e pode ser uma sorte evitar prejuízos naquele ano. Enquanto isso, ele e sua família terão de viver com suas economias ou pedir dinheiro emprestado em algum lugar.

A fim de evitar ter de especular assim, o agricultor pode, com efeito, valer-se de um especulador profissional para assumir o risco, podendo assim dedicar-se exclusivamente à agricultura. O especulador assina contratos de compra e venda a preços previamente fixados para as mercadorias a serem entregues em uma data futura. Isso transfere o risco da atividade da pessoa que a exerce — como o produtor de trigo, neste caso — para alguém que, com efeito, aposta que pode adivinhar os preços futuros melhor do que ninguém e tem os recursos financeiros para absorver as inevitáveis apostas erradas, a fim de obter um lucro líquido de todas as operações graças às apostas certas.

A especulação é muitas vezes mal interpretada como sendo o mesmo que um jogo, quando, na verdade, é o oposto de jogos de azar. Jogar envolve, seja em jogos de azar ou na roleta-russa, criar um risco que de outra forma não existiria, quer para lucrar,

Investimento

quer para exibir sua habilidade ou falta de medo. A especulação econômica envolve lidar com um risco *inerente* de tal forma a minimizá-lo e que seja suportado por quem está melhor equipado para isso.

Quando um especulador de commodities[2] se oferece para comprar o trigo que ainda não foi plantado, torna-se mais fácil para um agricultor plantar trigo sem ter que saber qual será o preço de mercado depois, na época da colheita. Os contratos de futuros garantem ao vendedor um preço previamente especificado, independentemente do preço de mercado no momento da entrega. Isso separa a agricultura da especulação econômica, permitindo que cada parte seja feita por pessoas diferentes especializadas em diferentes atividades econômicas. O especulador usa seu conhecimento do mercado e de análise econômica e estatística para tentar chegar a um palpite melhor que o agricultor pode ser capaz de fazer e, portanto, poder oferecer um preço que o agricultor considerará uma alternativa mais atraente do que esperar para vender ao preço que prevalecerá no mercado no momento da colheita.

Embora especuladores raramente lucrem em toda transação, devem lucrar no longo prazo a fim de permanecer no negócio. Seu lucro depende de pagar ao agricultor um preço que é inferior, em média, ao preço que na verdade emerge no momento da colheita. O agricultor também sabe disso, é claro. Com efeito, o agricultor está pagando ao especulador para que arque com o risco, assim como paga a uma companhia de seguros. Tal como acontece com outros bens e serviços, pode ser levantada a questão se o preço cobrado pelo serviço prestado vale a pena. No nível individual, cada agricultor pode decidir por si mesmo se o negócio é viável. Cada especulador, é claro, tem pela frente outros especuladores, tal como cada agricultor deve competir com outros agricultores, no sentido de fechar os contratos de futuros ou a venda no momento da colheita.

Do ponto de vista da economia como um todo, a concorrência determina qual será o preço e, portanto, o lucro do especulador. Se esse lucro excede o que é necessário para atrair investidores que arrisquem seu dinheiro nesse campo volátil, mais investimentos fluirão para esse segmento de mercado até que a concorrência force os lucros para baixo a um nível que apenas compensa as despesas, os esforços e os riscos.

A competição é audivelmente frenética entre os especuladores que gritam suas ofertas e propostas em bolsas de mercadorias. Os preços flutuam de momento a momento

---

[2] NRT: Commodity originalmente significava qualquer mercadoria, mas hoje é utilizado nas transações comerciais de produtos de origem primária nas bolsas de valores, mercadorias e futuros, para se referir a produtos de qualidade e características uniformes, que não são diferenciados de acordo com quem os produziu ou de sua origem, sendo seu preço uniformemente determinado pela oferta e procura internacional. Os exemplos mais comuns de commodities são as agrícolas, como trigo, café e gado, porém, minerais (como petróleo bruto e minério de ferro), químicas (como sulfato de sódio), energéticas (como energia elétrica), ambientais (como água e créditos de carbono) e financeiras (como moedas) tem grande participação na economia mundial também.

e um atraso de cinco minutos em fazer um negócio pode significar a diferença entre lucros e perdas. Mesmo uma empresa de tamanho modesto que se envolver em especulação de commodities pode ganhar ou perder centenas de milhares de dólares em um único dia, e grandes corporações podem ganhar ou perder milhões em poucas horas.

Os mercados de commodities não se restringem apenas às grandes empresas ou mesmo aos agricultores de países tecnologicamente avançados. Uma notícia vinda da Índia publicada no *New York Times* dizia:

> Pelo menos uma vez por dia, nesta aldeia de 2.500 pessoas, Ravi Sham Choudhry liga o computador em seu quarto da frente e se loga no site do Chicago Board of Trade. Ele tem as unhas sujas de um fazendeiro e pressiona lentamente as teclas. Mas ele sabe o que quer: os preços dos futuros de commodities de soja.

Esse não foi um caso isolado. A partir de 2003, havia 3.000 organizações na Índia colocando algo como 1,8 milhão de agricultores indianos em contato com os mercados de commodities do mundo. O agricultor que acabamos de mencionar serviu como um agente para outros agricultores em aldeias vizinhas. Como indicador de quão rapidamente a internet está espalhando tais informações sobre commodities, o Sr. Choudhry ganhou US$300 no ano anterior com essa atividade que é incidental em seu cultivo, mas agora ganha isso em um mês. Essa é uma soma muito significativa em um país pobre como a Índia.

As commodities agrícolas não são as únicas que são objeto de especulação. Um dos exemplos mais dramáticos do que pode acontecer com a especulação de commodities envolveu a ascensão e queda de preços da prata em 1980. A prata era cotada a US$6,00 a onça[3] no início de 1979, mas disparou e chegou US$50,05 a onça no início de 1980. No entanto, o preço começou a declinar e era de US$21,62 em 26 de março. Então, em apenas um dia, esse preço foi reduzido em mais de metade, para US$10,80. No processo, os irmãos Hunt, bilionários que estavam especulando fortemente em prata, perderam mais de um bilhão de dólares *em algumas semanas*. A especulação é uma das atividades financeiramente mais arriscadas para o especulador individual, embora reduza os riscos para a economia como um todo.

A especulação pode ser exercida por pessoas que não são normalmente consideradas como especuladores. Em 1870, uma empresa de processamento de alimentos liderado por Henry Heinz assinou contratos para comprar pepinos de agricultores a preços preestabelecidos, independentemente do que os preços de mercado poderiam

---

[3] NRT: Medida de massa muito utilizada para a comercialização de metais preciosos. Equivale a 31,1 gramas.

ser quando os pepinos fossem colhidos. Então, como agora, os agricultores que *não* assinaram contratos futuros com ninguém estavam necessariamente envolvidos na especulação sobre os preços na época da colheita, pensando ou não em si mesmos como especuladores. Aliás, o negócio provou ser desastroso para Heinz quando houve a safra de pepinos, bem além do que ele esperava ou poderia se permitir comprar, e quebrou. Heinz levou anos para se recuperar financeiramente e, finalmente, recomeçar, fundando a empresa H.J. Heinz, que existe até hoje.

Em primeiro lugar, porque o risco é toda a razão de ser da especulação, estar errado é uma experiência comum, apesar de que errar com muita frequência também significa enfrentar a extinção financeira. Previsões, mesmo as efetuadas por pessoas muito experientes, podem estar completamente equivocadas. A ilustre revista britânica *The Economist* previu em março de 1999 que o preço do barril de petróleo estava em trajetória de queda, quando na verdade disparou e em dezembro era comercializado por cinco vezes o preço sugerido por aquela publicação. Nos Estados Unidos, as previsões do Federal Reserve sobre a inflação em mais de uma oportunidade ficaram longe da realidade, e o Congressional Budget Office igualmente previu que uma nova lei fiscal traria mais receita fiscal, quando de fato a arrecadação caiu em vez de subir, e em outros casos o CBO fez exatamente o contrário.

Os contratos de futuros abrangem a entrega de ouro, petróleo, soja, moedas estrangeiras e muitas outras coisas, estabelecendo algum preço fixado antecipadamente para entrega em data futura. A especulação de commodities é apenas um tipo de especulação. As pessoas também especulam em imóveis, ações de empresas, ou outras coisas.

O custo total do risco não é apenas a quantidade de dinheiro envolvido, é também a preocupação que paira sobre o indivíduo enquanto espera para ver o que acontece. Um agricultor pode esperar receber US$1.000 a tonelada para sua colheita, mas também sabe que esse número pode vir a ser US$500 ou US$1.500. Se um especulador oferece para garantir a compra de sua colheita a US$900 por tonelada, o preço pode parecer bom se poupa os meses de noites sem dormir do agricultor pensando em como sustentará sua família se o preço da colheita deixar muito pouco para cobrir suas despesas de plantio.

O especulador não só pode ser mais bem equipado financeiramente para lidar com um eventual erro de avaliação como pode ser melhor estruturado psicologicamente, uma vez que o tipo de pessoa que se preocupa muito não costuma se dar bem na especulação de commodities. Conheci um especulador de mercadorias cujo negócio estava operando com prejuízo havia um ano, mas, quando começou o mês de dezembro, as coisas mudaram tanto que ele ainda acabou fechando o ano com lucro — para sua surpresa, tanto quanto para qualquer outra pessoa. Essa não é uma ocupação para quem tem coração fraco.

Especulação econômica é outra maneira de alocar recursos escassos — neste caso, o conhecimento. Nem o especulador nem o agricultor sabem o preço na hora da colheita. Mas acontece que o especulador tem mais conhecimento dos mercados e da análise econômica e estatística do que o agricultor, assim como o fazendeiro tem mais conhecimento de como cultivar. Um amigo especulador de mercadorias admitiu que nunca tinha visto soja de perto e não tinha ideia de como era, embora ele provavelmente tenha comprado e vendido milhões de dólares em soja ao longo dos anos. Ele simplesmente transferia a propriedade de sua soja no papel para os compradores de soja na época da colheita, sem nunca se apossar dela fisicamente. Ele não estava realmente no negócio da soja, estava no negócio de gestão de riscos.

ESTOQUES

Riscos inerentes devem ser tratado pela economia não só com a especulação econômica, mas também com a manutenção de estoques. Dito de outro modo, o *estoque é um substituto para o conhecimento*. Nenhum alimento jamais seria jogado fora após uma refeição se o cozinheiro soubesse de antemão exatamente quanto cada pessoa comeria, pois poderia cozinhar apenas esse montante. Como estoques custam dinheiro, uma empresa deve tentar limitar a quantidade de estoque que tem na mão, enquanto, ao mesmo tempo, não se arrisca a ficar sem o produto e perder vendas.

As montadoras japonesas são famosas por dispor de tão pouco estoque que as peças para seus automóveis chegam à fábrica várias vezes ao dia, para equiparem os carros assim que estiverem na linha de montagem. Isso reduz os custos de manter um grande estoque de peças e, em consequência, diminui o custo de produção de um carro. Todavia, um terremoto no Japão, em 2007, colocou um de seus fornecedores de anéis de pistão na linha de fogo. Como se lia no *Wall Street Journal*:

> Por falta de um anel do pistão que custa US$1,50, quase 70% da produção de automóveis do Japão foi paralisada temporariamente esta semana.

Um estoque muito grande ou muito pequeno significa perder dinheiro. Claramente, as empresas que mais se aproximam do tamanho ótimo de estoque terão suas perspectivas de lucro melhoradas. Mais importante, os recursos totais da economia serão alocados mais eficientemente, não só porque cada empresa tem um incentivo para ser eficiente, mas também porque as empresas que agem assim frequentemente

Investimento

têm mais probabilidade de sobreviver e continuar a fazer tais decisões, enquanto que aquelas cujos estoques são grandes ou pequenos demais são susceptíveis de quebrar e deixar o mercado.

Um estoque muito grande significa custos excessivos de negociação em comparação com os custos de seus concorrentes, que estão, portanto, em condições de vender a preços mais baixos e captar clientes. Um estoque muito pequeno significa esgotar-se frente à demanda dos clientes, não só perdendo vendas imediatas, mas também correndo o risco de que esses clientes procurem outros fornecedores mais confiáveis no futuro. Como observado no Capítulo 6, em uma economia em que as entregas de produtos e peças foram sempre incertas, como a da União Soviética, estoques enormes eram a regra.

Alguns dos mesmos princípios econômicos que envolvem o risco aplicável às atividades empresariais valem em outras áreas. Um soldado que vai para a batalha não leva apenas o número de balas que vai disparar ou apenas a quantidade de suprimentos de primeiros socorros que vai precisar se ferido de uma maneira particular, pois nem ele nem ninguém tem o tipo de visão necessária para fazer isso. O soldado carrega um estoque de ambos, munições e suprimentos médicos, para cobrir várias contingências. Ao mesmo tempo, ele não pode ir para a guerra carregando enormes quantidades de tudo o que ele poderia possivelmente necessitar em todas as circunstâncias possíveis. Isso iria atrasá-lo e reduzir sua capacidade de manobra, fazendo dele um alvo fácil para o inimigo. Em outras palavras, para além de algum momento, as tentativas para aumentar a segurança podem tornar sua situação mais perigosa.

O estoque está relacionado ao conhecimento e ao risco de outra maneira. Em tempos normais, cada empresa tende a manter uma certa proporção de estoque para suas vendas. Porém, quando os tempos são mais incertos, como durante uma recessão ou depressão, as vendas podem ser feitas a partir de estoques existentes sem os recompor. Durante o terceiro trimestre de 2003, por exemplo, com os Estados Unidos se recuperando de uma recessão, as vendas, as exportações e os lucros estavam subindo, mas a revista *BusinessWeek* informava que fabricantes, atacadistas e varejistas estavam "se livrando dos produtos de suas prateleiras" e que "a proporção entre estoques e vendas atingiu um nível baixo recorde".

O resultado líquido foi que muito menos empregos foram criados do que em períodos semelhantes de aumento da atividade de negócios no passado, levando à frase "uma recuperação sem empregos" para descrever o que estava acontecendo, pois as empresas não estavam confiantes de que essa recuperação duraria. Em suma, para os vendedores, a venda de estoque foi uma maneira de lidar com os riscos econômicos. Só depois que os estoques tinham atingido o fundo do poço começou-se a contratar mais gente para aumentar a produção de bens em larga escala, de modo a tornar a frase "uma recuperação sem empregos" não mais aplicável.

VALOR PRESENTE

Não obstante muitos bens e serviços sejam adquiridos para uso imediato, muitos outros benefícios distribuem-se ao longo do tempo, quer sejam os ingressos para a temporada anual das apresentações da orquestra filarmônica ou os pagamentos parcelados mensalmente para formar um pecúlio a ser resgatado depois que você se aposentar. Todo esse fluxo de benefícios pode ser adquirido em um determinado momento por aquilo que os economistas chamam de seu "valor presente" (ou "valor atual") — isto é, o preço dos ingressos para a temporada ou o preço da formação do pecúlio. No entanto, há mais envolvido do que simplesmente a determinação do preço a ser pago, por mais importante que isso seja. As implicações do valor presente afetam as decisões econômicas e suas consequências, mesmo em áreas que normalmente não são consideradas como econômicas, tais como determinar a quantidade de recursos naturais disponíveis para as gerações futuras.

Preços e Valores Atuais

Se uma casa, empresa ou fazenda têm manutenção e são melhoradas de alguma forma hoje, esses cuidados determinam quanto tempo vão durar e quão bem operarão no futuro. Contudo, o proprietário que pagou por reparos e manutenção não tem de esperar para ver os efeitos futuros sobre o valor da propriedade. Esses benefícios futuros são imediatamente refletidos no valor atual (ou presente) da propriedade. O *"valor presente"* de um ativo é, na verdade, nada mais do que seus benefícios futuros antecipados, somados e descontado o fato de que são postergados. Sua casa, empresa ou fazenda podem estar em melhores condições de funcionamento, hoje, do que a de seu vizinho, mas se o potencial de desgaste de sua propriedade ao longo do tempo é reduzido pela instalação de tubos mais resistentes, madeiras mais fortes ou outros materiais de construção mais duráveis, então o valor de mercado da propriedade *imediatamente* valerá mais do que a de seu vizinho, mesmo que não haja nenhuma diferença visível na maneira como elas estão funcionando hoje.

Por outro lado, se a cidade anuncia que vai começar a construir uma estação de tratamento de esgoto no próximo ano, em um pedaço de terra ao lado de sua casa, o valor de seu imóvel vai diminuir *imediatamente*, antes que a terra ao lado seja tocada. O

Investimento

valor presente de um ativo reflete seus futuros benefícios ou malefícios, de modo que tudo o que é esperado para melhorar ou reduzir esses benefícios ou malefícios afetará imediatamente o preço pelo qual o ativo pode ser vendido hoje.

O valor presente liga o futuro ao presente de muitas formas. Faz sentido para um homem de noventa anos de idade começar a plantar árvores frutíferas que demorarão 20 anos para atingir a maturidade, pois sua terra *imediatamente* valerá mais em função do plantio dessas árvores. Ele pode vender a terra um mês mais tarde e ir viver nas Bahamas, se quiser, porque receberá um valor adicional dos frutos esperados para quando essas árvores crescerem, anos após ele já não estar vivo. Parte do valor de sua riqueza hoje consiste no valor de alimentos que ainda não foram plantados — e que farão parte da dieta de crianças que ainda não nasceram.

Uma das grandes diferenças entre Economia e Política é que os políticos não se obrigam a prestar atenção nas consequências futuras que estão além da próxima eleição. Um representante eleito cujas políticas mantêm o público feliz no dia da eleição tem uma boa chance de ser eleito para um novo mandato no cargo, mesmo que essas políticas tenham consequências desastrosas em anos posteriores. Não existe um "valor presente" para fazer com que os formuladores de políticas implementadas hoje levem em conta as consequências futuras, quando elas vierem, depois da eleição.

Embora o público em geral possa não ter conhecimento ou formação suficiente para perceber as implicações de longo prazo das políticas de hoje, os especialistas financeiros que lidam com títulos do governo têm. Assim, a agência de classificação de risco Standard & Poor rebaixou os títulos do Estado da Califórnia, em meio à crise de eletricidade do estado em 2001, mesmo que não tivesse havido inadimplência nesses títulos, nem quaisquer reduções de pagamentos feitos para aqueles que haviam comprado títulos da Califórnia, e havendo bilhões de dólares de excedente de caixa na tesouraria do estado.

A Standard & Poors entendeu que as pesadas responsabilidades financeiras assumidas pelo governo da Califórnia para enfrentar a crise de eletricidade significaram que a forte tributação e o excessivo endividamento estavam à espreita no horizonte observável. Isso aumentava o risco de inadimplência ou de atrasos futuros nos pagamentos aos detentores de títulos — reduzindo, desse modo, o valor presente dessas obrigações.

Qualquer série de pagamentos futuros pode ser reduzida a um valor presente que pode ser pago imediatamente em um montante fixo. Nos EUA, os vencedores de loterias que são pagos em parcelas ao longo de um período de anos podem alienar esses pagamentos a receber para uma instituição financeira que lhes dará uma quantia fixa imediatamente. Assim também podem fazer as vítimas de acidentes a quem tenham sido atribuídos parcelamento das companhias de seguros. Considerando que o valor presente de uma série de pagamentos devidos ao longo de um período de décadas pode ser consideravelmente menor do que a soma total de todos os pagamentos, pois há o desconto de eventuais atrasos, os montantes fixos pagos na hora podem ser inferiores à metade desses totais, levando algumas pessoas que venderam a fim de aliviar problemas financeiros imediatos a se ressentir mais tarde do acordo que compactuaram. Outros, no entanto, ficam satisfeitos e voltam a fazer acordos semelhantes no futuro.

Por outro lado, alguns indivíduos podem querer converter uma quantia fixa de dinheiro em um fluxo de pagamentos futuros. Os idosos que estão se aposentando com o que parece ser uma quantidade adequada para viver devem se preocupar com o fato de que poderão viver mais tempo do que esperavam — "sobreviver a seu dinheiro", como se diz — e acabar na pobreza. A fim de evitar isso, podem utilizar uma parte do dinheiro para comprar uma anuidade de uma companhia de seguros. Por exemplo, no início do século XXI, um homem de 70 anos de idade poderia adquirir uma anuidade por US$100.000 e, posteriormente, receber vitaliciamente US$772 por mês — durante mais de três anos ou mais de trinta anos, seja lá quanto tempo mais andará pelo mundo. Em outras palavras, o risco seria transferido para a companhia de seguros, por um preço.

Como em outros casos, o risco não só é deslocado, mas reduzido, uma vez que a companhia de seguros pode prever com maior precisão a média de vida de milhões de pessoas a quem vendeu anuidades do que qualquer indivíduo pode prever seu próprio tempo de vida. Aliás, uma mulher com 70 anos receberia mensalidades um pouco menores — US$725 — para o mesmo preço, pois as mulheres geralmente vivem mais do que os homens.

O ponto-chave é que o risco reduzido vem da maior previsibilidade de grandes números. Há alguns anos, noticiou-se que um especulador tinha feito um acordo com uma mulher idosa que precisava de dinheiro. Em troca de fazer dele o herdeiro de sua casa, ele concordou em lhe pagar uma quantia fixa todo mês durante toda a vida dela. Porém, esse acordo não funcionou como planejado porque a senhora viveu muito mais tempo do que o esperado e o especulador morreu antes dela. Uma companhia de seguros não só tem a vantagem de grandes números, tem a vantagem adicional de que sua existência não é limitada pela duração da vida humana.

Recursos Naturais

O valor presente afeta profundamente a descoberta e uso de recursos naturais. Pode haver petróleo subterrâneo suficiente para durar séculos ou milênios, mas seu valor atual determina a quantidade de petróleo que vai pagar o que custa para alguém

Investimento

descobri-lo em um determinado tempo, e que pode não ser mais do que o petróleo suficiente para durar uma dúzia ou mais de anos. A incapacidade de compreender essa realidade econômica básica tem, por gerações, originado inúmeras e amplamente divulgadas previsões falsas de que estávamos "esgotando" as reservas de petróleo, carvão ou algum outro recurso natural.

Em 1960, por exemplo, um livro best-seller dizia que os Estados Unidos tinham apenas um suprimento de 13 anos de petróleo nacional à taxa corrente de utilização. Naquela época, as reservas de petróleo conhecidas dos Estados Unidos não chegavam a 32 bilhões de barris. Passados os 13 anos, as reservas de petróleo conhecidas dos Estados Unidos ultrapassavam 36 bilhões de barris. Todavia, as estatísticas originais e a aritmética com base nelas foram precisas. Por que então os Estados Unidos não ficaram sem petróleo em 1973? Foi apenas pura sorte que mais petróleo tenha sido descoberto — ou houve razões econômicas mais fundamentais?

Assim como escassez e excedentes não são simplesmente uma questão de quanta coisa física existe, quer em termos absolutos quer em relação à população, as reservas conhecidas de recursos naturais não são simplesmente uma questão de quanta coisa física existe no solo. Também para os recursos naturais, os preços são cruciais. Portanto, são valores presentes.

Quanto de qualquer recurso natural é conhecido depende de quanto custa para saber. A exploração de petróleo, por exemplo, é muito dispendiosa. Em 2011, o *New York Times* relatou:

> A pouco mais de 3km abaixo do fundo do oceano, em uma área do tamanho da região metropolitana de Houston, sondas modernas determinaram um local que acreditam ser um enorme campo petrolífero. Agora, tudo o que se tem a fazer é gastar US$100 milhões para descobrir se elas estão certas.

O custo de produção de petróleo inclui não apenas os custos da exploração geológica, mas também os de uma cara perfuração de poços secos antes de atingir o petróleo. Como esses custos sobem enquanto mais e mais petróleo está sendo descoberto ao redor do mundo, a abundância crescente de fontes conhecidas de petróleo reduz seu preço em função da oferta e da demanda. Por fim, chega um momento em que o custo por barril de encontrar e processar mais petróleo em um determinado lugar excede o valor atual do barril do petróleo que é provável que você encontre lá. A essa altura, já não vale a pena continuar a explorar. Dependendo de uma série de circunstâncias, a quantidade total de petróleo descoberto nesse ponto pode muito bem não ser mais do que a oferta dos 13 anos que levou às previsões sombrias de que estávamos exaurindo o petróleo do país. Porém, como as fontes existentes de petróleo estão diminuindo em decorrência do uso contínuo, o aumento dos preços leva a novos e enormes investimentos na exploração de petróleo.

A título de exemplo dos custos que podem ser envolvidos, um grande empreendimento de exploração de petróleo no Golfo do México consumiu US\$80 milhões na exploração e arrendamento inicial, e outros US\$120 milhões para perfuração exploratória, só para verificar se parecia haver petróleo suficiente para justificar ir além. Em seguida, mais US\$530 milhões foram despendidos na construção de plataformas de perfuração, oleodutos e outras infraestruturas, e — finalmente — US\$370 milhões para a perfuração de petróleo no local em que as reservas foram comprovadas. Isso soma um total de US\$1,1 bilhão.

Imagine se a taxa de juros incidente sobre tanto dinheiro emprestado de bancos ou investidores fosse duas vezes mais elevada, fazendo com que o custo total de exploração aumentasse mais ainda. Ou imagine que as companhias petrolíferas já tivessem tanto dinheiro assim, podendo colocá-lo em um banco para ganhar, com segurança, o dobro dos habituais juros. Elas teriam enterrado tanto dinheiro como fizeram no investimento mais arriscado de prospectar petróleo? Você teria? É bem possível que não. A maior taxa de juros provavelmente significaria menos exploração de petróleo e, portanto, quantidades menores de reservas conhecidas de petróleo. Mas isso não implicaria que estaríamos mais perto de ficar sem petróleo do que se a taxa de juros fosse mais baixa e as reservas conhecidas fossem correspondentemente maiores.

À medida que mais e mais das reservas conhecidas de petróleo vão diminuindo em razão do uso, o valor presente de cada barril de óleo restante começa a subir e, mais uma vez, a prospecção de petróleo adicional torna-se rentável. Mas, a partir de um determinado momento, isso nunca compensa descobrir todo o petróleo que existe na terra ou no fundo do mar. Na verdade, não vale a pena descobrir mais do que uma fração diminuta dele. Vale a pena para as pessoas escreverem previsões histéricas de que estamos ficando sem recursos naturais. Vale a pena não só para vender livros e aumentar a audiência da televisão, mas também como poder político e notoriedade pessoal.

No início do século XXI, um livro intitulado *Twilight in the Desert* concluiu que, "cedo ou tarde, o consumo mundial de petróleo deve atingir o pico" e que isso se deve a que "o petróleo, como os outros dois combustíveis fósseis, o carvão e o gás natural, não é renovável". Isso é certamente verdade em abstrato, assim como é verdade em abstrato que, mais cedo ou mais tarde, o sol esfriará. Porém, isso é muito diferente de dizer que tal coisa tem alguma relevância para qualquer problema que possamos enfrentar no século seguinte ou no próximo milênio. A insinuação, no entanto, foi que nós enfrentamos uma duradoura crise de energia em nosso próprio tempo, e o fato de que o preço do petróleo tinha disparado para até US$147 o barril, com o preço da gasolina chegando a US$1,05 o litro, emprestou credibilidade a tal insinuação. Mas, em 2010, o *New York Times* relatou:

> Quando o mundo parecia um carro rodando só com o cheiro da gasolina, campos de petróleo gigantes foram descobertos ao largo das costas do Brasil e da África, e projetos canadenses de xisto betuminoso expandiram-se tão rapidamente que agora fornecem à América do Norte mais petróleo do que a Arábia Saudita. Além disso, nos Estados Unidos, a produção doméstica de petróleo aumentou pela primeira vez em uma geração.

Mesmo com a enorme utilização dos recursos energéticos durante todo o século XX, não houve redução das reservas conhecidas desses recursos naturais. Os dados documentam a ampla disseminação de redes ferroviárias, máquinas industriais e da eletrificação das cidades, estimando-se que mais energia foi consumida nas duas primeiras décadas do século XX do que em toda a história prévia registrada da raça humana. E o consumo de energia continuou a aumentar nas décadas subsequentes — com as reservas conhecidas de petróleo crescendo também. No final do século XX, tais reservas eram mais de dez vezes superiores às contabilizadas 50 anos antes. Aprimoramentos nas técnicas de prospecção de petróleo possibilitaram novas descobertas e extração mais eficiente. Na década de 1970, apenas cerca de 1/6 de todos os poços perfurados em busca de petróleo tiveram êxito. Já no início do século XXI, essa proporção alcançou os 2/3.

As considerações de ordem econômica aplicáveis ao petróleo são válidas também para outros recursos naturais. Não importa o quanto de minério de ferro existe no chão, jamais valerá a pena descobrir mais caso seu valor presente por tonelada seja menor do que o custo por tonelada de exploração e processamento. No entanto, apesar da enorme expansão no uso de ferro e aço durante o século XX, as reservas provadas de minério de ferro aumentaram várias vezes. Assim ocorreu com o cobre, alumínio e chumbo, entre outros recursos naturais. A partir de 1945, as reservas conhecidas de cobre somavam 100 milhões de toneladas métricas. Depois de 1/4 de século de aumentos sem precedentes no uso desse metal, as reservas conhecidas de cobre triplicaram e, em 1999, dobraram novamente. As reservas conhecidas de gás natural nos Estados Unidos cresceram cerca de 1/3 (de 1.532 trilhões de pés cúbicos para 2.074 trilhões de pés cúbicos) só no período de 2006 a 2008.

Mesmo depois que um lençol de petróleo é descoberto no subsolo ou no fundo do mar, e com o petróleo sendo extraído e refinado, as considerações econômicas evitam o esgotamento dessa reserva. Como a revista *The Economist* colocou:

Algumas décadas atrás, a taxa média de recuperação de petróleo dos reservatórios foi de 20%; graças aos avanços notáveis em tecnologia, ela hoje está em cerca de 35%.

Em outras palavras, quase 2/3 do petróleo em um lençol subterrâneo é deixado lá mesmo, porque seria muito caro drená-lo todo — ou até mesmo a maior parte — com a tecnologia de hoje e a cotação atual do petróleo. Mas o petróleo ainda está lá e sua localização já é conhecida. Se e quando estivermos realmente "esgotando" o petróleo que está disponível aos custos de extração e processamento de hoje, então o próximo passo seria começar a recuperar o petróleo que custa um pouco mais e, mais tarde, o que custa um pouco mais do que isso. Mas ainda não estamos claramente no ponto em que a maior parte do petróleo já descoberto ainda jaz no subsolo ou no fundo do mar. Com o aprimoramento tecnológico, uma maior taxa de produção dos poços existentes torna-se economicamente viável. Em 2007, o *New York Times* relatou uma série de exemplos, como este:

> As jazidas de petróleo Kern River, descobertas em 1899, foram reavivadas quando os engenheiros da Chevron começaram a injetar ali vapor de alta pressão para bombear mais petróleo. O poço, cuja produção tinha caído para 10.000 barris por dia em 1960, agora produz diariamente 85.000 barris.

Tais considerações não são exclusivas do petróleo. Quando o carvão estava à flor da terra, não valia a pena cavar o chão e formar minas, uma vez que o carvão subterrâneo extraído a custos mais elevados não poderia competir em preço com o que poderia ser recolhido a um custo menor na superfície. Somente após o carvão disponível pelo menor custo exaurir-se passou a ser viável escavar o solo para encontrá-lo.

A diferença entre a abordagem econômica e a abordagem histérica quanto ao uso dos recursos naturais foi demonstrada por uma aposta entre o economista Julian Simon e o ambientalista Paul Ehrlich. O professor Simon se ofereceu para apostar com qualquer um que qualquer conjunto aleatório de cinco recursos naturais que fossem escolhidos não teria crescido ao seu custo real em qualquer período de tempo que os que topassem a aposta determinassem. Um grupo liderado pelo professor Ehrlich aceitou a aposta e escolheu cinco recursos naturais. Eles também definiram dez anos como o período de tempo para medir como os custos reais desses recursos naturais tinham se comportado. No final dessa década, não só o custo real desse conjunto de cinco recursos declinou, como a redução ocorrera em cada um dos recursos que esperavam que tivesse ocorrido o contrário! Obviamente, se estivéssemos próximos

Investimento

de esgotar alguma coisa, os custos teriam aumentado porque o valor presente desses recursos potencialmente mais escassos teria subido.

Em certo sentido final, a quantidade total de recursos deve, naturalmente, estar em declínio. Entretanto, um recurso que poderia acabar séculos depois de se tornar obsoleto, ou após mil anos de esfriamento do sol, não é um problema prático sério. Se o esgotamento ocorrer dentro de algum período de tempo que tenha relevância prática, então o crescente valor atual do recurso cujo esgotamento está no horizonte visível forçará automaticamente medidas de conservação, sem qualquer histeria pública ou exortação política.

Assim como os preços nos levam a compartilhar uns com os outros os escassos recursos e seus produtos em um determinado momento, o valor presente nos leva a compartilhar esses recursos ao longo do tempo com as gerações futuras — mesmo sem estarmos cientes disso. É claro que é também possível partilhar politicamente, com o governo assumindo o controle dos recursos naturais, tal como ele pode fazer com outros ativos ou, de fato, com toda a economia.

A eficiência do controle político *versus* o controle impessoal pelos preços de mercado depende em parte de qual método transmite com mais precisão as realidades subjacentes. Como já foi observado em outros capítulos, os controles de preços e a alocação direta de recursos por instituições políticas exigem conhecimentos muito mais explícitos por um número relativamente pequeno de planejadores do que o necessário para uma economia de mercado coordenada por preços em que milhões de pessoas respondem de acordo com seu próprio conhecimento em primeira mão de suas próprias circunstâncias e preferências individuais — e o punhado de preços com que cada indivíduo tem de lidar.

Os planejadores podem facilmente fazer falsas projeções, seja por ignorância ou por razões de natureza política, como a busca de mais poder, reeleição ou outros objetivos. Por exemplo, durante a década de 1970, cientistas do governo foram convidados a estimar o tamanho das reservas americanas de gás natural e quanto tempo durariam no ritmo corrente de uso. Chegaram à conclusão de que os Estados Unidos tinham gás natural suficiente para durar por mais de mil anos! Ainda que alguns possam considerar uma boa notícia, politicamente era ruim em uma ocasião em que o Presidente dos Estados Unidos estava tentando despertar o apoio público para mais programas do governo que lidassem com a "crise" de energia. A estimativa foi repudiada pela administração Carter, e foi iniciado um novo estudo cujos resultados foram politicamente aceitáveis.

Às vezes, as reservas conhecidas de um recurso natural parecem especialmente diminutas porque o montante disponível a custos viáveis atualmente de fato se esgotam em poucos anos. Pode haver enormes quantidades disponíveis a um custo ligeiramente superior de extração e processamento, mas tais montantes adicionais, é claro, não serão tocados até que o montante disponível a um custo mais baixo se esgote. Por exemplo, lá atrás, quando havia grandes depósitos de carvão disponíveis rente ao chão, alguém poderia fazer soar o alarme alegando que estávamos "esgotando" o carvão que é "economicamente viável" para usar, carvão que pode ser obtido sem "custos proibitivos". Mas, novamente, todo o propósito dos preços é ser proibitivo. Nesse caso, essa proibição impediu que se recorresse, desnecessariamente, a recursos mais caros pois havia fontes disponíveis menos onerosas do mesmo recurso.

Uma situação similar existe hoje: a maior parte do petróleo encontrado em um campo petrolífero é deixada lá porque os custos de extrair mais do que o petróleo mais facilmente acessível não podem ser reembolsados pelo preço de mercado atual. Durante a crise do petróleo de 2005, quando o preço da gasolina nos Estados Unidos subiu para o dobro do que tinha sido menos de dois anos antes, e as pessoas temiam que o mundo estivesse ficando sem petróleo, o *Wall Street Journal* relatou:

> A região de Athabasca, em Alberta, no Canadá, por exemplo, teoricamente poderia produzir cerca de 1,7 a 2,5 trilhões de barris de petróleo em uma área de quase 130.000km^2 de depósitos de betume — o que a coloca atrás apenas da Arábia Saudita em reservas de petróleo. As reservas de Athabasca permanecem em grande parte inexploradas porque extrair o petróleo que encharca o terreno arenoso é caro e complicado. Cerca de duas toneladas de xisto betuminoso são necessárias para extrair um barril de petróleo. Porém, se os preços do petróleo permanecerem próximos aos níveis atuais — de fato, os preços se mantêm acima de US$30 o barril desde 2003 —, a produção seria rentável. No momento, há limitação de investimento e produção em Athabasca.

Se não houvesse avanços tecnológicos, então todos os recursos se tornariam mais caros ao longo do tempo, e aqueles mais facilmente obtidos e mais facilmente processados seriam usados em primeiro lugar, e depois os menos acessíveis ou menos ricos, ou mais difíceis de processar. Contudo, o avanço da tecnologia faz realmente custar menos adquirir recursos futuros quando chegar sua hora, como aconteceu com os recursos na aposta entre Julian Simon e Paul Ehrlich. Por exemplo, o custo médio de encontrar um barril de petróleo caiu de US$15 em 1977 para US$5 em 1998. Não é de surpreender que havia reservas conhecidas de petróleo maiores após o custo de as conhecer cair.

Investimento

O petróleo não é de forma alguma o único a ter seu fornecimento afetado pelos preços. Isso se passa com a produção de níquel, por exemplo. Quando o preço do níquel aumentou no início do século XXI, o *Wall Street Journal* reportou:

> Alguns anos atrás, teria sido difícil encontrar um exemplo melhor de um projeto de mineração que não deu certo como o de Murrin Murrin, uma enorme operação de níquel no meio do deserto da Austrália Ocidental.
>
> Hoje, Murrin Murrin é um dos preferidos dos investidores. As ações das empresas que o executam […] mais do que triplicaram no ano passado, e alguns analistas veem espaço para mais.
>
> A reviravolta surpreendente destaca um fato central do boom de commodities atual: com os preços nas alturas — especialmente do níquel — mesmo projetos tecnicamente difíceis ou cronicamente atribulados parecem bons. O níquel é mais amplamente utilizado na fabricação de aço inoxidável.

Embora as reservas de recursos naturais de uma nação muitas vezes sejam discutidas em termos de quantidades físicas, também deveriam ser levados em conta conceitos econômicos de custos, preços e valores presentes no caso de se desejar alcançar conclusões práticas. Já comentamos sobre os desnecessários alarmes sobre esgotamento dos recursos naturais, mas em sentido oposto também se ouvem declarações injustificadamente otimistas de que algum país pobre tem tantos bilhões de dólares em "riquezas naturais" na forma de minério de ferro ou depósitos de bauxita ou algum outro recurso natural. Tais notícias significam muito pouco, sem considerar o quanto custaria para extrair e processar tais recursos — e isso varia muito de lugar para lugar. A extração de petróleo a partir do xisto betuminoso do Canadá, por exemplo, é tão cara que até anos recentes o petróleo não era nem mesmo contabilizado nas reservas mundiais de petróleo. Porém, quando o preço do petróleo subiu a mais de US$100 o barril, o Canadá se tornou um dos líderes do mundo em reservas de petróleo.

Capítulo 14

AÇÕES, TÍTULOS E SEGUROS

A assunção de riscos é o leite materno do capitalismo.

Wall Street Journal

Os riscos inerentes às atividades econômicas podem ser tratados de diversas maneiras. Além da gestão de estoque e especulação de mercadorias discutidas no capítulo anterior, outras formas de lidar com o risco incluem ações e títulos. Há também outras atividades econômicas análogas às ações e títulos que lidam com os riscos de maneiras que são legalmente diferentes, embora semelhantes economicamente.

Sempre que uma casa, um negócio, ou quaisquer outros ativos patrimoniais aumentam de valor ao longo do tempo, essa diferença positiva é chamada de "ganho de capital". Embora seja uma outra forma de renda, ela difere de salários e ordenados por não ser paga logo depois de ser ganha, mas geralmente apenas após um intervalo de alguns anos. Um título de trinta anos, por exemplo, pode ser trocado por dinheiro somente quando transcorridos trinta anos. Se você nunca vender sua casa, qualquer aumento no valor dela será chamado de "ganho de capital a realizar". O mesmo é verdade para alguém que abre uma mercearia cujo valor vai crescendo à medida que sua localização se torna conhecida em todo o bairro e desenvolve um conjunto de clientes que adquirem o hábito de fazer compras ali. Talvez depois que o proprietário morre, o cônjuge ou filhos sobreviventes podem decidir vender a loja — e só então o ganho de capital é realizado.

Às vezes, um ganho de capital vem de uma operação puramente financeira, na qual você simplesmente investe uma certa quantidade de dinheiro hoje, a fim de receber de volta uma quantidade um pouco maior de dinheiro mais tarde. Isso acontece quando você coloca dinheiro em uma conta de poupança, ou quando um banco empresta dinheiro, ou quando você quer comprar um título da dívida pública de US$10.000 por um pouco menos de US$10.000.

Seja lá como isso for feito, trata-se de substituir um dinheiro hoje por um dinheiro no futuro. O fato de que os juros são pagos implica que o dinheiro hoje vale mais do que a mesma quantidade de dinheiro no futuro. Quanto vale a mais depende de muitas coisas, e varia ao longo do tempo, bem como de país para país simultaneamente.

No auge da industrialização britânica do século XIX, as companhias ferroviárias poderiam arregimentar as enormes somas de dinheiro necessárias para construir quilômetros de trilhos e comprar trens vendendo títulos que pagavam cerca de 5% ao ano. Isso só foi possível porque o público tinha grande confiança tanto nas estradas de ferro quanto na estabilidade do dinheiro. Se a taxa de inflação fosse de 6% ao ano, aqueles que compraram os títulos teriam perdido valor real, em vez de o ganhar. Mas o valor da libra esterlina britânica era muito estável e confiável durante essa época.

Desde aqueles tempos, a inflação se tornou mais comum, de modo que a taxa de juros teria agora de cobrir qualquer nível de inflação esperado e ainda deixar a perspectiva de um ganho real em termos de aumento no poder de compra. O risco inflacionário varia de país para país e de uma época para outra, de modo que a taxa de retorno sobre os investimentos deve incluir uma provisão para o risco de inflação, que também varia. No início do século XXI, os títulos do governo do México pagavam juros de 2,5 pontos porcentuais a mais que os dos Estados Unidos, enquanto os do Brasil pagavam 5 pontos percentuais acima dos mexicanos. A taxa de juros do Brasil, depois, subiu mais 10 pontos percentuais após surgir um candidato de esquerda à presidência do país em 2002[1].

Em suma, a variação dos riscos — entre os quais a inflação é apenas um — se reflete em diferentes prêmios de risco agregados à taxa de juros básica subjacente, que é um pagamento para a postergação do reembolso. O componente representado pelo prêmio de risco incluído na que é geralmente chamada, mais livremente, de taxa de juros pode superar o que os economistas chamam de taxa de juros básica (ou "pura"). Em abril de 2003, por exemplo, as taxas de juros de curto prazo (no sentido mais geral) variaram de menos de 2% em Hong Kong a 18% na Rússia e 39% na Turquia.

Deixando de lado a inflação, para um título de US$10.000 emitido hoje, com vencimento para daqui a um ano, por qual valor valeria a pena para você comprá-lo hoje? Ou seja, quanto você pagaria hoje por um título que pode ser trocado por US$10.000 em dinheiro daqui um ano? É evidente que não seria por US$10.000, porque o di-

---

[1] NRT: Essa diferença entre os juros pagos pelos títulos do governo de um país comercializados internacionalmente e os juros pagos por títulos semelhantes emitidos pelo Tesouro Americano é conhecida como Risco País. Em agosto de 2017, de acordo com o banco JP Morgan, o Brasil pagou em juros em média 3% a mais que títulos semelhantes do Tesouro Americano. O ponto mínimo dos últimos anos ocorreu em outubro de 2007, quando o Brasil, agora governado pelo candidato a presidente de esquerda de 2002, pagava apenas 1,3% a mais que os títulos americanos.

Ações, Títulos e Seguros

nheiro futuro não é tão valioso quanto a mesma quantidade de dinheiro no presente. Mesmo tendo certeza de que estará vivo daqui a um ano, e mesmo que não houvesse inflação, você ainda prefere ter a mesma quantidade de dinheiro agora em vez de mais tarde. O dinheiro que você tem hoje pode ser colocado em um banco e ganhar juros correspondentes a um ano. Pela mesma razão, se você tivesse que optar entre comprar um título que vence daqui a um ano e outro título do mesmo valor que vence daqui a dez anos, você não estaria disposto a oferecer por este último tanto quanto para o de vencimento mais curto.

Em outras palavras, a mesma quantidade nominal de dinheiro tem valores diferentes, dependendo de quanto tempo você deve esperar para recebê-lo. A uma taxa de juros suficientemente elevada, você pode estar disposto a esperar décadas para obter seu dinheiro de volta. As pessoas compram títulos de 30 anos regularmente, embora geralmente a uma taxa de retorno mais elevada da que é paga sobre títulos financeiros que vencem em um ano. Por outro lado, a uma taxa de juros suficientemente baixa, você não estaria disposto a esperar tempo algum para obter o seu dinheiro de volta.

Em algum lugar no meio há uma taxa de juros à qual você seria indiferente entre emprestar dinheiro ou mantê-lo. A essa taxa de juros, o valor presente de uma determinada quantidade de dinheiro no futuro é igual a alguma quantidade menor de dinheiro no presente. Por exemplo, se lhe é indiferente uma taxa de juros de 4% ao ano, então US$100 hoje valem US$104 por ano de agora em diante. Qualquer empresa ou governo que quer tomar emprestado US$100 a partir de hoje com a promessa de devolver o dinheiro um ano depois terá que desembolsar nessa ocasião ao menos US$104. Se todos tiverem a mesma preferência que você, então a taxa de juros na economia como um todo será de 4%.

E se isso não acontecer? Suponha que os outros vão emprestar apenas quando receberem de volta 5% a mais no final de um ano? Nesse caso, a taxa de juros na economia como um todo será de 5%, simplesmente porque as empresas e o governo não podem pedir o dinheiro que querem por qualquer coisa menos. Afinal, ante uma taxa de juros nacional de 5%, você não teria nenhuma razão para aceitar menos, mesmo que estivesse disposto a receber 4%.

Nessa situação, vamos voltar à questão de quanto você estaria disposto a pagar por um título de US$10.000 que vence daqui a um ano. Com uma taxa de juros de 5% estando disponível na economia como um todo, você não pagaria mais de US$9.523,81 por aquele título de US$10.000. Ao investir essa mesma quantidade de dinheiro em outro lugar, hoje a 5% ao ano, você pode obter de volta US$10.000 um ano depois. Portanto, não há nenhuma razão para que você pague mais de US$9.523,81 para o título de US$10.000.

E se a taxa de juros na economia como um todo fosse de 12%, em vez de 5%? Então, não valeria a pena pagar mais de US\$8.928,57 por um título de US\$10.000 que vence daqui a um ano. Resumindo, o quanto as pessoas se dispõem a pagar pelos títulos depende de quanto poderiam obter pelo mesmo dinheiro colocando-o em outro lugar. É por isso que os preços dos títulos caem quando a taxa de juros sobe, e vice-versa.

Isso diz também que, quando a taxa de juros é de 5%, US\$9.523,81 no ano de 2016 é o mesmo que US\$10.000,00 no ano de 2017. E levanta questões sobre a tributação dos ganhos de capital. Se alguém compra um título por aquele primeiro preço e o vende um ano mais tarde pelo último preço, o governo vai, naturalmente, querer tributar a diferença de US\$476,19. Mas isso é realmente o mesmo que um aumento no valor, se as duas somas de dinheiro são apenas equivalentes uma a outra? Se a inflação tivesse sido de 1%, então os US\$10.000 recebidos de volta não poderiam ser suficientes para compensar a espera, se o investidor esperava que a inflação reduzisse o valor real do título? E se houvesse uma inflação de 5%, de modo que o valor recebido de volta não valesse mais do que o montante inicialmente emprestado, sem recompensar em nada a espera para o reembolso? Claramente, o investidor estaria pior do que se nunca tivesse comprado o título. Como, então, considerar esse "ganho de capital" realmente um ganho?

Essas são apenas algumas das considerações que fazem a tributação dos ganhos de capital mais complicada do que a tributação de outras formas de renda como salários e ordenados. Alguns governos de alguns países em nada tributam os ganhos de capital, enquanto a taxa em que esses ganhos são tributados nos Estados Unidos continua a ser uma questão de controvérsia política.

RETORNOS VARIÁVEIS *VERSUS* RETORNOS FIXOS

Há muitas maneiras de encarar o fato de que o valor real de uma dada quantia de dinheiro varia conforme o prazo de recebimento e com a maior ou menor probabilidade de ser recebida de volta. Ações e títulos estão entre as muitas maneiras de lidar com riscos diferentes. Mas as pessoas que não estão considerando a compra desses títulos financeiros devem, contudo, enfrentar os mesmos princípios de outras maneiras, ao escolher uma carreira para si ou ao considerar questões de políticas públicas para o país como um todo.

Ações *versus* Títulos

Títulos diferem dos estoques por se constituírem em compromissos legais de pagar montantes fixos de dinheiro em uma data determinada. Ações são simplesmente parcelas representativas da empresa que as emite, e não há nenhuma garantia de que a empresa vai lucrar e muito menos pagar dividendos em vez de reinvestir seus lucros no próprio negócio[2]. Os detentores de títulos têm o direito legal de serem pagos conforme lhes foi prometido, quer a empresa ganhe ou perca dinheiro. Nesse sentido, eles são como empregados da empresa, aos quais ela se compromete a remunerar de acordo com o combinado. A obrigação de pagar é legal, independentemente se o negócio for ou não rentável. Os proprietários de uma empresa — seja um único indivíduo ou milhões de acionistas — não estão legalmente autorizados a nada, exceto quanto às obrigações da empresa de pagar seus empregados, os detentores de títulos e outros credores.

Considerando o fato de que a maioria das novas empresas quebra após alguns anos, o que resta pode, facilmente, tanto ser negativo como positivo. Em outras palavras, as pessoas que montaram empresas podem não só não lucrar, mas até mesmo perder parte ou a totalidade do que inicialmente investiram. Em resumo, ações e títulos têm quantidades diferentes de risco. Além disso, o fato de que ações e títulos são vendidos por diferentes tipos de empresas pode refletir os riscos inerentes a essas próprias empresas.

Imagine que alguém está levantando dinheiro para abrir um negócio em que (1) as chances da empresa ir à falência são de 50% e (2) se a empresa não sobreviver financeiramente, o valor do investimento inicial vai aumentar em dez vezes. Talvez um empresário especulando com moedas estrangeiras seja um bom exemplo. E se o empresário quer que você contribua com US$5.000 para esse empreendimento? O que valeria mais a pena, subscrever os US$5.000 em ações ou comprar títulos da empresa nesse montante?

Se você comprar títulos, suas chances ainda são de apenas 50% de obter todo o dinheiro de volta. E, se a empresa prosperar, você só tem direito à taxa de retorno especificada de início no título, não importa quantos milhões de dólares o empresário faça com seu dinheiro. Comprar títulos de tal empreendimento, obviamente, não é um negócio que valha a pena. Comprar ações, por outro lado, pode fazer sentido, se

---

[2] Nos EUA, há a opção de distribuir dividendos, mas eles são tributados pelas alíquotas máximas de imposto de renda, o que os inibe fortemente. Já no Brasil, a distribuição de dividendos no caso das sociedades anônimas de capital aberto é obrigatória até um certo limite e isentas de tributação na declaração de renda pessoal do acionista; no entanto, apesar da compulsoriedade, a empresa pode decidir não distribuir dividendos por até dois anos consecutivos, mas se passar disso as ações preferenciais são transformadas em ordinárias, dando direito a voto nas decisões da empresa.

você pode correr o risco. Se a empresa vai à falência, suas ações nada valem, enquanto um título teria algum valor residual, com base em quaisquer ativos remanescentes que possam ser vendidos, mesmo que isso somente pague aos detentores de títulos e outros credores alguns tostões. Por outro lado, se a empresa for bem-sucedida e seus ativos aumentarem de dez vezes, então o valor de suas ações de igual modo aumenta dez vezes.

Esse é o tipo de investimento muitas vezes chamado de "capital de risco", que se distingue de comprar ações ou títulos de alguma corporação estabelecida de longa data que é improvável que vá à falência ou tenha uma espetacular taxa de retorno sobre seus investimentos. Em regra, estima-se que um capitalista de risco precisa, pelo menos, de uma taxa de 50% de retorno sobre aqueles seus investimentos que tenham êxito a fim de cobrir as perdas com os muitos investimentos malsucedidos e ainda sair no lucro. Na vida real, as taxas de retorno sobre o capital de risco podem variar muito de ano para ano. Nos doze meses encerrados em 30 de setembro de 2001, os fundos de capital de risco *perderam* 32,4%. Isto é, esses capitalistas de risco, em conjunto, não só não obtiveram nenhum lucro líquido como perderam quase 1/3 do dinheiro que haviam investido. Porém, apenas um par de anos antes, a taxa média de retorno deles tinha sido de 163%.

A questão de saber se esse tipo de atividade é interessante na perspectiva do investidor de risco pode ser deixada para ele mesmo se preocupar. Do ponto de vista da economia como um todo, a questão é se tal atividade financeira representa uma alocação eficiente de recursos escassos que têm usos alternativos. Embora capitalistas de risco individuais possam quebrar, assim como as empresas em que investem, a atividade de capital de risco como um todo não costuma perder dinheiro — ou seja, ela não desperdiça os recursos disponíveis da economia. É de fato notável que algo que parece tão arriscado como o capital de risco geralmente funciona macroeconomicamente, mesmo que não seja na perspectiva individual do investidor de risco.

Agora olhe para ações e títulos do modo como os vê um empreendedor que está tentando levantar dinheiro para um empreendimento arriscado. Sabendo que os títulos seriam pouco atraentes para os investidores e que um banco seria igualmente relutante em lhe emprestar em virtude dos altos riscos, o empresário quase certamente tentaria levantar dinheiro com o lançamento de ações. Na outra extremidade do espectro de risco, considere uma empresa prestadora de serviços públicos, que fornece algo de consumo recorrente, tal como água ou eletricidade. Geralmente, há pouco risco envolvido em colocar dinheiro em tal empresa, de modo que o concessionário pode emitir e vender títulos, deixando de pagar os montantes mais elevados que os investidores ganhariam sobre as ações[3]. Em anos recentes, alguns fundos de pensão americanos, em busca de investimentos seguros de longo prazo a partir dos quais pagar seus associados, têm investido na construção de autoestradas com pedágios, de cujas receitas pode-se esperar um fluxo contínuo de retornos para os próximos anos.

Resumindo, os riscos variam entre as empresas, e seus arranjos financeiros variam em conformidade. Em um extremo, um especulador de commodities pode passar de lucro para prejuízo e vice-versa, não só de ano para ano, mas até mesmo de hora para hora em um determinado dia. É por isso que existem imagens de televisão com gente acenando e gritando freneticamente nas bolsas de mercadorias, pois os preços mudam tão rapidamente que a diferença entre fazer um acordo agora mesmo e esperar cinco minutos pode representar enormes somas de dinheiro.

Um padrão mais comum entre as empresas que têm sucesso é auferir pequena ou nenhuma renda no início, seguido por ganhos elevados depois que a empresa desenvolve uma clientela e estabelece uma reputação. Por exemplo, um dentista primeiro começa a praticar sua profissão após se graduar e comprar o caro equipamento que precisa ter disponível, podendo obter ínfimo ou nenhum lucro líquido no primeiro ano, antes de se tornar amplamente conhecido na comunidade para atrair uma grande clientela. Nesse ínterim, a secretária do dentista pode estar ganhando mais que ele. Mais tarde, é claro, a situação será inversa e alguns observadores podem, então, achar injusto que o dentista fature várias vezes a renda da secretária.

Ainda que a somatória de quantias variando no tempo seja igual a um montante fixo de dinheiro, a atratividade de ambas não é a mesma. Você consideraria igualmente provável duas ocupações com a mesma média de rendimentos — digamos, US\$50.000 por ano — ao longo da próxima década se uma delas pagasse US\$50.000 a cada ano, enquanto a renda da outra ocupação variasse, sendo de US\$10.000 em um ano e US\$90.000 no ano seguinte, para cair no próximo em um vai e vem de padrão imprevisível? Provavelmente, você exigiria uma renda média um pouco maior no emprego com remuneração variável, para o tornar igualmente atraente em relação à ocupação com uma renda fixa. De maneira análoga, os estoques normalmente produzem uma taxa média de retorno maior do que a dos títulos, já que têm uma taxa variável de retorno (incluindo, por vezes, nenhum retorno), enquanto os títulos têm uma taxa fixa de retorno garantida. Não é um princípio moral que faz com que isso aconteça. Isso

---

[3] Há exceções para praticamente todas as regras. As pessoas que compraram títulos em empresas de energia elétrica da Califórnia, como um investimento seguro para seus anos de aposentadoria, viram a maior parte do valor desses investimentos desaparecer no ar durante a crise de eletricidade no estado em 2001. O estado obrigou essas concessionárias a tarifar a eletricidade para os clientes por menos do que eles estavam pagando a seus fornecedores. Como elas deviam bilhões de dólares na praça, seus títulos foram rebaixados para o nível de títulos de alto risco.

se dá porque as pessoas não vão correr o risco de comprar ações a menos que possam esperar uma taxa média de rentabilidade superior à dos títulos.

O grau de risco varia não somente com o tipo de investimento, mas também com o período de tempo envolvido. Em um período de um ano, os títulos são susceptíveis de serem muito mais seguros do que as ações. Mas, para um período de 20 ou 30 anos, o risco de inflação ameaça o valor dos títulos ou outros bens com valores nominais fixos, tais como saldos de contas correntes bancárias, enquanto os preços das ações tendem a subir com a inflação, como imóveis, fábricas ou outros ativos reais. Como são parcelas de ativos reais, as ações sobem de preço se há inflação. Portanto, a segurança relativa de ações e títulos pode ser bastante diferente uma da outra a longo prazo do que no curto prazo.

Alguém planejando aposentar-se décadas no futuro pode encontrar em uma combinação adequada de ações um investimento muito mais seguro do que alguém que vai precisar do dinheiro em um ano ou dois. "Como dinheiro no banco" é uma frase popular usada para indicar algo que é uma aposta muito segura, mas o dinheiro no banco não é particularmente seguro durante um período de décadas, quando a inflação pode roubar muito de seu valor. O mesmo é verdadeiro para os títulos. Mas a certa altura da vida, depois de atingir uma idade em que a expectativa de vida restante não é mais medida em décadas, pode ser prudente começar a transferir dinheiro de ações para títulos, contas bancárias e outros ativos com maior segurança a curto prazo.

Risco e Tempo

O mercado de ações, de forma geral, não é tão arriscado como a especulação de commodities ou o capital de risco, mas também não é um modelo de estabilidade. Mesmo durante um boom na economia e nas ações, as Bolsas de Valores — como, por exemplo, a Dow Jones, nos EUA, que reflete a movimentação das ações de grandes corporações —, pode se desvalorizar em um determinado dia. Em toda a história do mercado de ações americano, a maior sequência de dias úteis consecutivos nos quais a média das cotações das ações listadas na Dow Jones encerrou as operações com elevação foi de quatorze — em 1897. Em 2007, o *Wall Street Journal* relatou: "Ontem, o índice Dow Jones completou a mais longa série de vitórias desde 2003 — oito sessões consecutivas. Se tivesse continuado por mais um dia, teria sido a maior sequência em mais de uma década". Entretanto, os meios de comunicação frequentemente relatam os altos e baixos do mercado de ações como se fosse uma grande notícia, às vezes palpitando sobre a ascensão ou queda em um determinado dia. Mas a cotação das ações em todo o mundo oscila ao longo dos séculos.

Como um exemplo extremo de como os riscos relativos de diferentes tipos de investimentos podem variar no tempo, um dólar investido em títulos em 1801 valeria mil dólares em 1998, enquanto um dólar investido em ações no mesmo ano equivaleria a mais de meio milhão de dólares. E, levando em conta a inflação, ou seja, em termos reais. Já US$1,00 investido em ouro em 1801 valeria em 1998 apenas US$0,78. A frase "tão bom como o ouro" pode ser tão enganosa quanto "dinheiro no banco" ao se falar em longo prazo. Embora tenham havido muitos períodos curtos, quando títulos e ouro mantinham seus valores à medida que os preços das ações despencavam, a segurança relativa desses diferentes tipos de investimentos varia muito com o período de tempo que você tem em mente. Além disso, o padrão não é o mesmo em todas as épocas.

A taxa real de retorno sobre as ações norte-americanas foi de apenas 3,6% durante a Grande Depressão (1931 a 1940), enquanto os títulos pagaram 6,4%. Todavia, os títulos tiveram uma taxa de retorno negativa em termos reais durante os anos 1940, 1950, 1960 e 1970, ao contrário das ações, cujas taxas de retorno foram positivas em todo esse espaço de tempo. Em outras palavras, o dinheiro investido em títulos durante essas décadas inflacionárias, quando eram resgatados, não comprava tanto quanto era capaz de fazer no momento em que foram adquiridos, mesmo somando grandes quantias. Com a restauração da estabilidade dos preços nas duas últimas décadas do século XX, ambos, ações e títulos, apresentaram taxas positivas de retorno real. Mas, durante a primeira década do século XXI, tudo isso mudou, como o *New York Times* relatou:

> Se você investiu US$100.000 em 01 de janeiro de 2000 no fundo Vanguard, que consta da lista Standard & Poors 500, teria terminado com US$89.072 em meados de dezembro de 2009. Ajustando esse valor com base na inflação verificada nesse período, sua aplicação vale hoje US$69.114.

Com uma carteira mais diversificada e uma estratégia de investimento mais complexa, no entanto, o investimento original de US$100.000 teria crescido para US$313.747 no mesmo período de tempo, quantia que equivaleria a US$260.102 em janeiro de 2000, tendo em vista a inflação.

O risco é sempre específico para o momento em que uma decisão é tomada. A experiência consiste em avaliar em retrospectiva e aprender com os erros e acertos, mas o risco sempre envolve olhar para a frente, não para trás. Durante os primeiros anos financeiramente instáveis do McDonald's, a empresa estava tão desesperada por dinheiro a ponto de seu fundador, Ray Kroc, oferecer metade da empresa por US$25.000 e ninguém aceitou a oferta. Se alguém tivesse, teria se tornado um bilionário ao longo dos anos. Mas, na época, nem Ray Kroc era um tolo por fazer essa oferta, nem os outros por recusá-la.

A relativa segurança e rentabilidade de vários tipos de investimentos também depende do conhecimento de cada um. Um experiente especialista em transações financeiras pode ficar rico especulando com ouro, enquanto as pessoas de conhecimentos mais modestos estão perdendo muito. Porém, com o ouro é improvável que você fique arruinado, uma vez que esse metal tem sempre um valor para joias e usos industriais, ao passo que qualquer ação pode acabar não valendo o papel em que está posta. Note, também, que não são apenas os novatos que perdem dinheiro no mercado de ações. Em 2001, 400 dos americanos mais ricos perderam um total de US$283 bilhões.

Risco e Diversificação

Pode-se lidar com os vários graus e variedades de risco diversificando os investimentos — uma "carteira" ou "portfólio", como se diz — de modo que, quando um tipo de investimento não está se saindo bem, outros podem ter ótimo desempenho, reduzindo assim o risco global do conjunto dos ativos. Por exemplo, como já referimos, aplicar em títulos pode não ser compensador em períodos em que as ações são muito rentáveis, ou vice-versa. Um portfólio que inclui uma combinação de ações e títulos pode se revelar muito menos arriscado do que investir exclusivamente em qualquer um deles. Adicionar a esse portfólio um investimento individualmente arriscado como o ouro, cujo preço é muito volátil, pode reduzir o risco da carteira como um todo, pois os preços do ouro tendem a se mover na direção oposta da cotação das ações.

Um portfólio composto principalmente — ou mesmo unicamente — por ações pode ter seus riscos reduzidos combinando papéis de companhias diferentes. Esse grupo de ações pode ser escolhido por um investidor profissional, que cobra para selecionar e gerir seu dinheiro no que é chamado de "fundo mútuo". Quando a carteira de ações componentes desse fundo mútuo é simplesmente uma composição baseada em quaisquer ações listadas na Dow Jones ou no Índice Standard & Poor's, então há menos necessidade de gestão e menos pode ser cobrado pelo serviço (no Brasil, essa cobrança é denominada "taxa de administração"). Os fundos mútuos gerenciam grandes somas de dinheiro dos investidores: mais de 50 fundos mútuos nos EUA têm ativos de pelo menos US$10 bilhões cada.

Teoricamente, os fundos de investimento em que os administradores acompanham atentamente os vários mercados e, em seguida, escolhem quais ações comprar e vender devem obter uma taxa média de retorno mais elevada do que os fundos de investimento cuja carteira de ações simplesmente reflete a composição média das Bolsas de Valores (como no caso, citado acima, da Dow Jones e do Índice Standard & Poor's). Alguns fundos mútuos geridos ativamente de fato apresentam resultados melhores, mas em muitos anos os fundos baseados na carteira das Bolsas tiveram taxas de retorno mais elevadas do que a maioria dos fundos de gestão ativa, para grande embaraço destes. Em 2005, por exemplo, de 1.137 fundos mútuos ativamente controlados que operam com as ações de grandes empresas, apenas 55,5% superaram o Índice Standard & Poor's.

Por outro lado, nos fundos de gestão mais tradicional há pouca chance de ganhos extraordinários como os auferidos por um fundo de gestão ativa de grande sucesso. Um repórter do *Wall Street Journal*, que recomendou os fundos que espelham as Bolsas para as pessoas que não têm tempo ou confiança para formar sua própria carteira de ações, disse: "É verdade, você pode não ir ao banco morrendo de rir pelo caminho. Mas provavelmente vai sorrir, satisfeito". Esses fundos, porém, perderam 9% de seu valor no ano 2000, portanto, não há isenção completa de risco em nenhum lugar. Para os fundos de investimento como um todo — de ambos aqueles tipos — um investimento de US$10.000 no início de 1998 valia no início de 2003 menos de US$9.000. De cada mil fundos de investimento estabelecidos, apenas um fez dinheiro todos os anos da década que termina em 2003. O que importa, contudo, é que eles costumam ganhar dinheiro.

Embora os fundos mútuos tenham feito sua primeira aparição no último quarto do século XX, os princípios econômicos de diversificação de risco disseminaram-se entre aqueles que investem seu próprio dinheiro. Nos séculos passados, os armadores com frequência consideravam ser mais prudente possuir 10% de dez navios diferentes em vez de 100% de um navio. O perigo de naufrágio era muito maior nos dias de embarcações de madeira e velas do que na era moderna, com navios de metal e movidos mecanicamente. Possuir 10% de dez navios diferentes aumentava o perigo de uma perda por afundamento de ao menos um desses navios, mas reduzia muito a dimensão catastrófica de uma eventual perda total.

Investir no Capital Humano

Comparativamente com outros tipos de capital, investir no capital humano tem semelhanças e diferenças. As pessoas que aceitam empregos sem remuneração ou com remuneração muito menor do que poderiam ter em outros lugares estão investindo seu tempo de trabalho, em vez de dinheiro, na esperança de um futuro retorno maior do que receberiam ao aceitar um emprego que pague inicialmente um salário mais elevado. Mas quando alguém investe no capital humano de outra pessoa, o retorno sobre esse investimento não é tão facilmente recuperado. Normalmente, aqueles que usam o dinheiro de outras pessoas para pagar por sua educação, por exemplo, desejam receber esse dinheiro como um presente — dos pais, de indivíduos ou organizações filantrópicas, do governo — ou, então, pedem o dinheiro emprestado.

Ainda que os alunos possam emitir títulos, eles raramente emitem "ações"[4]. Ou seja, muitos estudantes se endividam para pagar por sua educação, mas raramente vendem uma parcela dos ganhos futuros das "ações" que possuírem. Nos poucos casos em que os alunos o fizeram, muitas vezes ressentiram-se nos anos vindouros por ter de continuar a contribuir com uma parcela de sua renda após os pagamentos já terem coberto todo o investimento inicial feito neles. Porém, dividendos de empresas que emitem ações igualmente continuam a ser pagos, independentemente de saber se o preço de compra inicial das ações já foi reembolsado. Essa é a diferença entre ações e títulos.

É enganoso olhar para essa situação só depois que um investimento em capital humano se pagou. Ações são emitidas precisamente por causa dos riscos que o investimento não vai pagar. Tendo em conta que um número substancial de estudantes universitários nunca vai se formar, e que até mesmo alguns daqueles que o fazem podem ter parcos rendimentos, a repartição de riscos permite que mais financiamentos privados sejam disponibilizados aos estudantes universitários em geral.

Idealmente, se os futuros alunos pudessem e emitissem eles mesmos ações e títulos, seria desnecessário que pais ou contribuintes subsidiassem sua educação, e inclusive os alunos pobres poderiam frequentar faculdades mais caras sem ajuda financeira. No entanto, falando do que ocorre nos EUA, problemas legais, inércia institucional e atitudes sociais têm impedido que esses acordos se generalizem em faculdades e universidades. Quando a Universidade de Yale, em 1970, ofereceu empréstimos cujos valores de reembolso futuro variavam de acordo com os ganhos futuros dos alunos, os estudantes que cursavam direito, negócios e medicina normalmente não aderiam ao programa da universidade, uma vez que os rendimentos elevados que esperavam significaria devolver muito mais do que foi emprestado. Eles preferiram a emissão de títulos.

Em alguns tipos de empreendimentos, contudo, é exequível ter os seres humanos, eles mesmos, efetuando emissões de ambos, "ações" e títulos. Agentes de boxe frequentemente detêm uma participação porcentual dos ganhos de seus lutadores. Com isso, muitos jovens pobres receberam anos de instrução no boxe que teriam sido incapazes de pagar. Nem seria viável simplesmente fazer uma dívida para pagar essa instrução porque, para os credores, os riscos de serem reembolsados por um valor fixo

---

[4] No texto subsequente desta seção, o autor utiliza o termo "stocks" ("ações") figurativamente, referindo-se aos ganhos futuros das pessoas físicas vinculados aos investimentos feitos nela — o "capital humano" —, em analogia com os ganhos, que consistem nos dividendos ou aumento de cotação, proporcionados pelas ações propriamente ditas (aquelas que representam uma parcela unitária do capital de uma empresa). A ideia é fazer um paralelo entre títulos e ações, como feito na seção Ações e Títulos, páginas atrás.

no futuro são muito elevados. Alguns pugilistas jamais chegam ao ponto em que seus ganhos nas lutas lhes permitiriam reembolsar os custos de treinamento e gestão de carreira. E é improvável que tais boxeadores possam ter ocupações alternativas a partir das quais poderiam reembolsar grandes empréstimos para cobrir os custos de uma carreira que não deslanchou. Os pugilistas profissionais são mais propensos a parar na prisão ou receber pensões da assistência social do que ter um diploma universitário.

Dadas as origens de baixa renda da maioria dos boxeadores e o alto risco de que eles nunca venham a juntar uma quantidade substancial de dinheiro, financiar sua formação desde o início por "ações" faz mais sentido do que por títulos. Um agente pode recolher uma dúzia de jovens de bairros difíceis para prospectar pugilistas sabendo que a maioria nunca pagará seu investimento de tempo e dinheiro, mas calculando que um ou dois provavelmente darão certo se ele fizer uma boa peneira. Como não há nenhuma maneira de saber com antecedência se e quais serão eles, a questão é ter ganhos financeiros suficientes de "ações" dos lutadores vencedores para compensar as perdas com os que nunca obterão dinheiro suficiente para pagar o investimento.

Por razões semelhantes, agentes de Hollywood adquiriram participação porcentual nos ganhos futuros de jovens atrizes e atores desconhecidos que pareciam promissores e, assim, fazem valer a pena investir tempo e dinheiro no desenvolvimento e comercialização de seu talento. A alternativa de que aspirantes a estrelas de cinema paguem por esse serviço por empréstimo de dinheiro seria muito menos viável, dado o elevado risco de que a maioria não consiga seu intento e nunca seria capaz de reembolsar os empréstimos, podendo muito bem desaparecer depois de ficar claro que não estavam chegando em nenhum lugar em Hollywood.

Em vários momentos e lugares, tem sido comum empreiteiros de mão de obra providenciarem equipes de trabalhadores imigrantes para trabalhar em fazendas, fábricas ou canteiros de construção de imóveis, em troca de uma porcentagem da remuneração deles. Na realidade, o contratante possui "ações" dos trabalhadores, em vez de títulos. Os contratados eram, com frequência, muito pobres e não familiarizados com a língua e os costumes do país, de modo que as perspectivas de encontrar emprego por si só não eram das melhores. No século XIX e início do século XX, um grande número de trabalhadores assim contratados vindos da Itália foram enviados para o Continente Americano, outros provenientes da China foram para o Sudeste Asiático, e indianos espalharam-se por países do Império Britânico ao redor do mundo, como Malásia, Fiji e Guiana Inglesa.

Em suma, o investimento em capital humano, como no financeiro, foi feito sob a forma de ações e títulos. Nesse sentido, embora não sejam os termos aplicados usualmente, expressam fielmente a equivalência econômica entre ambos os capitais.

SEGUROS

Muitas coisas são chamadas de "seguro", mas nem todas elas são. Após lidarmos, inicialmente, com os princípios sob os quais o seguro tem sido praticado durante séculos, veremos a diferença entre seguro e vários outros programas que surgiram em tempos mais recentes e têm sido chamados de "seguro" na retórica política.

O Seguro no Mercado

Tal como os especuladores de commodities, as companhias de seguros lidam com os riscos inerentes e inevitáveis. Uma operação de seguro transfere e reduz esses riscos. Em troca do prêmio pago pelo seu tomador, a seguradora assume o risco de compensar perdas causadas por acidentes de automóveis, casas pegando fogo, terremotos, furacões e numerosos outros infortúnios que se abatem sobre os seres humanos. Há cerca de 36.000 operadoras de seguros só nos Estados Unidos.

Além dos riscos de transferência, uma companhia de seguros pretende reduzi-los. Por exemplo, ela cobra preços mais baixos dos motoristas que dirigem com segurança e se recusa a segurar algumas residências até que certos materiais inflamáveis sejam removidos. Ou exige prêmios mais elevados de pessoas que trabalham em ocupações perigosas. Companhias de seguros segmentam a população de várias formas e cobram preços diferentes para pessoas com diferentes riscos. Assim, ela diminui seu próprio excesso de todos os riscos e, no processo, sinaliza as pessoas quanto aos custos derivados de suas ocupações perigosas ou de morar em bairros perigosos.

O tipo mais comum de seguro — o de vida — compensa uma desgraça que não pode ser evitada. Todos devem morrer, mas o risco envolvido é o da hora da morte. Se todos soubessem com antecedência que morreriam aos 80 anos, não haveria nenhuma razão para um seguro de vida, pois não haveria nenhum risco envolvido. Os assuntos financeiros de cada indivíduo poderiam ser providenciados antecipadamente, levando em conta tal previsibilidade. O pagamento de prêmios a uma companhia de seguros não faria sentido, porque, ao montante total resultante dos prêmios que seriam pagos ao longo do tempo, deveria ser adicionado um montante não menor a título de compensação a ser recebido pelos beneficiários do segurado. Uma empresa de seguros de

Ações, Títulos e Seguros

vida teria, na verdade, se tornado um emitente de títulos resgatáveis em datas fixas. Comprar um seguro de vida aos 20 anos seria o mesmo que comprar um título de 60 anos, e fazê-lo aos 30 anos seria equivalente a adquirir um título de 50 anos.

O que diferencia um seguro de vida de um título é que nem o indivíduo segurado nem a companhia de seguros sabem quando um determinado indivíduo vai morrer. Os riscos financeiros para os outros que sobrevivem à morte de um arrimo de família ou parceiro de negócios são transferidos para a companhia de seguros, por um preço. Esses riscos também são diminuídos porque a taxa média de morte entre os milhões de tomadores de seguros é muito mais previsível do que o falecimento de qualquer indivíduo. Tal como acontece com outras formas de seguro, riscos não são simplesmente transferidos de uma parte para outra, mas são reduzidos no processo. É esse o fator que faz a compra e venda de uma apólice de seguro constituir-se em uma transação mutuamente benéfica. A apólice de seguro vale mais para o comprador do que custa para o vendedor, pois o risco do vendedor é menor do que o risco do comprador sem o seguro.

Quando alguém tem uma amostra suficientemente grande dos riscos, pode não haver nenhum benefício em comprar uma apólice de seguro. A agência de aluguel de automóveis Hertz, por exemplo, possui tantos automóveis que seus riscos são suficientemente espalhados a ponto de ela não precisar pagar para uma companhia de seguros assumir esses riscos. Ela pode usar os mesmos métodos estatísticos utilizados pelas companhias de seguros para determinar os custos financeiros de seus riscos e incorporá-los ao valor cobrado das pessoas para quem aluga seus carros. Não há nenhuma lógica em transferir um risco que não é diminuído no processo, porque a seguradora deve cobrar o quanto o risco custaria ao segurado — mais o bastante para pagar os custos administrativos de fazer o negócio e ainda deixar um lucro para a seguradora. O autosseguro é, portanto, uma opção viável para aqueles com uma amostra suficientemente grande dos riscos.

Às companhias de seguros não basta poupar os prêmios que recebem e depois pagá-los quando chegar a hora. Em 2012, por exemplo, mais da metade dos prêmios de seguro de proprietários de imóveis que foram recebidos nesse ano destinados às indenizações nesse período — 60% pela State Farm e 53% no caso da Allstate, as duas das maiores empresas seguradoras americanas. As corporações de seguros podem investir o que sobra depois de pagos os sinistros e outros custos operacionais e administrativos. Graças a esses investimentos, terão mais dinheiro disponível do que se tivessem deixado o dinheiro que recebem dos tomadores de seguros mofando em um cofre. Cerca de 2/3 dos ganhos das empresas de seguros de vida vêm dos prêmios pagos pelas apólices e cerca de 1/4 dos lucros de seus investimentos. Obviamente, o dinheiro investido tem de ser colocado em investimentos relativamente seguros —

títulos da dívida pública e empréstimos imobiliários conservadores, por exemplo, em vez de especular com commodities.

Se, durante um período de dez anos, você pagar um total de US$9.000 em prêmios para segurar alguma propriedade e, em seguida, sofrer US$10.000 em danos materiais a serem cobertos pela companhia de seguros, pode lhe dar a impressão de que a seguradora perdeu dinheiro. No entanto, no caso de seus US$9.000 em pagamentos de prêmios terem sido investidos, crescendo para US$12.000 até a ocasião em que você reivindicou a indenização pelos danos à propriedade, a companhia de seguros ganhou US$2.000. Segundo a revista *The Economist*, "os prêmios em si só raramente são suficientes para cobrir os sinistros e despesas", e nos Estados Unidos "isso tem sido verdadeiro para as seguradoras de imóveis e contra acidentes ao longo dos últimos 25 anos". Em 2004, companhias de seguro de automóveis e propriedades obtiveram lucro a partir da própria subscrição pela primeira vez desde 1978.

Embora possa parecer que uma companhia de seguros deveria ser capaz de se manter lucrativa a partir de seus investimentos, na realidade, a concorrência obriga o preço do seguro a diminuir para um nível que cobrirá os custos e propiciará uma taxa de retorno suficiente para compensar os investidores sem atrair investimento em competição adicional. Em uma economia na qual os investidores estão sempre à procura de maiores ganhos, uma taxa inflada de lucro no setor de seguros tenderia a atrair novas companhias de seguros para compartilhar dessa bonança. Já existem muitos concorrentes no setor de seguros, nenhum deles dominante. Em 2010, nos EUA, entre as empresas seguradoras de imóveis e contra acidentes, as quatro maiores, juntas, recolheram apenas 28% dos prêmios, cabendo às seguintes 46 maiores companhias cerca de 52% desses prêmios.

O papel da concorrência em forçar o alinhamento dos preços e lucros pode ser visto no declínio dos prêmios dos seguros de vida depois que um site na internet começou a listar todas as seguradoras que fornecem esse serviço e seus respectivos preços. Outras alterações nas circunstâncias também se refletem nos preços como resultado da concorrência. Por exemplo, quando o amplo contingente da geração baby boomer entrou na meia-idade, o declínio das taxas de acidentes de automóvel decorrentes da transferência para faixas etárias em que os riscos de acidentes ao dirigir automóveis são menores refletiu-se no término dos aumentos das taxas de seguro de carros em anos anteriores. A repressão sobre as fraudes de seguros de automóveis também ajudou.

Com o seguro, como acontece com a publicidade, os custos pagos não são, simplesmente, adicionados ao preço dos produtos vendidos pela empresa segurada. No caso da publicidade, como observado no Capítulo 6, o aumento das vendas proporcionado por ela pode permitir que uma empresa e seus clientes se beneficiem dos preços mais baixos decorrentes das economias de escala. Já quanto ao seguro, se não houvesse seguro, o risco protegido por ele teria de ser compensado no preço do produto vendido, que seria maior. Assim, o objetivo, em uma compra de seguros, é reduzir o risco, pois o custo do seguro tem de ser menor que o custo do risco segurado. Consequentemente, o custo de fabricação do produto segurado é menor, de modo que o preço tende a ser inferior ao que seria se o risco tivesse de ser protegido cobrando preços mais elevados.

"Risco Moral" e "Seleção Adversa"

Enquanto o seguro geralmente reduz os riscos, uma vez que os transfere, há também riscos criados pela própria seguradora. Alguém que é segurado pode, então, adotar um comportamento mais arriscado do que se não estivesse segurado. Um motorista segurado pode estacionar o carro em um bairro onde o risco de roubo ou vandalismo seria muito grande para arriscar estacionar um veículo sem seguro. Joias seguradas podem não ser tão cuidadosamente mantidas sob sete chaves. Tal aumento do risco como resultado de ter seguro é conhecido como "risco moral".

Tais mudanças de comportamento, derivadas de haver contratado um seguro, tornam mais difícil calcular o prêmio correto. Se, anualmente, um em cada 10.000 automóveis sofre US\$1.000 de danos causados por vandalismo, então pode parecer que cobrar US\$0,10 a mais de cada um dos 10.000 motoristas seria suficiente para compensar os danos causados pelo vandalismo. No entanto, se os motoristas segurados se tornarem descuidados a ponto de que, agora, um em cada 5.000 carros sofrem o mesmo dano causado por vândalos, então o prêmio teria de ser duas vezes maior para cobrir os custos. Em outras palavras, as estatísticas que mostram como os motoristas se comportam atualmente e os danos a que estão sujeitos pode subestimar aqueles que, de fato, sofrerão depois que contratarem o seguro. Isso é que faz do "risco moral" um perigo para as companhias de seguros.

Por motivos semelhantes, também pode ser enganoso estabelecer quanto custaria para vender seguros para pagar o tratamento de uma doença tomando por base a porcentagem da população atingida por ela. Se uma em cada 100.000 pessoas contrai a doença X e o custo médio do tratamento dessa doença é de US\$10.000, pode parecer que bastaria acrescer à cobertura de seguro da doença X um adicional de US\$0,10 por apólice. Mas e se algumas pessoas tiverem maior propensão de contrair essa doença que outras? E tais pessoas sabem disso?

E se as pessoas em contato cotidiano com água são mais susceptíveis de vir a ter essa doença do que as pessoas que trabalham em escritórios com ar-condicionado? Nesse caso, pescadores, salva-vidas e marinheiros são mais propensos a comprar essa cobertura de seguro do que secretárias, executivos ou programadores de computador. Quem vive no Havaí seria mais susceptível de comprar uma apólice dessas do que as pessoas que vivem no Arizona. Isso é conhecido como "seleção adversa", porque as estatísticas sobre a incidência da doença X na população em geral pode seriamente subestimar sua ocorrência entre os tipos de pessoas que estão propensas a comprar a cobertura de seguro para uma doença que é mais provável de atacar as pessoas que vivem ou trabalham perto da água.

Não obstante determinar os custos e probabilidades para vários tipos de seguro envolva complexos cálculos estatísticos de risco, isso nunca pode ser reduzido a uma ciência pura em virtude de coisas imprevisíveis como mudanças no comportamento geradas pelo próprio seguro, bem como pelas diferenças entre as pessoas frente à opção de fazer ou não um seguro contra um determinado risco.

Regulamentação do Governo

A regulamentação do governo pode aumentar ou diminuir os riscos enfrentados pelas companhias de seguros e seus clientes. O poder discricionário do governo pode ser usado para proibir um comportamento perigoso, como o armazenamento de líquidos inflamáveis nas escolas ou dirigir com pneus carecas. Ações assim limitam o "risco moral" — ou seja, o grau em que o comportamento de risco adicional e seu consequente dano podem ocorrer entre as pessoas que estão seguradas. Obrigar que todos tenham um determinado tipo de cobertura de seguro, como seguro de automóvel para todos os motoristas, igualmente elimina o problema da "seleção adversa". Mas a regulamentação governamental do setor de seguros nem sempre traz benefícios líquidos, porque existem outros tipos de regulamentação governamental que aumentam os riscos e custos.

Durante a Grande Depressão dos anos 1930, por exemplo, o governo federal obrigou todos os bancos a comprar um seguro que reembolsasse os depositantes em caso de falirem. Não havia nenhuma razão para que os bancos não pudessem ter comprado tal seguro voluntariamente antes, mas aqueles que seguiram políticas suficientemente cautelosas, cuja diversificação de ativos era suficiente para contrabalançar as dificuldades em algum setor específico da economia, consideravam que não valia a pena pagar tal seguro.

Contou-se aos milhares os bancos que quebraram durante a Grande Depressão, mas a grande maioria era de pequeno porte e sem sucursais. Ou seja, seus empréstimos e depositantes eram tipicamente de uma determinada localização geográfica, de modo

Ações, Títulos e Seguros

que os riscos estavam concentrados, em vez de diversificados. Nenhum dos bancos maiores e mais diversificados faliu.

Forçar a totalidade de bancos e instituições financeiras em geral a ter seguro de depósitos eliminou o problema da seleção adversa — mas aumentou o problema do risco moral. Isto é, as empresas financeiras seguradas poderiam atrair depositantes já não mais preocupados se as políticas dessas instituições eram prudentes ou não, pois os depósitos estavam segurados até um determinado montante, mesmo que elas viessem a quebrar. Em outras palavras, aqueles que administravam essas instituições já não tinham de se preocupar que os depositantes sacassem seu dinheiro se fizessem investimentos arriscados. O resultado líquido foi um comportamento mais arriscado — "risco moral" — que levou a perdas de mais de meio trilhão de dólares das instituições financeiras de poupança e empréstimo durante os anos 1980.

A regulamentação governamental também pode afetar negativamente as companhias de seguros e seus clientes quando os princípios de seguro conflitam com os princípios políticos. Por exemplo, com frequência se argumenta — e as leis são aprovadas com base nessa argumentação — que é "injusto" ser cobrado um prêmio mais elevado de seguro se o condutor for jovem porque os outros motoristas jovens têm taxas de acidentes mais elevadas[5], ou que o seguro de motoristas jovens é mais caro para aqueles do sexo masculino, por razões semelhantes, ou que são cobrados prêmios diferentes para pessoas com registros de ocorrências no trânsito semelhantes de acordo com o lugar onde moram. Um advogado de Oakland, na Califórnia, convocou a imprensa para perguntar: "Por que um jovem no Fruitvale (bairro da cidade no qual mais da metade da população é de origem hispânica) paga 30% a mais pelo seguro" do que alguém que vive em outra comunidade? Como isso pode ser justo?".

Implícito em tais argumentos políticos é a noção de que é errado que as pessoas sejam penalizadas por coisas que não são culpa delas. Mas o seguro trata de riscos — não de falhas — e os riscos são maiores quando você mora onde é mais provável que seu carro seja roubado, vandalizado ou destruído em uma colisão com "pilotos de corrida" locais. Alegações de fraude em seguros também diferem de um local para outro, com os prêmios cobrados sendo maiores onde determinada fraude é mais observada. Assim, a mesma cobertura de seguro para o mesmo carro pode variar de cidade para cidade e mesmo de uma região ou bairro para outro.

---

[5] Nos EUA, embora as taxas de mortalidade por acidentes com veículos a motor sejam maiores para os condutores de 20 a 24 anos de idade, as taxas de mortalidade entram em declínio na faixa de 55 a 59 anos de idade, e, em seguida, sobem novamente, com os motoristas com idade entre 80 e 84 apresentando taxas de mortalidade semelhantes aos condutores com idades entre 16 e 19. (Insurance Information Institute, *2012 Insurance Fact Book*, p. 155.)

O mesmo tipo de cobertura de seguro de automóvel que custa US$5.162 em Detroit custa US$3.225 em Los Angeles e US$948 em Green Bay. A mesma cobertura de seguro para o mesmo carro custa mais no Brooklyn do que em Manhattan, porque no Brooklyn a ocorrência de fraude de seguros tem sido acentuada.

Esses riscos todos diferem de um lugar para outro com um determinado condutor. Forçar as companhias de seguros a cobrar os mesmos prêmios a grupos de pessoas com diferentes riscos significa que o valor de todos os prêmios acompanhará o calculado para a situação de maior risco, com grupos mais seguros subsidiando aqueles que são mais perigosos por si mesmos ou em função do local em que vivem, o qual os deixa à mercê de pessoas mais perigosas ou por se tratar de uma região onde os fraudadores agem. No caso dos automóveis segurados, isso também significa que mais motoristas inseguros podem se permitir estar na estrada, de modo que suas vítimas pagam o preço mais elevado e desnecessário de todos — ferindo-se ou morrendo.

As preocupações com o que é definido politicamente como "justiça" em relação ao risco também levaram a uma aprovação quase unânime no Senado dos Estados Unidos, em 2003, de um projeto de lei que proíbe que as companhias de seguros "discriminem" as pessoas cujos testes genéticos mostram que elas têm um maior risco para desenvolver certas doenças. Certamente não é culpa dessas pessoas que seus genes sejam o que são, mas os prêmios de seguro são baseados em risco, não em falhas. Leis que proíbem os riscos de se refletirem nos prêmios e coberturas de seguro significam que os prêmios em geral aumentarão, não só para cobrir as incertezas mais elevadas quando tomar conhecimento de certos riscos é proibido, mas também para cobrir o custo do aumento de litígios com tomadores de seguros que alegam discriminação, seja ela verdadeira ou não.

Tal pensamento político não é exclusivo dos Estados Unidos. Cobrar prêmios diferentes de acordo com o sexo é proibido na França, e esforços têm sido feitos para estender essa proibição a outros países da União Europeia. Em um mercado livre, os prêmios pagos para seguros ou anuidades de pensões previdenciárias refletiriam o fato de que os homens têm mais acidentes de carro e as mulheres vivem mais. Assim, os homens pagariam mais pelo seguro de carro e seguro de vida em geral, enquanto as mulheres pagariam mais para ter o mesmo rendimento anual de uma aplicação previdenciária justamente por viverem mais tempo que os homens.

Seguros e anuidades previdenciárias unissex custariam mais dinheiro no total do que os fazer separadamente por gênero cobrando valores diferentes para determinados seguros ou anuidades. Isso porque, com um dos gêneros subsidiando o outro, a situação de uma companhia de seguros em termos de lucros e perdas seria muito diferente se mais mulheres do que o esperado fizessem seguros de previdência privada ou mais homens do que o esperado subscrevessem seguros de vida. Como quem compra seguros de vida ou previdência escolhe em que empresas comprar, uma dada companhia de seguros não pode saber de antemão quantos homens ou mulheres vão comprar dela seus respectivos seguros, ainda que seu próprio lucro ou perda dependa dessa combinação. Em outras palavras, não haveria mais risco financeiro para vender apólices de seguros de vida e previdência seja qual for o gênero, e esse risco adicional teria de ser coberto pela cobrança de preços mais elevados em ambos os produtos.

"SEGUROS" GOVERNAMENTAIS

Programas governamentais que lidam com risco são muitas vezes considerados análogos a um seguro, ou podem até mesmo ser chamados oficialmente de "seguros", sem de fato serem seguros. Por exemplo, o National Flood Insurance Program nos Estados Unidos oferece seguros para residências em lugares muito arriscados até para uma verdadeira companhia de seguros, cujos prêmios estão muito abaixo do que seria necessário para cobrir os custos, de modo que os contribuintes cobrem o restante. Além disso, há uma agência do governo, a Federal Emergency Management Agency (FEMA) que ajuda as vítimas de inundações, furacões e outros desastres naturais para recuperar e reconstruir o que perderam. Longe de se limitar a auxiliar as pessoas afetadas por catástrofes imprevisíveis, a FEMA também ajuda comunidades afluentes cujas propriedades foram construídas em áreas conhecidas com antecedência como de alto risco.

Um ex-prefeito de uma comunidade assim — Emerald Isle, na Carolina do Norte — afirmou que "Emerald Isle utiliza basicamente a FEMA como uma apólice de seguro". Resguardadas por uma proteção financeira fortemente subsidiada, muitas comunidades costeiras vulneráveis foram construídas ao longo da costa da Carolina do Norte. Sobre isso, o *Washington Post* relatou:

> Nas últimas duas décadas, ocorreu em cidades praianas um boom de construção sem precedentes, que transformou aldeias de pescadores em resorts modernos. O valor dos terrenos duplicou e triplicou, com lotes à beira-mar vendidos por US$1 milhão ou mais. Pitorescas residências costeiras foram substituídas por enormes casas de aluguel com 10 quartos, salas de jogos, elevadores, banheiras de hidromassagem e piscinas.

Tudo isso foi possível graças à disponibilidade de recursos públicos para construir imóveis vulneráveis e caros em uma área costeira frequentemente atingida por furacões. Após a passagem de uma dessas tormentas, a FEMA comprou "o equivalente a US$15 milhões em areia" para substituir a que foi levada da praia por um furacão, de acordo com o *Washington Post*.

Ao contrário do seguro real, programas como o da FEMA e do National Flood Insurance Program não reduzem o excesso de todos os riscos. Muitas vezes, as pessoas que estão reconstruindo casas e empresas erguidas nos trajetos conhecidos de furacões e inundações, muitas vezes recebem os aplausos da mídia por sua "coragem". Mas os riscos financeiros criados não são pagos por aqueles que os criam, como acontece com o seguro, mas pelos contribuintes. Isso significa que o governo faz com que seja menos caro que as pessoas vivam em lugares arriscados — e mais dispendioso para a sociedade como um todo, quando as pessoas adotam padrões mais arriscados do que fariam se tivessem de suportar os próprios custos, seja dos prêmios de seguro mais elevados ou de perdas e ansiedades financeiras. A experiência do repórter de televisão John Stossel foi típica:

> Em 1980, construí uma casa de praia maravilhosa. Quatro quartos — todos com vista para o Oceano Atlântico.
>
> Era um lugar absurdo para construir. Estava *à beira do oceano*. Tudo o que estava entre minha casa e a ruína eram 30 metros de areia. Meu pai me disse: "Não faça isso, é muito arriscado. Ninguém deve construir tão perto de um oceano".
>
> Mas eu acabei construindo.
>
> Por quê? Como meu muito ansioso arquiteto disse: "Por que não? Se o mar levar sua casa, o governo vai pagar por uma nova".

Quatro anos mais tarde, o mar subiu e destruiu o primeiro andar da casa de Stossel — e o governo o substituiu. Em seguida, uma década depois, o mar subiu novamente — e desta vez acabou com a casa inteira. O governo, então, pagou por toda a residência e o que havia nela. John Stossel descreveu os prêmios pagos pela cobertura do sinistro sob o National Flood Insurance Program como "uma pechincha", enquanto em uma companhia de seguros privada os prêmios teriam sido, sem dúvida, "proibitivamente caros". Mas esse não é um programa para pessoas de baixa renda. Abrange mansões em Malibu e casas de férias de propriedade de famílias ricas em Hyannis e Kennebunkport (uma vila residencial elegante em Massachusetts e uma cidadezinha no Maine que no verão é refúgio de pessoas de classe alta, respectivamente). O National Flood Insurance Program, como um programa voltado à reconstrução de áreas atingidas por inundações é, de fato, a maior seguradora de propriedades no país.

Mais de 25.000 propriedades receberam pagamentos de seguros de inundação do governo federal em mais de quatro ocasiões diferentes, cada uma. Uma propriedade em Houston foi inundada 16 vezes, exigindo mais de US$800.000 de reparos — várias vezes o valor do próprio imóvel. Durante o período de 1978 a 2006, essa foi uma entre as mais de 4.500 propriedades cujos pagamentos de seguros ultrapassaram o valor delas.

Há uma inclinação política quase irresistível para prestar socorro a pessoas atingidas por terremotos, incêndios, furacões e outros desastres naturais, bem como de fornecer o dinheiro para reconstruir. As imagens trágicas na televisão se sobrepõem a quaisquer considerações de qual era a situação quando as vítimas de desastres decidiram viver lá. Estimou-se que o custo da reconstrução de Nova Orleans após o furacão Katrina era suficiente para pagar US$800.000 a todas as famílias locais de quatro pessoas, quantia que eles, se quisessem, poderiam usar para mudar para um lugar mais seguro. Isso provavelmente não ocorreu, em Nova Orleans ou em outros locais sujeitos a desastres naturais previsíveis e recorrentes que vão desde incêndios a furacões.

Mesmo quando não há nenhum desastre natural em andamento, apenas a perspectiva de uma tragédia frequentemente evoca chamadas para os subsídios do governo, como em um editorial do *New York Times*:

> Com os prêmios subindo implacavelmente e as seguradoras cortando centenas de milhares de apólices de proprietários do Golfo do México até a Costa Leste, Flórida e Long Island, há um perigo real de que milhões de pessoas em breve poderão não conseguir comprar o seguro. Esse é um argumento convincente para a ajuda do governo.

Tais argumentos se comportam como se o único problema real estivesse em cobrir o custo dos danos, em vez de, antes de mais nada, reduzir o risco de danos não se estabelecendo em lugares perigosos. O seguro privado estimula a realocação cobrando prêmios mais elevados para locais perigosos. Mas os controles de preços impostos pelo governo sobre as companhias de seguros têm apresentado resultados previsíveis, como o mesmo editorial notou — "as seguradoras privadas majoraram os prêmios tanto quanto puderam e, quando impedidas de aumentar mais, diminuíram a cobertura das casas de maior risco".

O alívio das consequências dos desastres pelo governo difere dos pagamentos privados das companhias de seguros de outra maneira. A concorrência entre as companhias de seguros envolve não só o preço, mas o serviço.

Quando inundações, furacões ou outros eventos naturais desse tipo atingem uma área, a companhia de seguros *A* não pode se dar ao luxo de ser mais lenta do que a empresa de seguros *B* em ressarcir seus clientes.

Imagine um segurado cuja casa foi destruída por uma inundação ou um furacão e que ainda está esperando por seu agente de seguros aparecer, enquanto o agente de seguros de seu vizinho está no local em questão de horas e libera alguns milhares de dólares imediatamente para que a família tenha condições imediatas de encontrar um lugar para se abrigar. Não só o cliente da tardia companhia de seguros estará propenso a mudar de empresa depois, como também as pessoas em todo o país, uma vez que as notícias sobre quem é rápido e quem arrasta os pés se alastra. Para a companhia de seguros que demora a agir, isso pode se traduzir em perder bilhões de dólares em negócios. O quão longe algumas companhias de seguros vão para evitar serem superadas pelas empresas seguradoras concorrentes é indicado por um artigo do *New York Times*:

> Preparadas para o pior, algumas seguradoras tinham carros equipados com sistemas de posicionamento global para ajudar a navegar em bairros sem sinalização de ruas e placas desaparecidas, cuja monitoração via computadores também permite produzir e visualizar mapas digitais que possibilitam identificar a localização precisa de cada cliente.

Após a catástrofe ocasionada pelo furacão Katrina em Nova Orleans em 2005, a diferença entre as respostas privadas e governamentais foi relatada no *Wall Street Journal*:

> O planejamento do setor privado começou *antes* do Katrina. "A Sala de guerra" da Home Depot tinha transferido os itens de alta demanda — geradores, lanternas, pilhas e tábuas — para zonas de distribuição ao redor da área do evento. Empresas de telefonia instalaram torres de celular e enviaram geradores e combustível. As seguradoras enviaram equipes especiais e criaram linhas diretas para processar os pedidos de indenização.

Observou-se a mesma diferença no tempo de resposta na recuperação após o Katrina:

> Em agosto de 2005, o furacão Katrina avariou duas pontes, uma para carros, outra para trens, que atravessam os 3.200m de água que separam essa cidade da vizinha Pass Christian. Dezesseis meses depois, a ponte de trânsito rodoviário continua a ser pouco mais do que um monte de entulho. Já na ponte da ferrovia, os trens vão e vêm.

A diferença: a ponte ainda destruída é de propriedade do governo dos EUA. A outra pertence à gigante ferroviária CSX Corp. de Jacksonville, Flórida. Semanas após a passagem do Katrina, a CSX havia despachado equipes de construção para consertar a linha de transporte de mercadorias; seis meses mais tarde, a ponte reabriu. Mesmo uma reabertura parcial da ponte rodoviária, que faz parte da Rodovia EUA 90, está a pelo menos cinco meses de distância.

O tipo de competição de mercado que obriga respostas mais rápidas no setor privado é, naturalmente, a carência de programas de emergência do governo, que não têm concorrentes. Eles podem ser uma analogia ao seguro, mas não têm os mesmos incentivos ou resultados. Os estímulos políticos podem até atrasar o recebimento de auxílio pelas vítimas de desastres naturais. Quando houve milhares de mortes causadas por um enorme ciclone que atingiu a Índia em 1999, foi noticiado na imprensa do país que o governo não estava disposto a recorrer a agências internacionais de socorro, receando que isso seria visto como admitir as inadequações do próprio governo da Índia. Em decorrência, muitas aldeias ficaram sem qualquer ajuda ou informação duas semanas após a tragédia.

Capítulo 15

PROBLEMAS ESPECÍFICOS DE TEMPO E RISCO

O propósito dos mercados de capital é direcionar o capital escasso para seus mais altos usos.

Robert L. Bartley

Talvez o mais importante sobre o risco seja sua inevitabilidade. Determinados indivíduos, grupos ou instituições podem ser protegidos do risco — mas apenas à custa de ter alguém para suportar esse risco. Para a sociedade como um todo, não existe esse outro alguém. Por óbvio que isso possa parecer, é também fácil de esquecer, especialmente por aqueles que estão a salvo dos riscos, como muitos estão, em graus variados. Ao mesmo tempo, quando as pessoas em sua maioria estavam envolvidas na agricultura, o risco era tão amplamente percebido quanto penetrante: secas, inundações, insetos e pragas agrícolas foram apenas alguns dos riscos da natureza, enquanto os riscos econômicos pairavam sobre cada agricultor na forma das incertezas sobre o preço da safra na época da colheita. Os riscos não são menos difundidos hoje, mas a percepção deles e a compreensão de sua inevitabilidade passam ao largo, porque menos pessoas são obrigadas a enfrentar os próprios riscos.

A maioria das pessoas, hoje, é constituída de empregados com remuneração fixada e, às vezes, com emprego garantido quando são funcionários públicos de carreira, professores efetivos ou juízes de direito. Isso tudo significa que os riscos inevitáveis estão agora concentrados sobre aqueles que deram essas garantias àquelas pessoas. De maneira nenhuma os riscos foram eliminados para todos os empregados, mas, de modo geral, os trabalhadores atuais não convivem com os riscos tão clara e vividamente como nos dias em que a maioria da população trabalhava em fazendas, à mercê da natureza e do mercado, não podendo controlar ou mesmo influenciá-los. Uma das consequências de uma sociedade de empregados é que os rendimentos derivados de flutuações de risco são muitas vezes vistos, na melhor das hipóteses, como sendo algo estranho, e na pior, suspeito ou sinistro. "Especulador" não é um termo carinhoso e "ganhos excepcionais" são encarados com desconfiança, se não como sendo ilegítimos, em comparação com os ganhos de alguém que recebe uma renda mais ou menos estável relativa a seu trabalho.

Muitos pensam que o governo deve intervir quando o ganho dos negócios se desviar do que é, ou se imagina ser, uma taxa de lucro normal. O conceito de um nível "normal" de lucro pode ser útil em alguns contextos, mas pode ser uma fonte de grande confusão e mal-entendidos em outros. A taxa de retorno do investimento ou sobre o empreendimento é, por sua própria natureza e devido à imprevisibilidade dos eventos, um retorno variável. Os lucros de uma empresa podem crescer, ou enormes perdas se acumularem em alguns anos, ocorrerem em um ou outro, ou às vezes lucros e prejuízos se alternam até dentro do mesmo ano. Ambos, lucros e perdas, têm uma função econômica chave, que é a de mover recursos de onde sua demanda é menor para onde são mais procurados. Ao intervir para reduzir os lucros quando eles estão subindo ou para subsidiar grandes perdas, o governo impede que os preços de mercado exerçam sua função de alocar recursos escassos que têm usos alternativos.

Sistemas econômicos dependentes de recompensas individuais para obter todas as inúmeras coisas que precisam ser feitas — trabalho, investimento, invenção, pesquisa ou organização administrativa, o que for — devem, então, enfrentar o fato de que é necessário um lapso temporal entre o desempenho dessas tarefas vitais e o recebimento das recompensas que fluem de as completar com êxito. Além disso, a quantidade de tempo varia enormemente. Alguém que lustra sapatos é pago imediatamente após os sapatos serem engraxados, mas uma década ou mais pode decorrer entre o momento em que uma empresa de petróleo começa a explorar os depósitos de petróleo e o momento em que a gasolina proveniente do petróleo extraído de lá finalmente enche o tanque de um automóvel, quando se começa a ganhar dinheiro para reembolsar os custos incorridos anos antes.

Diferentes pessoas estão dispostas a esperar diferentes períodos de tempo. Um empreiteiro de mão de obra criou um negócio rentável com a contratação de homens que normalmente trabalhavam apenas intermitentemente para satisfazer suas necessidades imediatas. O pagamento era semanal, e tais homens não estavam dispostos a trabalhar na segunda-feira de manhã para receber os salários só na sexta-feira à tarde, de modo que o empreiteiro pagava a todos ao final de cada dia, esperando até sexta-

-feira para ser reembolsado pelo empregador para quem o trabalho estava sendo feito. Por outro lado, algumas pessoas compram títulos de trinta anos e aguardam o vencimento em seus anos de aposentadoria. A maioria de nós está em algum lugar no meio.

De alguma forma, todos esses períodos de tempo diferentes que se estendem entre as contribuições e suas recompensas devem ser coordenados com inúmeras diferenças individuais nos graus de paciência e assunção de riscos. Contudo, para que isso aconteça, é preciso haver alguma garantia geral de que a recompensa estará lá quando for devida. Ou seja, deve haver direitos de propriedade que especificam quem tem acesso exclusivo a determinadas coisas, e quaisquer benefícios financeiros fluem a partir dessas coisas. Além disso, a proteção desses direitos de propriedade dos indivíduos é uma condição prévia para os benefícios econômicos a serem colhidos pela sociedade em geral.

INCERTEZA

Além de risco, há uma outra forma de contingência conhecida como "incerteza". Risco é algo calculável: se você jogar roleta-russa, há uma chance em seis de que você vai perder. Mas se você irritar um amigo, a reação dele é incerta, com as possibilidades incluindo a perda da amizade ou mesmo vingança. Isso não é calculável. A distinção entre risco e incerteza é importante na Economia, porque a concorrência no mercado pode levar o risco em conta mais facilmente, seja pela compra de um seguro ou pondo de lado uma quantia suficiente de dinheiro para cobrir as contingências. Porém, se o mercado está incerto quanto ao que pode ocorrer ao longo do tempo, que pode ser contado em anos, em que um investimento vai sendo feito, ficando ao sabor das políticas em constante mudança do governo, então muitos investidores podem optar por não investir até que a situação se esclareça. Quando os investidores, consumidores e outros simplesmente se sentaram em seu dinheiro por causa da incerteza, essa falta de demanda pode afetar negativamente toda a economia.

Um artigo de 2013 no *Wall Street Journal*, intitulado "A incerteza é o inimigo da recuperação", destacava que muitas empresas, não obstante a recuperação econômica estivesse ocorrendo de forma lenta, "estão saudáveis e têm dinheiro para gastar", e se perguntava: "Então, por que elas não estão injetando mais capital na economia, criando empregos e incrementando os negócios do país?" Sua resposta: Incerteza. Um grupo de consultores financeiros estimou que o custo da incerteza para a economia americana foi de US$261 bilhões ao longo de um período de dois anos. Além disso,

Economia Básica - Volume I

havia uma estimativa de mais de 45.000 postos de trabalho por mês que teriam sido criados na ausência de tal fator, ou mais de um milhão de postos de trabalho em um período de dois anos. Tais situações não são peculiares aos Estados Unidos ou para os problemas econômicos do início do século XXI. Durante a Grande Depressão da década de 1930, o presidente Franklin D. Roosevelt disse:

> O país precisa e, a menos que eu confunda seu temperamento, o país exige audácia na experimentação persistente. É senso comum adotar um método e experimentá-lo; se falhar, admiti-lo francamente e tentar outro. Mas, acima de tudo, tentar algo.

Quaisquer que sejam os méritos ou deméritos das políticas específicas que experimentou, essa abordagem gera incertezas, que podem deixar relutantes os investidores, consumidores e outros em gastar dinheiro quando não podem formar expectativas confiáveis de quando ou como o governo vai alterar as regras que governam a economia, ou quais serão as consequências econômicas dessa imprevisibilidade. A taxa de circulação de dinheiro diminuiu durante as incertezas da Grande Depressão, e alguns consideram esse fenômeno como uma das razões da lenta recuperação econômica do período.

TEMPO E DINHEIRO

"Tempo é dinheiro", o velho ditado, não só é uma verdade, mas tem muitas implicações graves. Entre outras coisas, isso significa que quem tem a capacidade de retardar a capacidade de impor custos sobre os custos — por vezes devastadores. As pessoas que estão planejando a construção de residências, por exemplo, muitas vezes tomam emprestado milhões de dólares para financiar esse empreendimento, e têm de pagar os juros sobre esses milhões, esteja ou não a construção transcorrendo dentro do cronograma, ou se foi adiada por algum aspecto legal, decisão política ou demora de funcionários públicos sem pressa para decidir. Enormes pagamentos de juros podem ser adicionados ao custo do projeto quando as reivindicações de perigos ambientais são analisadas, ou mesmo se os órgãos municipais colocam como condição para a aprovação da obra adendos e compensações como jardins, lagoas, ciclovias e comodidades para o benefício do público em geral, bem como para aqueles a quem as casas e os apartamentos serão vendidos ou alugados.

Problemas Específicos de Tempo e Risco

Pesando os custos dessas instalações contra os custos do atraso, o construtor pode muito bem decidir construir coisas que nem ele nem seus clientes originalmente desejavam pagar. Mas o pagamento virá no maior preço das casas e dos aluguéis dos apartamentos. O maior custo de todos pode estar escondido — menos casas e apartamentos construídos quando os custos extras são impostos por terceiros pelo poder da procrastinação. Em geral, sempre que, para *A*, é baixo o custo de impor custos elevados a *B* por meio de adiamentos, então *A* pode extorquir dinheiro de *B* ou frustrar as atividades de *B* das quais não gosta, ou alguma combinação dos dois.

A lentidão da burocracia governamental é uma queixa comum em todo o mundo, não só porque os burocratas geralmente recebem o mesmo salário trabalhando rapidamente ou não, mas também porque, em alguns países, burocratas corruptos podem aumentar substancialmente suas rendas aceitando subornos para acelerar as coisas. Quanto maior for o alcance do poder do governo e mais papelada for necessária, maiores serão os custos que podem ser impostos pela demora e mais lucrativas as propinas que podem ser extorquidas.

Nos países menos corruptos, subornos podem assumir a forma de extorsões indiretas para fins políticos, como obrigar os construtores a construir coisas do interesse de terceiros — ou deixar de construir onde tanto os proprietários locais quanto os movimentos ambientalistas preferem manter o *status quo*. Os custos diretos de exigir um relatório de impacto ambiental podem ser bastante baixos em comparação com os custos do atraso que a preparação desse relatório vai impor aos construtores na forma de milhões de dólares de juros sobre o dinheiro emprestado que está ocioso enquanto aquele demorado processo se arrasta.

Mesmo que o estudo de impacto ambiental não encontre perigos e ameaças ao meio ambiente, ele pode, contudo, ocasionar prejuízos econômicos consideráveis, por vezes o bastante para forçar o construtor a abandonar os planos de construir naquela comunidade. Como resultado, outros construtores podem optar por manter distância de tal jurisdição tendo em vista as grandes incertezas geradas pela arbitrariedade e imprevisibilidade da atuação de poderosas agências reguladoras.

Princípios semelhantes aplicam-se quando se trata de normas sanitárias aplicadas a frutas importadas, verduras, flores ou outras mercadorias perecíveis. Alguns regulamentos de saúde têm funções legítimas, assim como alguns regulamentos ambientais, mas também é verdadeiro que um ou ambos podem ser utilizados como armas para impedir que as pessoas façam algo a que terceiros se opõem, simplesmente impondo altos custos por meio de atrasos.

Tempo também é dinheiro de outra maneira. Com a mera mudança da idade da aposentadoria, os governos podem ajudar a protelar o dia de reconhecer que as pensões que eles prometeram superam o dinheiro disponível para as honrar. Centenas de bilhões podem ser poupados aumentando em alguns anos a idade da aposentadoria. Essa violação de contrato equivale a uma situação de inadimplência do governo sobre uma obrigação financeira da qual dependem milhões de pessoas. Mas, para aqueles que não param para pensar que tempo é dinheiro, tudo pode ser explicado politicamente em termos totalmente diferentes.

Quando a idade da aposentadoria não é apenas dos funcionários públicos, mas envolve também a das pessoas empregadas por empresas privadas, o governo não só rompe com seus próprios compromissos, mas viola acordos anteriores feitos entre os empregadores privados e seus empregados. Nos Estados Unidos, o governo é explicitamente proibido pela Constituição de alterar os termos dos contratos privados, mas os juízes têm ao longo dos anos "interpretado" essa disposição constitucional mais ou menos como se ela tivesse deixado de existir.

A mudança pelo governo americano dos termos dos acordos de emprego privados nos EUA tem sido frequentemente colocada por ele como uma maneira de pôr fim à "aposentadoria compulsória" para os trabalhadores mais velhos. Na realidade, raramente, ou nunca, houve qualquer requisito tornando compulsória a aposentadoria no setor privado. O que existia era simplesmente uma idade além da qual uma determinada empresa não estava mais comprometida com o emprego daqueles que trabalharam para ela. Essas pessoas permaneceram livres para trabalhar onde quer que outras desejassem empregá-los, continuando a receber suas pensões. Assim, um professor que se aposentou da Harvard pode ir ensinar em um dos *campi* da Universidade da Califórnia, oficiais militares poderiam ir trabalhar para empresas produtoras de equipamentos militares, engenheiros ou economistas em empresas de consultoria, enquanto as pessoas em inúmeras outras ocupações poderiam comercializar suas habilidades para quem quisesse contratá-las.

Não houve aposentadoria compulsória. No entanto, os especialistas na retórica política conseguiram travestir um incumprimento parcial do governo de suas próprias obrigações para pagar pensões em uma determinada idade como um resgate virtuoso de trabalhadores mais velhos, e não como uma transferência do serviço de uma dívida de bilhões de dólares em passivos financeiros do próprio governo para os empregadores privados[1].

Às vezes, tempo custa dinheiro, não como uma estratégia deliberada, mas como um subproduto de atrasos provenientes de um impasse entre os indivíduos em conflito ou grupos que não pagam qualquer preço pela incapacidade de chegar a um acordo. Por exemplo, em 2004, os atrasos decorrentes de uma disputa sobre a extensão de uma ponte (a Bay Bridge) em São Francisco, após ser danificada por um terremoto em 1989, custaram à Califórnia um adicional de US$81 milhões antes que a construção fosse retomada, em 2005. A obra foi concluída e aberta ao tráfego em setembro de 2013 — 24 anos após o terremoto.

Cabe relembrar que "tempo é dinheiro" é, entre outras coisas, uma defesa contra a retórica política, bem como um importante princípio econômico.

AJUSTES ECONÔMICOS

O tempo é importante em outro sentido, em que a maioria dos ajustes econômicos demanda tempo, ou seja, as consequências das decisões se desenrolam com o passar do tempo — e o ritmo de ajuste dos mercados é diferente para diferentes decisões.

O fato de que consequências econômicas levam tempo para se desdobrar permitiu que funcionários do governo em muitos países tivessem carreiras políticas bem-sucedidas, criando benefícios atuais com custos futuros. Planos de pensão financiados pelo governo são, talvez, um exemplo clássico, já que um grande número de eleitores tem a satisfação de contar com planos de pensão oferecidos pelo governo, enquanto uns poucos economistas e atuários salientam que não há riqueza suficiente sendo reservada para cobrir os benefícios prometidos — mas décadas se passarão antes de os economistas e atuários provarem que estão certos.

---

[1] Nos EUA, a eliminação da capacidade dos empregadores privados de dispensar os empregados além de uma determinada idade teve outras repercussões econômicas, a mais óbvia é que agora se tornou mais difícil para os trabalhadores mais jovens subir na carreira, com os trabalhadores mais velhos no topo bloqueando a ascensão deles. Do ponto de vista da economia como um todo, era uma perda de eficiência. A eliminação de uma idade de "aposentadoria compulsória" significa que, em vez da exclusão progressiva automática dos empregados quando vão atingindo a idade em que a produtividade normalmente começa a declinar, os empregadores enfrentam agora a perspectiva de ter de provar a terceiros no governo o declínio em cada caso individual, no intuito de evitar um processo de "discriminação de idade". Os custos e os riscos disso significariam que muitas pessoas mais velhas seriam mantidas empregadas quando havia pessoas mais jovens que poderiam executar suas tarefas mais eficientemente. Quanto aos indivíduos mais velhos cuja produtividade não diminuiu com a idade de costume, os empregadores sempre tiveram a opção de renunciar às aposentadorias em uma base individual. Nem para o empregador nem para o empregado havia, de fato, uma idade de aposentadoria obrigatória.

Com o tempo vem o risco, dadas as limitações da visão humana. Esse risco *inerente* deve ser claramente distinguido do tipo de risco gerado por atividades como jogos de azar ou roleta-russa. As atividades econômicas lidam com os riscos inevitáveis, procurando tanto minimizar quanto transferi-los para os mais aptos a assumi-los. Aqueles que aceitam tais riscos dispõem, tipicamente, não só dos recursos financeiros para enfrentar as perdas a curto prazo, mas, em uma dada situação, também têm menores riscos que a pessoa que os transferiu. Um especulador de commodities pode reduzir os riscos em geral envolvendo-se em uma ampla variedade de atividades de risco do que um agricultor, por exemplo.

Enquanto um agricultor de trigo pode ser retirado do mercado se as colheitas de trigo em todo o mundo forçarem o preço a se posicionar muito abaixo do que era esperado quando da semeadura, seria improvável que um desastre similar atingisse trigo, ouro, gado e moedas estrangeiras simultaneamente, de modo que um profissional que especulasse em todas essas coisas correria menor perigo do que alguém que especulasse só em uma delas, como um faz um plantador de trigo.

Os riscos em relação aos do agricultor ou outro produtor são ainda mais reduzidos pelo conhecimento estatístico ou outra expertise que o especulador costuma ter. Mais fundamentalmente, do ponto de vista do uso eficiente de recursos escassos, a especulação reduz os custos associados com os riscos para a economia como um todo. Uma das consequências importantes, além de mais pessoas serem capazes de dormir bem à noite por ter um mercado garantido para sua produção, é que outras mais acham que vale a pena produzir coisas em condições arriscadas do que seria de outra forma. Em outras palavras, a economia pode produzir mais soja por causa dos especuladores de soja, mesmo se os próprios especuladores não saibam nada sobre cultivo de soja.

É especialmente importante compreender os interesses mútuos entrelaçados dos diferentes grupos econômicos — agricultores e especuladores sendo apenas um exemplo — e, acima de tudo, os efeitos sobre a economia como um todo, porque esse é um fator muitas vezes negligenciado ou distorcido no afã dos meios de comunicação em enfatizar conflitos, algo que vende jornais e aumenta a audiência dos noticiários de televisão. Os políticos da mesma forma se beneficiam, retratando diferentes grupos como inimigos uns dos outros e a si mesmos como os salvadores do grupo que dizem representar.

Quando os preços do trigo subirem muito, por exemplo, nada é mais fácil para um demagogo que gritar contra a injustiça de uma situação em que os especuladores, sentados confortavelmente em seus escritórios com ar-condicionado, ficam ricos com

Problemas Específicos de Tempo e Risco

o suor dos agricultores que labutam nos campos durante meses sob um sol inclemente. Os anos em que os especuladores levaram uma surra financeira na época da colheita, enquanto os agricultores usufruíam confortavelmente dos preços garantidos do trigo pagos pelos especuladores, são, naturalmente, esquecidos.

Da mesma forma, quando a falta iminente ou esperada eleva os preços, muito mais indignação é frequentemente expressa na política e na mídia sobre os preços de varejo mais elevados sendo cobrados por mercadorias que os vendedores compraram de seus fornecedores quando os preços eram mais baixos. O que as coisas custam sob condições anteriores é história; o que a oferta e a demanda são hoje é a Economia.

Em 1991, durante as fases iniciais da Guerra do Golfo Pérsico, por exemplo, os preços do petróleo subiram acentuadamente em todo o mundo, em antecipação a uma interrupção das exportações de petróleo do Oriente Médio devido a uma ação militar iminente na região. A essa altura dos acontecimentos, um especulador alugou um petroleiro e encheu-o com óleo comprado na Venezuela para ser enviado para os Estados Unidos. Entretanto, antes de o navio ancorar em um porto americano, a guerra, mais cedo do que o esperado, já havia se encerrado, e os preços do petróleo desinflaram, deixando o especulador incapaz de recuperar os custos com a venda de seu petróleo. Aqui, também, o que ele pagou no passado era história e o que ele poderia começar agora era Economia.

Do ponto de vista da economia como um todo, diferentes lotes de óleo comprados em momentos diferentes, sob diferentes conjuntos de expectativas, são os mesmos quando entram no mercado hoje. Não há nenhuma razão pela qual eles deveriam ter um preço diferente, se o objetivo é alocar recursos escassos da forma mais eficiente.

Tempo e Política

Política e Economia diferem radicalmente na maneira de lidar com o tempo. Por exemplo, quando se torna claro que as tarifas dos ônibus municipais são demasiado baixas para permitir que esses veículos possam ser substituídos à medida que vão se desgastando, a conclusão econômica lógica para o longo prazo é aumentar as tarifas. Contudo, um político contrário ao reajuste das passagens, que classifica como "injustificado", pode ganhar os votos dos passageiros de ônibus na próxima eleição. Além disso, uma vez que os ônibus não vão ficar sem condições de uso imediatamente, ou até simultaneamente em alguma data futura, as consequências de manter a tarifa não serão visíveis de uma só vez, mas vão aparecer no decorrer do tempo. Podem transcorrer alguns anos antes de um bom número de ônibus começar a quebrar e se deteriorar,

Economia Básica - Volume I

sem substituições adequadas, para os passageiros de ônibus notarem que agora parecem ser mais longas as esperas de um ônibus para o outro, que não chegam no horário tão frequentemente como de costume.

No momento em que o sistema de trânsito municipal fica tão ruim que muitas pessoas começam a se mudar da cidade, levando com eles os impostos que pagam, tantos anos podem ter decorrido desde a controvérsia política das tarifas que poucas pessoas se lembram dela ou veem qualquer ligação com seus problemas atuais. Enquanto isso, o político que venceu as eleições municipais assumindo o papel de defensor da população que se desloca de ônibus pode agora pleitear um cargo político estadual, ou quem sabe federal, com base nessa maior popularidade. Como uma base fiscal em declínio provoca a deterioração dos serviços urbanos e negligencia a infraestrutura, o herói de outrora dos passageiros de ônibus pode até se vangloriar de que as coisas nunca foram tão ruins quando ele era um funcionário da prefeitura, e culpar os problemas atuais pelas falhas de seus sucessores.

Na Economia, no entanto, consequências futuras são antecipadas no conceito de "valor presente". Se, em vez de serem regulamentadas por uma prefeitura municipal, as tarifas fossem definidas por uma empresa de ônibus privada que opera em um mercado livre, qualquer negligência nas disposições financeiras para substituir os ônibus conforme se desgastam implicaria *imediatamente* na diminuição do valor das ações da empresa de ônibus. Em outras palavras, o valor presente da empresa de ônibus cairia como resultado das consequências de longo prazo esperadas pelos investidores profissionais preocupados com a segurança e rentabilidade de seu próprio dinheiro.

Se a administração de uma empresa privada de ônibus decidir operar com tarifas muito baixas, incapazes de manter e substituir os ônibus de acordo com o desgaste, talvez preferindo pagar salários mais altos aos executivos em vez de reservar fundos para a manutenção de sua frota de veículos, 99% do público poderá não estar ciente desse fato ou de suas consequências a longo prazo. Mas entre os outros 1%, muito provavelmente sabedores da situação, poderiam estar os responsáveis das instituições financeiras detentoras ou que estavam cogitando comprar ações da empresa de ônibus, ou, ainda emprestar-lhe dinheiro. Para esses investidores ou potenciais investidores, ou para os credores que examinam os registros financeiros, o valor presente da empresa seria visto como tendo diminuído muito antes de o primeiro ônibus concluir sua vida útil.

Como em outras situações, uma economia de mercado permite que o conhecimento seja eficaz na influência da tomada de decisão, mesmo que 99% da população não tenha esse conhecimento. Na política, todavia, os 99% que não entendem podem embalar o sucesso político imediato para os representantes eleitos e suas políticas que

Problemas Específicos de Tempo e Risco

acabam, no final, sendo prejudiciais para o conjunto da sociedade. Claro, não seria razoável esperar que o público em geral se tornasse um especialista financeiro ou de qualquer outro tipo, uma vez que existem apenas 24 horas em um dia e as pessoas têm suas vidas para levar. O que pode ser mais razoável é esperar que bastantes eleitores vejam o perigo de deixar muitas decisões econômicas serem feitas mediante processos políticos.

Economias de escala, uma vantagem econômica, podem ser transformadas pelo tempo em uma responsabilidade política. Depois que uma empresa efetuou um enorme investimento em uma instalação permanente — uma gigantesca fábrica de automóveis, uma usina hidrelétrica ou um arranha-céu, por exemplo — o fato de que esse ativo não pode ser movido torna-o um alvo tentador em termos de tributação local ou sindicalização dos funcionários que podem deixá-lo inativo com uma greve e impor enormes prejuízos a menos que suas exigências sejam atendidas. Onde os custos da mão de obra são uma pequena fração dos custos totais de uma empresa com um enorme investimento de capital, mesmo uma duplicação dos salários, pode ser um preço que vale a pena pagar para manter uma operação multibilionária. Isso não significa que os investidores vão simplesmente aceitar uma taxa permanentemente reduzida de retorno nessa empresa ou setor de atividade. Como em outros aspectos de uma economia, uma mudança em um fator repercute em outras posições.

Ainda que uma fábrica ou barragem não possa ser mudada de lugar, uma equipe do escritório — inclusive o pessoal da sede de uma corporação nacional ou internacional — pode muito mais prontamente ser realocada, como Nova York descobriu depois que seus altos impostos levaram muitas de suas grandes companhias a transferir suas sedes para fora da cidade.

Com tempo suficiente, até mesmo muitas indústrias que ocupam instalações enormes podem transferir sua distribuição regional — não mudando fisicamente barragens, edifícios ou outras estruturas, mas deixando de realizar novas ampliações e construindo estruturas e instalações em estados e municípios cujo melhor histórico demonstra que tratam as empresas como ativos econômicos, em vez de objeto de rapina econômica. Enquanto isso, lugares que enxergam as empresas como as aves de rapina olham para suas presas — Detroit sendo um exemplo clássico — são consideradas vítimas da má sorte quando as empresas se vão, levando consigo impostos e empregos.

Um hotel não pode trocar de cidade ou estado, mas uma cadeia de hotéis pode construir seus novos hotéis em outro lugar. Novas usinas siderúrgicas com a mais recente tecnologia também podem ser construídas em local diferente, enquanto a instalação obsoleta é descontinuada. Tal como no caso de tarifas de ônibus mantidas muito baixas não sustentam o mesmo nível e qualidade do serviço em longo prazo, também aqui a passagem do tempo pode ser tão longa que algumas pessoas se conectam a

políticas e práticas do passado que vão deteriorando a região em comunidades deno-
minadas "rustbelt" (algo como "Cinturão da Ferrugem", expressão pejorativa aplicada
a uma região entre Nova York e Chicago em que se fixou inicialmente a indústria de
base dos EUA) em face do declínio das oportunidades de emprego para seus jovens e
de uma minguante base fiscal de apoio aos serviços públicos locais.

"Rustbelts" não são simplesmente lugares onde os empregos estão desaparecendo.
Os trabalhos estão sempre desaparecendo, mesmo no auge da prosperidade. A diferença é que os empregos antigos estão constantemente sendo substituídos por novos
postos de trabalho em locais em que se permite às empresas prosperar. Mas em comunidades ou regiões que fizeram com que as empresas não lucrassem em decorrência
de impostos elevados, burocracia e exigências onerosas por governos ou sindicatos que
prejudicam a eficiência, pode quase não haver tantos novos postos de trabalho como
seria necessário para substituir os antigos empregos que desaparecem com o passar do
tempo e as mudanças normais das circunstâncias econômicas.

Enquanto os políticos ou as pessoas nos meios de comunicação podem se concentrar nos velhos empregos que desapareceram, a história real consiste dos novos empregos que não vêm para substituí-los, mas que vão a outros lugares em vez de comunidades "rustbelt" que se transformaram em ambientes hostis para a atividade econômica.

Tempo e Perspectiva

Mesmo que muitos políticos possam não olhar em frente para além da próxima
eleição, os cidadãos que estão sujeitos às leis e políticas que as autoridades impõem,
no entanto, têm antecipado o que faz com que muitas dessas leis e políticas provo-
quem consequências muito diferentes daquelas a que foram destinadas. Por exemplo,
quando o governo dos EUA se apropriou de certos recursos monetários para ajudar
as crianças com dificuldades de aprendizagem e problemas psicológicos, a suposição
implícita era de que havia um número determinado de tais crianças. Mas a disponibilidade do dinheiro criou incentivos para que mais crianças fossem classificadas em
uma dessas categorias. Organizações com programas desse tipo foram estimuladas
a diagnosticar crianças com problemas como tendo aquele problema particular para
o qual o dinheiro do governo estava disponível. Algumas mães de baixa renda que
recebiam pensões do governo até mesmo disseram a seus filhos para não irem bem
nos testes e agir na escola de modo a se enquadrarem nos requisitos e adicionar mais
dinheiro em seus escassos rendimentos familiares.

Novas leis e novas políticas governamentais muitas vezes têm consequências inesperadas quando os que estão sujeitos a essas leis e políticas reagem aos incentivos alterados. Por exemplo, obter condições de equacionamento das dívidas pela solicitação de falência pessoal (essa figura jurídica não existe no Brasil) tornou-se mais difícil para os americanos sob uma nova lei aprovada em 2005. Antes dela, o número de pedidos de falência nos Estados Unidos era em média de cerca de 30.000 por semana, mas pouco antes de a nova lei entrar em vigor, o número de pedidos de falência superou 479.000 por semana — e logo depois caiu abaixo de 4.000 por semana. Claramente, algumas pessoas anteciparam a mudança na lei de falências e correram para a corte antes que a nova lei passasse a valer.

Nos países do Terceiro Mundo que confiscaram terras para as redistribuir aos agricultores pobres, muitos anos podem transcorrer entre a campanha política da reforma agrária e o momento em que a terra é realmente transferida. Durante esses anos, os proprietários existentes, prevendo a implementação desse programa, podem, provavelmente, negligenciar a manutenção da propriedade tal como fizeram quando esperavam colher os benefícios de longo prazo de investir tempo e dinheiro na semeadura, drenagem, colocação de cercas e outras formas de cuidar da terra. No momento em que a terra realmente é cedida aos pobres, ela mesma pode estar muito mais pobre. Como um economista desenvolvimentista colocou, a reforma agrária pode ser "uma piada de mau gosto contada para aqueles que menos podem se dar ao luxo de rir".

A popularidade política de ameaçar confiscar os bens dos estrangeiros ricos — seja de terras, fábricas, estradas de ferro, o que for — tem levado muitos líderes do Terceiro Mundo a fazer tais ameaças, ainda que estando muito temerosos das consequências econômicas de efetivamente pôr em prática essas ameaças. Tal foi o caso do Sri Lanka em meados do século XX:

> A despeito do consenso ideológico de que as propriedades estrangeiras devem ser nacionalizadas, a decisão de o fazer foi regularmente adiada. Mas remanesceu uma forte ameaça política, e não só o valor das ações das companhias de chá mantiveram-se em baixa na Bolsa de Londres em relação aos dividendos, mas também tendem a afastar empreendimentos e capital estrangeiro.

Até mesmo ameaças muito gerais ou declarações irresponsáveis podem afetar os investimentos, como na Malásia, durante uma crise econômica:

> O primeiro-ministro da Malásia, Mahathir Mohamad, tentou culpar os judeus e os brancos que "ainda têm o desejo de governar o mundo", mas cada vez que ele denunciava algum bode expiatório estrangeiro, sua moeda e mercado de ações caíam mais de 5%. Ele passou a ficar mais calado.

Em suma, as pessoas antecipam situações, sejam elas proprietários, mães recebendo pensões, investidores, contribuintes ou o que for. Um governo que age como se o efeito planejado de suas políticas fosse o único, muitas vezes se surpreende ou fica chocado, porque aquelas pessoas sujeitas a suas políticas reagem de maneira a se beneficiar ou proteger, muitas vezes com o efeito colateral de levarem as políticas a produzir resultados muito diferentes dos que foram planejados.

As previsões e antecipações assumem muitas formas em tipos muito diferentes de economias. Durante os períodos de inflação, quando as pessoas gastam dinheiro mais rapidamente, elas também tendem a estocar bens de consumo e outros ativos físicos, acentuando o desequilíbrio entre a quantidade diminuída de bens reais disponíveis no mercado e o aumento da quantidade de dinheiro disponível para comprar esses produtos. Em outras palavras, elas antecipam futuras dificuldades em encontrar produtos de que precisam ou em ter ativos para utilizar nos dias difíceis, quando o dinheiro perde valor muito rapidamente e não cumpre tão bem esse papel. Durante a inflação galopante na União Soviética, em 1991, ambos, consumidores e as empresas, acumulavam:

> A acumulação atingiu proporções sem precedentes, com os russos escondendo enormes suprimentos de macarrão, farinha, conservas de legumes e batatas em suas varandas e enchendo os freezers com carne e outros produtos perecíveis.

As empresas comerciais igualmente procuraram lidar com bens reais, em vez de dinheiro:

> Em 1991, as empresas preferiram pagar umas às outras em bens, em vez de rublos. (Na verdade, os gerentes de fábricas mais inteligentes fecharam acordos nacionais e internacionais de permuta que lhes permitiram pagar seus trabalhadores, não com rublos, mas com alimentação, vestuário, bens de consumo e até mesmo rum cubano.)

Problemas Específicos de Tempo e Risco

As políticas sociais e econômicas são muitas vezes discutidas em termos dos objetivos que proclamam, em vez dos incentivos que criam. Para muitos, isso pode ser devido simplesmente à miopia. Para os políticos profissionais, contudo, o fato de que seu horizonte de tempo é muitas vezes limitado pela próxima eleição significa que qualquer meta que é amplamente aceita pode ganhar votos, enquanto que as consequências de longo prazo vêm tarde demais para serem politicamente relevantes em época de eleição, e o lapso de tempo pode fazer a conexão entre causa e efeito muito difícil de provar sem uma análise complicada que a maioria dos eleitores não pode ou não quer se envolver.

No mercado privado, porém, há especialistas que podem ser pagos para se envolver em tais análises e exercer tais previsões. Assim, as agências de classificação de risco Moody's e Standard & Poors' rebaixaram os títulos da Califórnia em 2001, apesar de não ter havido incumprimento e do orçamento do Estado ainda dispor de um excedente em sua tesouraria. O que essas agências perceberam foi que os enormes custos de lidar com a crise de eletricidade da Califórnia eram susceptíveis de comprometer as finanças do estado pelos próximos anos, aumentando a possibilidade de interrupção do serviço da dívida do estado ou de atrasos no pagamento, o que equivale a uma inadimplência parcial. Um ano depois desse rebaixamento dos títulos da Califórnia, tornou-se de conhecimento público que o grande superavit do orçamento do estado de repente se transformou em um deficit do orçamento ainda maior, com a notícia chocando muitas pessoas.

PERGUNTAS

PERGUNTAS

Entre parênteses, as páginas nas quais as respostas a estas perguntas podem ser encontradas.

PARTE I: PREÇOS E MERCADOS

1. Pode haver uma crescente carência sem uma crescente escassez — ou uma crescente escassez sem uma crescente carência? Explique com exemplos. (páginas 36, 45)

2. Uma decisão pode ser considerada econômica se não há dinheiro envolvido? Por que ou por que não? (página 6)

3. Pode haver excedentes de alimentos em uma sociedade em que as pessoas passam fome? Explique por que ou por que não. (páginas 51–52)

4. Quando uma escassez de moradias desaparece de repente, dentro de um período de tempo muito curto para que qualquer casa nova possa ter sido construída, com as pessoas já não tendo dificuldade alguma em encontrar uma residência ou apartamento vazio, o que provavelmente aconteceu? E o que provavelmente vai acontecer em longo prazo? Explique. (página 36)

5. No que segue, o que é — ou não — afetado por controles de preços que impõem um teto ao preço do produto: (a) a quantidade fornecida, (b) a quantidade demandada, (c) a qualidade do produto, (d) um mercado negro para o produto, (e) acumulação do produto, (f) a prestação de serviços auxiliares que costumam acompanhar o produto ou (g) a eficiência na alocação de recursos? Explique cada caso. (a: páginas 39–42; b: páginas 36–39; c: páginas 47, 49–50; d: páginas 47–48, 50; e: páginas 46–47; f: página 40; g: páginas 49–50, 61–62)

6. A construção de casas comuns e residências luxuosas envolve o uso de muitos dos mesmos recursos, tais como tijolos, tubos e conexões, e mão de obra. De que modo a alocação desses recursos entre os dois tipos de moradia tende a mudar após a implementação de leis de controle de aluguéis? (páginas 40–41, 44)

333

Economia Básica - Volume I

7. Os preços costumam ser maiores ou menores em bairros de baixa renda? Por quê? Inclua entre os preços a taxa de juros sobre o dinheiro emprestado e o custo de receber os salários em espécie. (páginas 63–65)

8. Quando uma instituição ou programa de governo produz resultados contraproducentes, trata-se necessariamente de um sinal de irracionalidade ou incompetência por parte daqueles que administram essa instituição ou programa em particular? Explique com exemplos. (páginas 67–68)

9. Todos nós consideramos algumas coisas mais importantes que outras. Por que, então, pode haver um problema quando alguma política oficial do governo estabelece "prioridades nacionais"? (página 73)

10. Nós tendemos a pensar nos custos como o dinheiro que se paga pelas coisas. Mas isso significa que não haveria custos em uma sociedade primitiva que ainda não usa o dinheiro ou em uma comunidade cooperativa moderna, na qual as pessoas produzem coletivamente os bens e serviços que utilizam sem cobrar nada por eles entre si? (páginas 19–20, 25)

11. Como o controle de aluguéis afeta o número médio de pessoas por apartamento e a quantidade média de tempo que as mesmas pessoas o ocupam? (páginas 36–39)

12. Na época da União Soviética, o governo tinha a propriedade e operava a maioria das empresas na economia. Os preços, em sua maior parte, eram definidos por planejadores centrais, em vez de pela oferta e demanda, e o sucesso ou fracasso das empresas soviéticas era julgado principalmente por quão bem elas alcançavam as metas numéricas de produção estabelecidas pelos planejadores centrais. Especifique cinco maneiras em que esse arranjo produziu diferentes resultados econômicos finais em relação àqueles das economias de mercado. (páginas 14–15, 20, 24, 67–70)

13. Como os preços dos bastões de beisebol podem ser afetados pela demanda de papel, ou o preço das luvas de beisebol ser afetado pela demanda de queijo? (páginas 17–18)

14. Por que os controles de preços têm maior probabilidade de causar uma escassez de gasolina do que de morangos? (páginas 46–47)

15. Como o controle de aluguel afeta a qualidade e vida útil de uma moradia? (páginas 39–40)

PARTE II: INDÚSTRIA E COMÉRCIO

1. Por que uma grande companhia paga milhões em dinheiro, a título de indenização, a um executivo que foi demitido por ter transformado lucros corporativos em perdas corporativas durante sua gestão? (páginas 138–139)

2. Por que a Toyota fabrica seus carros com estoque de peças suficiente para durar apenas algumas horas? Por que as indústrias soviéticas trabalhavam com estoque suficiente para durar um ano? (página 129)

3. Por que os fabricantes americanos de computadores ou aparelhos de televisão tendem a transportá-los por terceiros, enquanto os fabricantes chineses tendiam a transportá-los eles mesmos? (página 128)

4. Como o movimento da população das zonas rurais rumo à América urbana afetou a economia varejista, no início do século XX? E como o movimento posterior da população das áreas urbanas para a América suburbana na segunda metade do século XX afetou a economia das lojas de departamento e supermercados? Explique com exemplos. (páginas 85–87, 89–91)

5. Por que a General Motors pode produzir milhões de automóveis sem fabricar um único pneu para equipá-los, enquanto as empresas soviéticas não só tendiam a fazer elas mesmas todos os componentes, mas às vezes até os tijolos para os edifícios em que operavam? (páginas 123, 127)

6. Como as deseconomias de escala na agricultura afetavam o modo como os tratoristas aravam os campos na União Soviética? E se as empresas agrícolas tivessem sido de propriedade privada e os motoristas dos tratores lavrassem seus próprios campos? Será que o trabalho teria sido feito de forma diferente e as fazendas seriam tão grandes? Explique por que ou por que não. (páginas 116–118)

7. Quando um projeto econômico, como a construção de uma ferrovia ou a criação de uma companhia aérea, requer muito mais dinheiro do que qualquer indivíduo pode ou vai investir, cite algumas das coisas que podem facilitar ou dificultar a reunião do dinheiro de milhões de pessoas para financiar o projeto. (páginas 134–135)

8. Publicidade, mesmo quando bem-sucedida, é muitas vezes considerada como um benefício apenas para aqueles que anunciam, mas de nenhum benefício para os consumidores, que têm de pagar o custo dos anúncios na forma de um preço maior dos produtos que compram. Avalie esse ponto de vista de uma perspectiva econômica. (páginas 114–115)

9. "A inércia é comum nas pessoas, no capitalismo ou no socialismo, mas o mercado tem um preço para a inércia". Explique como e por que a inércia entre as agências domésticas de correio, que eram os varejistas líderes nos Estados Unidos no início do século XX, se relaciona com a ascensão das cadeias de lojas de departamento. (páginas 89–92, 173–174)

10. Por que os aposentados conseguem obter bilhetes de viagem — em navios de cruzeiro, por exemplo — a preços muito mais baixos do que a maioria das outras pessoas? Explique as razões econômicas. (página 119)

11. Por que o desejo perene de "eliminar o atravessador" é recorrentemente frustrado? (páginas 123–126)

12. No início do século XX, depois que a cadeia de supermercados A&P reduziu as margens de lucro sobre as mercadorias que vendia, a taxa de lucro de seu investimento subiu bem acima da média nacional. Por quê? (página 112)

13. Por que hotéis de luxo poderiam cobrar diárias mais baixas do que hotéis econômicos na mesma cidade? (página 120)

14. Qual é a diferença entre a proteção do governo aos competidores e a proteção à competição? Como isso afeta o padrão de vida dos consumidores por causa de seu efeito sobre a alocação de recursos escassos que têm usos alternativos? (páginas 154–157)

15. As lojas em bairros de baixa renda tendem a cobrar preços mais elevados a fim de tentar compensar os custos mais elevados e a menor rotatividade de seus estoques. O que limita a capacidade dessas lojas de compensar completamente esses custos mais elevados, de modo a obter as mesmas taxas de lucros das lojas em bairros de renda mais elevada? (páginas 112–113)

PARTE III: TRABALHO E REMUNERAÇÃO

1. Cite algumas das consequências econômicas e sociais da substituição da força humana pela potência da máquina como resultado da industrialização, e a crescente importância do conhecimento, habilidades e experiência em uma economia de alta tecnologia. (página 198)

2. Você esperaria que, em média, mais pregos fossem martelados em uma fábrica localizada em um país mais rico ou em um país mais pobre? Você esperaria que o trabalhador médio produzisse mais unidades por hora em um país mais rico ou em um país mais pobre? Explique as razões em cada caso. (páginas 204–207)

3. Alguns estudos tentaram determinar como o emprego mudou na esteira de um aumento do salário-mínimo analisando firmas individuais antes e após o aumento para descobrir como o emprego nelas se alterou, e, em seguida, levantando os resultados. Qual é o problema com esse procedimento? (páginas 213–214)

4. Qual tem sido o efeito das corporações multinacionais na China sobre os salários e condições de trabalho lá? (páginas 234–235)

5. No primeiro semestre de 2010, a proporção de adultos americanos com empregos teve a maior queda em mais de meio século. No entanto, a taxa de desemprego não aumentou. Como explicar esse fato? (páginas 224–226)

6. É possível que a renda *per capita* aumente em 50% durante um período de anos, enquanto a renda de um agregado familiar permanece inalterada nesse mesmo intervalo de tempo? (páginas 191–192)

7. Embora leis de salário máximo existissem muito antes das leis de salário-mínimo, apenas estas últimas são comuns hoje. No entanto, nos casos especiais em que houve leis fixando salários máximos — como sob os controles de preços e salários durante a II Guerra Mundial, por exemplo — quais os efeitos que tais leis têm sobre a discriminação às minorias e às mulheres? Como as leis de salário máximo e leis de salário-mínimo diferem em seus efeitos sobre a discriminação? (páginas 203, 219–221)

Economia Básica - Volume I

8. A desigualdade de renda tende a ser maior ou menor no longo prazo do que no curto prazo? Por que muitas estatísticas sobre "os ricos" e "os pobres" incluem pessoas que, na realidade, não são nem ricos nem pobres? (páginas 188–189)

9. Quando os motoristas de ônibus municipais são sindicalizados e ganham mais do que seria pago em um mercado livre e competitivo, que efeito isso tende a ter sobre o tamanho dos ônibus e o tempo de espera nos pontos? (página 204)

10. Como podem as diferenças na qualidade dos sistemas de transporte ou o nível de corrupção em diferentes países afetar o valor do trabalho? (página 187)

11. Por que um fabricante sul-africano expande a produção por meio da abertura de uma fábrica na Polônia, quando havia um grande número de trabalhadores disponíveis na África do Sul, onde a taxa de desemprego foi de 26%, e a produção média por hora dos trabalhadores sul-africanos era maior que a produção média por hora dos trabalhadores polacos? (páginas 185, 215–216)

12. Por que a produtividade de um indivíduo não é o mesmo que eficiência ou mérito daquele indivíduo? Dê exemplos comparando os trabalhadores em países do Terceiro Mundo com os trabalhadores em países mais prósperos, e comparando diferentes jogadores de futebol em diferentes tipos de situações. (páginas 185–186)

13. Com frequência se ouve dizer que, ao longo do tempo, uma maior porcentagem do total da renda do país vai para pessoas de alta renda. Em que sentido isso é verdade e em que sentido não é? (páginas 193–196)

14. Por que os salários são mais baixos e há piores condições de trabalho nos países do Terceiro Mundo? Quais são as prováveis consequências de várias possíveis maneiras de tentar melhorar um ou ambos? (páginas 233–236)

15. Quais são as implicações do fato de que a maioria das pessoas hoje em dia chega ao pico de seus ganhos em idades mais avançadas do que em gerações passadas — e que esses ganhos máximos são agora, em geral, muitas vezes maiores do que os ganhos dos iniciantes em tempos passados? Que implicações adicionais isso tem na mudança das diferenças de ganhos entre homens e mulheres? (páginas 196–198)

Perguntas

PARTE IV: TEMPO E RISCO

1. Será que, economicamente, faz sentido para um homem de noventa anos de idade, sem herdeiros, plantar árvores que levarão 20 anos para crescer e dar frutos? (página 279)

2. As empresas levantam dinheiro com a emissão de ações e títulos, mas as pessoas geralmente levantam recursos tomando dinheiro emprestado — o equivalente à emissão de títulos. Em algumas circunstâncias, contudo, os indivíduos obtêm recursos com o equivalente à emissão de ações. Quais são essas circunstâncias? Dê exemplos e razões específicas. (páginas 299–302)

3. Por que as estatísticas sobre as reservas conhecidas de um recurso natural podem fornecer uma imagem enganosa de quanto desse recurso há na Terra? (páginas 280–287)

4. Nos EUA, por que é comum para "payday loans" ter taxas de juros anuais de mais de 100%, quando outros empréstimos geralmente têm taxas de juros que são uma pequena fração dessa? (páginas 269–271)

5. Como a especulação com mercadorias difere dos jogos de azar? Qual é o efeito da especulação com mercadorias sobre a produção? E na alocação de recursos escassos que têm usos alternativos? (páginas 271–275)

6. Por que pagar uma companhia de seguros ou um especulador de mercadorias para oferecer um negócio em que eles garantem pagar uma determinada quantia em dinheiro para alguém em certas circunstâncias? E por que pagar para aquela pessoa aceitar a oferta? (páginas 275–276, 302)

7. Por que uma empresa de ônibus de propriedade ou controlada por um governo municipal cobraria tarifas muito baixas para substituir os ônibus existentes conforme eles se desgastam? E se os executivos de uma empresa de ônibus de propriedade e controle privado decidissem desviar parte do dinheiro que receberam das tarifas de ônibus para pagar salários mais elevados, em vez de destinar o que fosse suficiente para substituir os ônibus conforme os veículos se desgastam? O que aconteceria com o valor das ações dessa empresa e como é que os acionistas provavelmente reagiriam? (páginas 323–324)

8. Muitos países pobres confiscaram empresas ou terras de propriedade de empresas estrangeiras ricas. Por que isso raramente fez o país pobre ficar mais próspero? (páginas 327–329)

9. Os complexos mercados de commodities (mercadorias) internacionais podem ter muito impacto sobre os pequenos agricultores em um país do Terceiro Mundo? Os agricultores do Terceiro Mundo, que são muitas vezes pobres e de deficiente educação, participam nos mercados internacionais de commodities? (páginas 272–275)

10. Por que faz sentido para um condutor de automóvel fazer um seguro de seu veículo? Por que, então, a Hertz não faz um seguro para seus automóveis? (página 303)

11. Como a regulamentação do governo de companhias de seguros pode melhorar a eficiência dessa atividade? Ou torná-la menos eficiente? Explique com exemplos de ambos. (páginas 306–309)

12. Por que em alguns países os fabricantes mantêm um grande estoque dos insumos necessários para a produção, suficientes para muitos meses, enquanto em alguns outros países os fabricantes mantêm estoques insuficientes para um dia de produção? Quais são as implicações na alocação de recursos escassos que têm usos alternativos? (páginas 128–130, 276–278)

13. Que tipos de rendimentos são chamados de "ganhos de capital" e por quê? (páginas 265–267)

14. Como a taxa de juros aloca recursos entre usos contemporâneos e entre diferentes utilizações presentes e futuras? (páginas 261–263, 267–268)

15. Por que os títulos da dívida de um estado norte-americano foram rebaixados por uma agência de classificação de risco como a Standard & Poors, quando esse estado estava pagando os detentores de seus títulos regularmente, inclusive obtendo um superavit de caixa? (página 279)

ÍNDICE

A

Ações
    acionistas 93, 99-100, 134-139, 261, 271, 293
    ações versus títulos 293
    mercado de ações 5, 63, 138, 296, 298, 328

Açúcar 24, 53-57, 144

Acumulação 46-47, 328

Administração Carter 285

Advanced Micro Devices (AMD) 106-107

África
    África do Sul 121, 185, 202, 213, 216-217, 220, 249-250
    África Ocidental 124, 126, 206, 215, 245
    África Oriental 265
    África subsaariana 129-130

Agências de correio 89-91, 170-174

Agentes 300-301

Água 4, 28-29, 32, 41, 57, 59, 62, 72, 76-77, 111, 142, 149, 273, 294, 305-306, 312

Albert Einstein 5

Alcoa 140, 158

Álcool 24, 74, 161

Alemanha 20-22, 211, 213-214, 220, 226-228, 249

Alexandre, o Grande 1

Allstate Insurance Company 303

Alocação de Recursos
    eficiência 4, 17, 24, 42, 61
    escassez 2-4, 12, 27, 32, 45-49, 52, 54, 56-59, 67-68, 70, 93, 150, 179, 203, 205, 218, 234, 253, 281
    impostos 35, 54, 57, 74, 76-77, 110, 121, 139, 158, 166, 211, 213-214, 217, 243, 311, 319, 324-326
    monopólio 116, 128
    subsídios 53-55, 72, 76-77, 79, 198, 226, 311

América Latina 159, 213, 215

American Express 176

Americanos de Origem Asiática 270

Andrew Carnegie 109, 122, 263

Anheuser-Busch 114

Animais 66, 177

Antuérpia 56, 57

Anuidades 280, 308

Aposentadoria 184, 262, 269, 295, 317, 320-321

A&P, rede de supermercados 83-87, 112, 114, 144-145, 154-155, 158, 163-164, 173

Argentina 14, 57, 161, 272

Árvores 63, 279

Atividade de Soma Zero 28, 112, 153, 235

Austrália 10, 14, 39, 50, 213, 219, 287

Automóveis 4, 13, 30-31, 48, 59, 85-86, 89, 93, 95-97, 106-107, 109, 113-114, 118, 123, 130, 149, 170, 206, 227, 241, 243, 276, 302-305, 308, 325

Autores 124

Autossuficiência 127

B

Babe Ruth 246-247

Bairros de Baixa Renda 63-65, 112-113, 244, 268

Balança Comercial 5

Bancos

    Federal Reserve 268, 275

    sistemas bancários estrangeiros 264

Beisebol 14, 17-18, 246-247

Berkeley 41

Bibliotecas Públicas 31, 170

Bilionários 122, 270, 274

Birla 260

Bloomingdale 92

Brasil 11, 64, 93, 134, 159-161, 185-186, 212, 224-225, 229, 231, 269, 283, 290, 293, 298, 327

Burger King 177

Burocracias 260

BusinessWeek 95-96, 231, 234, 277

C

Cadillacs 130

Camboja 233

Caminhões 46, 89, 96, 145, 151-153, 243

Canadá 13, 26, 50, 55, 166, 194, 211, 213, 219-220, 286-287

Capacidade 21, 58, 93, 95, 104, 116-121, 127, 141, 148-149, 155, 163, 166, 179, 188, 196, 239, 259, 261, 263, 270, 277, 281, 318, 321

Capital 3, 28, 55, 111, 118, 126, 134-135, 141, 166, 203-207, 211, 217-218, 234, 238, 248, 251, 257, 261, 264, 272, 289, 292-294, 296, 315, 325, 327

Capital de Risco 294, 296

Capital Humano 234-235, 259, 261, 299, 300, 302

Carência 15, 27, 45, 48, 59, 69, 71-72, 76, 205, 313

Carne 18, 24, 48, 54, 57, 86, 122, 176, 177, 193, 328

Cartéis 51, 133, 139, 143-145, 147, 163, 239, 240, 249

Carvão 149, 167, 230, 240-241, 281-282, 284, 286

Casa de praia 310

Católicos 71

Cavalos 30, 180, 227

Cerveja 114, 161, 216

Chevrolets 130

China 6, 10, 22, 50, 128, 171, 185, 197, 217, 234, 235, 301

Chrysler 112, 115-116, 242

Índice

Cidades 6, 31-32, 39, 43-44, 48, 51, 86, 142-143, 151, 159, 206, 212, 240, 242, 252, 253, 283, 309

Ciência 42, 65, 259, 306

Cingapura 116, 210

Comida/Alimentos 4, 5, 10, 22, 25, 27, 29, 30, 47, 48, 51-57, 59, 60, 68-70, 87, 98, 117-119, 135, 169, 175, 177, 197, 235, 250, 274, 279

Comissões Reguladoras 147-150

Companhias aéreas 77, 88, 145, 152-153, 159, 160, 186

Computadores 12, 30, 85, 106, 128, 133, 146, 160, 161, 179, 234, 250, 312

Comunismo 9, 10, 48, 91

Concorrência 277

    concorrentes 27, 85-88, 94-97, 99, 103, 106, 114, 121-122, 152, 153-158, 164, 166, 167, 171, 173, 175, 200, 239, 245, 304, 312-313

    preços competitivos 140

Congresso dos Estados Unidos 54, 214

Conhecimento ix, 6, 11, 21, 23, 67, 70, 73, 79, 80, 88-89, 91, 93, 98, 100, 115, 118, 123, 137, 164, 199, 248, 259, 273, 276, 277, 279, 285, 298, 308, 322, 324, 329

Conselho de Aeronáutica Civil (CAB) 152

Consumidores 3, 11, 13-18, 23, 27, 30, 36, 53-55, 70, 76, 77, 84-91, 96-97, 104-105, 107, 112-113, 121, 126, 130, 135, 137, 140-143, 149-150, 157, 164, 167, 171, 178, 217, 227, 235, 237, 244-246, 249, 258, 263, 266, 270, 317-318, 328

Controle de Aluguel 39, 202

Controle de preços

    acumulação 46-47, 328

    controle de aluguel 39, 64, 202

    escassez 2-4, 12, 27, 32, 35-40, 42, 45-47, 49-52, 54, 56-57, 59, 67-68, 70, 93, 150, 179, 203, 205, 218, 234, 253

    excedentes 36, 50-52, 54, 209-210, 214, 217-218, 250, 281

    mercados negros 47-48, 50, 69

    "piso" de preços 50, 52

    política ix, 1, 6, 40, 55

    qualidade 46-47, 49-50

    "teto" de preços 36, 52

"Controle" do Mercado 158

Coreia do Sul 22, 55

Coronel Sanders 176

Corporações

    executivos 27, 77, 84-85, 92, 98, 131, 136, 138-139, 184, 306, 324

    governança 136

Corporações Multinacionais 236

Correio 89-91, 170, 172-174

Corrupção 73, 187

Costa do Marfim 21-22

Credit Suisse 83

Crime 136

Cuidados médicos 50, 67, 78

Custos

capacidade 21, 58, 93, 95, 104, 116, 118-121, 127, 141, 148-149, 155, 163, 166, 179, 188, 196, 239, 259, 261, 263, 270, 277

custos incrementais 74, 119

custos médios 211

custos versus preços 16

deseconomias de escala 115, 133

economias de escala 86, 113-116, 135, 149, 155-156, 207, 305

oportunidades perdidas 32

Cyrix 106

D

Dave Thomas 176

"Defensores do Consumidor" 137-138

Dell Computers 128

Desastres Naturais 77, 309, 311, 313

Desemprego

definição 210

desemprego friccional 226

desemprego tecnológico 227

duração 211, 214

impacto diferencial 219

Dinamarca 99, 232

Dinheiro

bancos 63, 115-116, 175, 261-262, 264, 282, 306-307

cheques 63-64

Federal Reserve 268, 275

inflação 57, 174, 211, 219, 221, 275, 290-292, 296-297, 328

ouro 121-122, 275, 297, 298, 322

poder de compra 129, 290

taxas de juros 63-65, 135, 267, 268-271, 290

Direitos de Propriedade 263, 317

Discriminação

discriminação de gênero 200

discriminação no trabalho 198

discriminação racial 220, 270

Doença 29, 49, 52, 72, 74, 78, 116, 232, 305-306, 308

Dow Jones 296, 298

E

Economia

definição 1

economias de escala 86, 113-116, 133, 135, 149, 155-156, 207, 305, 325

economistas marxistas 5

história da economia xi

microeconomia e macroeconomia 294

Ed Koch 47

Educação 2, 20, 61, 78, 188, 247, 259, 261, 299-300

Eficiência 4, 13, 17, 19, 24, 30, 42, 72, 77, 85-86, 90, 95-96, 103, 108-109, 114-115, 126-127, 136-137, 142, 152, 154-155, 166, 171-173, 178-179, 203-204, 217, 226-227, 238, 243, 251, 285, 321, 326

Eletricidade 4, 25, 35, 77, 103, 148-150, 203, 259, 270, 279, 294-295

Índice

Elizabeth Costa xi

Empregos

  desemprego 75, 209-211, 213-215, 219-221, 224-227, 232, 244, 250-251, 260

  empregabilidade 218

  segurança no trabalho 230, 241, 243

Empresas e Setores

  agências de correio 89, 90, 170, 172-174

  cartéis 51, 139, 143-145, 147, 163, 239, 240, 249

  cartões de crédito 92, 264, 270

  companhias aéreas 77, 88, 145, 152-153, 159-160, 186

  concorrência 59, 77, 88, 90, 93-94, 96, 99, 104, 106-107, 114, 119, 123, 140, 142-143, 151, 173, 198, 238-239, 273, 304, 311, 317

  conhecimento 21, 79, 276

  "Controle" do Mercado 158

  corporações 54, 85, 99

  custos 13-14, 16-18, 21, 23, 25, 37, 49, 59, 61, 63, 78, 79, 86, 87, 88, 89, 90, 95, 97, 105, 110, 112-121, 158, 165, 202, 207, 211, 214, 216-217, 228, 243-244, 276-277, 281, 301-303, 318

  especialização 101, 123, 127, 137

  fabricantes 13, 17, 47, 94, 116, 123, 129-130, 144, 161, 173, 185, 216, 227, 237-238, 243, 277

falência 23, 27-28, 30, 85, 93, 97-99, 108, 134, 148, 151-152, 165, 214, 293-294, 327

falhas/fracassos 117, 130, 139, 172, 307-308

franquias 98, 118

gerências 67, 93, 99, 104, 118, 131, 165

intermediários 123-127, 262-263

jornais 1, 2, 28, 45, 88, 159, 162-163, 190, 193, 322

leis antitruste 144, 147, 153, 158, 164-165

lojas de departamento 89-90, 92, 109

lucros 5, 13-14, 23, 70, 86, 88, 92, 103-105, 107, 126-127, 141-143, 145, 160, 164-165, 170, 176, 178, 198, 200, 245, 266, 271, 273, 293, 303-304, 308, 316

monitoramento 15, 118, 136

monopólio 116, 128, 139-148, 150-151, 153-154, 157-158, 160-164, 166-167, 172, 175, 240, 243, 246

mudanças 6, 13, 35, 36, 63, 66, 83, 85-87, 89-92, 95, 98, 105, 118, 153, 180, 235, 250, 268, 305-306, 326

participação de mercado 107-108, 161, 163-164

perdas 24, 30, 54, 86, 90-91, 99, 120, 130, 135, 164-167, 178, 195, 271-272, 274, 308, 316, 322

preços 1, 5, 7, 9-30, 35-38, 40-69, 71-72, 76-80, 85-91, 93-94,

96-97, 99-100, 103-104, 107, 109-114, 119-122, 124, 126, 135, 139, 140-141, 143-145, 147, 164-165, 167, 171, 173-174, 178, 187-188, 203, 207, 209, 214, 223, 241-242, 244, 246, 267-268, 271-275, 277-278, 281-282, 285-286, 292, 295-298, 302, 304-305, 311, 316, 322-323

regulamentação governamental 236, 306-307

relógios 89, 95, 108

supermercados 49, 63, 85-86, 89, 104, 110-112, 140, 144, 154, 158, 173

Empréstimos 135, 262, 266, 267-271, 301, 304, 306

Época (Era) 4, 11, 35, 39, 45, 51, 55, 75, 80, 83, 85, 89, 91, 103, 112, 119, 125, 130, 144, 146-147, 150, 163, 166, 171, 174, 197, 203, 220, 239, 244, 265, 271, 273, 275-276, 281, 290, 297, 315, 323, 329

Especulação 58, 271-276, 289, 296, 322

Estacionamento 31, 32, 86, 176-177, 218

Estados Unidos da América 53-55, 84, 94, 110, 114, 129, 140, 152-154, 157, 169, 174, 199, 201, 203-204, 211, 213-215, 218, 220

Estoque 13, 38, 40, 46-48, 52, 112, 128-130, 152, 203, 276-277, 293, 295

Estudantes, "Necessidades Não Satisfeitas" 3

Estupidez 67

Euro 167, 244

Europa 54, 69, 135, 142, 174, 204, 209, 211, 213, 217-218, 220, 226, 232-234, 243-244, 250-251, 261, 264-266

Executivos 27, 77, 84-85, 90, 92, 98-99, 107, 123, 130-131, 136, 138-139, 184, 216, 260, 306, 324

Exploração
consumidores 245
definições 244

Exportações 57, 241, 277, 323

F

Faculdades e Universidades xi, 27, 41, 109, 134, 136, 170, 194, 225, 226, 247, 252, 259, 265, 300, 320

Falência/Recuperação Judicial 23, 27-28, 30, 85, 93-94, 98-99, 108, 134, 148, 151-152, 165, 214, 293-294, 327

Famílias 3, 37, 39, 44, 54, 58, 64, 99, 120, 134, 169, 190-193, 197, 212, 224, 232, 259, 260, 272, 275, 303, 310-312

Far Eastern Economic Review 52, 128, 234

Fazenda 116-117, 125, 169, 171, 177, 179, 278, 301, 315

Federal Emergency Management Agency (FEMA) 309, 310

Federal Express 128

Federal Reserve 268

Ferrovias 143, 147, 151-152, 206

Feudalismo 169, 171

Fiji 265, 301

Fome 29-30, 56, 60, 68-69, 100, 135, 157

Índice

Forbes 95, 167, 190

Ford Motor Company 93, 95-96

Fortune 54, 83-84, 92, 93, 107, 112, 140

Fotografia 80, 162

França 40, 69, 213, 219-220, 225-227, 231-232, 249-251, 308

Franklin D. Roosevelt 318

Frank Winfield Woolworth 177

Franquias 98, 118

Frédéric Bastiat 133

Friedrich Engels 24, 63

Fundos Mútuos 137, 298, 299

G

Gana 21, 22

Ganância 16, 27, 30, 63, 65, 67, 109, 150

Ganhos de Capital 292

Gás Natural 282-283, 285

Gasolina 4, 46-47, 57, 59, 97-98, 103, 227, 283, 286, 316

General Motors 95-96, 108, 115-116, 123, 130, 242

George Bernard Shaw 105, 109

George J. Stigler 1, 68, 147

Gestão 136-137, 165, 170, 185-186, 243, 266, 276, 298-299

Governo

agências 108

gastos 231, 244, 271

impostos 35, 54, 57, 74, 76-77, 110, 121, 139, 158, 166, 211, 213-215, 217, 243, 311, 319, 324-326

incentivos e restrições 23, 129, 170

intervenção 51, 139, 142, 147, 157, 252

receitas 17, 21, 50, 112, 166, 170, 187, 203, 246, 295

regulamentação 43, 88, 140, 151-153, 217

títulos do governo 279, 290

Grã-Bretanha 9, 138-139, 175, 178, 185, 189, 213, 220, 226-227, 245

Grande Depressão da década de 1930 50, 252, 318

Grécia 173, 189

Guerra 11, 36, 39, 45, 47-48, 51-52, 85-86, 135, 140, 198, 203, 206, 219, 239, 245, 249, 277, 312, 323

Guerra do Golfo Pérsico 323

H

Habitação

controle de aluguéis 36-44, 49, 55, 78, 174

residências de luxo 40

rotatividade 38

Hambúrgueres 98, 176, 177

Hamburguerias Wendy 176

Harry Sonneborn 98

Harvard 3, 134, 191, 320

Henry Ford 109, 113-114, 263

Henry Hazlitt 35, 249

Henry J. Heinz 175
Herbert Hoover 135
Hertz 303
Holanda 138, 189, 219
Honestidade 136
Hong Kong 1, 80, 210, 290
Hoover Institution x-xi
Howard Johnson 98, 118

I

Igrejas 71-72
Imigrantes 39, 239, 301, 320
Importações 69, 243
Índia 1, 6, 14, 22, 52-53, 69, 77, 105-108, 116, 123, 145, 150, 158, 166-167, 172-175, 234, 249, 260, 265-266, 274, 313
Índios 199
Inflação 57, 211, 219, 221, 275, 290-292, 296-297, 328
Inglaterra 40-41
Injustiça 30, 322
Inquilinos 37-38, 40, 42-44
Intenções 5, 40, 63-64, 240
Interstate Commerce Commission (I.C.C.) 147, 151-152, 245
Investimento
  capital humano 234-235, 259, 261, 299-300, 302
  intermediários financeiros 262-263
  investimentos estrangeiros 260
  Investor's Business Daily 225

retorno sobre investimentos 141
taxas de juros 63, 64, 135, 267, 268-269, 270-271, 290
Iogurte 17-19
Irlanda 220
Israel 25, 169, 261
Itália 13, 69, 75, 220, 227, 262, 301

J

James Cash Penney 90-91
Japão 4, 14, 20-21, 50, 128-129, 185, 206, 211, 220, 231, 241, 262, 276
Jardim do Éden 2
Jawaharlal Nehru 105, 109
J.C. Penney 90-91
John L. Lewis 240
John Stossel 103, 310
JP Morgan 290
Judeus 199, 261, 264-266, 328
Julian Simon 284, 286

K

Karl Marx 9, 24, 105, 109
Kentucky Fried Chicken 176
Kibutz 25
Kodak 94, 157, 159
Kroger 104, 140

L

Lanternas 57, 58-59, 312
Leis de "salário digno" 212

Índice

Leis de Salário-mínimo 203, 209-213, 218-220, 229, 235, 249, 252

Lionel Robbins 2

Livre Comércio 1, 161

Lloyd's 83

Lombardos 264

Londres 10, 41, 84, 175, 264, 327

Los Angeles 76, 123, 158, 308

Lucros

lucros sobre as vendas 110-112, 122

lucros unitários 95

M

Macy's 92

Malásia 13, 185, 199, 217, 260-261, 301

Mantimentos 65, 86-87, 104, 154, 158

Máquinas das Minas de carvão 240

Máquinas de Escrever 178

Marcas 146, 161

Margaret Thatcher 178

Marwaris 266

Matemático 62

McDonald's 98-99, 176-178, 297

Meios de comunicação ix, 83, 139, 150, 189, 193, 296, 322, 326

Mercados

competitivo 107, 133, 139, 140-141, 144, 147, 151, 153-154, 159, 161, 186, 203-204, 235, 237, 240, 246, 249

mercados de commodities 274

mercados negros 47-48, 50, 69

monopólios e cartéis 139, 144, 147, 163

Mérito 178, 187, 318

México 54, 119, 159-160, 282, 290, 311

Microsoft 83, 133, 157, 160, 164

Mikhail Gorbachev 9, 11

Milionários 99, 192, 270

Milton Friedman 5

Minério de Ferro 4, 12-13, 25, 223, 273, 283, 287

Monitoramento 15, 118, 136

Monopólio 116, 128, 133, 139, 140-148, 150-151, 153-154, 157-158, 161-164, 166-167, 172, 175, 240, 243, 246

Montgomery Ward 89-93, 144-145, 163, 173-174

Moody's 329

Moralidade 187, 258

Morangos 46

Morgan Stanley 176

N

Na Liu xi

Necessidades 3, 5, 20, 31-33, 59, 169, 316

Negociação Coletiva

organizações de empregadores 236, 239-240

sindicatos 237-238, 240, 242-244

Negros norte-americanos 203, 218, 220, 239

New York Herald-Tribune 88

New York Times 2-3, 38, 44, 52-53, 57, 75, 79, 88, 101, 115, 157, 163, 173, 180, 216, 232-235, 242, 269, 274, 281, 283-284, 297, 311-312

New York Yankees 246

Nexo de Causalidade

    causalidade sistêmica 63, 65, 70

    causar ou transmitir 62

    complexidade 66

    intencional 63, 65

    racionalidade 67

    unidirecional 62

Nikolai Shmelev 14

Nikon 94

Noruega 55

Nova York 1, 37-39, 41-45, 47, 84, 88, 92, 115, 120, 138, 143, 151, 163, 218, 253, 257, 325-326

Nova Zelândia 22, 50, 189, 201, 213, 219-220

O

Oferta e Procura 14, 216, 267, 273

Oligopólio 133, 139

Oliver Wendell Holmes Jr 61

Ônibus 65, 113, 159-160, 170

Organizações Sem Fins Lucrativos

    discriminação 203

    eficiência 108-109

    incentivos 110

O Rico 4-5, 40, 42, 44, 97, 134, 188-189, 192-193

Oskar Lange 5

Os pobres 40, 42, 44, 192-193, 249, 327

Ouro 121-122, 275, 297-298, 322

P

Padrão de vida 3-5, 21-22, 24, 30, 38, 89, 90, 93, 96, 105, 129-130, 179-180, 183, 250, 265

País de Gales 40

Paul Ehrlich 284, 286

Payday Loans 269

Pensões 39, 261, 269, 301, 308, 320, 326, 328

Perdas 13, 24, 30, 54, 84, 86, 90-91, 99, 107, 120, 130, 135, 164, 167, 178, 195, 227, 237, 271-272, 274, 294, 301-302, 307-308, 310, 316, 322

Pessoas Sem-teto 42, 44

Petróleo 4, 25-27, 96-97, 103, 109, 149, 161-162, 240, 271, 273, 275, 280-282, 283-284, 286-287, 316, 323

Pianos 111

Pilotos 77, 196, 230, 307

Planejamento Central 15, 21, 69, 80, 139, 174, 178

Pobreza 4-5, 22, 52, 91, 125-126, 166, 187, 189, 192, 223, 249, 280

Poder de compra 129, 290

Política ix, 1, 5, 6, 32-33, 55-56, 58, 65, 67, 69, 70-73, 76, 79, 90-91, 99, 101, 121, 126, 139-140, 145, 148, 150, 152-153, 154, 158, 162, 173, 178, 180, 209, 212, 220, 225, 232, 241, 243, 260, 266-267, 268-269, 279, 285, 292, 302, 306-307, 311, 317, 323-329

Índice

População 6, 10, 12, 21, 36-37, 45, 48, 58, 87, 93, 103, 129, 135, 180, 193, 201, 217, 219, 225, 250-251, 262-263, 265, 281, 302, 305-307, 315, 324

Poupança 87, 99, 122, 180, 262-263, 267

Primeira Guerra Mundial 135

Prioridades 49, 73-74, 99

Produtividade 3, 12, 155, 167, 183, 185-186, 187, 196-197, 200, 205, 209-210, 215-219, 228-229, 234, 321

Protestantes 71

P.T. Bauer 215

Q

QI 201

Queijo 17-19

Químicos 62, 250

R

Racionalidade e Irracionalidade 35, 67, 230

Racionamento 12, 60, 68-69, 72-73

Ray Kroc 98, 176-177, 297

Recursos Naturais 4, 14, 20-21, 25-26, 262-263, 278, 280-285, 287

Reforma Agrária 327

Refrigeradores 86, 131

Reino Unido 50, 137

Relógios 89, 95, 108

Renda
  diferenças de renda e riqueza 188-190, 201
  distribuição de renda 188, 190-191

leis de salário-mínimo 203, 209-213, 218-220, 229, 235, 249, 252

recursos naturais 262

renda de agregados familiares 190

renda familiar 189-190, 192

renda nacional 128

renda per capita 22

renda real 4, 21, 191-193

Restaurantes 38, 68, 98-99, 117-118, 176-177, 227

Riqueza 54, 69, 189, 190, 196, 206, 237, 246, 251, 257, 259, 263-264, 266-267, 279, 287

Risco
  incerteza 155, 308, 315, 317-319
  tempo e risco 255

Robert L. Bartley 169

Rockefellers 190

Rodas 216

Roleta-russa 214, 272, 317, 322

Ronald Reagan 178

Rotatividade 38, 98, 111-112, 118, 190, 234

Rússia 4, 48, 69, 70, 272, 290

S

Safeway (supermercado) 87, 140

Salários e Ordenados 187, 289, 292

São Francisco 37, 39, 44-45, 321

Sears (Lojas de Departamento) 89, 90-93, 109, 114, 131, 144-145, 163, 173-174

Segunda Guerra Mundial 11, 36-37, 39, 45, 47-48, 51, 85-86, 198, 203, 245, 249

Segurança do Trabalho 214, 249, 250-252

Seguro

risco moral 305-307

seleção adversa 305-307

Sewell Avery 92

Shoppings 64, 86, 227

Sindicatos 152, 204, 210, 212-218, 228-232, 236-238, 240, 242, 243, 244, 249, 326

Sir Isaac Newton 61

Sistemas Econômicos 15, 19, 20, 21, 68, 130, 316

Smith Corona 178-179

Socialismo

economias socialistas 126, 174

socialistas 12, 80, 104-105, 126, 174-178

Soja 10, 274-276, 322

Solos 69

Sony 83, 94

Sri Lanka 22, 261, 327

Standard & Poor's 138, 298-299

Steven E. Landsburg v

Subornos/Propinas 47, 50, 187, 260, 319

Subsídios 53-55, 72, 76-77, 79, 198, 226, 311

Suécia 226

Suíça 4, 95, 210, 213, 225

Suínos 51

Supermercados 49, 63, 85-87, 89, 104, 110-112, 140, 144, 154, 158, 164, 173

T

Tailândia 22, 166, 260

Taiwan 152

Tarifas 119, 121, 142, 147, 149-150, 152-153, 212, 323-325

Tata Industries 166

Taxas de Crescimento 244

Taxas de juros 63-65, 135, 267-271, 290

Tecnologia 21, 26, 94-95, 122, 141, 151-152, 166, 175, 180, 197, 218, 268, 284, 286, 325

Ted Turner 54

Telefones 94, 159, 175

Televisão 1, 19, 88, 94, 159, 162, 193, 207, 282, 295, 322

Tempo

previsão 95

tempo e dinheiro 49, 301, 318, 320-321, 327

tempo e risco 255, 315

valor presente 278-280, 282-283, 285, 291, 324

Terceiro Mundo 29, 53, 124, 186, 187, 205, 215, 217, 233, 245, 259, 260, 264, 327

The Economist 22, 26, 30, 77, 95, 106, 108, 115, 138, 175, 185, 210, 213, 217, 225-226, 234, 250, 267, 275, 283, 304

Títulos 2, 48, 111, 258-260, 279, 289, 290-298, 300, 302-304, 317, 329

Toronto 41

Toyota 83, 95-96, 108, 129, 206, 241-242

Trabalho

    capital humano 234-235, 259, 261, 299-300, 302

    cartéis de empregadores 239-240, 249

    condições de trabalho 228-231, 233-236, 248

    discriminação 156, 198-203

    eis de "salário digno" 212

    exploração 63, 210

    força física 197

    funcionários do governo 21, 29, 51, 67, 76, 120, 211, 243, 321

    habilidades 9, 42, 98, 123, 196-199, 210, 214, 237, 246, 248

    horas de trabalho 104, 227, 229, 231, 243

    leis de salário-mínimo 203, 209-213, 218-220, 229, 235, 249, 252

    licenciamento ocupacional 223, 252-253

    Não empregabilidade 218

    segurança 214, 223, 227, 230, 241, 243, 249-252

    segurança do trabalho 214, 227, 249-252

    sindicatos 152, 210-218, 228-230, 232, 236-238, 240, 242-244, 249, 326

    trabalho infantil 230-231

Trade-offs 3, 6, 32-33, 72, 74, 76, 236

Traduções ix

Trânsito Municipal 170, 324

Trigo 9, 14, 51, 52-53, 55, 57, 223, 272-273, 322-323

U

Ucrânia 9, 14

União Europeia 1, 53-54, 211, 220, 244, 308

União Soviética 4, 14-15, 19-20, 24, 48, 67-68, 100, 105, 116, 123, 127-130, 169, 174, 183, 206-207, 229, 277, 328

United Parcel Service 172

Universidade de Stanford xi

USA Today 88, 163, 177

Usos Alternativos 2, 3, 4, 6, 9, 17-20, 31-33, 37, 53-54, 61, 70, 79, 80, 83, 88, 103, 121, 124, 125, 141-142, 179, 183, 187, 205-206, 237, 240, 262, 294, 316

V

Valor Presente 278-280, 282-283, 285, 291, 324

Valor "Real" 27-28

Varejo 89-91, 114, 126, 131, 144, 250, 323

Venezuela 4, 26, 323

Vestuário 233, 328

V.I Lenin 100

W

Wall Street Journal 26, 43, 54, 60, 75, 77, 84, 88, 95-96, 99, 104, 119-120, 130, 137, 159, 161, 163, 167, 175-176, 196, 206, 229, 232, 234, 244, 269, 276, 286-289, 296, 299, 312, 317

Ward (Lojas de Departamento) 89-93, 144-145, 163, 173-174

Washington, D.C 11, 41, 151

Washington Post 165, 192, 309-310

William R. Allen xi

Y

Yankee Stadium 246-247